Marie-Virginie Cambriels - Lauriane Clouteau

miam-miam-dodo

camino francés, section espagnole
du chemin de Compostelle,
de Saint-Jean-Pied-de-Port à Santiago
& le chemin vers Finisterre
échelle des plans : 1 cm = 375 m

avec indication des hébergements adaptés
aux personnes à mobilité réduite

Edition 2011

Les éditions du Vieux Crayon
www.levieuxcrayon.com

Carte de découpage des plans

(les plans sont à l'échelle 1 cm = 375 m)

Carte de découpage des plans

(les plans sont à l'échelle 1 cm = 375 m)

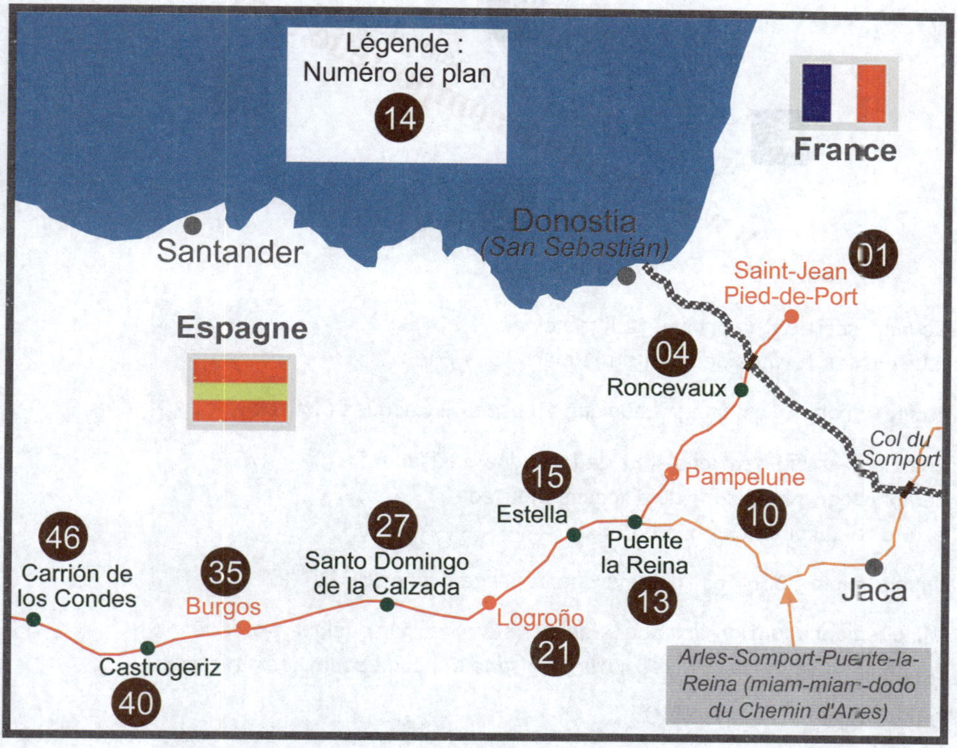

Tout sur le chemin de Saint Jacques :
www.chemindecompostelle.com

Marie-Virginie Cambriels, Lauriane Clouteau & Jacques Clouteau

Les plans et illustrations sont de Lauriane Clouteau
Les photographies sont de Jacques Clouteau
et Marie-Virginie Cambriels

Dépôt légal novembre 2010

ISBN : 978-2-916446-30-1

Imprimé par : Imprimerie IGO, Le Poiré-sur-Vie (85)

Publié par les Editions du Vieux Crayon
RCS Cahors 499 257 731
adresse commerciale : 119 route de l'Aubraie
F-85100 Les Sables d'Olonne
☎ 02-51-90-84-97 fax 02-51-90-85-55
✉ info@levieuxcrayon.com
www.levieuxcrayon.com

Le miam-miam-dodo est imprimé sur papier recyclé

Pour tous renseignements sur cet ouvrage, son contenu ou sa distribution, contactez les éditions du Vieux Crayon aux coordonnées ci-dessus

Table des matières

Préface

Les topo-guides existants, s'ils possèdent une partie historique et descriptive très bien documentée, sont toujours en retard par rapport à l'infrastructure du chemin, et donnent peu de détails sur le prix des hébergements. D'autre part, ils ne donnent la plupart du temps que les services situés sur le chemin lui-même.

Cet ouvrage regroupe l'ensemble des intervenants offrant accueil, hébergement, ravitaillement et autres services sur le chemin entre Saint-Jean-Pied-de-Port et Santiago, sous un poids calculé au plus juste (on essaie de rester tout près des 200 g en pages utiles). Nous précisons les tarifs et les possibilités de chaque service. Ces détails éviteront au randonneur de perdre du temps en se présentant à la porte des hôtelleries dont les tarifs ne sont pas en accord avec son budget.

Nous indiquons également d'autres hébergements ou services, situés à quelque distance du chemin (5 km maximum), quand ceux-ci présentent un intérêt particulier pour le pèlerin. Ainsi le cycliste, pour lequel cinq kilomètres sont peu de choses, ou encore le marcheur prévoyant, pourront faire un léger détour pour se diriger vers l'hébergement de leur choix.

Puisse le miam-miam-dodo être d'une aide précieuse au voyageur en route vers Compostelle.

Toutefois, en dépit de tout le soin apporté au collectage des données, il est possible que certaines erreurs ou omissions se soient glissées au cours des pages. En outre, les données imprimées dans cet ouvrage ne sont vraies qu'au moment du collectage (septembre-octobre 2010). Prix et périodes d'ouverture peuvent quelquefois varier légèrement. De même peut survenir un changement inopiné de propriétaire. En conséquence, les auteurs plaident non-coupables devant le Tribunal de votre bienveillance et la Cour d'appel de votre indulgence.

Il se peut également que vous ayez des idées pour améliorer l'aspect, la présentation, ou bien le contenu de cet ouvrage. Toute œuvre humaine étant par nature perfectible, les auteurs vous remercient par avance de vos remarques. Soyez gentils de signaler toute suggestion ou anomalie à l'aide des cartonnettes situées à la fin de l'ouvrage. Vous rendrez service aux futurs pèlerins qui mettront leurs pas dans les vôtres.

Nous en profitons pour remercier chaleureusement ceux qui ont eu la gentillesse, au retour de leur Chemin, de nous signaler les nouveaux hébergements, les modifications qui ne nous étaient pas parvenues, et hélas les rares endroits à éviter... Toutefois, compte-tenu du nombre important de lettres et de courriels reçus, nous ne pourrons remercier chaque personne individuellement. Veuillez nous en excuser.

Si vous découvrez des établissements que nous aurions oubliés, merci de nous les signaler également sur les cartonnettes situées à la fin de l'ouvrage. Après contrôle, nous les ferons figurer dans une prochaine édition.

Attention : certaines personnes n'ayant pu être jointes au moment du collectage des informations, il peut arriver que des prix ne soient pas précisés dans le miam-miam-dodo de cette édition 2011. En outre, compte-tenu des délais de collectage, de mise en page et d'impression, TOUTES les modifications ou créations pour l'édition 2012 doivent nous parvenir au plus tard le 15 septembre 2011. Passée cette date, il sera trop tard.

Les auteurs se réservent par ailleurs le droit de ne pas référencer dans le futur les prestataires dont la qualité ou l'honnêteté de l'accueil laisserait à désirer, dont les gîtes seraient des monuments de crasse ou des nichoirs à punaises de lit, ou encore dont le prix des services s'avérerait par trop différent de ceux qui ont été imprimés dans le présent ouvrage. Si vous avez eu réellement à vous plaindre des conditions d'accueil dans un hébergement hôtelier, vous pouvez remplir un formulaire de réclamation du Ministère du Tourisme espagnol (hoja de reclamación) soit dans l'établissement lui-même, soit dans l'Office de Tourisme le plus proche.

Nota Bene : en aucun cas, sur le miam-miam-dodo, nous ne "recommandons" un hébergement. Simplement nous répertorions ceux qui accueillent les pèlerins, qu'ils soient agréés ou non par telle ou telle association ou fédération. En raison du nombre très élevé d'hébergements, nous ne pouvons ni visiter ni apposer un label. Ou alors le miam-miam-dodo coûterait 50 euros...

Les rédacteurs de l'ouvrage

Lauriane Clouteau

Jacques Clouteau

Marie-Virginie Cambriels

Pour nous joindre :

✉ lauriane@chemindecompostelle.com

✉ jacques@chemindecompostelle.com

✉ marie-virginie@chemindecompostelle.com

Les zoreilles du chemin

Une bonne idée pour rester en contact avec le chemin, ou pour s'informer avant de partir : abonnez-vous (gratuitement) à la revue internet Les Zoreilles du chemin, envoyée par courriel chaque mois. Voir le site www.chemindecompostelle.com à la rubrique Les Zoreilles. On y trouve aussi les anciens numéros.

Chaque futur ou ancien pèlerin peut apporter sa pierre à la revue et envoyer ses questions, son témoignage ou ses plus belles photos. Ou bien lancer un message "Perdu de vue" pour retrouver des personnes rencontrées sur le chemin. Ou encore rechercher un compagnon ou une compagne de route si on craint la solitude.

écrivez-nous vos rêves, nous les sèmerons sur le chemin et ils deviendront des cristaux de bonheur...

Bibliographie

Il est un beau chemin semé d'épines et d'étoiles
par Jacques Clouteau, la fabuleuse aventure du petit âne Ferdinand du Puy-en-Velay à Santiago, album-couleurs de format 24X30 cm, 352 pages en couleurs, 1.000 photos, 37 euros port compris chez l'auteur Jacques Clouteau, Lissandre, 46230 Montdoumerc ✉ j.clouteau@orange.fr
Plus d'infos : www.bourricot.com
à la vignette "les aventures de Ferdinand"

Le miam-miam-dodo du GR 65
par Lauriane et Jacques Clouteau
Pour commander voir le site www.chemindecompostelle.com
✉ lauriane@chemindecompostelle.com

Le miam-miam-dodo du Chemin d'Arles
par Mireille Retail en collaboration avec M.V Cambriels
Pour commander voir le site www.chemindecompostelle.com
✉ mireille@chemindecompostelle.com

Le miam-miam-dodo du chemin Stevenson et du chemin de Saint-Gilles (voie Regordane)
par Marie-Virginie Cambriels
Pour commander voir le site www.chemindecompostelle.com
✉ marie-virginie@chemindecompostelle.com

Un chemin d'étoiles, à pied, avec un âne et en musique du Puy-en-Velay à Santiago (livre + CD) par Marie-Virginie Cambriels : les aventures de deux jeunes musiciennes accompagnées de l'âne Pompon, d'une harpe et de bien d'autres instruments, 33 euros port compris à l'association Orion, 8 boulevard Gambetta, 43000 Le Puy-en-Velay ✉ marie-virginie.cambriels@wanadoo.fr
Le CD seul est aussi disponible pour 21 euros port compris

12 chansons de pèlerins, d'hier et d'aujourd'hui, de Saint-Jacques et d'ailleurs
du même auteur, carnet de chansons-cartes postales, pour prolonger l'enchantement du chemin, 12 euros port compris (adresse de commande ci-dessus)

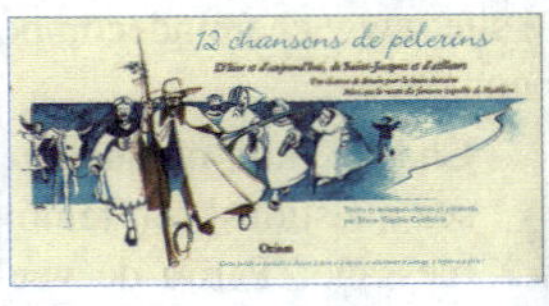

Vous trouverez plus d'infos sur ces ouvrages sur le site www.chemindecompostelle.com, à la vignette "Liens"

Conseils pour préparer son voyage

Associations jacquaires

Avant d'entreprendre son voyage vers Compostelle, il est bon de s'adresser à une association d'anciens pèlerins. Vous y trouverez aide et conseils. Mais les associations se multiplient, se scindent, les présidents, secrétaires et trésoriers changent, et forcément nos adresses ne sont jamais à jour. Pour éviter ce souci, et trouver la bonne adresse correspondant à votre région, allez visiter le site www.chemindecompostelle.com, qui est mis à jour à chaque modification, à la rubrique "Associations".

Le chemin de Compostelle : simple GR ?

Tous les anciens pèlerins de Saint Jacques vous le diront : on revient autre d'un tel voyage. Marcher deux mois dans la campagne ou marcher deux mois sur le chemin de Compostelle sont deux expériences totalement différentes. Ce chemin est vivant, "chargé", parcouru par les énergies, les joies, les prières et les souffrances des centaines de milliers d'hommes et de femmes qui l'ont parcouru au cours des douze derniers siècles.

Beaucoup de simples randonneurs avouent qu'ils sont arrivés pèlerins à Santiago. Pourquoi cette transformation ? Et qu'est-ce qu'un pèlerin ? Le sujet est trop vaste pour en discuter dans ce modeste ouvrage. Mais l'expérience est si extraordinaire que des milliers de marcheurs prennent chaque année le départ. Le chemin se charge ensuite de les pétrir, de les modeler à sa propre image. Ils deviennent rapidement eux-mêmes un chemin en marche, et se dirigent vers l'occident, vers la Galice, avec une volonté et une énergie dont ils ne se croyaient pas capables quelques semaines auparavant.

Quoi emporter ?

Vous trouverez plus loin dans ces pages une liste du matériel indispensable au randonneur à pied portant sa tente et ses popotes. A vous de faire les soustractions si vous ne pratiquez ni le camping, ni le popoting.

Modulez la garde-robe en fonction de la saison. Souvenez-vous cependant que vous allez traverser l'Espagne et que son climat est quelquefois extrême. Prenez conseil auprès des pèlerins qui sont partis avant vous, lisez les témoignages, fréquentez les associations d'anciens pèlerins, car ceux-ci sauront vous dire à quel point on a besoin de peu de choses quand on marche vers Santiago de Compostela.

Les godasses, le soleil, le parapluie

Il est totalement inutile de vous encombrer les pieds de croquenots. Une bonne paire de chaussures légères de randonnée fera largement l'affaire. Il y a seulement trois passages de montagne, avec une altitude entre 1.300 et 1.500 mètres : le col de Roncevaux, la montée à la Cruz de Hierro et le Cebreiro. Au printemps comme en automne, la neige peut vous y surprendre.

Sachez également que de Burgos à León, le chemin traverse un plateau cabossé, la "meseta", dont l'altitude est d'environ 900 m. Il peut y faire très froid sitôt que le soleil a disparu. Et si les journées peuvent être chaudes en été, les nuits sont en général fraîches.

En Castille la chaleur sera votre ennemie : emportez chapeau, crème solaire et gourde.

N'oubliez pas non plus le vêtement de pluie. La Galice est verte, très verte, et certains émettent quelquefois l'opinion qu'il y pleuvrait. Cette affirmation n'est sans doute qu'une odieuse calomnie, mais il vaut mieux être prudent, et avoir toujours dans son sac, à titre de gri-gri, la veste imperméable ou le poncho salvateur. Il en est de même en Castille entre juin et septembre, où se déplient de somptueuses "tormentas", les orages locaux, qui rôdent sur les collines à la recherche des pèlerins à tremper...

La propreté

On ne le répétera jamais assez, la propreté est un acte de civisme. Le chemin en Espagne est très bien balisé. Nul besoin de laisser vos détritus tout au long, encore moins certains petits papiers-mouchoirs roses ou blancs, comme le petit Poucet semait ses cailloux pour indiquer la voie à ceux qui vous suivront. En tant qu'étrangers sur ce chemin, nous nous devons de montrer l'exemple et de ne rien laisser traîner.

Souvenez-vous qu'il faut un siècle pour que la nature détruise un sac de plastique. Mettez vos détritus, y compris les omniprésentes canettes de bière et boites de Machin-cola dans une poche, et jetez celle-ci dans le premier container du prochain village. Vos enfants vous en remercieront.

L'eau potable

On trouve en Espagne, dans les villages, de nombreuses fontaines où coule une eau délicieuse. Sauf panneau méchant, vous pouvez y remplir vos gourdes.

N'oubliez surtout pas de faire le plein, même si votre bidon n'est pas vide, lorsque vous rencontrez fontaine ou robinet, car il existe certaines sections du chemin où vous marcherez quinze kilomètres sans avoir aucune possibilité de vous désaltérer... Et quinze kilomètres sans eau quand le thermomètre flirte avec les 40°, ça peut conduire tout droit à l'hôpital, ou à son annexe le cimetière...

Le pèlerin français en Espagne

Les riverains du chemin sont en général heureux du regain du pèlerinage, et éprouvent du plaisir à rendre service et échanger quelques mots. Toutefois leur regard sur le Camino n'est pas le même qu'en France, car Saint Jacques est le saint patron d'une Espagne encore très catholique, et le pèlerin qui va à pied vers le tombeau de l'apôtre y possède une certaine aura.

Sachez toutefois que l'opinion des Espagnols sur les Français est encore marquée d'une dose de méfiance, pour différentes raisons historiques. D'abord à cause de l'empereur Charlemagne, qui a saccagé Pampelune dans les années 800 avant de remonter vers Roncevaux, où l'arrière-garde de son armée a subi la défaite que l'on sait. Les Espagnols disent que ce ne sont pas les Sarrasins qui ont mis la pâtée à Roland, mais les Basques très mécontents qu'on ait détruit la capitale de la Navarre. Notre second empereur, Napoléon Ier, a réduit Saragosse en poussière, et ça a fâché très fort nos voisins... Plus tard, l'attitude arrogante et irrespectueuse de certains touristes dans les années 60-70, alors que l'Espagne était encore très pauvre, a heurté la fierté naturelle des Espagnols. D'où un sentiment mitigé vis-à-vis du Français qui débarque, même à pied et même sur le chemin de Compostelle.

Compte-tenu de cet historique, et du fait que nous partageons désormais la même citoyenneté européenne et la même monnaie, nous nous devons de respecter un pays qui n'est pas le nôtre, et de nous plier à ses traditions, même si elles nous apparaissent étranges ou surannées.

La première chose à faire est d'apprendre un minimum de termes en langue castillane afin de se débrouiller dans les actes de la vie quotidienne. Un glossaire est disposé dans cet ouvrage, ainsi qu'un répertoire de petites phrases simples. Les Espagnols vous seront reconnaissants si vous vous adressez à eux dans leur langue, même avec un accent terrible.

Médor

Il est formellement déconseillé d'emmener son toutou marcher sur la section espagnole du chemin de Compostelle. En Espagne en effet, nos petits compagnons sont prohibés presque partout dans les hôtels, albergues, restaurants, gîtes d'étape, trains, bus, jardins publics, etc... Et pour revenir de Santiago, il vous restera une seule solution : louer une voiture...

Plus grave : un chien va supporter facilement deux ou trois semaines de marche en pleine nature, mais au-delà surviennent en général des soucis. Les coussinets vivent mal le contact permanent avec les graviers et les cailloux du chemin, d'où formation de crevasses. Il faut alors traiter chaque soir avec de la pommade, parfois consulter un vétérinaire, voire s'arrêter plusieurs jours jusqu'à la cicatrisation des plaies.

Autre problème : le manque de sommeil. Un chien a besoin d'une quinzaine d'heures de repos absolu, ce qui est en totale opposition avec nos rythmes de marche. Après quelques semaines, votre toutou est totalement abattu et se couche à la moindre pause.

Si vous persistez dans votre projet, n'oubliez pas les papiers et carnets de vaccination, quelquefois exigés dans certains campings ou hôtels.

Nous vous signalons les hébergements acceptant ou interdisant les animaux de compagnie. Attention, cela ne veut pas dire que Médor dormira, comme à la maison, au pied de votre lit, ni sous le même toit que vous. Mais qu'il sera admis à dormir, le plus souvent, dans un patio ou autre lieu extérieur couvert.

Les horaires et le calendrier espagnols

Les horaires espagnols sont décalés de deux heures par rapport aux habitudes françaises. La journée commence rarement avant 9h, les restaurants servent le déjeuner (dîner pour les Québécois) à 14h et le dîner (souper pour les Québécois) à 21h. L'après-midi, entre 14h et 17h, le pays s'arrête, les magasins ferment, les travailleurs font la sieste, même si c'est l'hiver et qu'il fait froid. Les banques sont ouvertes seulement le matin, les Postes centrales sont ouvertes également l'après-midi dans les grandes villes.

Néanmoins, le long du chemin de Saint Jacques, certains services se sont adaptés à la vie du pèlerin et ont calé leur fonctionnement sur la marche du soleil. C'est ainsi que des bars ouvrent tôt le matin pour proposer le desayuno *(petit déjeuner)* au pèlerin matinal, et que des restaurants, le soir, proposent la cena à partir de 19h pour laisser ensuite les pèlerins se reposer.

Le problème de ces horaires décalés est la perception de la notion de nuit. Pour vous, à 22h il fait nuit, donc on fait silence et on dort. Notre cousin espagnol, lui, est persuadé qu'il fait encore jour et qu'il peut donc parler haut et fort. Pour vous protéger, n'oubliez pas de partir avec les petites boules Quiès qui vous assureront une nuit tranquille, à l'abri des fêtards et des ronfleurs.

Un certain nombre de jours sont fériés en Espagne, que ce soient des fêtes locales ou nationales (fête de saint Jacques (patron de l'Espagne) le 25 juillet, fête de saint Pierre et saint Paul (patrons de Burgos) le 29 juin, etc...). On appelle ces jours fériés des *Festivos*. Cela aura une incidence sur l'ouverture des commerces, parfois sur les prix des hôtels. D'autre part, si vous arrivez à Pampelune pendant la San Fermín (fête locale, début juillet, très célèbre pour les corridas qui s'y déroulent), vous risquez d'avoir du mal à vous loger. Vous donner un calendrier détaillé de toutes les festivités des provinces et villages traversés serait trop fastidieux. Sans compter qu'au fond, nous vous souhaitons de tout cœur de tomber au milieu d'une de ces fiestas, et d'en profiter vous aussi, même si cela complique un tout petit peu votre train-train pérégrin.

Les distances

La plupart des pèlerins, une fois oubliées les misères des premières journées, avalent gaillardement leurs 25 ou 30 kilomètres journaliers. Par sécurité, composez vos propres étapes, en oubliant celles décrites dans certains topo-guides. Ces étapes ont été préconisées à l'époque (plus de 10 ans...) où les gîtes étaient rares. Or il existe aujourd'hui suffisamment d'hébergements pour naviguer à sa vitesse propre.

Il faut naturellement éviter de galoper 30 kilomètres les premiers jours de son voyage si on n'a pas quitté son fauteuil de tout l'hiver. 20 km suffisent largement. Sinon, on court droit à l'ampoule méchante ou la tendinite violente, voire au malaise plus grave qui entraînerait l'arrêt du voyage. Sur un tel périple, il faut toujours privilégier le long terme, et sacrifier en conséquence sa velléité d'avancer plus loin si on sent qu'on va dépasser certaines limites. Qu'est-ce que 5 kilomètres qu'on ne fera pas aujourd'hui face à la longueur du trajet ?

Quel jour partir - d'où partir ?

Petite astuce qui nous est suggérée par les hébergeants : partez plutôt en milieu de semaine que le week-end. Vous éviterez ainsi les pics de fréquentation, qui se suivent d'étape en étape à partir des principaux lieux de départ (Saint-Jean-Pied-de-Port, Burgos, León, Ponferrada).

Et conseil judicieux : si vous le pouvez, ne partez pas de Saint-Jean-Pied-de-Port, car cette première étape de montagne, qui est la plus difficile du chemin, risque de vous briser menu... Partez plutôt légèrement en amont, du côté de Saint-Palais, par exemple, afin d'échauffer la machine sur un terrain pas trop pentu. Ou alors partez directement de Roncevaux.

Transfert des bagages ou des pèlerins

Certains pèlerins âgés ou dont le dos est fatigué ont choisi de faire transporter leur bagage chaque jour, de gîte en gîte, par des entreprises spécialisées, moyennant finances bien évidemment (entre 6 et 9 euros par sac et par jour).

• **Express Bourricot** 31 rue de la Citadelle, 64220 Saint-Jean-Pid-de-Port (tél 06-61-96-04-76 ✉ apcaroline@hotmail.com www.expressbourricot.com) transport de babages de Saint-Jean-Pied-de-Port à Logroño, 8 euros par bagage, prix pour groupes, transport de personnes de Moissac à Burgos, tranfert gares et aéroports

• **Jacotrans** (tél 00-34-610-983-205 www.jacotrans.com ✉ jacotrans@jacotrans.com) transport de bagages de Logroño à Santiago, transport et réparation de vélos

• **Rodolfo Ballesteros, Globe-Trotter** (tél 667-386-307 ✉ globtrotterrb@hotmail.com) transport bagages, 7 à 8 euros par bagage, 10 euros par vélo, circuit de Logroño à Burgos, ouvert du 15 mars au 15 octobre

De nombreux taxis proposent leurs services pour transporter pèlerins ou bagages le long du trajet. Vous trouverez leurs coordonnées sur les plans du miam-miam-dodo. Mais ce type de service évolue vite et vous trouverez peut-être d'autres solutions auprès des hébergements privés le long du chemin.

Attention : la plupart des albergues de peregrinos n'accueillent pas les personnes ayant recours au transport de bagages, à part les albergues privées. Si vous souhaitez faire transporter vos bagages par un transporteur, il faudra vérifier avec l'entreprise choisie les hébergements (hôtels, casas rurales, pensiones, etc...) avec lequel il a passé un accord, et qui s'engagent à réceptionner et garder vos bagages. La plupart du temps, il vous faudra aussi réserver ces hébergements quelques jours à l'avance.

Budget

Le budget nécessaire pour aller à Compostelle n'est pas élevé. Marchant à pied ou roulant à bicyclette, vous n'avez ni électricité, ni téléphone, ni gaz, ni chauffage à payer. Restent deux choses essentielles : la nourriture et l'hébergement. Si vous fréquentez les gîtes et popotez vous-mêmes, sachez qu'une dizaine d'euros seront largement suffisants pour assurer la nourriture de la journée. Il est même probable qu'il vous restera un peu d'argent pour aller de temps à autre grignoter dans un petit restaurant. Le prix d'une albergue *(gîte pour pèlerin)* se situant entre 5 et 10 euros, il vous faut ajouter cette somme pour profiter d'une douche chaude et dormir à l'abri d'un toit. L'un dans l'autre, et sachant que la vie est un peu moins chère dans les campagnes espagnoles, dites-vous qu'avec

20-30 euros chaque jour, vous arriverez sans mourir au bout du chemin. N'oubliez pas également de compter le billet de retour en train, autobus ou avion. Et n'oubliez pas non plus d'activer l'option internationale sur votre forfait téléphonique, qui va vous ruiner rapidement !

Attention : la plupart des hébergeants, et notamment les albergues *(gîtes pour pèlerins)* et casas rurales *(chambres d'hôtes)*, n'acceptent que les espèces. Pensez à vous munir d'argent liquide en quantité suffisante dans les distributeurs de billets. Les chèques tirés sur une banque française ne sont pas acceptés en Espagne.

Le carnet du pèlerin ou "credencial" - Le Sello

Héritière de la lettre de créance des pèlerins du temps jadis, qui se faisaient recommander aux autorités étrangères par les autorités de leur propre patrie, fut-ce simplement le curé de leur paroisse, la credencial est aujourd'hui à nouveau en usage au long du chemin. Son rôle principal est de vérifier, par l'apposition des tampons tout au long de vós étapes, que vous allez bien à pied ou à vélo vers Saint-Jacques-de-Compostelle, et de vous autoriser ainsi l'accès aux albergues conçues pour les pèlerins. A l'arrivée, ce document vous permettra d'obtenir la "Compostela", certificat de l'accomplissement de votre pèlerinage. Nouvelle condition depuis 2010 : le Bureau des pèlerinages, à Santiago, exigera au moins 2 tampons par jour sur les 100 derniers kilomètres pour délivrer la Compostela (si vous êtes à pied, sinon c'est 200 km pour les cyclistes).

Attention : ce carnet du pèlerin est obligatoire pour pénétrer dans la plupart des "albergues de peregrinos" espagnoles. Il vous sera délivré par votre association locale avant le départ, ou bien à Saint-Jean-Pied-de-Port par l'association des Amis de Saint-Jacques des Pyrénées-Atlantique (39 rue de la Citadelle), ou bien à Roncevaux, ou encore dans le lieu que vous aurez choisi comme point de départ en Espagne. On peut aussi obtenir sa "créanciale" à la Direction diocésaine des pèlerinages ou à la Pastorale du Tourisme de son diocèse.

L'action d'apposer sur la credencial le "sello" (le tampon) est quelque chose de très important sur le Camino. Voilà pourquoi vous verrez de nombreux commerces afficher ce mot sur leurs enseignes et devantures pour vous attirer chez eux. Néanmoins, si vous voulez faire une collection de tampons, sachez que les hospitaleros apprécient peu d'être dérangés à toute heure pour le sello par des pèlerins ne souhaitant pas dormir dans leur auberge.

La saison

On peut partir vers Compostelle à tout moment de l'année. Il n'existe aucune date officielle de "pèlerinage". Si vous avez le choix, préférez le printemps (à partir des Rameaux où un nombre important de lieux d'accueil ouvrent à nouveau) ou l'automne, où septembre et octobre sont souvent cléments. Attention : de nombreux gîtes ferment à la Toussaint. Ne partez en juillet ou août que si vous ne pouvez faire autrement. D'une part à cause de la chaleur, d'autre part, à cause de l'affluence de pèlerins. Au-delà d'Astorga vous entrez dans l'Espagne Verte en laquelle le climat, d'influence maritime, est comparable au climat breton.

Les différents hébergements

Le miam-miam-dodo vous donne toutes les sortes d'hébergements possibles, situés sur le chemin ou parfois à quelque distance (5 km maximum), quand ceux-ci présentent un intérêt particulier pour le pèlerin. Certes un marcheur ne fera certainement pas cinq kilomètres de plus pour trouver un hôtel s'il estime être arrivé au terme de son étape du jour. Par contre, le cycliste pourra facilement dévier de sa route et pédaler un quart d'heure jusqu'au prochain village.

Remarque : attention aux prix indiqués dans cet ouvrage. Pour des raisons de place, il est impossible d'indiquer l'ensemble de la fourchette des prix, surtout pour les hôtels. On trouve souvent un savant amalgame entre la haute et la basse saison, une modulation selon le nombre de personnes et le confort de la chambre. Il se peut donc que le tarif affiché dans la chambre soit légèrement différent de celui qui nous a été communiqué.

Attention : ne vous trompez pas d'hébergement. Votre qualité de pèlerin ne vous donne aucun privilège particulier, ni droit à aucune réduction, sauf celles dûment signalées dans cet ouvrage. Prévoyez que, dans l'immense majorité des cas, vous allez être dans l'obligation de payer votre hébergement et votre nourriture.

Réservation : Avec la multiplication des albergues publiques et privées, on peut désormais réserver (le plus souvent il suffit de téléphoner la veille) et les dortoirs ne sont plus systématiquement pleins même au plus fort de la saison. D'autre part, si tous les hébergements ne proposent pas un petit déjeuner matinal, ceux qui ne le font pas vous indiqueront un bar à proximité où il vous sera possible de vous remplir l'estomac avant de partir. Et des gîtes de plus en plus nombreux sont équipés de machines à café et distributeurs d'en-cas.

Albergue peregrinos *(auberge de pèlerins)*

C'est l'hébergement traditionnel du pèlerin sur le Camino, et l'équivalent du gîte d'étape français. Bon marché (de 5 à 10 euros par nuitée), il comporte tout ce dont le voyageur a besoin après une journée de marche ou de pédalage : douche, lit, quelquefois coin-cuisine, lavabo pour laver ses affaires.

Il existe diverses catégories d'albergues : certaines sont gérées par la région, notamment en Galice, d'autres par la paroisse *(parroquia)*, d'autres par la commune *(ayuntamiento)*, d'autres sont privées, et enfin certaines sont gérées par des associations jacquaires. On y est accueilli par *l'hospitalero* (si c'est un homme) ou *l'hospitalera* (si c'est une femme)

A de rares exceptions, la règle est stricte : on ne peut y dormir qu'une seule nuit. La priorité est donnée aux pèlerins à pied, les cyclistes et les personnes ayant une voiture d'accompagnement passant en dernier. Ces derniers peuvent ainsi poireauter fort tard dans l'après-midi...

Il arrive que le pèlerin doive aller chercher la clé dans un autre endroit (mairie, bar, domicile privé, etc...). Cette précision est affichée sur la porte de l'albergue.

Toutes les albergues ne fournissant pas de couvertures, un duvet léger ou un drap peut être utile dans le sac à dos. Il arrive que certaines louent des draps pour les acharnés du porter-léger.

La plupart du temps, les lits sont groupés en dortoirs, et vous n'y aurez pas, surtout en été, la tranquillité et l'intimité que vous souhaitez peut-être. La majorité des albergues affichent un prix, alors que d'autres demandent un *donativo*, c'est-à-dire la libre participation aux frais.

En matière de repas, on trouve dans les albergues une grande variété de propositions : il existe quelquefois une cuisine où le pèlerin peut préparer son repas (prévoir dans certains cas une petite participation financière). D'autres fois l'hospitalero se charge de préparer un repas commun pour les pèlerins. D'autres fois encore il n'y a pas de cuisine du tout et le pèlerin doit grignoter un fond de sac sur la pelouse ou aller au restaurant voisin.

Attention : même si l'albergue dispose d'une cuisine, certaines sont pauvrissimes en couverts et casseroles : emporter dans son sac à dos une gamelle légère en aluminium (popote de camping) et une cuillère peuvent vous sauver la vie un soir de grande famine, si vous avez fait des courses à l'épicerie voisine !

L'heure d'ouverture de l'albergue (souvent en début d'après-midi) est indiquée sur la porte quand celle-ci est close. Il est inutile de tambouriner comme un malade, nul ne vous ouvrira. Car le temps s'écoulant entre le départ des pèlerins et l'heure de ré-ouverture est mis à profit par l'hospitalero pour nettoyer les lieux, se reposer et prendre son repas. Si vous arrivez avant cette heure, vous verrez de longues files de sacs à dos alignés près de la porte : ce sont les pèlerins parvenus à l'albergue avant vous, qui ont posé leur bagage dans l'ordre d'arrivée pour réserver ainsi leur matelas du soir. S'il n'y a plus de lits disponibles, il reste encore sans doute de la place au sol, et vous pourrez ainsi dormir quand même sous un toit, sur le petit tapis isolant que vous n'aurez pas manqué d'emporter.

Pour les douches, c'est comme pour les lits, il est rare qu'il y ait de l'eau chaude pour tout le monde. Il y a même quelques albergues avec seulement de l'eau froide. Si vous faites le chemin en été, prendre une douche froide sera de toute manière un plaisir. Et quand c'est votre tour d'être le "premier arrivé", soyez sympa, n'utilisez pas tout le ballon d'eau chaude !

Pour les soirs de grande lessive, plus de la moitié des albergues offrent un lave-linge payant, souvent aussi un sèche-linge. Mais il est conseillé de laver chaque soir à la main sous-vêtements, chaussettes et tee-shirt du jour. On trouvera toujours à l'extérieur des cordes à linge.

Il est inutile de rappeler que la plus grande civilité est nécessaire pour que la vie en commun se déroule d'une manière harmonieuse. Un règlement est affiché au vu et au su des malotrus qui l'oublieraient. Une heure de fermeture et d'extinction des feux est prévue pour que les pèlerins puissent se reposer. Attention donc si vous allez prendre le repas à l'extérieur, car vous risqueriez de passer la nuit à la belle étoile après avoir trouvé porte close.

Une heure de départ le matin est également affichée, au delà de laquelle nul pèlerin ne saurait demeurer dans les locaux. Ne partez pas trop tôt non plus, en réveillant tout un dortoir, ou si vous le faites, préparez votre sac à dos à l'avance et laissez-le dans le couloir. Si les Espagnols ont fini par passer l'éponge sur les méfaits commis par Napoléon dans leur pays, il serait dommage de créer de nouvelles rancœurs à cause de bruits de sacs plastiques froissés au fond du sac à dos à 4 heures du matin par des "*madrugadores*" (lève-tôt) venus d'Outre-Pyrénées dont l'habitude, ça commence à se savoir, est de tout emballer de cette manière.

Refugio *(refuge)*

Assez rare sur le Camino, le refugio est une petite albergue, au confort plus rustique, souvent sans douche ni eau courante, mais avec un toit.

Monastère, paroisse, accueil chrétien

Un certain nombre de monastères, paroisses et communautés perpétuent la tradition d'hospitalité envers le pèlerin. Le premier endroit emblématique, sur le Camino, est Roncevaux. D'autres ne présentent pas, de l'extérieur, de signes distinctifs par rapport à un refuge municipal ou privé (albergue de los Padres Reparadores à Puente La Reina). Quelquefois, l'accueil y est assuré par un hospitalier bénévole chrétien qui y propose un temps de prière. Le fonctionnement de ces albergues étant assimilé à celui des albergues de peregrinos, reportez-vous au chapitre suivant.

Nous avons également référencé dans ce guide quelques monastères sur le chemin ou à proximité, n'accueillant d'ordinaire pas les pèlerins, mais qui ont une hospederia *(hôtellerie)* avec quelques chambres destinées à ceux qui veulent y vivre un temps de partage avec la communauté. La réservation est le plus souvent obligatoire. Pèlerins en quête d'exotisme, abstenez-vous ! Ces adresses sont pour vous si et seulement si vous souhaitez vraiment vivre ce chemin comme un temps de retraite spirituelle.

Base de acampada *(base de camping)*

Lors des années saintes (la prochaine aura lieu en 2021), ou parfois l'été quand tout le réseau d'hébergements est saturé, il arrive que les associations locales ou les municipalités mettent des hébergements collectifs à la disposition des pèlerins. Ce peut être une école, un gymnase, ou encore d'immenses camps de tentes.

A l'exception du couchage rustique, les règles sont identiques aux albergues.

Hostal, fonda, etc... *(hôtel)*

Il y en a pour tous les goûts, de la petite fonda de village à l'hôtel 5 étoiles. A vous de choisir selon le degré de confort que vous souhaitez et l'épaisseur de votre bourse. En général les hôtels sont ouverts 7/7 durant la saison de passage des pèlerins.

Le prix des hôtels en Espagne, alors que le confort des chambres est souvent meilleur, est souvent inférieur de 20% aux prix pratiqués en France.

Les appellations sont multiples en Espagne pour désigner un hôtel, et les catégories souvent bien mélangées. Demandez à visiter la chambre si vous avez peur de vous tromper. On trouvera affichés sur les enseignes les dénominations suivantes : hotel (sans le chapeau sur le "o"), hostal, hostería (avec un accent aigu sur le "i"), pensión, fonda, posada, etc...

Méfiance : si la chambre qu'on vous propose est au-dessus d'un bar. Avec la télévision et le bruit des consommateurs, il sera totalement impossible de dormir avant minuit !

Attention : si vous avez prévu de partir très tôt le lendemain, afin d'éviter la canicule, prévenez l'hôtelier de votre souhait car certains hôtels sont fermés de l'intérieur jusqu'au lever du propriétaire. Et achetez également la veille quelques provisions pour un petit déjeuner sur le pouce.

Les paradores sont à part dans la galaxie des hôtels espagnols. Ce sont d'anciens châteaux, palais, couvents, voire hôpitaux pour pèlerins (Santo Domingo de la Calzada, León, Santiago) transformés en hôtels de grand luxe. A réserver pour les bourses épaisses ou pour une folie d'un soir... ou tout simplement pour faire une jolie photographie ! A noter que les paradores proposent des forfaits "escapade jeune" ou "âge d'or" à des tarifs surprenants, à découvrir dans les plans. Voir le site internet www.parador.es

Sachez que les tarifs hôteliers sont souvent compliqués en Espagne, car il existe plusieurs prix selon la saison et le confort des chambres. Les prix sont également plus élevés les jours de fête nationale ou religieuse. Hors-saison, vous pouvez aussi essayer de négocier votre prix dans les fondas, pensiones ou casas rurales.

Centro de turismo rural *(centre de tourisme rural)*

Institution typiquement espagnole, le Centro de turismo Rural est créé par les pouvoirs publics pour revitaliser un village en zone défavorisée. C'est un établissement qui regroupe souvent sous le même toit un gîte d'étape, quelques chambres d'hôtels, un bar et un restaurant. Les tarifs sont raisonnables et le confort plus que correct, car ce sont de récentes créations.

Albergue juvenil *(auberge de jeunesse)*

L'auberge de jeunesse est située essentiellement dans les grandes villes, mais on en trouve cependant une près du village de Grañón. Issue des grands mouvements de jeunesse des années 1930 et 1940, elle permet à des jeunes peu argentés de voyager dans le monde entier. Ce mode de logement est conseillé pour les groupes. La réservation est indispensable. Plusieurs, dans les grandes villes, ne sont ouvertes que pendant l'été et fonctionnent le reste du temps comme des résidences universitaires.

Le nombre de lits y est élevé et on y a souvent la possibilité de cuisiner ou de manger. Le règlement intérieur est strict et correspond peu ou prou à celui des albergues de peregrinos. On ne peut y loger que si on est en possession de sa carte d'adhérent international, que l'on peut se procurer dans toute auberge de jeunesse adhérente au réseau international avec le timbre de l'année. Le prix varie de 8 à 17 euros par nuitée selon l'âge et selon que l'on est seul ou en groupe.

Si vous souhaitez utiliser les AJ, nous vous conseillons de visiter le site des auberges de jeunesse espagnoles www.reaj.com

Casa rural *(chambre d'hôtes)*

Les casas rurales sont les chambres d'hôtes espagnoles. Elles sont établies surtout à la campagne et dans les zones montagneuses.

Quelquefois le petit déjeuner n'est pas servi, et il vous faudra prévoir des provisions si vous partez tôt, ou alors grignoter un peu plus loin dans un bar. Certaines casas rurales proposent le repas du soir, d'autres (rares) offrent la possibilité de cuisiner. Tout comme en France, la frontière entre chambre d'hôtes, hôtel, gîte rural et gîte d'étape confortable est parfois floue, car les pèlerins ne sont pas une clientèle touristique habituelle, et les hébergeants ont dû s'adapter à cet état de fait. Certaines casas rurales proposent aussi hors-saison des gîtes ruraux habituellement loués à la semaine.

Le présent guide donne le prix d'une chambre pour une, deux personnes, ou plus selon le cas, le prix du petit déjeuner, ainsi que le prix du repas si les propriétaires le proposent. Si vous êtes légèrement plus nombreux que le nombre de places, n'hésitez pas à poser la question, car il est bien rare que le propriétaire ne trouve pas une solution de dépannage avec des lits d'appoint.

Attention : demandez à vos hôtes, lors de votre réservation (recommandée), l'heure à laquelle vous pouvez arriver. Il est rare que la chambre soit disponible avant le milieu de l'après-midi.

Camping

Les campings en Espagne sont souvent de grandes hôtelleries de plein air situées près des villes principales. Vous y trouverez généralement piscine, bar, restaurant et épicerie associés.

Pour simplifier la lecture, les prix indiqués correspondent à deux adultes occupant un emplacement avec leur toile de tente. A noter que certains campings louent des caravanes ou des bungalows pour une nuit.

Certes une tente, même les derniers modèles ultra-légers, est toujours trop lourde à traîner, que ce soit sur le porte-bagage d'un vélo ou sur un sac à dos, mais c'est un gage d'indépendance et de liberté. A vous de choisir...

Compte-tenu de la vie nocturne ibérique, et de la faible épaisseur de la toile de tente, n'oubliez pas de vous munir de boules Quiès si vous souhaitez dormir tranquille...

Idée : pour les groupes ayant un véhicule d'accompagnement, et si celui-ci transporte déjà vos sas à dos, pourquoi ne pas lui faire transporter également des tentes et s'affranchir ainsi des pesanteurs règlementaires des albergues ?

Bivouac

Appelé également camping sauvage, quoique ce vocable rappelle trop l'interdit fréquent qui frappe le fait de planter sa tente en-dehors des terrains autorisés. Nous définirons donc le bivouac comme l'action de planter sa guitoune le soir entre chien et loup pour la démonter le lendemain matin, à l'aurore naissante.

Par mesure de politesse, demandez aux riverains, s'il y en a, l'autorisation de planter votre tente. Celle-ci vous sera rarement refusée.

En outre vous trouverez sur la meseta, ce grand plateau bosselé entre San Juan de Ortega et León, de petites vallées cachées où serpentent de minuscules ruisseaux au milieu de pâtures abandonnées qui retournent à la friche. Vous y passerez des nuits de rêve quand d'autres se retournent sur un matelas au milieu d'un dortoir de ronfleurs... Personne ne vous interdira d'y monter votre petite guitoune, même si la Guardia Civil vient de temps en temps vérifier votre identité.

En juillet-août, quand sévit la canicule, les nuits sont douces et vous pouvez dormir à la belle étoile dans votre sac de couchage, à la condition de trouver un endroit isolé et caché aux regards, par mesure de sécurité.

Cependant, si vous goûtez le bivouac en pleine nature, souvenez-vous que celui-ci sera toléré aussi longtemps que la nature ne sera pas souillée. Il existe des poubelles dans chaque village, et une poche de détritus ne pèse pas lourd.

Chose curieuse : certains pèlerins vers Compostelle ont admis le fait qu'ils marcheront presque 2.000 kilomètres, mais n'imaginent absolument pas dormir dehors ou se laver à l'eau froide. Or c'est parfaitement possible, et on en meurt très rarement. Il vaut mieux se coucher de bonne heure à la dure sur un coin de prairie, et bien se reposer, que de tirer mille sonnettes dans l'espoir d'obtenir un lit, et se trouver à 11 heures du soir sans hébergement, grognasseux, tout sale et tout penaud.

Assurance

Vous êtes en voyage à pied, donc dans une activité sans risque majeur. Votre assurance responsabilité civile doit suffire à vous couvrir pour les éventuelles blessures que vous infligeriez à un autre pèlerin au cours d'une rixe ou les dégâts que vous occasionneriez à des tiers à l'issue d'une beuverie dans une taverne.

N'oubliez pas de noter le numéro de téléphone de votre assurance-rapatriement au cas où vous devriez être pris en charge au cours du voyage.

N'oubliez pas également de demander à votre caisse d'assurance-maladie (au moins 15 jours à l'avance) votre carte européenne d'assurance-maladie, qui vous permettra d'être remboursé si vous avez des problèmes de santé en Espagne.

Urgence - sécurité - centres de santé

La sécurité sur le chemin de Saint-Jacques est prise très au sérieux par les autorités espagnoles. Vous verrez à de nombreuses reprises des patrouilles de la Guardia Civil (l'équivalent de notre Gendarmerie) circuler sur le chemin. Ils ne sont pas seulement là pour embrocher d'éventuels malandrins, mais pour porter assistance aux pèlerins en difficulté : coup de fatigue, égarement, blessure, etc... N'hésitez pas à leur demander assistance si vous estimez en avoir besoin. Dans la plupart des bourgades, vous pouvez vous adresser à leur casernement qui porte pour nom "Cuartel de la Guardia Civil".

Si vous dormez dans les albergues de peregrinos, ne tentez pas les (rares) voleurs en laissant bien en vue sur votre couchette portefeuille, carte de crédit et passeport. Souvent les voleurs ne sont pas des marcheurs, mais de petits malfrats qui, profitant de la foule dans les gîtes, pénètrent subrepticement dans les dortoirs pour y dérober ce qui traînerait sans surveillance.

Si vous avez un problème de santé, consultez un médecin, un centro de salud *(centre de santé, dispensaire)* ou encore une permanence de la Cruz Roja *(Croix Rouge)*. Pour les pèlerins, les soins sont souvent gratuits. Sinon, présentez votre carte d'assurance-maladie européenne afin d'être remboursé à votre retour en France.

Les numéros d'urgence à connaître en Espagne :

- Secours :112
- Guardia Civil : 062 (surtout en campagne et dans les villages)
- Police nationale ou locale : 091 ou 092
- Bomberos *(Pompiers)* : 080
- Information téléphonique : 11818
- Information RENFE *(trains)* : 902-240-202 www.renfe.es
- Information Correos *(Poste)* : 902-197-197 www.correos.es
- Indicatif téléphonique à faire en Espagne pour obtenir la France : 00-33
- Indicatif téléphonique à faire en France pour obtenir l'Espagne : 00-34
- Renseignements sur les aéroports : www.aena.es

La lista de correos *(poste restante)*

C'est un bon moyen de rester en contact avec ses proches si on souhaite oublier le téléphone portable, internet et ses courriels. On peut se faire expédier dans n'importe quelle poste espagnole du courrier, des colis de fromages ou de poissons, etc... Notez que la Poste ferme souvent vers 14h dans les villages.

Il suffit de se présenter au guichet avec une pièce d'identité et de récupérer son bien. Attention : celui-ci est conservé 15 jours avant d'être retourné à l'expéditeur.

L'adresse à mettre sur l'enveloppe est (c'est un exemple) :

Vous trouverez les codes postaux de chaque cité dans les adresses des hébergements tout au long des différents plans.

Maxime Dupont
Lista de Correos
24320 Sahagún

Ravitaillement

Vous allez être surpris, Français qui êtes habitués à faire des kilomètres pour acheter une baguette de pain, boire un café ou faire le plein du véhicule.

En effet, l'Espagne dispose encore d'un solide réseau de commerces, de bars et de restaurants. Mais ceux-ci ont leurs heures d'ouverture et leurs jours de fermeture, toutes choses qu'il est bon de savoir si on ne veut pas perdre trop de kilos sur le chemin de Compostelle...

Si les bars sont ouverts à peu près tout le temps, les tiendas *(épiceries)* et panaderías *(boulangeries)* ferment souvent entre 14h et 17h. Méfiez-vous également du dimanche et des jours de fêtes locales ou nationales !

Le restaurant espagnol

Sur le chemin de Compostelle, certains restaurants ouvrent désormais à des heures plus pratiques pour les pèlerins, qui souhaitent aller dormir plutôt que de faire le pied de grue devant un établissement clos. Ne rêvez cependant pas : dîner à 19h sera un luxe, et ce sera plus souvent 20h. Vous trouverez pour remplir votre ventre un menú del dia *(menu du jour)* ou un menú del peregrino *(menu du pèlerin)* à des tarifs sympathiques entre 8 et 12 euros.

Le vin (à consommer avec modération) est facturé beaucoup moins cher qu'en France dans un restaurant, et vous pourrez goûter aux divins nectars que sont devenus aujourd'hui certains crus de la Rioja, la province la plus viticole de l'Espagne.

Le bar espagnol

C'est une institution en Terre ibérique ! Un Espagnol sans bar tombe en dépression profonde, c'est pourquoi vous en trouverez pléthore tout au long du chemin.

Fréquemment, ils proposent des casse-graines plus ou moins conséquents : bocadillos *(sandwiches)*, tortillas *(omelettes aux pommes de terre)*, salades diverses, etc...

La plupart vous chaufferont également un solide petit déjeuner à un prix très raisonnable. Désireux de répondre au souhait du pèlerin, de nombreux bars ouvrent désormais tôt le matin, certains même dès 5h.

La Estación de servicio *(station-service)*

Le réseau de stations-services est extrêmement dense en Espagne, Elles offrent, en sus du carburant, la possibilité de boire une boisson chaude ou froide, de grignoter un sandwich, ou d'acheter quelques biscuits. Et comme le Camino croise ou longe fréquemment certains axes routiers, notamment à la sortie des agglomérations, n'hésitez pas à y entrer.

Conseils aux cyclistes

Le chemin de Compostelle est pratiqué en France par une minorité de cyclistes, et en Espagne par la majorité des pèlerins. Beaucoup de gens prennent le chemin à bicyclette, en pensant qu'ainsi ils iront plus vite tout en voyant la même chose que les marcheurs. C'est une idée totalement fausse et nombre de cyclistes reprennent un jour le Camino avec leurs pieds, conscients d'être passés à côté de belles choses à vouloir à tout prix conduire leurs machines ferrées. Car le chemin de Saint-Jacques est un breuvage qui se déguste lentement, à la mesure de ses pas.

En effet, il faut savoir qu'il est impossible de parcourir l'ensemble du chemin à vélo, même avec un VTT. Certaines sections sont très cabossées, extrêmement pentues, en montée comme en descente, et y aller avec un engin à roues bardé de lourdes sacoches relève du désir de suicide... Dans ces sections, qui sont souvent les plus belles, vous n'aurez d'autre choix que de prendre la petite route voisine. Il se passera la même chose sur les derniers 200 kilomètres du chemin, en Galice : il y a tant de marcheurs qu'il est impossible à un vélo de se glisser parmi la foule, sauf à essuyer quelques jurons dans toutes les langues d'Europe.

Vous allez aussi rencontrer la concurrence des marcheurs en arrivant dans les albergues. D'après le règlement, ils ont priorité, mais ce règlement est difficile à mettre en œuvre dans la pratique. Il se déroule alors de superbes empoignades, fort peu chrétiennes, entre le vététiste arrivé à 16 heures et le marcheur qui entre épuisé cinq heures plus tard, et n'a plus de lit où poser son duvet...

Un site plein de bons conseils : http://perso.orange.fr/vtt.compostelle

Idée : La société Mundicamino www.mundicamino.com propose un service de location de vélos, qu'on peut laisser là où arrête son chemin. L'entreprise Jacotrans www.jacotrans.com assure le retour des vélos depuis Santiago. De même Hubert Mathieu, pèlerin cycliste de l'association belge des Amis de saint Jacques, assure un service de retours de vélos à travers la France, la Suisse, la Belgique (✉ hubert.mathieu@scarlet.be tél 00-32-485-60-03-84). Le contacter avant le départ.

Conseils aux cavaliers

Certains rêvent d'effectuer le pèlerinage de Compostelle avec un cheval. C'est là une chose fort méritante, car l'entretien d'un cheval à l'étape est une tâche prenante. Si votre monture est habituée à dormir en plein air, elle sera particulièrement heureuse sur le chemin. Le miam-miam-dodo guide donne une série d'hébergements qui ont de la place pour des chevaux, ou bien encore des centres équestres. L'ouvrage précise si votre pur-sang favori aura un abri à sa disposition ou seulement une prairie clôturée, ce qui n'est déjà pas si mal. Quelquefois, en raison de l'absence de clôture, vous devrez attacher votre animal. N'oubliez donc pas dans votre panoplie la longe ou la chaîne pour la nuit, suffisamment longue pour que le cheval puisse brouter tout son saoul, ou bien encore une clôture électrique de bivouac. S'il ne va pas dans un centre équestre, le cavalier pourvoira lui-même à l'achat de l'aliment complémentaire (orge, avoine, granulés), car les autres hébergements (hôtels, casas rurales) ont rarement de nourriture en stock. On trouve en Espagne des magasins et coopératives agricoles pour se ravitailler. Il suffit de demander dans les villages.

Si une étape est démunie d'hébergements acceptant chevaux ou ânes, ou si on a plusieurs animaux, on peut demander à l'ayuntamiento *(mairie)* l'utilisation de la plaza de toros (arènes) ou de la feria de ganados ou mercado de ganados *(halle aux bestiaux)*.

La randonnée à cheval étant toujours plus contraignante que la randonnée pedibus jambis, le cavalier veillera à téléphoner avant son départ, afin de préparer ses étapes suivant le degré de confort nocturne qu'il souhaite pour lui et son animal.

La saison idéale pour voyager avec un animal en Espagne est le printemps. En effet, jusqu'à fin juin, vous trouverez en abondance eau et herbages. Ensuite, c'est cagnard et compagnie, et plus rien à brouter...

Attention : pour circuler d'un pays à l'autre à l'intérieur de l'Union Européenne, il faut posséder un document appelé "*certificat de circulation intracommunautaire des équins*". Ce papier se procure à la Direction des Services Vétérinaires du Département, qui dispose d'exemplaires bilingues français-castillan.

Un vétérinaire doit vérifier la bonne santé de l'animal et remplir l'imprimé. L'animal doit être vacciné contre la grippe équine, la rage et le tétanos. Il faut ensuite faire tamponner le papier à la Direction des Services Vétérinaires. Vous avez alors dix jours pour franchir la frontière. Compte-tenu du délai, cet ensemble d'opérations ne peut s'effectuer qu'une fois en route, et le pèlerin-cavalier doit combiner toutes ces tâches administratives avec la faible vitesse de son équipage. Beaucoup ignorent ces formalités et les Autorités ferment les yeux. Au retour d'Espagne, vous devriez normalement effectuer l'opération inverse en terre ibérique, mais la frontière est peu surveillée et la plupart des chevaux reviennent en France sans problème et sans contrôle.

Idée : si vous souhaitez voyager à cheval sur le chemin par petits groupes : l'organisation www.caminoacaballo.com

Conseils aux randonneurs accompagnés d'un âne

Suivant les traces de Ferdinand, l'âne-pèlerin qui a parcouru le Camino en 1993, et celles de Pompon, l'âne-pèlerin et musicien (voir en Bibliographie), de plus en plus de marcheurs vers Santiago partent avec un sac à dos à quatre pattes et deux longues oreilles. Un âne est un petit compagnon doux et affectueux. Il ne mord pas, ne botte pas, et ne s'affole pas au premier papillon qui passe. Il s'attache très vite à son maître, et le suivra au bout du monde si celui-ci le traite avec bonté. Il n'existe pas de meilleur moyen pour se lier avec les gens que cette grosse peluche, dont le regard humble sait attendrir les enfants comme les anciens.

Contrairement à une légende tenace, l'âne n'est pas têtu (il réfléchit longtemps), et marche à bonne vitesse. D'ailleurs la plupart des randonneurs à âne, très rapidement, lâchent la bride de leur compagnon, et le laissent trotter à son pas, broutant de ci de là, et rejoignant son maître sitôt qu'il est disparu dans un coude du chemin.

Un âne porte le bagage de deux, voire trois randonneurs, sans fatigue, y compris le matériel de camping et de popoting. Un âne est un véhicule extrêmement économe, puisqu'il se nourrit seulement de l'herbe du chemin. Sa gourmandise, ce sera une haie pleine de ronce, d'aubépine et de chardon. Véhicule rustique aussi, puisqu'il couche dehors par tous les temps.

Cependant il existe certains inconvénients, qui sont également propres aux chevaux : on ne peut pas faire halte en pleine ville, car l'animal n'y trouverait rien à brouter. De même, le voyage de retour devient plus compliqué, car il faut qu'un véhicule adapté, camionnette ou van, vienne à Compostelle chercher le maître et l'animal, d'où dépense supplémentaire et importante.

Lisez en outre les "conseils aux cavaliers" pour les renseignements de circulation hors des frontières nationales.

Sachez également que l'âne, en Terre d'Espagne, n'est pas forcément le bienvenu si vous souhaitez dormir dans des hébergements en dur (albergue, hostal, casa rural). La plupart du temps rien n'est prévu pour les animaux, ni prairie ni écurie, et les hospitaliers ont autre chose à faire qu'à régler vos problèmes d'intendance. Si vous allez vers Compostelle avec un âne, privilégiez absolument l'option "camping-bivouac". Ce choix vous permettra, une fois le petit coin de prairie déniché, de décharger l'animal et de le laisser se reposer et brouter.

Radio-Camino nous a rapporté que la traversée des villes de Pampelune, Burgos et León est désormais interdite aux ânes et chevaux, et que l'arrivée sur la praza de Obradoiro, devant la cathédrale de Santiago, est limitée à très peu de temps. A Saint-Jean-Pied-de-Port, on vous laissera traverser la vieille ville, malgré le panneau d'interdiction, à la condition de ramasser les crottins en cas d'oubli de votre animal.

Location d'un âne : un seul loueur français d'ânes de randonnée propose des animaux de bât sur la partie espagnole du chemin de Saint-Jacques : Bib'âne, 64410 Méracq (tél 05-59-04-55-49 ✉ bibane64@wanadoo.fr) (30 km sud de Aire-sur l'Adour). Le loueur vient vous conduire au point de départ et vous explique le fonctionnement de l'âne. Comptez environ 250 euros par semaine, comprenant l'âne, le bât et les sacoches. Le tarif est bien sûr dégressif si vous partez plus d'une semaine, par exemple environ 750 euros des Pyrénées à Santiago. Quand vous serez au bout du chemin, rajoutez le coût du rapatriement pour l'âne et pour vous, qui sera assuré par l'ânier avec un véhicule approprié (environ 350 euros).

Un ânier espagnol propose désormais également des ânes à la location, quel que soit le point de départ. Il s'agit de José, de l'albergue Canal de Castilla à Frómista (tél 00-34-979-888-048 ✉ info@albergueperegrinosfromista.es) (Plan 43 du miam-miam-dodo)

@ Si vous voulez en savoir plus sur les possibilités de l'âne en randonnée, allez faire une visite au site www.bourricot.com à la rubrique *Le Chemin de Compostelle avec un âne*. Vous y trouverez conseils et données techniques. Visitez également le site www.chemindecompostelle.com à la rubrique *Le chemin de Compostelle avec un petit âne*.

Les personnes handicapées

Le miam-miam-dodo signale par un sigle si un hébergement peut accueillir une personne à mobilité réduite dans ses murs. Cette nouveauté permettra, espérons-le, à ces randonneurs courageux de partir à leur tour, avec leurs moyens, sur ce grand chemin de liberté. De nombreuses personnes nous ont fait part de la méthode qu'elles avaient employée pour "marcher" vers Santiago (fauteuil tout-terrain, joëlette, bicyclette à main, charrette à âne, etc...). Pour en savoir plus sur la façon de parcourir le chemin de Saint-Jacques de Compostelle quand la vie vous a joué des tours, allez visiter le site www.chemindecompostelle.com et cliquez sur la vignette *Randonner sans les pieds*.

Des solutions nouvelles permettront bientôt de partir sur le chemin de Saint-Jacques quand on est habituellement en fauteuil, tout en gardant une totale autonomie. Allez sur le site internet www.randoline.com pour en savoir plus.

La réservation

A de rares exceptions, les albergues de peregrinos "publiques" (gérées par la province, la mairie, la paroisse ou une association jacquaire) n'acceptent pas les réservations. Par contre les albergues privées, les monastères, hôtels, casas rurales, centros de turismo rural les acceptent. Nous indiquons dans les pavés de texte de chaque hébergement, par la mention "poss résa", si l'opération est possible, ou alors "résa nécessaire" si tel est le cas.

La fin de la course au lit : Depuis 2005, le nombre de lits d'albergues sur le Camino (sans compter les lits d'hôtel et ceux des casas rurales) a plus que doublé. Il n'est donc plus nécessaire de se lever à 4 heures du matin pour marcher comme un fou jusqu'à la prochaine étape afin d'être certain de trouver un lit. Si vous souhaitez être sûr du lieu où vous allez dormir le soir, privilégiez les hébergements privés et réservez. Mais il est inutile de courir, et les files de sacs à dos en attente devant le gîte appartiennent désormais au passé.

Bon sens : Ne rentrez pas dans cette course effrénée, prenez votre temps, profitez de la beauté du chemin et faites confiance à la providence. Aucun pèlerin ne dort dehors dans les villages espagnols.

La voiture d'accompagnement

Certains groupes de pèlerins utilisent une voiture d'accompagnement, conduite alternativement par un membre du groupe, afin d'effectuer la corvée de portage des bagages vers l'étape du soir.

En règle générale, ceux qui pratiquent ainsi en profitent pour emporter beaucoup plus de bagages et de vêtements que s'ils portaient eux-mêmes leur sac à dos. Et lorsqu'un membre du groupe est fatigué de l'étape, la voiture le prend alors en charge. En-dehors de cas médicaux justifiés, ceux qui ont choisi cette option ne sont pas vraiment partis dans leur tête, et n'ont pas totalement coupé le lien avec le monde de tous les jours. Comment être à la fois "en chemin" et "en route" ? C'est dommage pour eux, qui se privent de la merveilleuse liberté de la marche au long cours. Conséquence fatale : une certaine froideur, dans un même hébergement, entre pèlerins portant leur maison sur le dos et automobilistes partiels...

Devant ce problème, certains hébergements ont pris la décision d'accueillir désormais seulement les pèlerins à pied, à bicyclette ou à cheval, excluant de facto les automobilistes, voire les réservations de tous les groupes quels qu'ils soient. Cette précision est indiquée dans les pavés descriptifs des hébergements.

A vous qui envisagez cette option de la voiture d'accompagnement, nous disons : libérez-vous de ce boulet au pied, prenez le sac et partez respirer l'air de la liberté. Si vraiment le sac vous pèse, utilisez les services des sociétés de portage ou prenez un petit âne.

Les punaises de lit

Disparues depuis la dernière guerre, ces sales petites (6 mm) bêtes ont refait leur apparition dans certains gîtes du Chemin de Compostelle. Elles sont apportées par les pèlerins eux-mêmes, qui les véhiculent avec leurs sacs à dos, eux-mêmes contaminés car posés un jour sur un lit déjà infecté ou sur le bord d'une plinthe innocente...

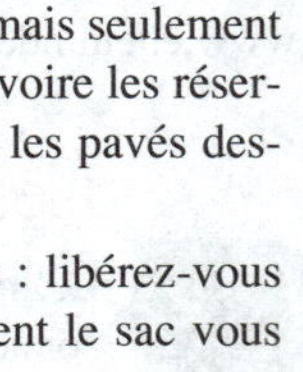

La durée d'incubation des œufs étant d'une vingtaine de jours, il est impossible de savoir si un lit est contaminé ou pas tant qu'on n'a pas vu les petites bêtes courir... Elles piquent comme des puces ou des moustiques, pendant le sommeil, et ça gratte... Leur particularité est de piquer en plusieurs endroits sur une ligne droite. En outre, ça laisse généralement des petites taches de sang sur les draps. Le problème est devenu si grave en que certains gîtes d'étape ont dû être fermés dans l'attente de leur décontamination.

Il ne sert à rien de stigmatiser tel ou tel hébergement, car le plus minutieux des propriétaires de gîtes ou chambres d'hôtes peut retrouver un jour une de ses chambres infectées par un seul sac à dos posé dans la pièce 20 jours avant...

Nombre d'hébergeurs ont tenté de résoudre le problème en désinfectant leurs locaux par tous les moyens. Mais seule la mobilisation de TOUS peut éradiquer le fléau. Car il suffit d'un seul élément dans la chaîne qui ne respecte pas les prescriptions d'hygiène pour que tous les autres soient de nouveau embêtés.

Pour les pèlerins : c'est une grande nouveauté, depuis 2010 on trouve sur le chemin dans certains offices de tourisme, chez certains hébergeants ou encore par correspondance, un spray à pulvériser sur l'intérieur et l'extérieur de l'ensemble du bagage et du contenu : sac à dos, duvet, drap, bonnet, vêtements, etc...

Attention : suivez attentivement les consignes d'hygiène données par les hébergeants, et ne prenez pas certaines consignes comme des brimades vexatoires, par exemple l'interdiction d'emporter les sacs à dos dans les chambrées.

Conseil : Si vous avez dormi dans un hébergement à la propreté douteuse, ou si vous constatez des piqûres inhabituelles sur la peau, et si vous n'avez pas de spray anti-punaises sous la main, procédez à un grand nettoyage de votre sac à dos, et lavez toutes vos affaires, y compris le sac de couchage, dans un lave-linge à 60°. Encouragez vos compagnons de route à en faire autant.

Infos sur les points de vente (pour les hébergeurs comme pour les pèlerins) : à l'adresse www.chemindecompostelle.com/punaisesdelit

Le retour de Santiago

Il existe plusieurs façons de revenir de Compostelle :

- à pied : pour les purs et durs...
- en train : pour une cinquantaine d'euros, et après une journée de voyage, vous arriverez à Irún.
- en bus : 24 heures pour revenir à Paris par Hendaye
- en avion : il y a même à Santiago des vols Ryanair
- en voiture, si un proche peut venir vous quérir et profiter de votre bonheur
- en voilier, en allant dans un port se proposer comme équipier (tribulante)

L'office de tourisme de Santiago se fera un plaisir de vous donner les moindres détails. Si vous souhaitez prolonger le rêve de trois jours, alors continuez jusqu'au Cap Finisterre par le chemin balisé.

Les Hospitaliers

Vous serez souvent accueillis, dans les albergues ou dans les accueils religieux par un *hospitalero* (si c'est un homme) et *hospitalera* (si c'est une femme). Ce sont en général d'anciens pèlerins, qui souhaitent redonner aux autres ce que le Chemin leur a apporté. Ils viennent passer quelques jours ou quelques semaines, bénévolement, pour effectuer l'accueil, préparer les repas, aider au nettoyage, etc... Leur tâche est difficile, répétitive et fastidieuse. En aucun cas ce ne sont des larbins d'un autre siècle sur lesquels on pourrait passer sa mauvaise humeur ou sa fatigue. Ils ont simplement un règlement à faire appliquer, sans lequel la cohabitation dans l'albergue deviendrait invivable. Si la promiscuité, les ronfleurs, les douches tièdes, ne vous conviennent pas, il est inutile de vous défouler sur les hospitaliers. Allez simplement dormir à l'hôtel voisin et payez alors ce qui jusque là vous était offert pour presque rien.

Donativo *(libre participation aux frais)*

Vous verrez dans les pavés descriptifs de certains hébergement la mention "donativo". Cela signifie qu'aucun tarif n'est établi. C'est à vous de déposer, selon vos moyens financiers et selon la perception que vous avez de l'accueil, une somme adéquate, toujours dans un tronc et d'une manière anonyme. Cette libre participation est un choix de la part de ces structures, qui souhaitent accueillir tous les pèlerins qui se présentent sans aucun blocage tarifaire. C'est pour beaucoup une façon de vivre leur Foi en étant sur le Chemin et en pratiquant l'accueil. La libre participation leur permet d'assurer l'entretien de l'albergue ou de la maison et de couvrir les frais.

Attention : ce n'est pas un synonyme de "gratuit". Ces structures ne bénéficient d'aucune subvention d'aucune sorte. Si vous n'avez pas ou très peu d'argent, vous pouvez aussi proposer de "participer aux frais" en rendant un service. La survie de ce système est assurée dans la mesure où chacun participe.

Le balisage du Camino en Espagne

Il est d'une clarté et d'une densité absolues : la couleur jaune est le fil d'Ariane qui vous emportera vers Compostelle. Flèches jaunes, traits jaunes, pâtés jaunes, gouttelettes jaunes sur les cailloux du chemin, et dans les villes des coquilles de céramique jaunes sur fond bleu scellées sur les murs ou bien coquilles en bronze encastrées dans le pavage.

Attention : le chemin est en perpétuelle évolution. A chaque fois qu'une zone commerciale ou un nouveau lotissement s'installent à la sortie d'une ville, à chaque fois qu'une déviation ou une autoroute bouleversent le paysage, le chemin est détourné. Dans tous les cas, suivez scrupuleusement le balisage jaune. Il vous mènera à bon port et vous permettra de sortir honorablement des nœuds autoroutiers sans risquer votre vie.

Les autorités espagnoles s'attachent aussi à promouvoir quelquefois des alternatives permettant d'éviter le cheminement trop près des routes nationales. A vous de choisir l'itinéraire qui vous sied : le chemin court et le bruit, ou alors un chemin plus long avec le silence...

Appel à Radio-pèlerin : à chaque fois que l'itinéraire vous a semblé différent de celui qui se trouve dans nos plans, merci de nous en faire part à votre retour (cartonnettes à la fin du livre). Nous en tiendrons compte dans les prochaines éditions.

Le miam-miam-dodo du GR 65 (voie du Puy)

Né en 1997, le miam-miam-dodo du GR 65 s'est imposé comme la Bible des pèlerins en marche entre Le Puy-en-Velay et Saint-Jean-Pied-de-Port. Tout comme ce miam-miam-dodo espagnol, il répertorie hébergements et services dans un fuseau de 4 à 5 km de part et d'autre du Chemin. Le miam-miam-dodo est entièrement remis à jour et ré-édité chaque année.

Le miam-miam-dodo du Chemin d'Arles

Il décrit le trajet depuis Arles jusqu'au Col du Somport, puis le tronçon jusqu'à Puente la Reina. Contrairement à une légende tenace, cette voie est fort bien pourvue en gîtes, campings, hôtels et chambres d'hôtes. Elle est très belle, surtout quand on pénètre dans les contreforts des Cévennes après Montpellier. Elle est encore tranquille, et on n'y trouvera pas la foule qui se presse parfois sur certaines portions du GR 65. Elle laisse aux pèlerins qui l'ont parcourue un sentiment de grande liberté.

Le miam-miam-dodo du Chemin Stevenson et du chemin de Saint-Gilles

Pour découvrir d'autres sentiers chargés d'histoire, pour l'instant plus tranquilles que les chemins traditionnels menant à Compostelle. Cet ouvrage décrit deux chemins : le chemin de R.L Stevenson (GR 70 du Puy-en-Velay à Alès, et le chemin de Saint-Gilles (voie Regordane) du Puy-en-Velay à Saint-Gilles-du-Gard, près d'Arles.

L'orthographe des noms espagnols

Vous constaterez parfois des différences d'orthographe entre les noms de lieux imprimés sur le miam-miam-dodo, les dépliants touristiques, les cartes IGN espagnoles, les panneaux routiers. Ceci est normal. Au temps où le général Franco régnait sur l'Espagne, et en dépit de son origine galicienne, le castillan était la langue officielle et les autres langues régionales (catalan basque, galicien, etc...) devaient s'effacer et si possible, disparaître.

Mais ces langues ont survécu, et avec la décentralisation, ont retrouvé un statut officiel. Fortes de leur nouveau pouvoir, les Régions se sont empressées de remettre à l'honneur les anciennes graphies. "El Cebrero" est ainsi redevenu "O Cebreiro". Et "Pampelune" s'appelle aussi "Iruña"

Sur le miam-miam-dodo, nous nous en sommes tenus à l'orthographe promue dans les cartes éditées par l'Instituto Geográfico Nacional, qui est respectueuse des différences régionales.

Légende des plans

Attention : dans les villes, nous indiquons seulement les services spécifiques aux pèlerins. Pour les hôtels, toujours en grand nombre, il faudra se rendre à l'office de tourisme ou chercher sur internet. Pour les restaurants, parcourez la calle Mayor et laissez-vous tenter.

Albergue de peregrinos *(gîte d'étape pour pèlerin)*

L'ouvrage donne le nombre de places, le prix de la nuitée par personne, les dates d'ouverture, la possibilité de prendre un repas ou de cuisiner et autres services dont vous pouvez disposer.

Monasterio, accueil chrétien *(monastère)*

Sont répertoriés dans cette rubrique les monastères, paroisses, communautés laïques qui offrent l'accueil aux pèlerins.

Albergue juvenil *(auberge de jeunesse)*

Il en existe une dizaine sur le Camino. On y précise le nombre de places, une échelle des prix, et les différents services offerts. La plupart sont ouvertes entre début juillet et mi-septembre.

Refugio *(refuge sommaire)*

Il s'agit de locaux rustiques, sans eau ni douche, qui peuvent servir en cas d'urgence ou de mauvais temps.

Casa rural *(chambre d'hôtes)*

Sont précisés la catégorie, le nombre de chambres, l'échelle du prix des chambres, ainsi que les périodes de fermeture éventuelles. Il donne aussi le prix du petit déjeuner, du dîner, de la halte demi-pension pour une personne (dîner, nuitée, petit-déjeuner. Les prix sont indiqués pour une nuit et pour une, deux ou trois personnes, voire plus.

Hostal, hostal-restaurante *(hôtel, hôtel-restaurant)*

L'ouvrage donne la catégorie de l'hôtel, le nombre de chambres, l'échelle du prix des chambres, l'échelle du prix des menus si l'hôtel possède un restaurant, ainsi que les jours de fermeture. Il donne aussi le prix de la halte demi-pension pour une personne (dîner, nuitée, petit-déjeuner).

Camping - location de bungalow

L'ouvrage donne le prix moyen pour deux adultes et une tente, plus quelques précisions (restaurant sur place, repas, ravitaillement, location de caravanes ou bungalows, etc...).

Restaurante *(restaurant)*

Tous les lieux où l'on peut remplir son ventre sont notés ainsi. On y trouve l'échelle des prix des menus, ainsi que les jours de fermeture.

Bar, restauration rapide

L'ouvrage précise également si le bar propose des tapas, casse-graines, bocadillos et autres. Il précise les jours et périodes de fermeture, ainsi que l'heure d'ouverture si elle est très matinale.

Tienda *(épicerie)*

C'est ici que vous pourrez quérir les bonnes choses nécessaires à la vie du randonneur, y compris les cochonnailles ibériques si gouleyantes. Les jours de fermeture sont précisés. A noter que la plupart des commerces d'alimentation sont ouverts le dimanche matin.

Panaderia *(boulangerie)*

L'ouvrage indique les jours de fermeture. Attention : le concept de "boulangerie-pâtisserie" existe peu en Espagne. Par contre on trouve dans les panaderias toute une gamme de sablés qui font un excellent en-cas.

Correos *(La Poste)*

On peut y retirer gratuitement le courrier qu'on a demandé à ses amis d'expédier en Lista de correos (poste restante). Pour ceux qu'Internet rebuterait encore...

RENFE *(chemins de fer)*

Signale l'existence d'une gare. Numéro national d'infos 902-240-202 ou www.renfe.es

Estación de autobús *(station de bus)*

On donne l'adresse et le téléphone de la station, plus quelques renseignements annexes dont le pèlerin aurait besoin.

Farmacia, centro de salud *(pharmacie, centre de santé)*

L'ouvrage indique simplement la présence de l'officine. Attention : les farmacias sont souvent fermées le samedi après-midi. Les centres de santé, quant à eux, ont des horaires très restreints

Oficina de turismo *(office de tourisme)*

C'est le lieu où se trouve presque toujours la réponse à son problème, à la condition de prendre garde aux horaires d'ouverture. De 13-14h à 17h, la sieste bloque tout !

Banco - cajero automatico *(banque - distributeur de billets)*

L'ouvrage précise s'il existe un distributeur de billets.

Taxis - transporte de equipajes *(transport de bagages)*

Quelques taxis proposent leurs services au long du trajet afin de transporter en cas de besoin bagages et équipages.

Acogida peregrinos *(accueil des pèlerins)*

Quelques associations jacquaires accueillent le pèlerin et le dirigent vers un hébergement idoine.

Bar internet

L'endroit où vous pourrez consulter votre messagerie et rassurer vos proches.

Réparations de vélos

Si vous avez un ennui avec votre petite reine, un professionnel pourra vous venir en aide.

Monument ou lieu à visiter

Endroit à visiter absolument.

Centro ecuestro

Les centres équestres permettent au cavalier de trouver le nécessaire pour son animal, et de se dépanner auprès de professionnels en cas de souci.

Sigles complexes

Vous trouverez quelquefois dans les pages des sigles complexes, quand les hébergements offrent une palette de services. Le sigle ci-dessus, par exemple, signifie que vous trouverez au même endroit une casa rural, un endroit pour camper et le repas du soir assuré.

Petit explicatif pour les icônes de repas :

Quand l'icône avec l'assiette et les couverts est séparée de l'hôtel ou de l'albergue, cela signifie que le restaurant est ouvert à tous.

Quand les couverts sont dans l'icône, cela signifie que les repas, le plus souvent le repas du soir, sont réservés aux clients de l'albergue, de l'hôtel ou de la casa rural.

Indication évitant les mourissures de soif.

Sigles et abréviations utilisées dans le texte descriptif des hébergements

Point ânes et chevaux

Ce sigle indique que ânes et/ou chevaux sont acceptés. Quelquefois, l'endroit n'est pas clôturé. Il vous faudra alors attacher l'animal durant la nuit. Certains établissements dont c'est la raison de vivre, tels les centres équestres, demandent une somme incluant le foin et l'aliment. Veillez à vous assurer que l'hébergement dispose de nourriture en téléphonant. Attention : cet accueil de chevaux est proposé la plupart du temps en dépannage pour un petit nombre d'animaux.

Point Internet **borne Wifi**

L'hébergeur propose aux pèlerins d'accéder à leur messagerie sur un ordinateur ou par une borne Wifi pour ceux qui disposent de téléphones cellulaires sophistiqués.

Personnes à mobilité réduite

Ce sigle signifie que l'hébergement propose une ou plusieurs chambres ou locaux adaptés aux personnes à mobilité réduite. Il est prudent de téléphoner pour s'assurer de leur disponibilité.

Langues parlées

Les gens qui pratiquent l'accueil sont souvent polyglottes. Les petits drapeaux vous montreront l'étendue de la culture de vos hôtes. Dans les albergues où officient de nombreux hospitaliers, souvent bénévoles et interchangeables, il nous est impossible de préciser les langues parlées.

Poss résa : raccourci pour "possibilité de réserver". Dans les autres cas, abstenez-vous.

Certains endroits proposent un "prix pèlerin", réservé bien sûr à ceux qui marchent vers Compostelle. Il s'agit essentiellement des réductions que consentent certains hôtels et restaurants. L'existence d'un prix spécial ou d'un service pour pèlerins est signalée par le petit symbole.

Sigle important pour les albergues de peregrinos : il indique l'heure d'ouverture, l'heure de fermeture des portes le soir, et l'heure obligatoire de départ le matin.

ouv 14h, ferm 22h, départ 8h

Accès des chiens

Certains hébergements acceptent le chien du pèlerin, d'autres le refusent

Abri pour les vélos

CB **Sigle Carte Bancaire**

Signifie que l'hébergement accepte le règlement par carte bancaire. Attention : en Espagne sont généralement acceptées les cartes Visa, Mastercard, Maestro. Les cartes American Express sont souvent refusées.

ch = chambre

ppn = panier pique-nique

HS = hors-saison

LL = lave-linge

SL = sèche-linge

= prix spécial pour les pèlerins par rapport aux prix pratiqués vis-à-vis des touristes ordinaires

= possibilité de cuisiner = petit déjeuner = repas

= précisions sur l'accueil des ânes et chevaux

= l'hébergeant accepte d'aller chercher les pèlerins avec sa voiture à tel ou tel endroit de rendez-vous, et les ramènent le lendemain matin. Ce service est proposé par les hébergeants qui sont à quelque distance du chemin. Attention : ce service est offert selon la disponibilité de l'hébergeant, ce n'est jamais une obligation.

25 €, 45 €, supp 20 € = 1 personne 25 €, 2 personnes 45 €, personne supplémentaire 20 €

jan fev mar avr mai jun jul aou sep oct nov dec = mois de l'année

lun mar mer jeu ven sam dim = jours de la semaine

Explicatif d'un plan

échelle 1/37.500
(1 cm = 375 m)

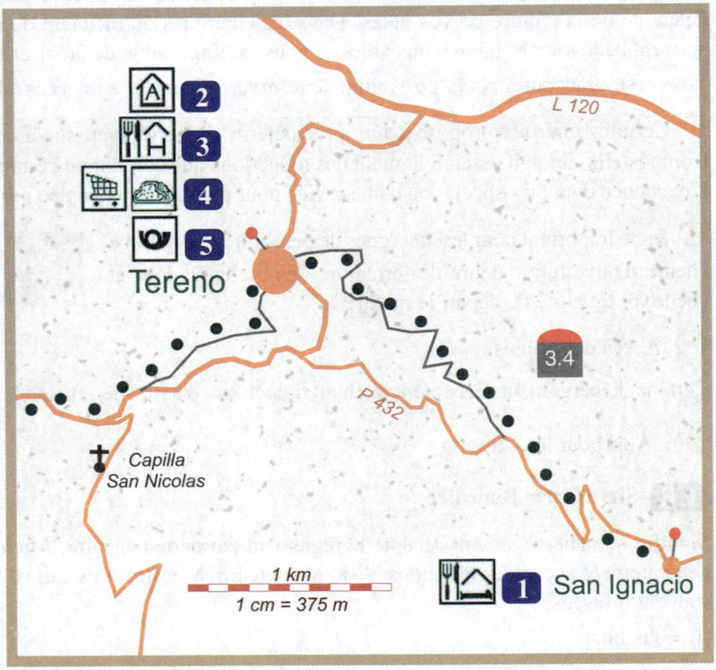

Tereno — Le gros point jaune, c'est une ville ou un village

San Ignacio — Le petit point jaune, c'est un hameau ou un lieu-dit

Le trait jaune, c'est une route goudronnée
Le trait jaune plus fin, c'est une route goudronnée secondaire
Le trait gris, c'est un chemin de terre

3.4 (3.4 km) — La borne indique la distance entre deux épinglettes

La suite de petits points verts, c'est le tracé du Camino francés

La suite de petits points jaunes, c'est une variante ou un raccourci

1 Casa rural
Sra Carmen Perez, San Ignacio, 27810 Tereno (948-710-444
✉ carmen.perez@wanadoo.es) 2 ch, 25 €, 30 €, 4 €,
11 €, LL 3 €, ouvert Pâques à Toussaint

Liste du matériel de randonnée

Cette liste est donnée à titre tout-à-fait indicatif afin que les étourdis n'oublient rien et que les porteurs de faix se restreignent... Mais surtout, si les bretelles du sac vous scient les épaules, si vos pieds se couvrent d'ampoules dès les premiers jours, si vous êtes las au soir venu, précipitez-vous dès le lendemain à la première Poste pour renvoyer à la maison dans une petite boite jaune tout ce qui n'est pas strictement indispensable.
Conclusion : partez léger ! En sabrant tout le superflu, on parvient à un sac de 10 kg pour un homme et 8 kg pour une femme. Les choses les plus importantes, à savoir le soleil, la nature, le sourire, le bonheur, ne pèsent rien, et on en trouve à profusion au long du chemin...

Nuit :
Sac de couchage, sac à viande (on recommande sac à viande et pyjama en soie pour leur légèreté et leur qualité thermique)

Toilette :
Serviette, gant de toilette, savon, brosse ou peigne, miroir, rasoir, shampooing, cotons-tiges, dentifrice et brosse à dents

Vêtements :
Chaussures de marche rôdées, 3-4 paires de chaussettes légères, pantalon transformable en short, 2 tee-shirts, chemise, 1 chandail léger, 1 chandail chaud ou polaire, foulard multi-usages (couvre-chef ou écharpe), chapeau pour le soleil, poncho ou veste imperméable, mouchoirs, sous-vêtements, maillot de bain, chaussures légères pour le soir (espadrilles ou tongs), survêtement ou vêtements légers pour la halte du soir

Cartographie :
Topo-guide, miam-miam-dodo, boussole, GPS

Pharmacie :
Crème solaire, aspirine, aiguille et fil de coton pour les ampoules, répulsif (crème, aérosol ou autre) contre les moustiques et autres insectes (punaises de lit), boules Quiès pour les nuits en dortoirs

Divers :
Papiers d'identité, carte européenne d'assurance-maladie, numéro de téléphone de l'assurance-rapatriement, carte Visa et numéro de téléphone en cas de perte, argent liquide, carte-téléphone ou téléphone portable avec chargeur, matériel de couture pour les petites réparations, poches plastiques multi-usages, bout de corde et quelques épingles à linge, papier-toilette, bâton de marche (bourdon), appareil photographique et cartes numériques, batterie de secours, carnet de route et stylos, petit dictionnaire bilingue, gris-gris, nounours, cages à oiseaux, etc...

Camping et cuisine :
Tente, matelas auto-gonflant, camping-gaz et cartouche de rechange, gamelles, couverts, quart, couteau, gourde, serviette, allumettes ou briquet, ouvre-boites, tire-bouchon, nécessaire à vaisselle (gratounette, savon, torchon)

Les petites phrases simples du pèlerin

¡ Hola ! ¡ Buenos días !	Bonjour ! (le matin)
¡ Buenas tardes !	Bonjour (après le déjeûner)
¡ Buenas noches !	Bonsoir ! ou bonne nuit !
¿ Qué tal ?	Comment ça va ?
¿Qué tal estás ? ou ¿ Cómo estás ?	Comment vas-tu ?
¿ Adónde vas ?	Où vas-tu ?
Voy a Santiago.	Je vais à St Jacques.
¿ De dónde vienes ?	D'où viens-tu ?
De Francia	De France
¿ Andando ?	A pied ? (en marchant ?)
Sí, andando desde mi casa	Oui, à pied (en marchant) depuis chez moi
Ya hace un mes que salí (salir : sortir ou partir)	Il y a déjà un mois que je suis parti
Tengo ampollas en el pié	J'ai des ampoules au pied
La mochila es muy pesada	Le sac à dos est très lourd
¿ Hay... ?	Y a-t-il... ?
Perdón Señora, ¿ hay una tienda por aquí ?	Pardon Madame, y a-t-il une épicerie par ici ?
¿ Hay pan ?	Y a-t-il du pain ?
ou ¿ Tiene pan, por favor ?	Avez-vous du pain, s'il vous plaît ?
ou Quisiera pan	Je voudrais du pain
Gracias /muchas gracias	Merci / merci beaucoup
De nada	De rien
¿ Dónde está el albergue de peregrinos ?	Où est l'albergue de pèlerins ?
¿ Por dónde va el camino ?	Par où le chemin passe-t-il ?
Hay que	Il faut
Hay que pasar el puente	Il faut passer le pont
Después ir a mano derecha / a la derecha	puis prendre à droite
Siguiendo el río	en suivant la rivière
Faltan dos kilómetros para llegar	Il reste deux kilomètres avant d'arriver
Ya llegamos al pueblo / ciudad	Ainsi nous arrivons au village / à la ville
Hay que seguir las flechas amarillas	Il faut suivre les flèches jaunes
Para no perderse	pour ne pas se perdre
A la derecha / a mano derecha	à droite
A la izquierda / a mano izquierda	à gauche
Quisiera dormir	Je voudrais dormir
No quiero comer ahora	je ne veux pas manger maintenant
Caro / barato	cher / bon marché
¿ Cuánto es ?	C'est combien ?
¿ Cuánto es la habitación individual por una noche ?	Combien coûte une chambre pour une nuit ?
¿ Quedan camas libres ?	Reste-t-il des lits disponibles ?
Queremos parar aquí	Nous voudrions nous arrêter ici
Quisiera una habitación con cama de matrimonio	Je voudrais une chambre avec un grand lit
¿ Es una habitación con cuarto de baño ?	Est-ce une chambre avec salle de bain ?
En los albergues suelen ser baños compartidos	Dans les albergues il y a des sanitaires communs
¿ Es usted el hospitalero ?	Etes-vous l'hospitalier ?
¿ A qué hora abre el albergue ?	A quelle heure ouvre l'albergue ?
Tengo hambre	J'ai faim
Quisiera cenar a las siete de la tarde	Je voudrais manger à 19 h

¿ Sería posible, por favor ? — Cela serait-il possible, s'il vous plaît ?
Un bocadíllo de jamón, por favor — Un sandwich au jambon s'il vous plaît
A que hora se sirve la comida ? — A quel heure sert-on le déjeûner ?
¿ A partir de qué hora podemos desayunar (tomar el desayuno) mañana por la mañana ?
A quelle heure pouvons-nous prendre le petit-déjeuner demain matin ?

Ayer	Hier
Hoy	Aujourd'hui
Mañana	Demain
Mañana por la mañana	Demain matin
La mañana	La matinée
La madrugada	L'aube
Levantarse a las cinco y media de la madrugada	Se lever à cinq heures et demi du matin
Me voy a duchar	Je vais prendre une douche
No quiero dormir ahora	Je ne veux pas dormir maintenant
¿ Dónde puedo lavar la ropa ?	Où est-ce que je peux laver mon linge ?
Ayer llovía, pero hoy hace buen tiempo	Hier il a plu, mais aujourd'hui il fait beau.
¡ Qué sol ! ¡ qué calor !	quel soleil, quelle chaleur !
Quisiera visitar la ciudad	Je voudrais visiter la ville
¿ Qué hay que ver ?	Qu'y a-t-il à voir ?
¡ Qué bonita es esa fuente !	Que cette fontaine est jolie !
¡ Qué hermoso paisaje !	Quel beau paysage !
¡ No entiendo !	Je ne comprends pas !
¿ Puedes / Puede hablar más despacio ?	Peux-tu / Pouvez-vous parler plus lentement ?
Me gusta andar.	J'aime marcher.
Me gustaria comer pulpo en Galicia	J'aimerais manger du poulpe en Galice

Me encanta el románico por lo largo del Camino de Santiago.
J'adore l'art roman présent tout au long du chemin de St Jacques

Pour « vouvoyer » quelqu'un, on s'adresse à cette personne à la troisième personne du singulier en lui disant « Usted ». Mais le tutoiement est beaucoup plus usité qu'en France.

Faux-Amis :
Sello : tampon à faire apposer sur la credencial, ou bien timbre à mettre sur une lettre. Ne pas confondre avec *el timbre*, la sonnette (llamar al timbre : appuyer sur la sonnette), ni avec *un tampón*, protection périodique féminine
El mesón : le restaurant
La casa : la maison
El mapa : la carte ou le plan géographique
La carta : la lettre (correspondance) mot à éviter, en général, vous voulez plutôt dire « postal » ou « mapa » ou « tarjeta »
La tarjeta : la carte de crédit, carte de téléphone ou carte de visite, etc...
Una postal : une carte postale
Autoservicio : un magasin (en général alimentation) en libre-service
Cafetería : lieu où vous pourrez boire un café, ou un thé, plus chic que le bar. Mais cela désigne aussi un service de restauration collective entre la « cantine » et ce que nous entendons par cafétéria (par exemple dans une auberge de jeunesse ou un camping)

Attention : quand vous allez au bar, si vous demandez « un cafe », ce sera avec lait. Pour avoir un café sans lait, il faut demander un « cafe solo »

La Randoline (www.randoline.com)

L'idée

La Randoline a été construite pour permettre aux personnes à mobilité réduite de pratiquer la promenade ou la randonnée en toute autonomie, en toute liberté et en toute sécurité. L'accompagnateur marche à côté de l'animal et le tient à la longe.

La technique

C'est un véhicule léger à trois roues, tracté par un âne, un poney ou un petit cheval. Les roues arrière, dotées d'amortisseurs et de suspension, sont équipées de freins que le passager commande à la main dans les descentes ou les passages difficiles.

Un arceau enveloppe le passager et le protège si survenait un chavirage. L'arceau écarte également les branches basses des chemins.

Deux petites assises latérales facilitent le transfert du passager, par lui-même, depuis le fauteuil roulant vers le véhicule et vice versa.

Le siège reçoit le coussin personnel du passager. Il est équipé de deux accoudoirs escamotables, réglables en longueur et en hauteur. Le passager est maintenu dans le siège par un harnais de sécurité.

Le coffre de 250 litres contient les bagages de deux personnes, y compris le matériel spécifique. Il est amovible et ferme à clé.

Un support permet de transporter, à l'arrière de la Randoline, le fauteuil pliant personnel du passager. Une capote protège le passager et le siège contre la pluie ou le soleil.

La sécurité

Un système de sécurité, actionné par le passager s'il le juge nécessaire, désaccouple instantanément la Randoline de l'animal et déclenche un freinage immédiat. Il suffit de réarmer le système pour repartir. Pour le passager, c'est la sécurité absolue.

La simplicité de l'attelage

Nul besoin d'avoir des connaissances en attelage : le harnachement, totalement innovant, est fait d'une seule pièce et se pose en quelques secondes sur l'animal. Quant à l'âne, au poney ou au petit cheval, ils connaissent très bien leur travail et tracteront sans problème.

La liberté

Toute personne à mobilité réduite capable d'actionner manuellement les commandes de freinage et de séparation peut partir en randonnée avec la personne de son choix. Sa collaboration, son attention et son activité au cours de la randonnée sont essentielles pour le groupe.

Dans un esprit de solidarité, passager, animal et accompagnateur vont découvrir le plaisir d'être simplement ensemble sur de beaux chemins. Les élans de tendresse envers la « grosse peluche » renforcent le lien affectif de cette belle équipée.

La Randoline s'adresse non seulement aux personnes qu'un accident de la vie a privées de l'usage des jambes, mais aussi aux personnes plus âgées qui ont de la difficulté à se déplacer longtemps à pied.

La Randoline et le chemin de Saint Jacques

Déjà certains pèlerins sont partis par leurs propres moyens, essentiellement avec des fauteuils roulants électriques. Mais ce choix est limité par la durée de charge des batteries et la rudesse de certains sentiers.

La Randoline permet au pèlerin handicapé, à de rares exceptions près, de parcourir exactement le même chemin que les autres pèlerins. Seules quelques sections de sentier, trop étroites ou trop pentues, lui sont interdites. Il suffit alors de prendre la petite route voisine.

Le pèlerin handicapé n'a plus besoin de véhicule d'accompagnement transportant les bagages. Il lui suffit de partir avec son conjoint, ou un ami, et tous deux marcheront à la même vitesse.

La Randoline et l'Espagne

Le camino francés a été entièrement aménagé par les autorités espagnoles, et il est actuellement randolinable à 99%.

Tester la Randoline

Il est possible de tester la Randoline gratuitement pendant une journée entière, sur un beau chemin de causse, à proximité du GR 65, près de Cahors. L'hébergement est assuré dans un gîte d'étape en demi-pension.

Diffusion de l'information

La Randoline est un merveilleux projet, dont les premières machines sont disponibles depuis 2009, mais qui restera confidentiel si l'information ne circule pas. Le monde du handicap est extrêmement cloisonné, souvent discret, et il faut aujourd'hui dire aux personnes bloquées sur un fauteuil que la randonnée leur est désormais accessible, en famille ou avec des amis.

De nombreux financements existent pour faciliter la vie des personnes à mobilité réduite, et il suffit d'un dossier bien monté pour redonner à tous le goût de la liberté.

☺ **Générosité** : Vous qui avez la chance de pouvoir faire le chemin de Saint Jacques avec vos pieds, peut-être souhaiterez-vous, à votre retour, donner cette chance à ceux qui le peuvent pas car un accident de la vie les a cloués dans un fauteuil.

Une association a été créée spécialement pour collecter des dons et mettre des Randolines à disposition des pèlerins handicapés sur le chemin de Compostelle. Vous pouvez y laisser le montant de votre choix. Si chaque pèlerin de retour de Santiago donnait simplement 1 euro, c'est 5 nouvelles machines qui pourraient parcourir le camino et donner du bonheur.

Pour avoir plus de détails et participer, voir le site www.randolinecompostelle.com

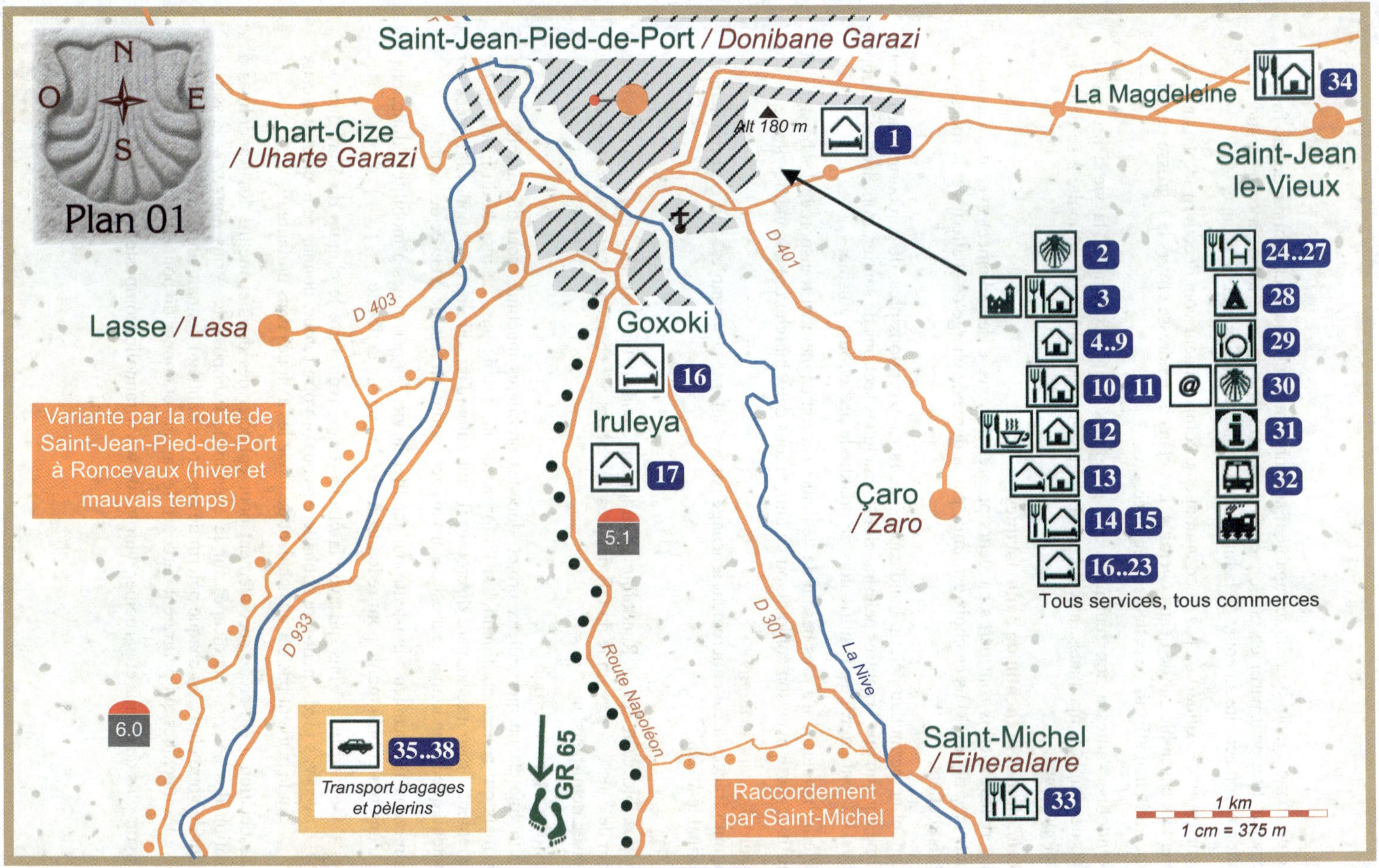

Plan 01
N
O
E
S
Saint-Jean-Pied-de-Port / Donibane Garazi
Uhart-Cize / Uharte Garazi
La Magdeleine
Saint-Jean le-Vieux
Alt 180 m
1
34
D 401
D 403
D 933
D 301
Lasse / Lasa
Goxoki
16
Iruleya
17
Çaro / Zaro
2
3
4..9
10
11
12
13
14
15
16..23
24..27
28
29
30
31
32
@
Tous services, tous commerces
Variante par la route de Saint-Jean-Pied-de-Port à Roncevaux (hiver et mauvais temps)
5.1
6.0
Route Napoléon
La Nive
GR 65
35..38
Transport bagages et pèlerins
Raccordement par Saint-Michel
Saint-Michel / Eiheralarre
33
1 km
1 cm = 375 m

Plan 01

1 Chambre d'hôtes Louise Harriet, 6 chemin Taillapalde, 64220 Saint-Jean-Pied-de-Port (✉ denis.harriet@wanadoo.fr 05-59-37-09-74) 2 ch, 50 €, ouv tte l'année *(10 mn à pied avant porte Saint Jacques)*

2 Accueil Pèlerin @, Assoc. Amis du Chemin de Saint-Jacques des Pyrénées-Atlantiques, 39 rue de la Citadelle (05-59-37-05-09 ✉ caminopa@hotmail.com) contribution Credencial 2 €, ouv toute l'année

3 Accueil paroissial Kaserna
43 rue d'Espagne, 64220 Saint-Jean-Pied-de-Port (05-59-37-65-17 & 06-28-72-22-86) 12 places, , , part libre aux frais, ouv 15 avr à fin sep 14h à 20h

4 Refuge municipal, 39 rue de la Citadelle (05-59-37-05-09) 32 places, nuit 8 € (1 seule nuit), offert par l'ACSJPA, poss réchauffer aliments, LL 2 €, SL 2 €, pas de résa, ouv tte l'année

5 Gîte L'Esprit du Chemin
Huberta & Arno (pèlerins), 40 rue de la Citadelle, 64220 Saint-Jean-Pied-de-Port (05-59-37-24-68 ✉ info@espritduchemin.org) 18 places en ch de 3-4-8 pers, nuit 8 €, 3 €, 9 €, ouv avr à sep

6 Refuge Esponda, place du Trinquet, 64220 Saint-Jean-Pied-de-Port (Marie-Louise 06-79-07-52-52) nuit 12 à 14 €, , , ouv tte l'année

7 Gîte d'étape Ultreïa @ Bernard et Fafa, 8 rue de la Citadelle, 64220 Saint Jean PdP (06-80-88-46-22 dodo.ultreia@gmail.com) 15 places, nuit 12 à 15 €, en ch 40 €, 3 €, , LL & SL avec part, ouv avr à oct

8 Gîte Azkorria @ *(ouverture prévue juin 2011)* Alain Bigot, 50 rue de la Citadelle, 64220 Saint-Jean-Pied-de-Port (✉ azkorria50@orange.fr 06-76-02-05-36) 14 places en ch et dortoirs, nuit dortoir 14 €, nuit ch 45 €, 3 €, LL & SL avec part, , ppn, dépannage-ravitaillement, ouv tte l'année

9 Gîte Compostella 6 route d'Arnéguy, 64220 Saint-Jean-Pied-de-Port (05-59-37-02-36 ✉ gitecompostella@sfr.fr) 14 places, nuit 12.50, , ouv tte l'année

10 Gîte d'étape Zazpiak-bat Mr et Mme Lopépé, 13 bis route maréchal Harispe (route Napoléon), 64220 Saint-Jean-Pied-de-Port (05-59-49-10-17 & 06-75-78-36-23 ✉ giteguill.lopepe@gmail.com) 18 places en ch de 2-3 pers, demi-pension ✣ 35 €, nuit+ 25 €, LL 3 €, SL 2 €, ouv tte l'année

11 Gîte l'Auberge du Pèlerin @ Mr et Mme Ménargues, 25 rue de la Citadelle, 64220 Saint-Jean-Pied-de-Port (05-59-49-10-86 & 06-78-44-62-10 ✉ contact@aubergedupelerin.com) 48 places, nuit 15 €, demi-pension 31 €, 5 €, 11 €, ppn sur résa 7 €, LL 2 €, SL 2 €, ouv 1er avr au 1er nov

12 Gîte - Bar - Brasserie Zuharpeta @
Sabine Gueraçague, 5 rue Zuharpeta, 64220 Saint-Jean-Pied-de-Port (05-59-37-35-88 & 06-21-30-03-05 ✉ gitezuharpeta@laposte.net) 14 places, nuit 12 €, 5 €, 12 €, ppn sur résa, ouv tte l'année

13 Chambre d'hôtes - Gîte Portaleburu
Jean-Pierre Mailharro, 13 route Napoléon, 64220 Saint-Jean-Pied-de-Port (05-59-49-10-74 & 06-86-45-74-64 ✉ portaleburu@hotmail.fr) 4 chambres, 50 € // Gîte, 6 places en ch de 2 pers, nuit 18 €, 5 €, , ouv tte l'année

14 Chambre d'hôtes Maison Bernat Mr et Mme Levitte, 20 rue de la Citadelle, 64220 Saint-Jean-Pied-de-Port (✉ elmh@wanadoo.fr 05-59-37-23-10 & 06-84-24-30-79) 4 ch, demi-pension 68 €, 96 €, 144 €, ouv 15 mar à fin-oct

15 Chambre d'hôtes @ Marie-José Lagord, Maison Ziberoa, 3 ancienne route d'Arnéguy, 64220 Saint-Jean-PdP (✉ contact@ziberoa.com 05-59-37-75-25 & 06-61-23-59-44) 4 ch, 50 €, 65 €, 22 € sur résa la veille, ouv tte l'année

16 Chambre d'hôtes @ Mme Iriarte, Villa Goxoki, route Napoléon, 64220 Saint-Jean-PdP (✉ louisette.iriarte@wanadoo.fr 05-59-49-17-73 & 06-70-72-23-18) 5 ch, ✣ 55 € (selon saison), LL 3 €, SL 3 €, ppn, ouv avr à nov

17 Chambre d'hôtes @ Mme Juantorena, Iruleya, route Napoléon, 64220 Uhart-Cize (05-59-37-02-84 ✉ iruleya@orange.fr) 3 ch, 40 €, 50 €, 60 €, , LL & SL, ouv tte l'année

18 Chambre d'hôtes
Mr Chateauneuf & Mme Maïtia, 24 rue de la Citadelle, 64220 Saint-Jean-Pied-de-Port (05-59-37-32-08 ✉ garazi642@sfr.fr) 3 ch, 32 €, 36 €, ouv tte l'année

19 Chambre d'hôtes @ Mme Paris, 35 avenue Renaud, 64220 Saint-Jean-PdP (✉ gracianne.paris@wanadoo.fr 05-59-37-22-32 & 05-59-37-01-47) 3 ch, 35 €, 45 €, supp 10 €, ouv tte l'année

20 Chambre d'hôtes Errecaldia @ Tim Proctor, 5 chemin de St Jacques, 64220 Saint-Jean-Pied-de-P. (✉ tim@errecaldia.com 05-59-49-17-02 & 06-19-32-56-52) 3 ch, 40 à 45 €, 55 à 65 €, 70 à 80 €, ouv tte l'année

21 Chambre d'hôtes Maison Donamaria
Jean-François Rabeux, 1 chemin d'Olhonce, 64220 Saint-Jean-Pied-de-Port (05-59-37-02-32 & 06-61-90-29-21 ✉ info@donamaria.fr (sauf résa)) 5 ch, 55 €, 65 €, ouv tte l'année *(angle pont Eyheraberri)*

22 Chambre d'hôtes Itzalpea Evelyne Uhart, 5 place du Trinquet, 64220 Saint-Jean-Pied-de-Port (05-59-37-03-66 ✉ itzalpea@wanadoo.fr) 5 ch, 52 à 60 €, 62 à 80 €, à 6h30, ouv tte l'année, fermé sam HS

Suite données Saint-Jean-Pied-de-Port page suivante .../...

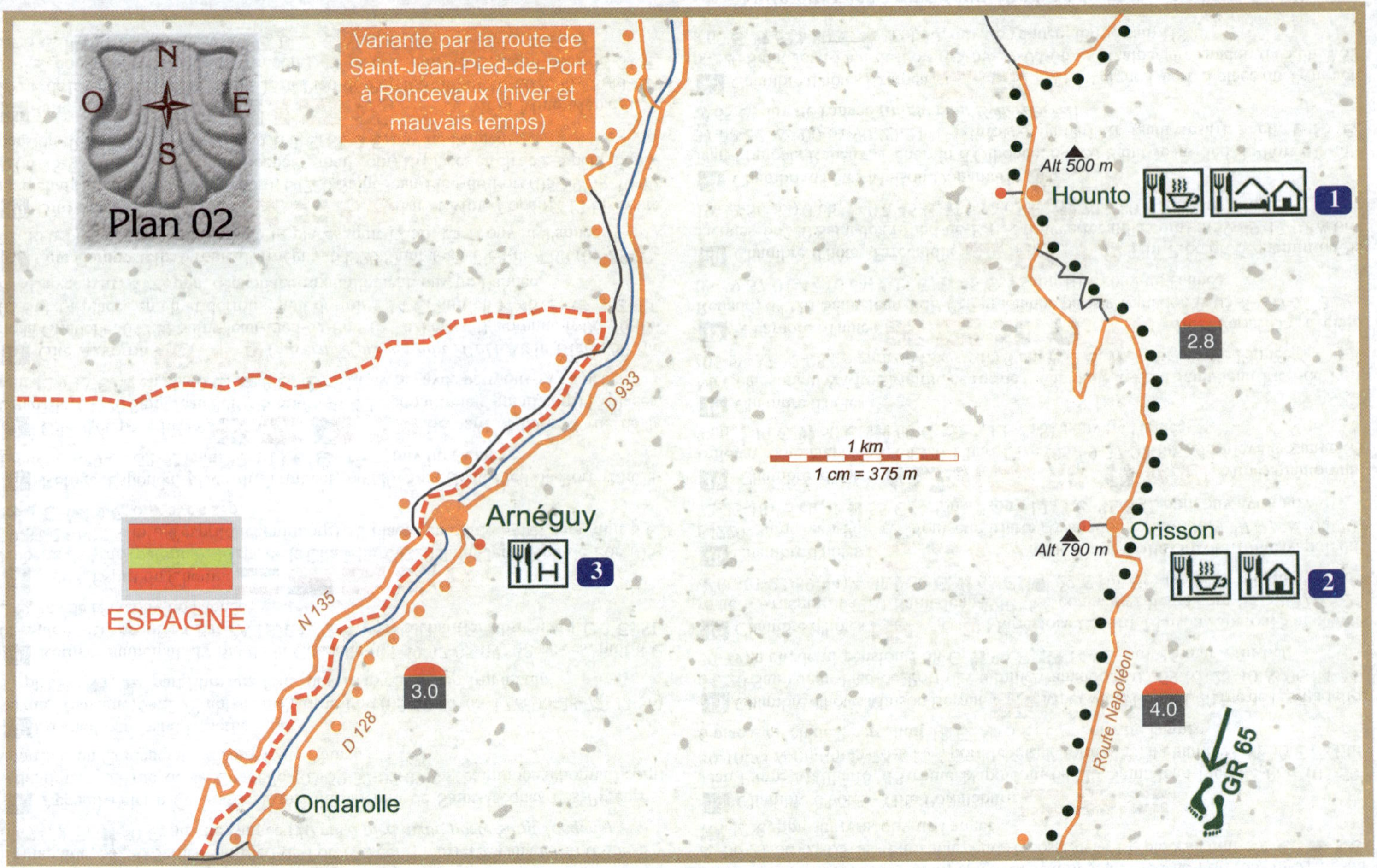
N
O
E
S
Plan 02
Variante par la route de Saint-Jean-Pied-de-Port à Roncevaux (hiver et mauvais temps)
Alt 500 m
Hounto
1
2.8
D 933
1 km
1 cm = 375 m
Arnéguy
3
Alt 790 m
Orisson
2
ESPAGNE
N 135
3.0
D 128
Route Napoléon
4.0
GR 65
Ondarolle

23 Chambre d'hôtes Arcanzola Marie Gardères, 32 rue de la Citadelle, 64220 Saint-Jean-Pied-de-Port (✉ garderes.marie-france@neuf.fr 05-59-49-17-05 & 06-48-11-97-38) 2 ch, 15 €, ouv tte l'année

24 Hôtel-restaurant Camou** CB route de Lasse, 64220 Saint-Jean-Pied-de-Port (05-59-37-02-78) 27 ch, 45 à 55 €, 6.50 €, 17 € sur résa, demi-pension 98 €, fermé nov à mar

25 Hôtel-restaurant Central** CB 1 place De Gaulle, 64220 Saint-Jean-Pied-de-Port (✉ central-hotel@orange.fr 05-59-37-00-22) 14 ch, 60 à 77 €, 9 €, 20 à 46 €, fermé mar HS sauf vacances scolaires

26 Hôtel-restaurant Ramuntcho** Logis CB 1 rue de France, 64220 Saint-Jean-Pied-de-Port (✉ hotel.ramuntcho@wanadoo.fr 05-59-37-03-91) 16 ch, 60 à 85 €, 9 €, 13.50 à 31.50 €, demi-pension 70 à 82 €, 114 à 138 €, fermé mar et mer HS, restaurant fermé ven en saison, fermé 24 nov au 3 jan et 27 jun au 3 jul

27 Hôtel-restaurant des Pyrénées*** Relais & Châteaux CB @ 19 place De Gaulle, 64220 Saint-Jean-Pied-de-Port (✉ hotel.pyrenees@wanadoo.fr 05-59-37-01-01) 19 ch, 100 à 250 €, 16 €, 40 à 100 €, demi-pension 150 à 210 €, piscine, ouv 7/7 en saison, fermé mar du 20 sep au 30 jun et lun soir nov à mar, fermé 20 nov au 20 dec et 5 au 28 jan

28 Camping municipal Plaza Berri *, avenue du Fronton, 64220 Saint-Jean-Pied-de-Port (05-59-37-11-19 & 06-67-21-08-13 & mairie hors-saison 05-59-37-00-92) 10 € *(sous réserve)*, ouv Pâques à Toussaint

29 Nombreux restaurants et snacks-brasseries

30 Direction Compostelle - Boutique du Pèlerin @, 1 place Floquet et 32 rue de la Citadelle (05-59-49-12-77) Point internet, produits de soins pour les marcheurs...

31 Office de tourisme, 14 place De Gaulle (www.pyrenees-basques.com 05-59-37-03-57 ✉ saint.jean.pied.de.port@wanadoo.fr)

32 Bus : ligne reliant Pampelune à Saint-Jean-Pied-de-Port chaque jour, passe à Roncevaux vers 15h, voir office de tourisme

33 Hôtel-restaurant Xoko-Goxoa Logis CB @ Betty Armantier, 64220 Saint Michel (05-59-37-06-34 ✉ infos@xoko-goxoa.com) 13 ch, demi-pension 42 à 48.50 €, ouv tte l'année, fermé mer HS

34 Gîte du Camp Romain Carole Etchandy, Maison Ur Bizia, 64220 Saint-Jean-le-Vieux (06-86-99-82-03 ✉ gitecampromain@orange.fr) 3 ch de 2 pers, nuit 40 à 50 €, ch de 4 pers, nuit 15 €, , LL & SL avec part, ouv tte l'année, oct à avr sur résa *(à l'église, à gauche sur 100 m, puis à gauche sur 200 m)*

35 Taxi de l'Ostibarret : Aroue à Saint-Jean-Pied-de-Port et Roncevaux // Jean-Claude Lafuente, Maison Bidartia, 64120 Arhansus (05-59-65-76-05 & 06-30-53-85-52 www.taxi-ostibarret.fr jean-claude.lafuente@nordnet.fr) rapatriement véhicules, transports bagages Aire sur l'Adour à Roncevaux (pas moins de 5 sacs)

36 Express Bourricot : Saint-Jean-Pied-de-Port à Burgos // Caroline Aphesset-che, 31 rue de la Citadelle, 64220 Saint-Jean-Pied-de-Port (+33(0)559-37-36-28 & +33(0)661-96-04-76 ✉ apcaroline@hotmail.com www.expressbourricot.com) transport bagages 8 € par sac de Saint-Jean-Pied-de-Port à Burgos, tarifs groupes, transport pèlerins entre Moissac et Burgos et gares et aéroport

37 Taxi Nafarroa : Saint-Jean-Pied-de-Port à Roncevaux // Guillaume Lopépé (06-75-78-36-23 ✉ giteguill.lopepe@gmail.com) transport bagages à Roncevaux : 7 € par bagage // transport pèlerins tous trajets // Retour Roncevaux : 9-10 € par pers

38 Taxi Xavier Dion : Hendaye à Saint-Jean-Pied-de-Port // 78 route de Béhobie, 64700 Hendaye (06-09-30-40-90 ✉ taxi.xabi@gmail.com) 8 places, transport bagages et pèlerins, poss transport vélos

****

1 Chambre d'hôtes - Gîte d'étape Gîtes de France Jeanne Ourtiague, ferme Ithurburia, 64220 Saint-Michel (05-59-37-11-17 ✉ jeanne.ourtiague@orange.fr) 5 ch, 40 €, 50 €, 65 €, 75 €, 8 à 16 € // Gîte d'étape, 21 places *(poss places supp en 2011)*, demi-pension 32 à 36 €, , ppn 6.50 €, LL & SL 5 €, ouv tte l'année // restauration rapide le midi *(environ 1h30 de marche de Saint-Jean-Pied-de-Port, au lieu-dit Hounto)*

2 Refuge - Auberge Orisson Jean-Jacques Etchandy, BP 13, 64220 Uhart-Cize-Saint-Michel (05-59-49-13-03 & 06-81-49-79-56 ✉ refuge.orisson@wanadoo.fr) 18 places, demi-pension 31 €, restaurant ouv tous les midis, sandwiches, ouv fin mar à oct // restauration rapide *(1h de marche après Hounto)*

3 Hôtel-restaurant Le Clémenténia** CB Le Bourg, 64220 Arnéguy (05-59-37-13-54 ✉ hotelclementenia@neuf.fr) 9 ch, 35 à 50 €, 60 €, 5.50 €, uniquement le soir 12 à 15 €, ppn, ouv 1er mar au 15 nov 7/7

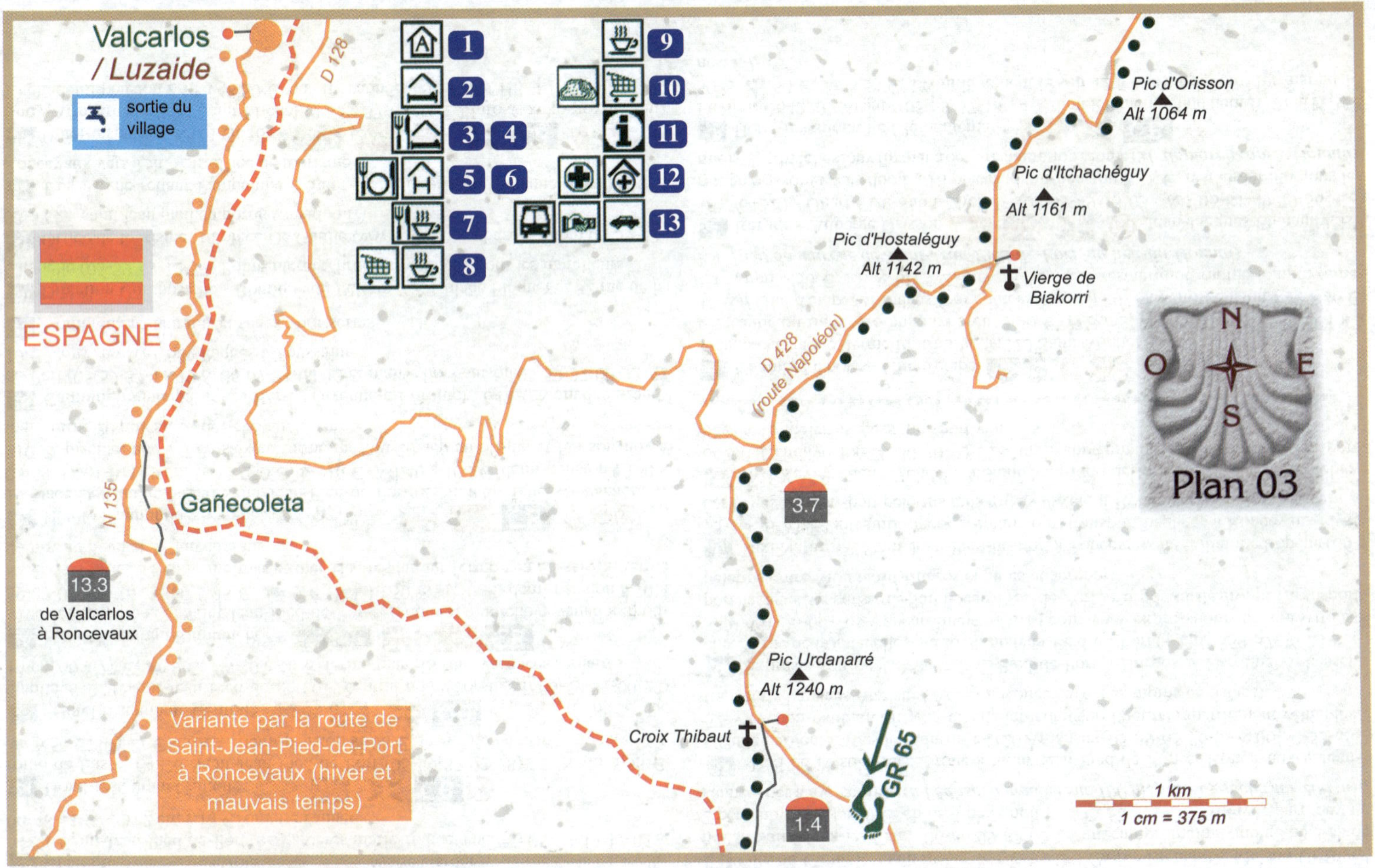

Valcarlos
/ Luzaide
sortie du village
ESPAGNE
D 128
1
2
3
4
5
6
7
8
9
10
11
12
13
Pic d'Orisson
Alt 1064 m
Pic d'Itchachéguy
Alt 1161 m
Pic d'Hostaléguy
Alt 1142 m
Vierge de Biakorri
D 428
(route Napoléon)
N
O
E
S
Plan 03
N 135
Gañecoleta
3.7
13.3
de Valcarlos
à Roncevaux
Pic Urdanarré
Alt 1240 m
Croix Thibaut
GR 65
1.4
Variante par la route de Saint-Jean-Pied-de-Port à Roncevaux (hiver et mauvais temps)
1 km
1 cm = 375 m

Plan 03

1 Albergue municipal Turístico
Ayuntamiento, 31660 Valcarlos (✉ luzaide-valcarlos@wanadoo.es 948-790-117 & 646-048-883) poss résa, 24 places en 2 dortoirs, nuit 10 € ☕ inclus, draps & serviettes 3 €, LL, (pré à proximité), si fermé demander à la Benta Ardandegia (pavé 8)

2 Casa rural Etxezuria **
Rosa Arrosagarai, 31660 Valcarlos (948-790-011 & 609-436-190 ✉ casaetxezuria@yahoo.es www.etxezuria.com) poss résa, 8 ch, 45 €, ☕ 4 €, , bocadillos sur commande // gîtes ruraux loués à la nuit, 22 places, 23 € ☕ inclus, pour groupes, (pré, si enclos électrique, prévenir)

3 Casa rural Toki Ona et Casa Navarlaz **
Peio Iribarren, 31660 Valcarlos (948-128-229 & 636-38-38-48 ✉ info@navarlaz.com www.navarlaz.com) résa nécessaire, 15 ch et un studio, 37 à 50 €, demi-pension 75 € (été), (studio), LL & SL, (écurie), , ouv tte l'année *(1 km après Valcarlos, prendre sur 300 m une petite route qui monte à droite, fléchée "Casa Navarlaz")*

4 Casa rural Erlanio ***
María Isabel Iturriría, calle Elizaldea sn, 31660 Valcarlos (948-790-218 & 669-651-266) poss résa, 3 ch, 35 €, 3 €, 12 € (résa nécessaire), LL, , poss taxi 8 places, ouv tte l'année

5 Hostal - Restaurante Maitena **
Miguel Echart, calle Elizaldea sn, 31660 Valcarlos (www.hostalmaitena.com 948-790-210 ✉ hostalmaitena@hotmail.com) poss résa, 6 ch, 38 à 50 €, 50 à 60 €, ☕ 4.75 €, 14 €, , fermé Toussaint à fev

6 Hotel - Restaurante Casa Marcelino CB
calle Elizaldea sn, 31660 Valcarlos (948-790-063 ✉ info@casamarcelino.com www.casamarcelino.com) poss résa, 18 ch, 40 à 50 €, demi-pension 40 €, ☕ 4 €, 12 à 18 €, , fermé mar HS

7 Bar Iñaki, calle Elizaldea sn en cours de changement de propriétaires, *devrait rouvrir au printemps 2011*

8 Bar - Tienda Benta Ardandegia, calle Elizaldea sn (tél 948-796-002) ouv tous les jours 8h à 20h, si l'albergue est fermée s'adresser au bar, ouv festivos

9 Bar Jero, calle Elizaldea

10 Alimentation :
- Panadería Doray, calle Elizaldea sn, ouv festivos
- Tienda - dépôt de pain Venta Arrosagaray, calle Elizaldea sn, fermé 1er au 15 jan

11 Office de Tourisme @
(mairie 948-790-117) calle Elizaldea sn, ouv jul à sep

12 Centre de Santé (948-790-213 & 948-796-203)

13 Transports :
- Transport Carlos Mateo (948-790-043 & 676-274-550) transport bagages de Saint-Jean-Pied-de-Port à Pampelune
- Taxi Andoni Urolagi (948-790-218 & 636-191-423) 8 places, poss transport vélo

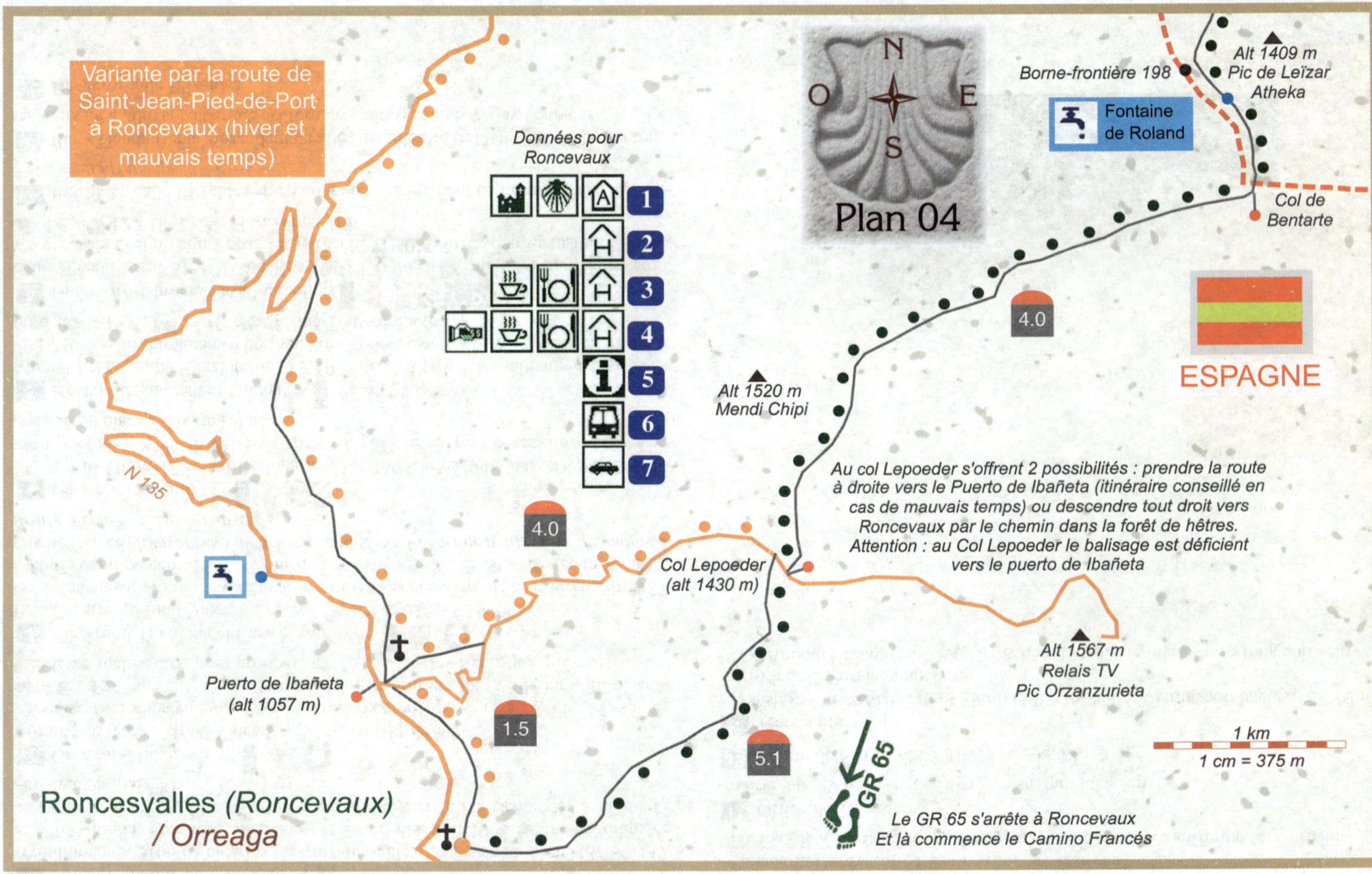

Plan 04
N
O
E
S
Variante par la route de Saint-Jean-Pied-de-Port à Roncevaux (hiver et mauvais temps)
Données pour Roncevaux
1
2
3
4
5
6
7
Borne-frontière 198
Alt 1409 m
Pic de Leïzar
Atheka
Fontaine de Roland
Col de Bentarte
ESPAGNE
4.0
Alt 1520 m
Mendi Chipi
Au col Lepoeder s'offrent 2 possibilités : prendre la route à droite vers le Puerto de Ibañeta (itinéraire conseillé en cas de mauvais temps) ou descendre tout droit vers Roncevaux par le chemin dans la forêt de hêtres.
Attention : au Col Lepoeder le balisage est déficient vers le puerto de Ibañeta
Col Lepoeder
(alt 1430 m)
4.0
N 135
Puerto de Ibañeta
(alt 1057 m)
1.5
5.1
Alt 1567 m
Relais TV
Pic Orzanzurieta
GR 65
Le GR 65 s'arrête à Roncevaux
Et là commence le Camino Francés
1 km
1 cm = 375 m
Roncesvalles (Roncevaux)
/ Orreaga

Plan 04

1 Albergue de la Colegiata Real et Oficina del Peregrino @
Accueil religieux, Padres Agustinos, calle Francia sn, 31650 Roncesvalles (948-760-000) priorité aux pèlerins à pied, 400 places en dortoir, 18 places de Toussaint à mar, nuit 6 €, pas de couvertures, LL & SL, ouv 16h, ferm 22h, départ 8h // accueil des pèlerins, information et délivrance de la crédencial
- Messe et bénédiction du pèlerin à 20h, sam, dim et fêtes à 18h en hiver, 19h en été

2 Casa de Beneficiados ** @ - Hotel Roncesvalles
Helena Arrostegui, calle Francia sn, 31650 Roncesvalles (948-760-105) Casa (info@casadebeneficiados.com www.casadebeneficiados.com) apparts de 2 à 6 pers dans anciennes demeures des chanoines, 53.50 à 65 €, 64.20 à 75 €, 108 à 129 €, demi-pension 42 € à partir de 3 pers, // Hotel (info@hotelroncesvalles.com www.hotelroncesvalles.com) 16 ch, 53.50 à 65 €, 64.20 à 75 € // Hotel et Casa, 9.70 €, LL, poss taxi, consigne bagages et , clés-infos à la Casa Sabina, fermé dec à fev

3 Hotel - Restaurante - Bar Casa Sabina **
Helena Arrostegui, calle Francia sn, 31650 Roncesvalles (948-760-012 casasabina@gmail.com www.casasabina.es) 5 ch, 40 €, 50 €, 4 €, 14 à 17 €, pèlerin 9 € (après la messe), résa dès son arrivée, , poss taxi, fermé dec à fev

4 Hotel - Restaurante - Bar Posada de Roncesvalles @
calle Francia sn, 31650 Roncesvalles (posada@laposadaderoncesvalles.com tél 948-760-225 www.laposadaderoncesvalles.com) poss résa, 20 ch, 50 €, 58 €, 63 €, 78 €, 6.50 €, 17.20 €, pèlerin 9 € (après la messe), réserver le repas à votre arrivée, (pré), distributeur de billets, parking, poss transport bagages, fermé nov

5 Office de Tourisme
Antiguo Molino, calle Francia, 31650 Roncesvalles
(948-760-301 oitroncesvalles@cfnavarra.es www.turismo.navarra.es)
ouvert dim matin, fermé Noël, Nouvel An, Epiphanie, ouvert autres festivos

6 Bus : ligne reliant Pampelune à Saint-Jean-Pied-de-Port chaque jour, passe à Roncevaux vers 15h, voir office de tourisme

7 Taxis associados (948-553-065 & 617-463-865 zahara218@hotmail.com) transport personnes et bagages de Roncevaux à Logroño, poss parking durant votre marche et transfert taxi à l'arrivée jusqu'à votre véhicule

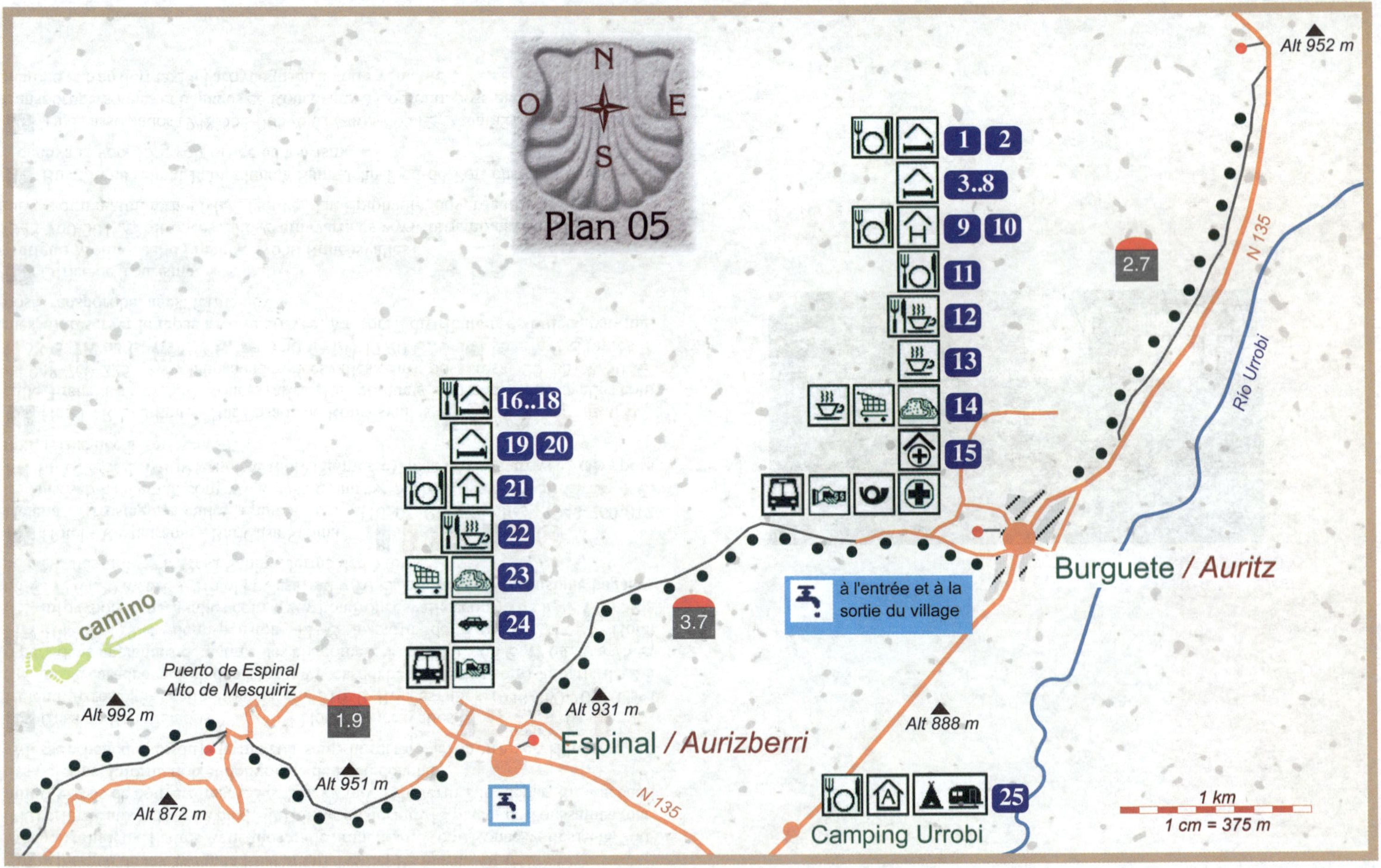
Plan 05
N
O
E
S
Alt 952 m
N 135
Rio Urrobi
1 2
3..8
9 10
11
12
13
14
15
2.7
16..18
19 20
21
22
23
24
Burguete / Auritz
à l'entrée et à la sortie du village
3.7
camino
Puerto de Espinal
Alto de Mesquiriz
Alt 992 m
1.9
Alt 931 m
Alt 888 m
Espinal / Aurizberri
Alt 951 m
Alt 872 m
N.135
25
Camping Urrobi
1 km
1 cm = 375 m

Plan 05

1 Casa Don Jáuregui de Burguete et restaurant La Borda** CB
Ana Catarineu, calle San Nicolás 32, 31640 Burguete (948-760-031 donjauregui@donjaureguideburgete.com www.donjaureguideburgete.com) 7 ch., 36 €, 48.50 €, 6 €, 13 à 15 €, spa, sauna, jacuzzi, , restaurant fermé dim soir et lun sauf ponts

2 Restaurante et Casa rural Txiki Polit**
Moises Eseverry, avenida Roncesvalles 42 (948-760-019) 3 ch, 30 €, HS uniquement // Restaurant, 19 €, fermé dim soir et lun saison, fermé 20 dec au 20 fev, ouv festivos

3 Casa rural Casa Vergara**
Dominica Granada Larramendi, 31640 Burguete (948-760-044) 4 ch, 35 €, possible été (prévenir), , ouv tte l'année

4 Casa rural Casa Pedroarena**
María Pilar Apezteguia-Bravo, 31640 Burguete (948-760-164 & 948-130-889 & 680-879-679 ruralpili@gmail.com www.casapedroarena.com) poss résa, 6 ch, 35 €, 3.50 €, LL, , fermé Noël et Nouvel An

5 Casa Juandeaburre*
Ana-Rosa Serna Aspeleta, calle San Nicolás 28, 31640 Burguete (948-760-078) 4 ch, 16 €, 27 €, 3 €, LL, , ouv mar à dec

6 Casa rural Casa Loigorri*
María Rosario Ciganda, calle San Nicolás 27, 31640 Burguete (948-760-016) 2 ch, 20 €, 28 €, 4 €, , ouv 15 mar au 15 dec

7 Casa rural Casa Loperena*
Maider Otegui, calle San Nicolás sn, 31640 Burguete (948-760-068) 3 ch, 17 €, 27 €, , ouv Rameaux à début oct

8 Casa rural Iturri Aldea*
Catarina Pedroarena Etuláin, avenida Roncesvalles 35, 31640 Burguete (948-760-243) 4 ch, 28 €, 3.50 €, , à partir de 6h30 sur résa, arriver avant 20h sinon prévenir, résa souhaitée HS, fermé vacances Noël

9 Hotel-Restaurante Loizu***
Familia Loizú, calle San Nicolás 13, 31640 Burguete (reservas@loizu.com 48-760-008 www.loizu.com) 27 ch, 51 à 63 €, 63 à 89 €, 86 à 111 €, 6.50 €, 10 à 17 €, prix pèlerin sauf haute saison, (prévenir), , ouv 15 mar au 8 dec

10 Hotel-Restaurante Burguete** CB
Iñaki Urdiróz, calle San Nicolás 71, 31640 Burguete (info@hotelburguete.com www.hotelburguete.com 948-760-005) poss résa, 20 ch, 33.50 €, à 49.50 €, supp 20 €, 4.50 €, 15 €, , ouv mi-mar à dec

11 Restaurante Aritza, Kanaeleburua 6 (948-760-311) 11 à 18 €, fermé lun, une semaine en fev et une semaine en nov

12 Taberna Iribarren, calle Roncesvalles 23 (617-829-930) 9 à 12 €, ouv 8h, HS fermé mar et 15 jours en nov

13 Bar del Fronton, fermé lun

14 Alimentation :
- Tienda de alimentación, calle San Nicolás
- Panadería-Cafetería Larralde, calle San Nicolás (948-760-018) poss à partir de 7h en saison, HS fermé l'après-midi en semaine

15 Centre de Santé (948-760-300)

16 Casa rural Casa Errebesena et Oihan-Eder**
Milagros Saragüeta, calle San Bartolomé 25, 31694 Espinal (948-760-141 & 690-644-696 errebesena@yahoo.es www.casaerrebesena.com) poss résa, 8 ch, 22 €, 28 €, 3 € à partir de 6h30, 12 € servi à 19h30, LL, (pré), , fermé Noël *(le chemin passe devant la Casa Errebesena)*

17 Casa rural Casa Cristobalena*
Raquel Martínez, 31694 Espinal (948-760-112 gertxadabasajaun@yahoo.es www.gertxada.com) poss résa, 2 ch, 20 €, 30 €, 3 €, 10 €, LL *(derrière la fontaine)*

18 Casa rural Casa Gertxada
Ana Villanueva, 31694 Espinal (gertxadabasajaun@yahoo.es 948-760-261 & 609-176-321 www.gertxada.com www.basajaun.com) poss résa, 5 ch, 20 €, 30 €, 45 €, 60 €, 3 €, 10 €, , LL, (pré), *(à l'entrée du village, quand on arrive par le chemin, ne pas prendre la rue principale mais la rue parallèle. Il y a un panneau indiquant la maison)*

Suite données Espinal page suivante .../...

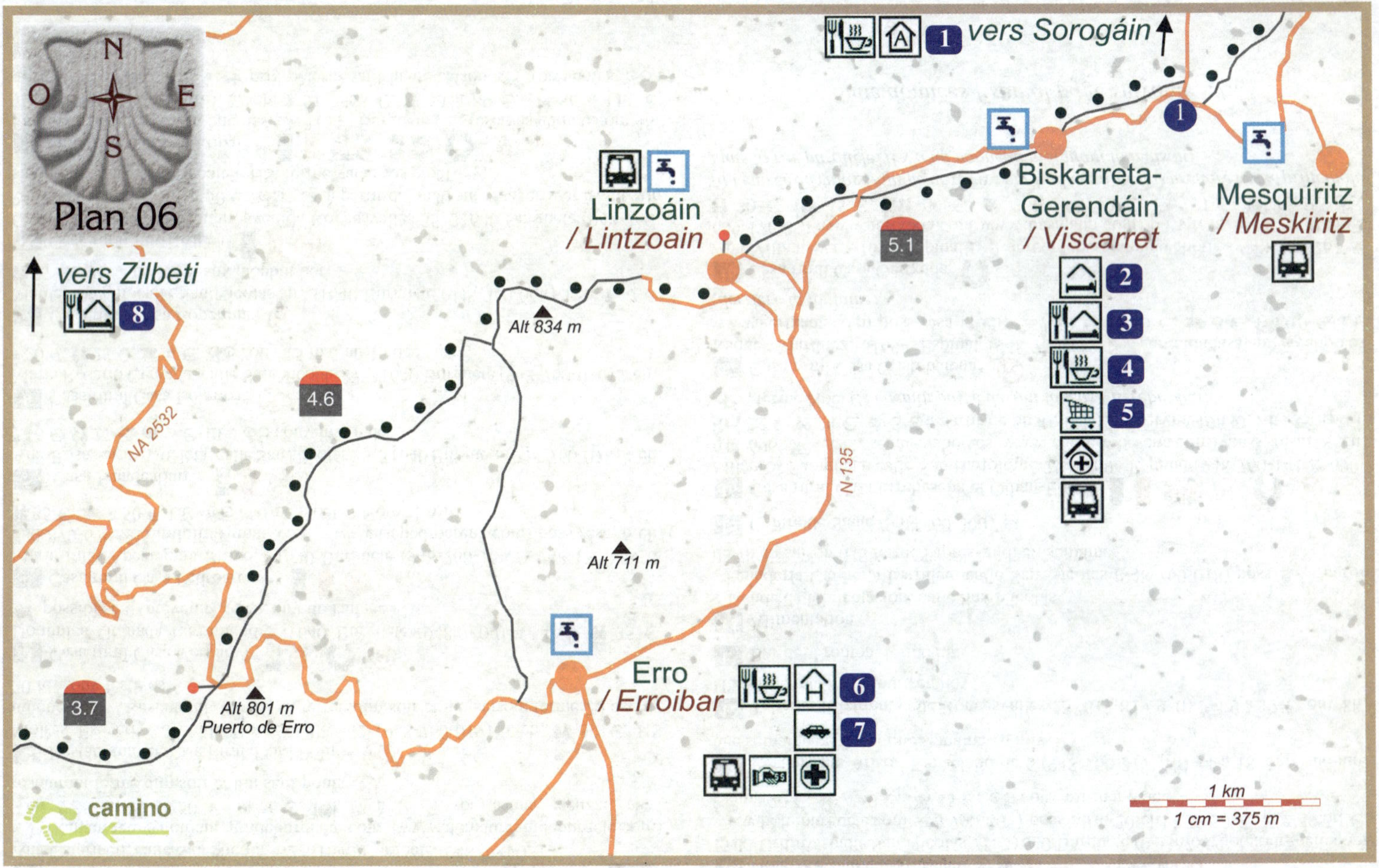
Plan 06
N
O
E
S
vers Zilbeti
8
vers Sorogáin
1
Linzoáin
/ Lintzoain
Biskarreta-
Gerendáin
/ Viscarret
Mesquíritz
/ Meskiritz
2
3
4
5
5.1
4.6
3.7
N-135
NA 2532
Alt 834 m
Alt 711 m
Alt 801 m
Puerto de Erro
Erro
/ Erroibar
6
7
1 km
1 cm = 375 m
camino

... / ... Suite données Espinal

19 Casa rural Casa Irati
calle San Bartolomé 80, 31694 Espinal (posada@laposadaderoncesvalles.com 948-760-225 & 628-271-155 www.laposadaderoncesvalles.com) apparts 2 à 6 pers, 20 €, , LL, (pré)

20 Casa rural Casa Carmen*
María Carmen Erro, 31694 Espinal (948-760-154) 2 ch, 25 €, 3 €, , LL, , ouv Rameaux à Toussaint

21 Hostal - Restaurante - Cafetería Haizea** CB @
Barrio Santiago sn, 31694 Espinal (iralepo@hotmail.com 948-760-379 & 679-448-081 www.hostalhaizea.com) 12 ch, 30 €, 40 €, , 10.50 €, , ouv tte l'année

22 Bar - Restaurante Ederrena, calle San Bartolomé 29 (948-760-121) 12 €, fermé mar

23 Panadería - tienda Okindegia Erburu, ouv à partir de 8h30

24 Taxi Francisco Igoa (948-233-284 & 649-725-951) transport personnes, bagages et vélos de Saint-Jean-Pied-de-Port à Logroño

25 Camping Urrobi Cat-2 - Albergue @
carretera Pamplona-Valcarlos km 42, 31694 Espinal (948-760-200 & 696-463-609 info@campingurrobi.com www.campingurrobi.com) poss résa, 42 places en dortoirs de 4-10 pers, nuit 10 €, demi-pension 25 €, tente 15 €, bungalow 3-6 pers 62 à 100 €, 12 à 20 €, sandwiches, dépannage-ravitaillement, LL & SL, chiens acceptés au camping, (prévenir), piscine été, ouv avr à Toussaint // Restaurant - Bar, ouv week-end et ponts durant l'hiver *(de Burguete, il faut pousuivre environ 2 km sur la route. Le lendemain, on continue 1 km sur la route et on retrouve le chemin à Espinal)*

1 Albergue privée - Restaurante - Bar Casa Pablo Sorogáin
Joseba y Pablo, Sorogáin, 31697 Viscarret (948-392-025) poss résa, 24 places en ch de 4 pers, nuit 12 €, 4.50 €, 12 €, draps et serviettes 3 €, (pré et enclos), , de nov à mai ouv week-end, vacances et ponts *(prix 2010)* *(lorsque le chemin retrouve la N 135 (repère 1 sur le plan), prendre la petite route à droite sur 3.5 km vers Sorogáin Lastur)*
- En projet et 50 places supplémentaires, hiver 2010-2011 en travaux, devrait rouvrir au printemps 2011

2 Casa rural Casa Adi et Casa Lastur
María Asunción Calvo, 31695 Viscarret (reservas@adilastur.com 948-790-421 & 679-270-519 www.adilastur.com) poss résa, 6 ch, 30 €, 35 €, , LL, , ouv tte l'année *(1ère maison en arrivant à Viscarret)*

3 Casa rural Posada Nueva** CB
Cristina Eciolaza Ochoa, 31695 Viscarret (948-760-173 & 699-131-433 info@laposadanueva.net www.laposadanueva.net) 8 ch, 30 à 40 €, 3.50 €, 12 €, LL & SL, (écurie), , ouv avr à nov *(sur le chemin)*

4 Bar Juan, , assiettes garnies, *en travaux hiver 2010-2011, devrait rouvrir au printemps 2011*

5 La Tiendica de Viscarret, ouv festivos *(à la sortie du village)*

6 Hostal - Restaurante - Bar Erro **
N 135 km 30, 31697 Erro , 4 ch, *fermé sous réserve de changement de propriétaires*

7 Taxi Ernaga (609-436-226) 8 places

8 Casa rural Casa Lenco**
Lucia Sagardia, Zilbeti, 31639 Erro (casalenco@orreaga.net 948-768-050 & 626-372-887 www.casalenco.com) poss résa, 5 ch, 30 €, 40 €, 50 €, inclus, sur résa 12 €, , LL & SL, (pré), *(au Puerto de Erro, quand le chemin croise la N 135, prendre à droite sur 1.8 km, puis prendre la petite route à droite sur 3 km vers Zilbeti)*

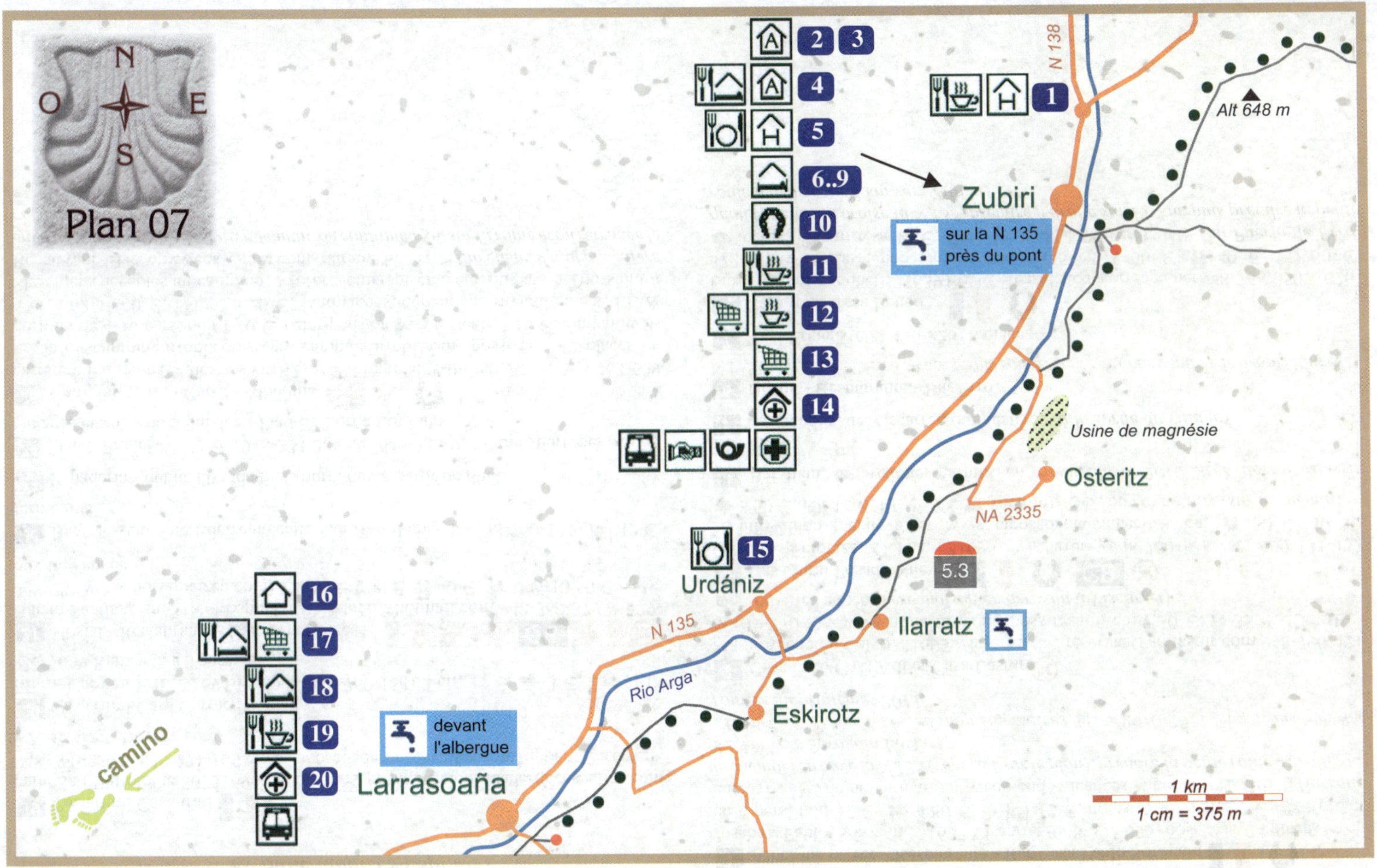
Plan 07
N
O
E
S
1
2
3
4
5
6..9
10
11
12
13
14
15
16
17
18
19
20
N 138
Alt 648 m
Zubiri
sur la N 135
près du pont
Usine de magnésie
Osteritz
NA 2335
5.3
Ilarratz
Urdániz
N 135
Rio Arga
Eskirotz
devant
l'albergue
Larrasoaña
camino
1 km
1 cm = 375 m

Plan 07

1 Hostal - Bar - Restaurante Gau Txori
Ignacio, avenida de Roncesvalles, km 21, 31630 Zubiri (948-304-076 www.hostalgautxori.com) poss résa, 7 ch, 32.50 €, 53 €, 65 €, 5.50 €, 12 €, , fermé Noël et Nouvel An *(croisement N 135 et N 138, direction Saigos-Urtasun)*

2 Albergue municipale @
Marí Carmen, Antiguas Escuelas, avenida Zubiri, 31630 Zubiri (628-324-186) 78 places en 3 dortoirs, nuit 6 €, , ouv 12 à 22h, fermé mi-nov à mi-mar

3 Albergue privée Zaldiko @
María Eugenia y Oscar, puente de la Rabia 1, 31630 Zubiri (609-736-420 alberguezaldico@telefonica.net www.alberguezaldiko.com) poss résa, 24 places en dortoir, nuit 10 €, LL & SL, draps-serviettes 3 €, (pré), , de nov à fev ouv sur résa uniquement

4 CB @
Albergue turistico privée El Palo de Avellano** Itziar, avenida Roncesvalles 16, 31630 Zubiri (948-304-770 & 666-499-175 www.elpalodeavellano.com.com info@elpalodeavellano.com.com) poss résa, 57 places en dortoirs de 8 à 12 pers, nuit 15 à 17 € inclus, poss location linge, 2 ch, 46 à 50 €, 58 à 65 €, 1 ch 84 à 97 € inclus, 12 €, LL & SL, ânes uniquement (pré), , ouv 12-13h à 22h, départ 9h, ouv nov à mar sur résa, poss prix groupes sur cette période

5 Hostería - Restaurante de Zubiri **
avenida Roncesvalles 6, 31630 Zubiri (948-304-329 www.hosteriadezubiri.com info@hosteriadezubiri.com) poss résa, 10 ch, 54.50 à 68 €, 74.50 à 85.50 € inclus, 19 €, chiens acceptés (7 €, prévenir), , ouv avr à oct

6 Pensión Zubiri - *Zubiaren Etxea* *
camino de Santiago 2, 31630 Zubiri (948-304-293) 2 ch, 27 à 35 €, 4.50 €, , LL, ouv tte l'année

7 Pensión Benta Berri *
avenida Roncesvalles 10, 31630 Zubiri (636-134-781 & 948-304-376 bentaberri@hotmail.com www.bentaberri.com) poss résa, 1 ch, 25 €, 28 à 30 €, , (pré), , ouv mar à nov

8 Pensión Usoa *
puente de la Rabia 4, 31630 Zubiri (948-304-306 & 628-058-048 pensionusoa@hotmail.com) poss résa, 5 ch, 24 €, 30 à 38 €, , LL, , ouv tte l'année

9 Pensión Goikoa * avenida Roncesvalles 12, 31630 Zubiri, 4 ch, 4ème étage sans ascenseur, en cours de changement de propriétaires

10 Roberto Eugui puente de la Rabia (948-304-014) (pré) prévenir

11 Bar Baseri, avenida de Roncesvalles, 11 €, sandwiches, ouv 7h été

12 Bar-Tienda Arrieta, calle San Esteban sn, dépôt de pain, fermé dim après-midi en saison, ouv festivos

13 Alimentation :
- Autoservicio Nuñez, calle Río Arga 2
- Tienda Bagaicoa, calle Iglesia, dépôt de pain, ouv festivos

14 Centre de Santé (948-304-106)

15 Restaurante El Molino*, Urdániz (948-304-109) 40 à 65 €, fermé lun tte la journée, et dim, mar et mer le soir (sauf festivos), fermé vacances fev, une semaine après San Fermín et en nov *(800 m avant d'arriver au village, au km 15 sur la N 135 après Zubiri)*

16 Albergue municipal @
Xabier et Remedio, 31698 Larrasoaña, priorité pèlerins à pied, 50 places en dortoir, nuit 6 €, , chauffage en projet, ouv 13h30, 15h HS, ferm 19h30, départ 7h45, fermé 12 dec au 12 jan

17 Tienda rural - Chambres chez l'habitant Casa Elita
Elisabeta, calle Amairu 7, 31698 Larrasoaña (948-304-449) 2 ch, 20 €, 40 €, 3.50 € (pain maison) à partir de 7h, 12 €, ouv tte l'année

18 Pensión El Camino *
Señor Sangalo, calle Portalcelay 12 (Antigua San Nicolás), 31698 Larrasoaña (948-304-250 & 699-789-160 info@sangalo.net www.sangalo.net) poss résa, 4 ch, 75 € et inclus, ouv avr à sep *(à la sortie du village)*

19 Taberna Perutxena (948-304-024) 11 €, ouv avr à Toussaint

20 Centre de Santé (948-304-342)

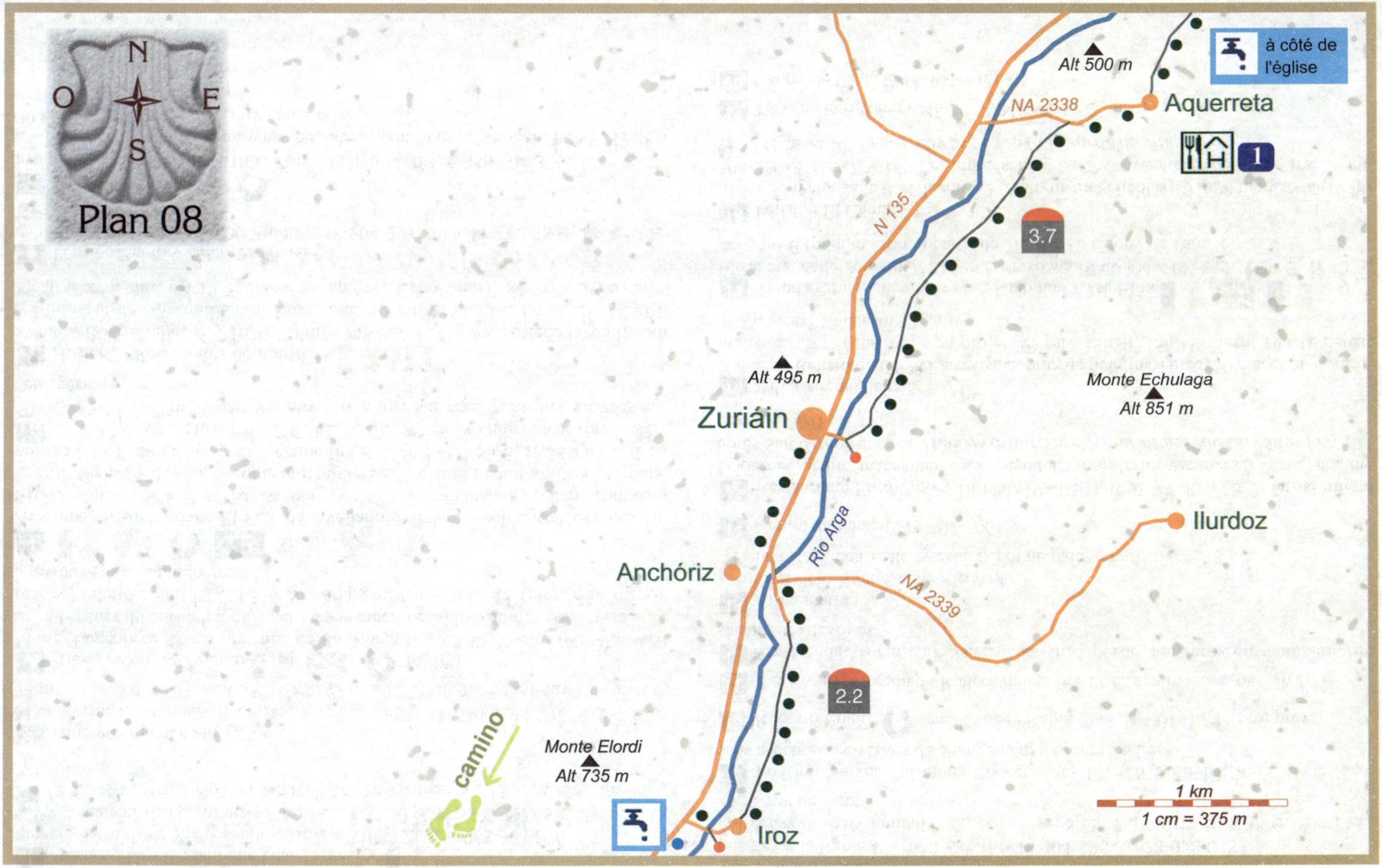
N
O
E
S
Plan 08
Alt 500 m
à côté de l'église
NA 2338
Aquerreta
1
N 135
3.7
Alt 495 m
Monte Echulaga
Alt 851 m
Zuriáin
Rio Arga
Ilurdoz
Anchóriz
NA 2339
2.2
Monte Elordi
Alt 735 m
camino
1 km
1 cm = 375 m
Iroz

Plan 08

1 Hôtel Akerreta **
José Marí y Juli, calle Transfiguración 11, Akerreta, 31698 Larrasoaña (948-304-572 reservas@hotelakerreta.com www.hotelakerreta.com) 11 ch, 56 €, 76 €, inclus, soir 19.20 € (repas bio, restaurant réservé à la clientèle), ouvert 19 mar au 10 dec

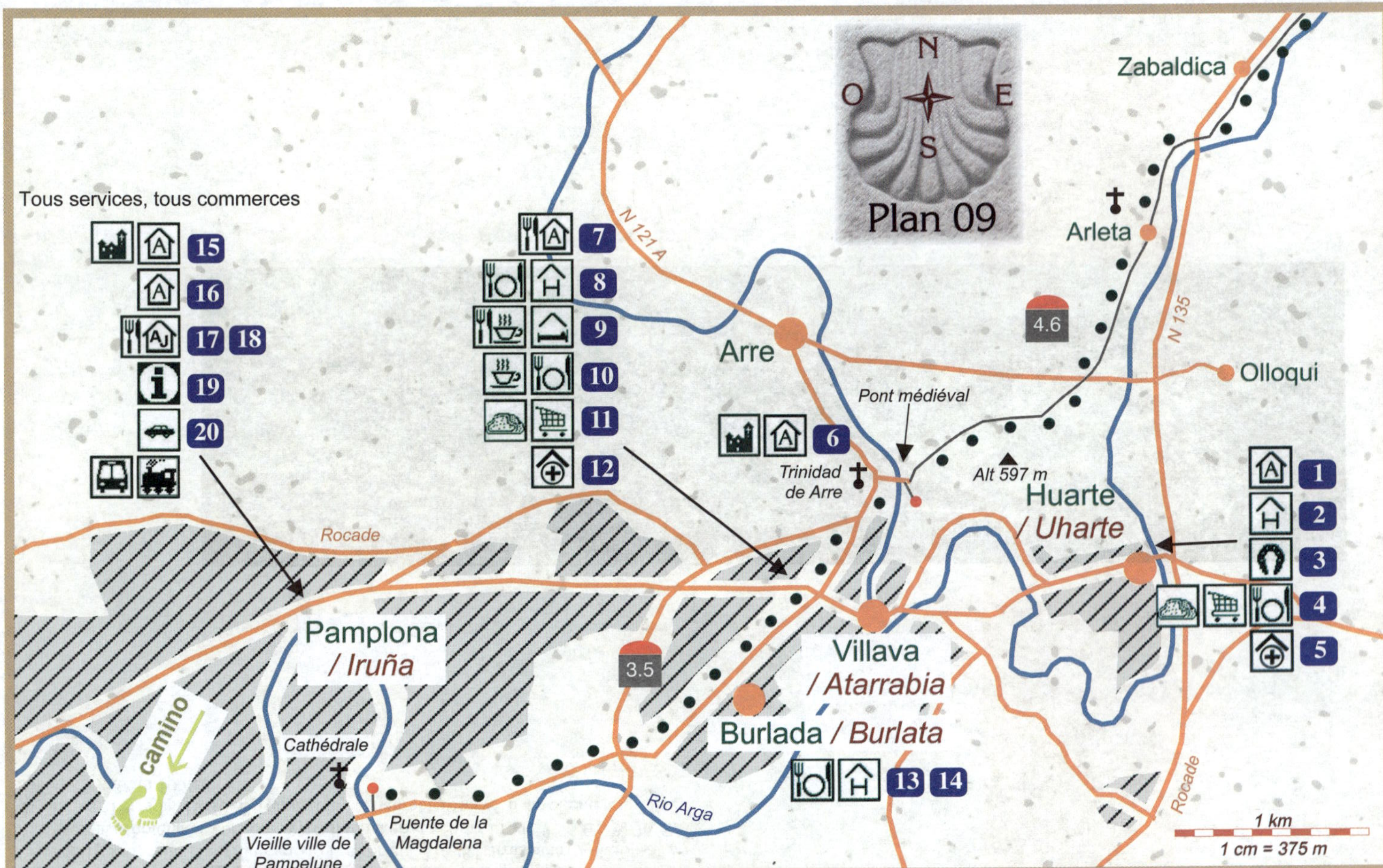
Plan 09
N
O
E
S
Tous services, tous commerces
15
16
17
18
19
20
7
8
9
10
11
12
6
1
2
3
4
5
13
14
N 121 A
N 135
Rocade
Zabaldica
Arleta
Olloqui
4.6
Arre
Pont médiéval
Trinidad
de Arre
Alt 597 m
Huarte
/ Uharte
Villava
/ Atarrabia
Burlada / Burlata
3.5
Pamplona
/ Iruña
Cathédrale
Puente de la
Magdalena
Vieille ville de
Pampelune
Rio Arga
camino
1 km
1 cm = 375 m

Plan 09

1 Albergue municipale de Huarte @
plaza San Juan 1, 31620 Huarte (948-074-329 albergue@huarte.es www.huarte.es) 60 places en 5 dortoirs, nuit 6 €, , LL & SL, (au centre hippique Lorente), , ouv 13h, ferm 22h, ouv 1er avr au 30 sep

2 Hostal Don Carlos* @
Dorraburu sn, 31620 Huarte (info@hdoncarlos.com www.hdoncarlos.com 948-330-077) 30 ch, 47 à 52 €, 58 à 62 €, inclus, 10 à12 €, cafetería, blanchisserie, fermé Noël et Nouvel An

3 Centro Hípico Óscar Lorente
camino Urbi sn, 31620 Huarte (948-331-436) (box avec nourriture ou pré suivant disponibilité) tél pour résa, part aux frais *(après Zabaldica, continuer environ 700 m sur la N 135, puis tout droit sur la NA 32 sur 500 m (c'est la même route qui change de nom) puis prendre à gauche camino de Urbi)*

4 Nombreux bars, restaurants et commerces

5 Centre de Santé (948-335-080)

6 Albergue Cofradia de la Trinidad de Arre
Accueil chrétien, Hermano Valentín Jímenez, 31610 Arre (948-332-941) priorité pèlerins à pied, 34 places en dortoirs de 4 à 20 pers, nuit 7 €, , LL & SL, (terrain), , ouv 12h, HS 15h30, ferm 20h, départ 8h30, fermé mi-dec & jan

7 Albergue municipal de Villava
calle Pedro de Atarrabia17-19 trasera, 31610 Villava (948-111-577 alberguevillava@gmail.com www.escur.com) poss résa, 48 places en dortoirs de 8 à 16 pers, 9 à 12.50 €, 3 €, 6.50 €, demi-pension 22 €, , LL & SL, location linge, , réception 10 à 11h et de 20 à 21h, ouv Rameaux à sep

8 Hotel - Restaurante Villava *** CB @
avenida Pamplona sn, 31610 Villava (948-333-676 recep@hotelvillava.com www.hotelvillava.com) 62 ch, 60 à 86 €, 6.50 €, 13 €, blanchisserie, fermé vacances Noël

9 Pensión - Restaurante Obel *, calle Las Eras 5, 31610 Villava (948-126-056) poss résa, 10 ch, 25 à 37 €, 38.50 €, , 10 €, fermé dim et fêtes

10 Nombreux bars et restaurants calle Mayor et calle Fermín Tirapu

11 Alimentation :
- Plusieurs tiendas, en ville
- Panadería-Cafetería Arrasate, calle Las Erras 7, ouv le matin à partir de 6h30

12 Centre de Santé (948-335-022)

13 Hotel-Restaurante Burlada ** CB
La Fuente 2, 31600 Burlada (948-131-300 hotel.burlada@grupoman.com www.namhoteles.com) 53 ch, 40, 45 à 51 €, à 60 à 74 €, 5 €, 10 à 15 €, fermé vacances Noël *(à l'entrée du chemin dans Pampelune)*

14 Hotel - Restaurante Casa Jacinto ** CB @
Polígono Mugazuri C-11, 31600 Burlada (948-143-290 & 948-140-209 info@hcasajacinto www.hcasajacinto.com) 22 ch, 39 à 48 €, 48 à 53.50 €, 61 €, 2 à 5 €, 10 € semaine, blanchisserie, restaurant fermé dim et fêtes

15 Albergue Jesus y María @
Association des amis du Camino en Navarre, calle Compañia 4, 31000 Pamplona (948-222-274 & 662-570-716 www.caminodesantiagoennavarra.es) priorité pèlerins à pied, 112 places en ch de 4 à 6 pers, nuit 5 €, , LL & SL, , ouv 13h, ferm 22h, fermé mi-dec à mi-jan et du 5 au 15 jul

16 Albergue Casa Paderborn
Association allemande Amis du Camino de Paderborn, playa de Caparroso 6, 31001 Pamplona (660-631-656) 26 places en ch de 4 à 8 pers, nuit 5 €, 2 €, LL & SL, , ouv 12h, ferm 22h, ouv mars à mi-nov *(après le pont de la Magdalena, 200 m à gauche)*

17 Albergue Juvenil Fuerte del Principe @
calle Goroabe 36, 31005 Pamplona (rfprinci@navarra.es 948-291-206 www.reaj.com) résa nécessaire 7 jours à l'avance, 8 ch 2 pers, groupes uniquement, poss demi-pension, LL & SL, ouv 14h, ferm 22h, ouv 15 jul au 15 sep

18 Hostel Hemingway CB @
calle Amaya 26 1°gauche, 31004 Pamplona (948-983-884 info@hostelhemingway.com www.hostelhemingway.com) poss résa, 32 places en ch de 2 à 6 pers, nuit 19 à 22 € inclus, nuit 15 € (semaine uniquement), , LL & SL, , réception 8h à minuit, fermé vacances de Noël

19 Office du tourisme de Navarre
calle Ilarión Eslava 1, plaza San Francisco, 31001 Pamplona (848-420-420 oit.pamplona@cfnavarra.es www.turismo.navarra.es) ouv festivos

20 Taxi Alberdi, calle Horta 3, 31210 Los Arcos (650-965-250) transport bagages de Pamplona à Nájera

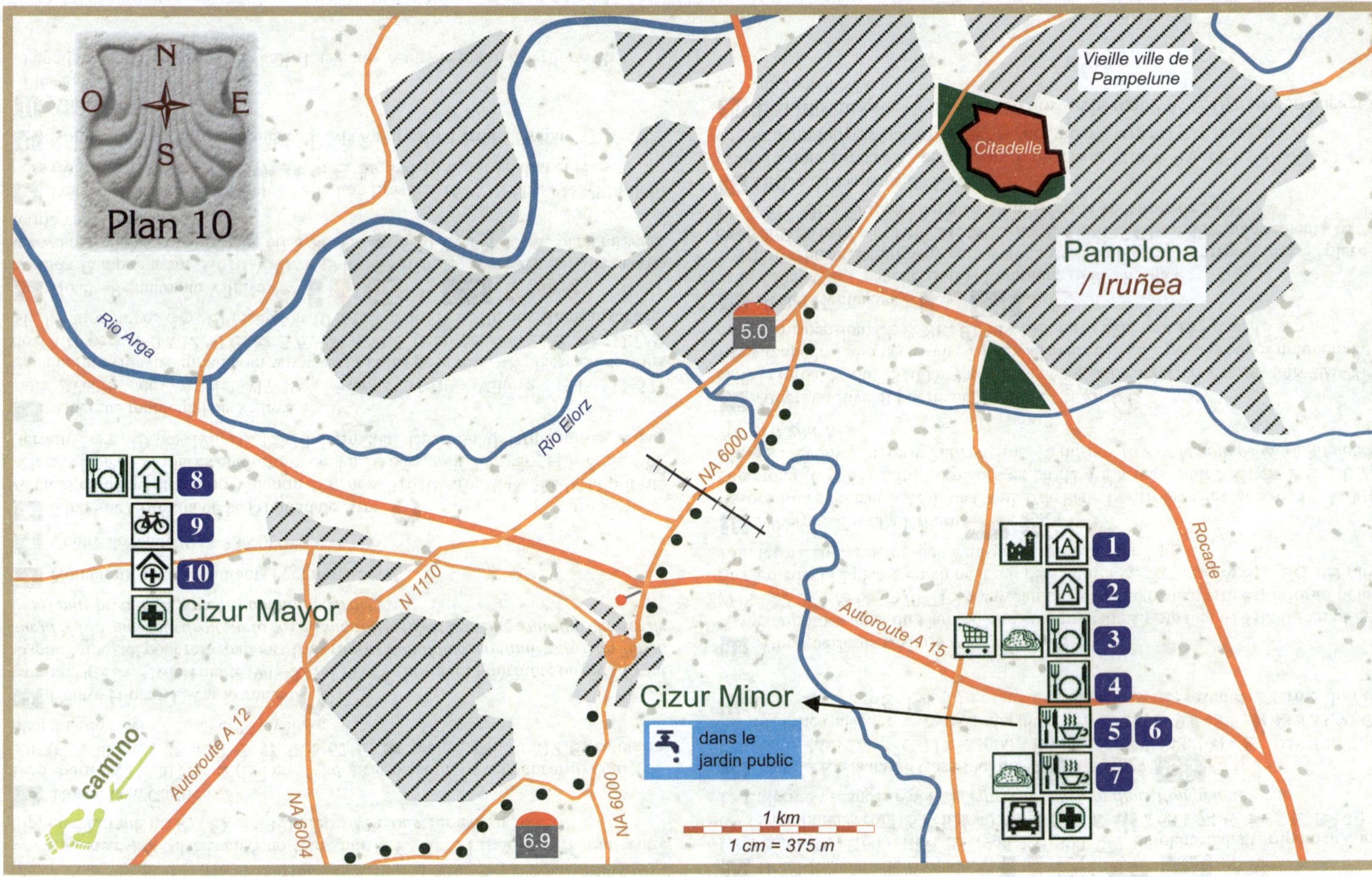
Plan 10
N
O
E
S
Vieille ville de Pampelune
Citadelle
Pamplona
/ Iruñea
Rio Arga
Rio Elorz
5.0
NA 6000
Rocade
Autoroute A 15
Autoroute A 12
N 1110
NA 6004
NA 6000
6.9
1
2
3
4
5
6
7
8
9
10
Cizur Mayor
Cizur Minor
dans le jardin public
1 km
1 cm = 375 m
camino

Plan 10

1 Albergue Encomienda de San Juan
Ordre de Malte, 31190 Cesur Menor, priorité pèlerins à pied, 27 places en dortoir, nuit 5 €, , (à l'attache), , ouv 12h, ferm 21h30, ouvert jun à oct

2 Albergue privée Familia Roncal @
Maribel Roncal, paseo de Lurbeltzeta 1, 31190 Cesur Menor (948-183-885 ✉ maribelroncal@jacobeo.net www.elalberguedemaribel.com) 51 places en dortoir, nuit 8 €, , , LL & SL, location draps, ouv 12h, hiver 13h, ferm 20h, départ 8h30, fermé nov

3 Restaurante-Panadería- Tienda La Parrillada, plaza Baltzarran 2 (948-280-230) 10.50 €, ouv à partir de 7h30 en été

4 Restaurante-Asador El Tremendo, calle Esquíroz sn (948-183-920) 10 à 12 €, fermé dim soir

5 Cafetería-Bar Ligorri, Camino viejo de Cizur 18 (948-269-720) restauration simple, ouv à partir de 8h

6 Restaurante-Bar Kaioba, calle Esquiroz 1 (948-183-925) 10 €, ouv à partir de 7h30 en semaine, fermé jeu soir, ouvert festivos

7 Cafetería-Panadería Tahona, Lurbelzeta Kalea 4, ouv en semaine à partir de 7h30 en saison

8 Hostal - Restaurante Nekea
travesia San Francisco 1, y avenida Velazcoáin 30, 31180 Cesur Mayor (948-185-044 ✉ hostalnekea@gmail.com) poss résa, 9 ch, 30 €, 45 €, 60 €, 5 €, 10 €, , fermé déc

9 Vélos, Ciclos Fernández, Idoia Kalea 8 (948-189-487) vente et réparation

10 Centre de Santé (948-286-292)

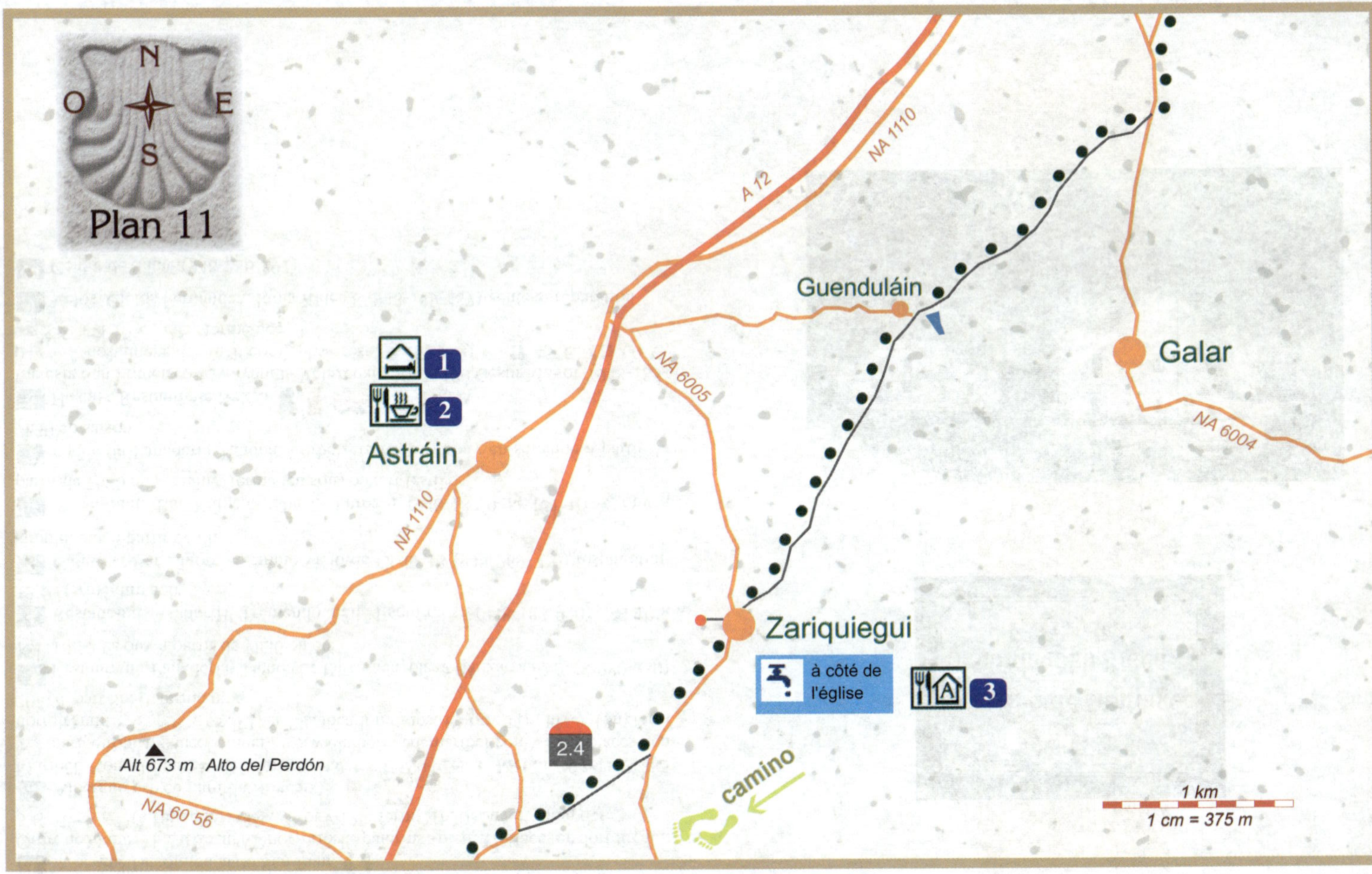
N
O
E
S
Plan 11
A 12
NA 1110
Guenduláin
Galar
NA 6004
NA 6005
1
2
Astráin
NA 1110
Zariquiegui
à côté de
l'église
3
2.4
Alt 673 m
Alto del Perdón
NA 60 56
camino
1 km
1 cm = 375 m

Plan 11

1 Casa rural Carpintero **

Fernando et Montserrat Otermín, calle Iturrutxes 5, 31190 Astráin (948-353-228 & 616-340-452 & 606-725-152 ✉ etxeacarpintero@telefonica.net www.casakarpintero.com) résa nécessaire, 8 ch, 35 €, 40 à 55 €, 5 €, LL & SL, chiens admis (prévenir), , éventuellement sur le chemin et transportent les bagages à l'étape suivante, environ 5 € par bagage *(à Guendulain, continuer sur la route qui traverse le village, rejoindre la N 111, la suivre jusqu'à Astráin. Le lendemain continuer le long de la N 111 sur 2 km et prendre à gauche au Puerto del Perdón (Alto del Perdón) la petite route des crêtes qui rejoint le camino)*

2 Bar Ricardo, avenida Nuestra Señora del Perdon 12 (948-353-010) 10 €, ouv 8h30, fermé aou

3 Albergue privée de Zariquiegui @

Belén Cristobál, calle San Andrés 16, 31190 Zariquiegui (948-353-353 & 679-230-614 ✉ info@elalberguedezariquiegui.com www.elalberguedezariquiegui.com) poss résa, 16 places en 2 dortoirs, nuit 10 € inclus, du soir 10 €, LL & SL, ânes uniquement (à proximité, prévenir), ouv 13h en été, ferm 22h, dép 9h, fermé pour travaux dec 2010 à mi-fev 2011

- En projet : cuisine pour les pèlerins, 4 places supplémentaires et poss massages

N
O
E
S
Plan 12
Fuente de Reniega
Sierra de Erreniega
NA 6056
3.4
Alt 523 m
A 12
Ermita de San Nicolás
Legarda
Uterga
1
2
NA 1110
NA 6016
Alt 511 m
camino
2.5
1 km
1 cm = 375 m

Plan 12

1 Albergue - Restaurante - Bar Camino del Perdon * @
Ana Calvo, calle Mayor 57, 31133 Uterga (948-344-661 & 948-344-598 www.caminodelperdon.es) dortoir 16 places, nuit 10 € // 3 ch, poss résa, 50 €, 70 €, LL & SL, // 12.50 €, sandwiches, , ouv 8h30, ferm 22h, fermé nov à mar et San Fermín 6 au 14 jul

2 Hostal Camino del Perdon
Ana Calvo (tél 948-344-598 www.caminodelperdon.es) 5 ch, 50 à 70 €, renseignements à l'albergue-bar (ci-dessus) à 300 m

Ferdinand, l'âne-pèlerin, a dit une fois en Rioja...

« Un ivrogne, mon bwana est un ivrogne. Heureusement que je sais maintenant reconnaître les marques jaunes du sentier. Si vous aviez vu dans quel état il est sorti d'une cave cet après-midi...

Monsieur passe son pèlerinage à boire du pinard, et il m'engueule quand je broute un boccadillo au bord du chemin. Il n'a fait que bafouiller, babiller, éructer, chantonner durant deux lieues.

Toutes les cinq minutes, grand seigneur, il s'écroulait sur le bord du chemin et m'octroyait quelques minutes de broutaison, mais en réalité, c'était pour se dessaouler. Il n'arrivait même plus à reconnaître le pied qu'il faut mettre devant quand on marche, du pied qu'il faut laisser derrière... Quelle honte ai-je de marcher auprès d'un pareil individu !

Sans compter que nous sommes trois maintenant. Ne voilà-t-il pas qu'il s'est entiché depuis deux jours d'une créature à l'accent étrange, qui porte un sac à dos aussi lourd que mon barda. Quand elle l'aura bien enjôlé, je suis certain qu'il va lui proposer de me caser tout le fourniment sur le dos, histoire de lui roucouler une sérénade de galanterie... »

Jacques Clouteau et son petit âne Ferdinand
« Il est un beau chemin semé d'épines et d'étoiles »
Album couleur 24 X 30 cm
352 pages et 1.000 photos-couleurs
Avec chaque jour le mot de l'âne...
- Références en bibliographie -

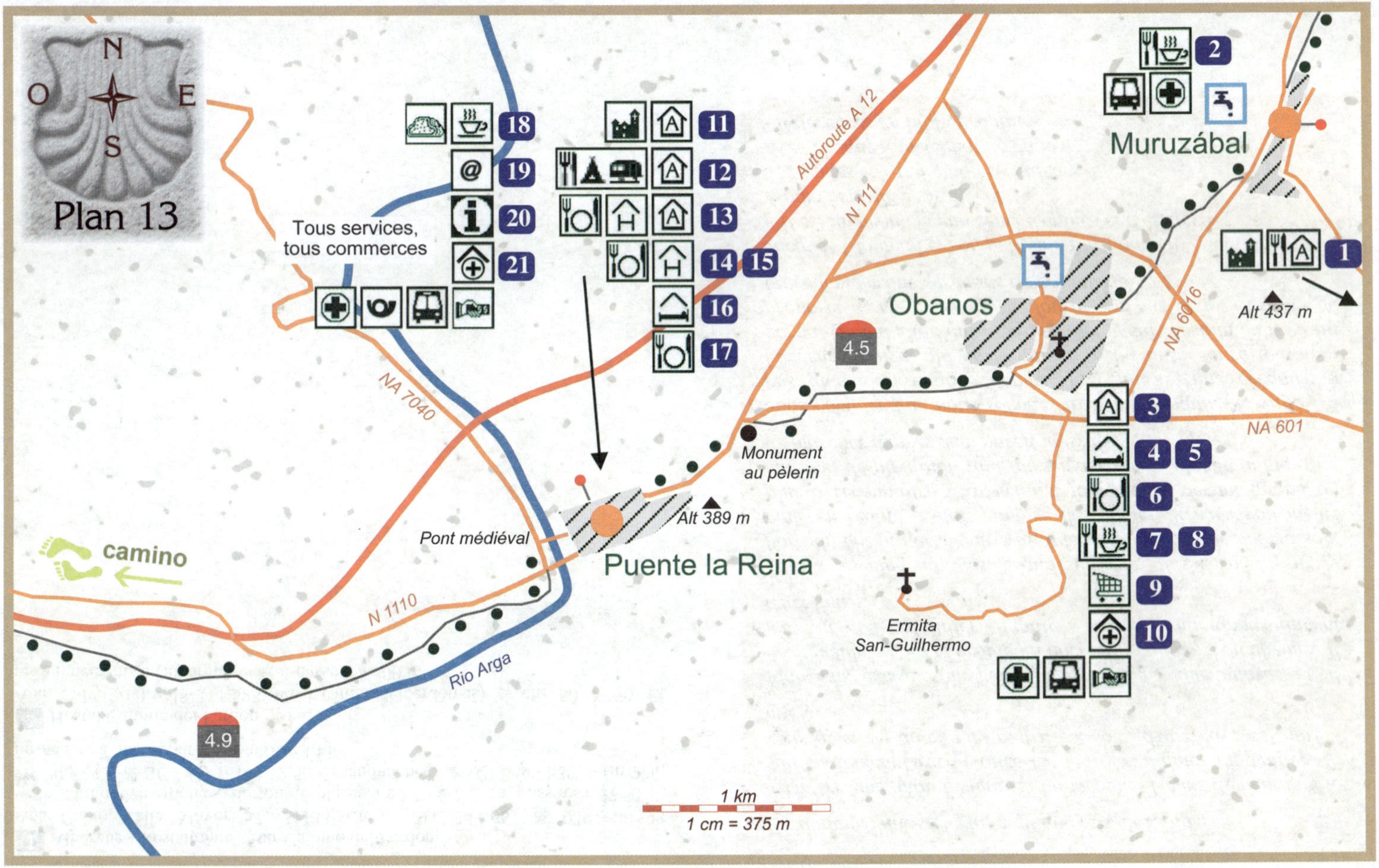
Plan 13
N
O
E
S
Tous services,
tous commerces
18
19
20
21
11
12
13
14
15
16
17
Autoroute A 12
N 111
NA 7040
Muruzábal
2
1
Alt 437 m
Obanos
NA 6016
4.5
3
4
5
6
7
8
9
10
NA 601
Monument
au pèlerin
Alt 389 m
Pont médiéval
Puente la Reina
camino
N 1110
Rio Arga
Ermita
San-Guilhermo
4.9
1 km
1 cm = 375 m

Plan 13

1 Albergue Casa del Ermitaño de Eunate
Accueil chrétien, hospitaliers bénévoles, 31152 Muruzábal, 9 places en dortoir, donativo, (pré), matelas au sol uniquement, poss et donativo, fermé lun (albergue & chapelle) et dec // Temps de prière proposé après le repas *(près de la chapelle de Eunate. Attention : bifurcation à Muruzábal. On rejoint directement Puente la Reina le lendemain)*

2 Bar Los Nogales, San Roque 13 (948-344-071) 10 € (fermé soir en semaine)

3 Albergue privée Usda
Juan Irisarri Zugasti (ancien pèlerin), calle San Lorenzo 6, 31151 Óbanos (676-560-927) 36 places en dortoir, nuit 7 à 9 €, 3 €, , ouv 13h30, ferm 22h, ouv 1er avr à mi-oct *(à côté de l'église)*

4 Casa rural Raichu***
Raichu, calle Larrotagaña 2A, 31151 Óbanos (948-344-285 & 686-679-415 ruralraichu@wanadoo.es www.casaraichu.com) poss résa, 5 ch, 27 €, 38 à 45 €, (prévenir), LL, *(à l'entrée du village)*

5 Casa rural Mamerto @ 31151 Óbanos (948-344-344 & 649-139-611 obanos10@yahoo.com) 9 ch, 25 €, 45 €, , LL,

6 Restaurante Ibarberoa, calle San Salvador sn (948-344-153) 9.50 à 10.50 € en semaine, carte le week-end

7 Bar El Centro San Guillermo, 9 à 12 €, ouv 8h

8 Bar-Restaurant Gazolaz, calle Infanzones 31, 9.50 €, sandwiches, ouv 7h

9 Tienda José Mari, dépôt de pain, ouv 7h30 , fermé sam & dim après-midi, Noël et Nouvel An

10 Centre de Santé (948-344-029)

11 Albergue de los Padres Reparadores @
Accueil chrétien, Comunidad de los RR PP Reparadores, calle Crucifijo 1, 31100 Puente la Reina (948-340-050) priorité aux pèlerins à pied, 100 places en dortoir, nuit 5 €, , LL & SL, jardin, , en hiver clés au Collegio en face de l'église du Crucifijo, ouv 12h, ferm 20h, départ 8h30
- En été, prière souvent proposée à l'église du Crucifijo 19h30

12 Albergue privée - Camping Santiago Apostol @
José Luis Carrero, Paraje el Real, carretera de Artazú, 31100 Puente la Reina (albergueSantiagoapostol@hotmail.com www.alberguesantiagoapostol.com 948-340-220) 100 places en dortoirs de 10-12 pers, nuit 8 €, 3.50 €, poss camper 12 €, bungalow 5 ou 6 pers 50 à 90 €, 10 €, sandwiches, LL & SL, piscine en été, , ouv 12h, ferm 22h, ouv avril à Toussaint // Bar - restaurant *(environ 350 m après le pont roman)*

13 Hotel - Restaurante & Albergue Jakue *** CB @
calle Irunbidea sn, 31100 Puente la Reina (948-341-017 hotel@jakue.com www.jakue.com) Albergue, 32 places en dortoir, nuit 9 à 10 € / 14 ch, 36 €, , LL & SL, , albergue dans le sous-sol de l'hôtel (pas de fenêtres), ouv 12h, ferm 22h30, départ 9h30 , ouv 19 mar à Toussaint // Hôtel, 28 ch, 42 à 50 €, 61 à 65 €, supp 18 à 25 €, 7.50 €, 11 à 20 €, poss résa, fermé 19 dec au 19 jan *(à l'entrée de Puente la Reina)*

14 Hotel - Restaurante Bidean ** CB @
calle Mayor 20, 31100 Puente la Reina (948-341-156 & 948-340-457 info@bidean.com www.bidean.com) poss résa, 20 ch, demi-pension 70 €, 89 à 120 €, 125 à 135 €, 20 €, fermé 15 dec au 30 jan

15 CB @
Hotel - Restaurante El Peregrino (Relais Châteaux)***
Familia Cambero, Irunbidea sn, 31100 Puente la Reina (948-340-075 reservas@hotelelperegrino.com www.hotelelperegrino.com) poss résa, 13 ch, 173 à 227 €, 22 €, à la carte, fermé Noël et 7 jan au 7 fev

16 Appartamento Gambara
calle Mayor 86, 31100 Puente la Reina (www.apartamentoganbara.com 679-295-808) résa nécessaire 50 €, 70 €, 100 €, 120 €, , LL

17 Nombreux restaurants

18 Panadería-Cafetería Taberna, calle Mayor, ouv 7h, ouv festivos

19 Libreria Ohiuka, calle Mayor 14, Point internet et téléphone @

20 Office de Tourisme, casa del Vinculo, calle Mayor 105, 31100 Puente la Reina (948-341-301 turismo@puentelareina-gares.es www.puentelareina-gares.es) fermé lun, ouv mar à ven en saison 10 à 14h & 16 à 19h, 10 à 17h HS, sam HS, dim & festivos 11h à 14h

21 Centre de Santé (948-348-003)

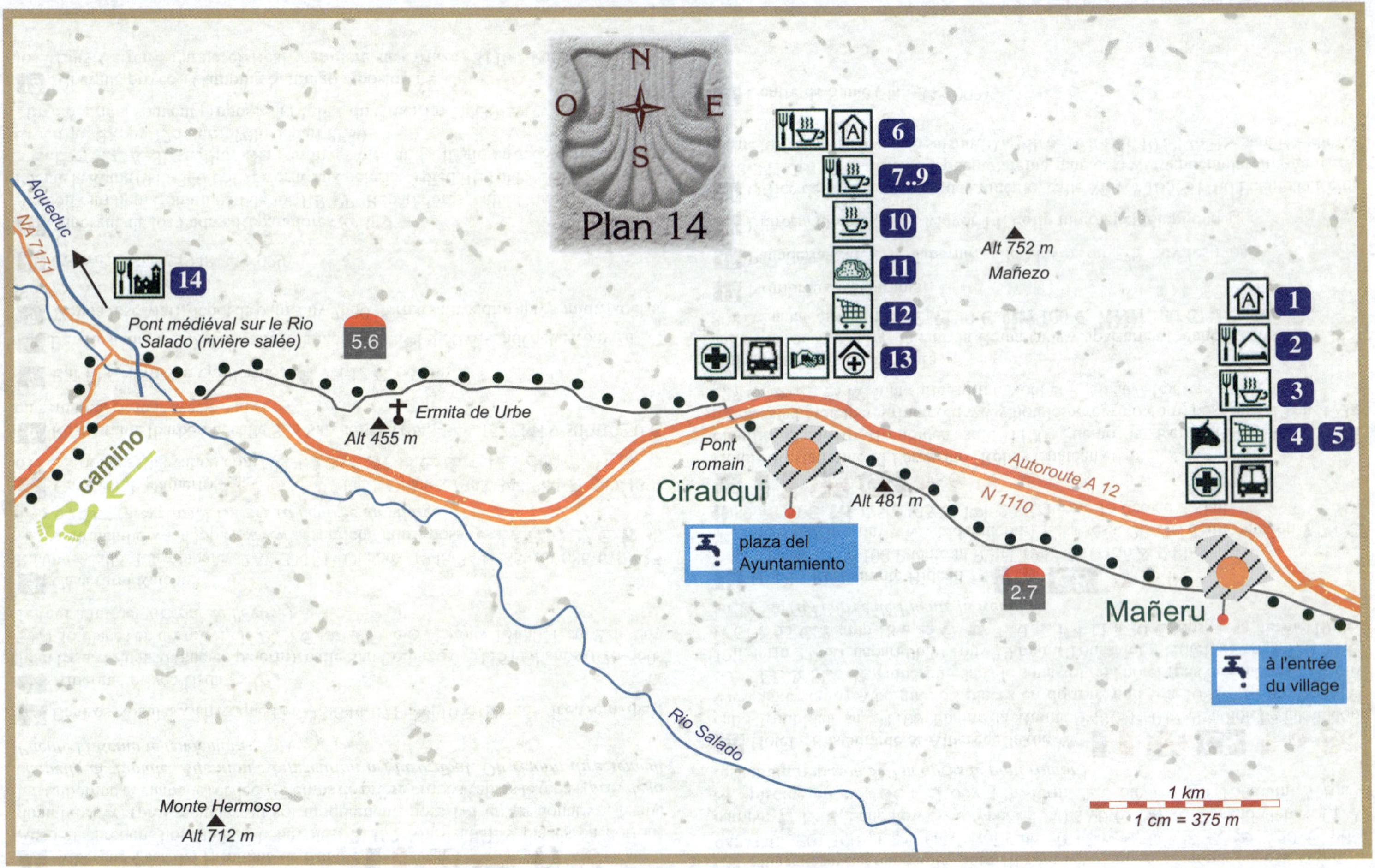
Plan 14
N
O
E
S
6
7..9
10
11
12
13
1
2
3
4
5
14
Alt 752 m
Mañezo
Aqueduc
NA 7171
Pont médiéval sur le Rio Salado (rivière salée)
5.6
Ermita de Urbe
Alt 455 m
camino
Pont romain
Cirauqui
plaza del Ayuntamiento
Alt 481 m
Autoroute A 12
N 1110
2.7
Mañeru
à l'entrée du village
Rio Salado
Monte Hermoso
Alt 712 m
1 km
1 cm = 375 m

Plan 14

1 Albergue privée Lurgorri
Natxo Subiza, calle Esperanza 5, 31130 Mañeru, 12 pl en dortoir, nuit 10 € inclus, ouv 14h30, ferm 22h, départ 8h, ouv jun à sep *(infos sous réserve)*

2 Casa rural Isabel **
Isabel Olangua, 31130 Mañeru (948-340-283) résa souhaitée, 4 ch, 36 €, 40 €, demi-pension 36 à 40 € (min 2 pers), LL, (prévenir), , ouv tte l'année

3 Bar - Restaurante El Centro, plaza San Pedro, 9 €

4 Alimentación Yolanda, Concepción 1, dépôt de pain

5 Boucherie-Epicerie

6 Albergue privée - Restaurante - Bar Maralotx
Ainhoa Marquiegui, calle San Roman 30, 31131 Cirauqui (678-635-208) poss résa, 28 places en dortoir, nuit 10 €, 2 ch 40 €, du soir 10 €, , ouv 13h, ferm 22h, départ 8h, fermé 22 dec au 1er mar

7 Bar - Restaurante Los Cazadores (948-342-074) 11 €, ouv seulement le midi en semaine, *poss fermeture prochainement (près de la route nationale)*

8 Bar - Restaurante La Torre (948-342-089) 10 à 15 €, fermé 15 jours aou *(près de la route nationale)*

9 Bar Iturizar, sandwiches, plats chauds, fermé mer après-midi

10 Bar Los Jubilados, ouv après-midi

11 Panadería Ega Pan, Carros 11, sandwiches, ouv 7h45 tous les jours, en hiver fermé l'après-midi

12 2 Tiendas de alimentación

13 Centre de Santé (948-342-079)

14 Monasterio cisterciense Santa María de José
Allóz, 31292 Lorca (948-541-467 ocsosanjose@planalfa.es www.monasteriodealloz.org) résa nécessaire (la veille), 17 ch, demi-pension 35 €, monastère réservé aux pèlerins désirant faire une étape de silence et de prière *(au pont médiéval, suivre la petite route à droite sur 2 km. Le lendemain, on peut prendre la petite route passant par Lacar et retrouver le camino un peu au-delà de Lorca)*
- Messe à 19h

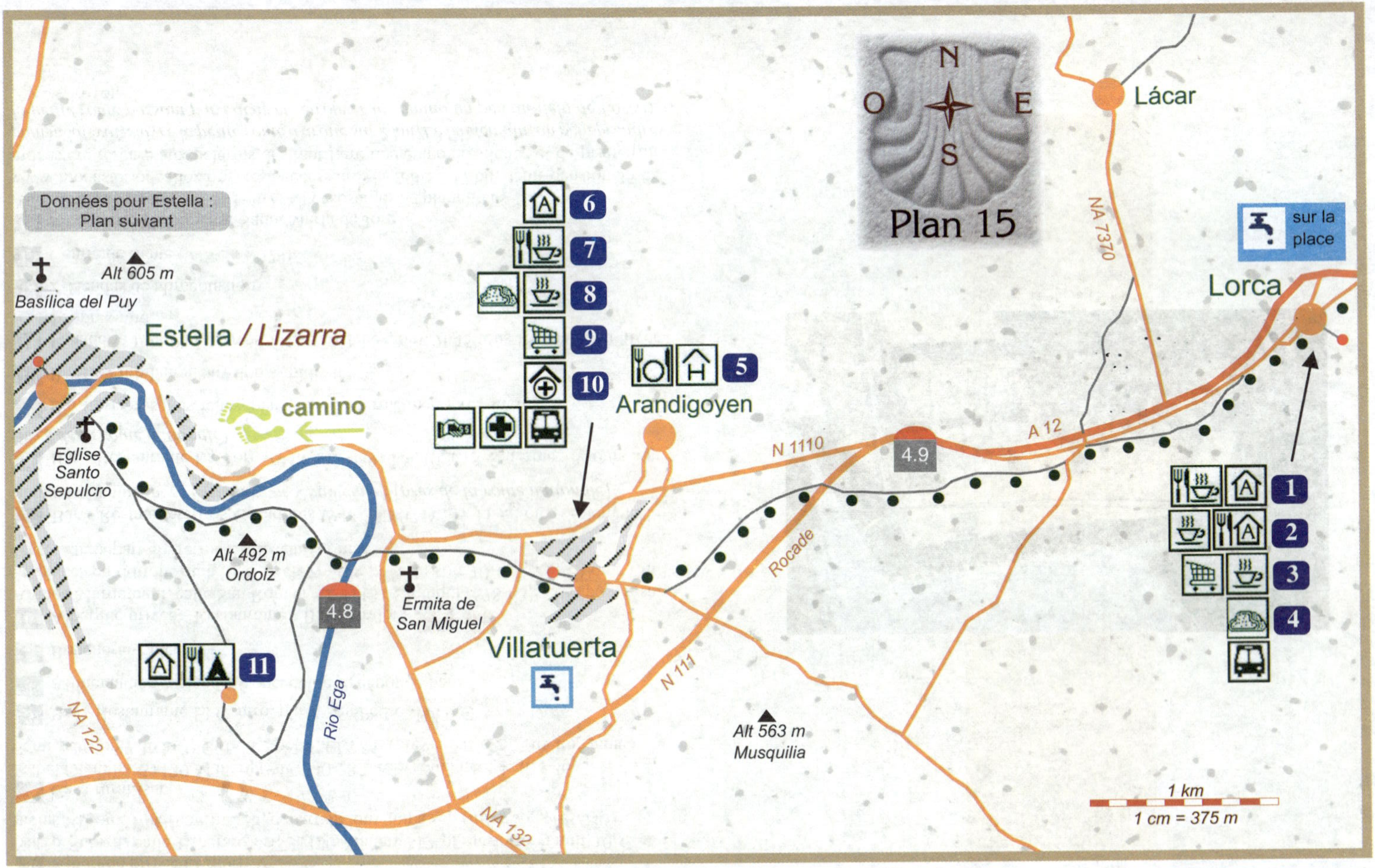
Plan 15
N
O
E
S
Lácar
NA 7370
sur la place
Lorca
Données pour Estella : Plan suivant
Alt 605 m
Basílica del Puy
Estella / Lizarra
camino
Eglise Santo Sepulcro
Alt 492 m Ordoiz
4.8
Rio Ega
Ermita de San Miguel
Villatuerta
Arandigoyen
N 1110
4.9
A 12
Rocade
N 111
Alt 563 m Musquilia
NA 122
NA 132
1
2
3
4
5
6
7
8
9
10
11
1 km
1 cm = 375 m

Plan 15

1 Albergue - Bar - Restaurante La Bodega del Camino @
Fina, calle Placeta 8, 31292 Lorca (948-541-162 & 948-541-327 & 608-830-611 ✉ info@labodegadelcamino.com www.labodegadelcamino.com) poss résa, 30 places en 7 dortoirs, nuit 8 à 10 €, location draps et serviettes // 3 ch, 20 à 40 €, 3 € (à partir de 6h), 10 €, , LL & SL, (prévenir), , de Toussaint aux Rameaux ouv uniquement sur résa pour groupes

2 Albergue privée de Lorca @
José Ramón Echeverria, calle Mayor 40, 31292 Lorca (948-541-190 ✉ txerra26@mixmail.com www.alberguedelorca.com) 15 places en ch de 4 pers, nuit 7 à 10 € // 2 ch, 20 €, , LL, (pré), poss résa, // Bar, 3 €, du soir 10 €, ferm 23h, poss résa, ouv Rameaux à oct

3 Bar - Tienda Izcue, ouv à partir de 7h *(à la sortie du village)*

4 Panadería, place de l'église, ouv à partir de 5h30

5 Hostal rural Arandigoyen CB @
calle Nueva 1, Arandigoyen, 31292 Villatuerta (948-536-152 & 633-600-853) poss résa, 9 ch, 23 €, 48 € inclus, 10 €, LL, , ouv tte l'année *(environ 1 km avant Villatuerta, quand le camino est près de la nationale, la rejoindre et la traverser, prendre une petite route à droite sur 200 m, puis prendre la 1ère à gauche sur 400 m)*

6 Albergue privée La Casa Magica CB @
Miguel et Simone (pèlerins), calle Rebote 5, 31292 Villatuerta (948-536-095 - ✉ alberguevillatuerta@alberguevillatuerta.com www.alberguevillatuerta.com) poss résa, 35 places en dortoirs de 5 à 10 pers, nuit 10 € inclus, , dépannage-ravitaillement, LL & SL, (écuries dans le village, prévenir), , poss massages, ouv mar à Toussaint

7 Bars-Restaurants
- Lara, carretera Pamplona, 8.50 € midi seulement, fermé 1er au 15 aou
- Restaurante Bienvenida, Poligono San Miguel, calle los Tilos 7-9, 10 à 20 €
- Bar de los Jubilados, calle Rebote, 11 €

8 Panadería-Cafetería Marta, San Gines 1, ouv à partir de 7h30, fermé mer en saison

9 Alimentation :
- Supermercado Loli *(près de l'église)*
- Tienda Cruchaga, rua Vieja 12, ouv festivos

10 Centre de Santé (948-536-033)

11 Camping Lizarra @
Ordoiz sn, 31200 Estella (948-551-733 ✉ info@campinglizarra.com www.campinglizarra.com) poss résa, 200 places en dortoirs de 36 pers (plutôt pour groupes), nuit 9 €, demi-pension 20 €, tente 20 €, bungalow 4-5 pers 76 à 96 €, LL, dépannage-ravitaillement en été, piscine, fermé Noël // Restaurant en été, 10 €, sandwiches *(sur la N 111, km 43, à l'entrée d'Estella)*

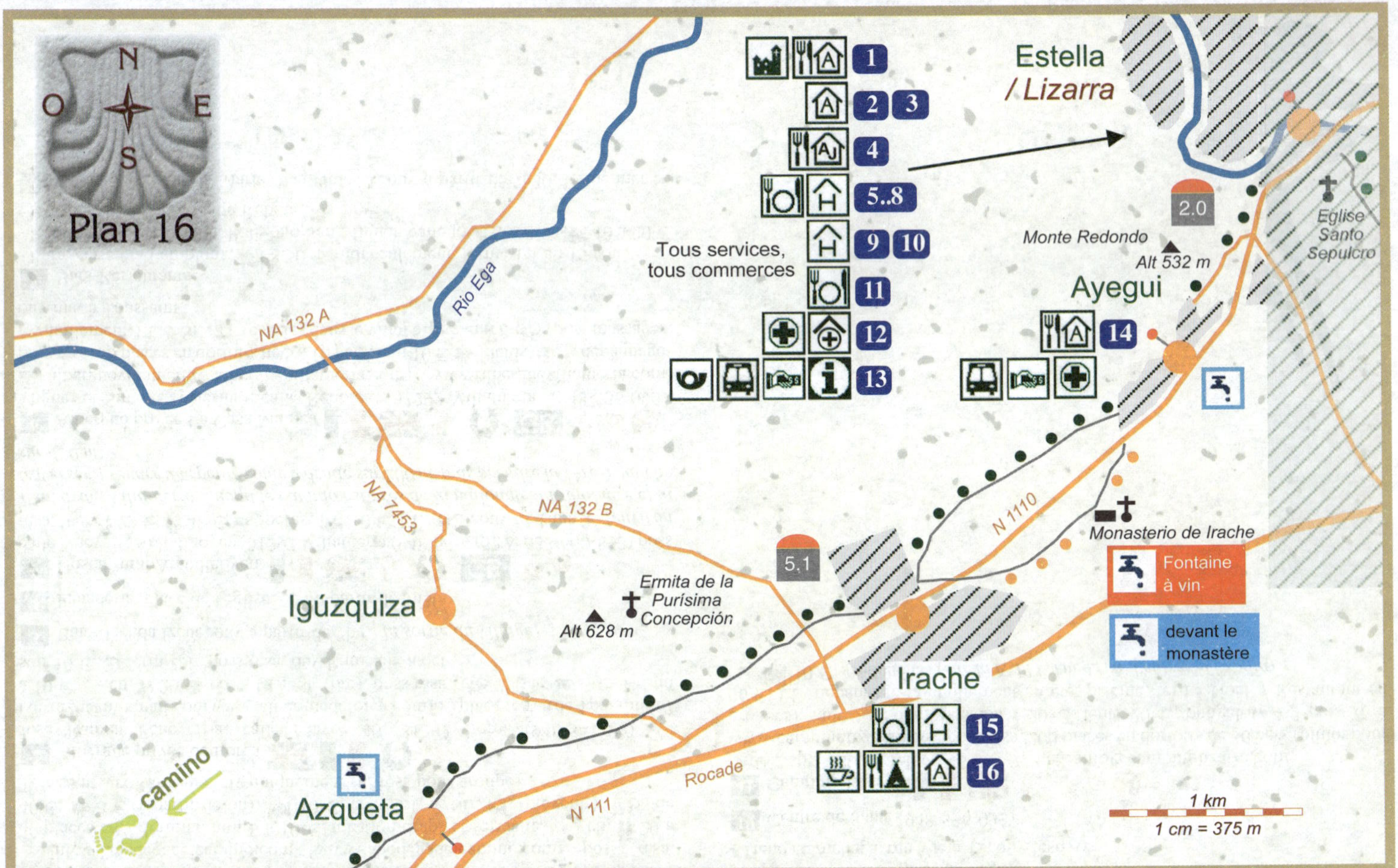
Plan 16
N
O
E
S
Estella
/ Lizarra
1
2 3
4
5..8
9 10
11
12
13
Tous services,
tous commerces
Rio Ega
NA 132 A
NA 7453
NA 132 B
Monte Redondo
Alt 532 m
2.0
Eglise
Santo
Sepulcro
Ayegui
14
N 1110
Monasterio de Irache
Fontaine
à vin
devant le
monastère
5.1
Ermita de la
Purísima
Concepción
Alt 628 m
Igúzquiza
Irache
15
16
Rocade
N 111
Azqueta
camino
1 km
1 cm = 375 m

Plan 16

1 Albergue paroissiale San Miguel
Accueil chrétien, calle del Mercado Viejo, 31200 Estella, 30 places en 2 dortoirs, donativo, et donativo, ouv 12h, ferm 22h *(en face l'église San Miguel)*
- Messe à l'église San Miguel et bénédiction des pèlerins à 19h

2 Albergue municipale @
calle de la Rúa 50, 31200 Estella (948-550-200 luisnavarroplo@hotmail.com) priorité aux pèlerins à pied, 96 places en dortoir, nuit 7 € (et draps inclus), , LL & SL, , ouv 11h en saison, 14h HS, ferm 22h, départ 8h, fermé mi-dec à mi-jan

3 Albergue associative ANFAS @
Association navarraise pour les personnes handicapées mentales, calle Cordeleros 7, 31200 Estella (948-554-551 & 669-114-522 albergue@anfasnavarra.org www.anfasnavarra.org) 34 places en dortoir, nuit 6 €, , LL, , ouv 13h, ferm 22h, ouv mai à mi-sep

4 Albergue Juvenil Oncineda @
calle Monasterio de Irache sn, 31200 Estella (948-553-954 & 948-555-022 albergueoncineda@escur.com www.escur.com) poss résa, 120 places en dortoir, ch de 4 à 7 pers, nuit 9 € // 30 ch ind, nuit 12.50 €, demi-pension 25 à 30 €, 4 €, 9 € sur résa, LL & SL, location draps et serviettes, (pré à proximité), et poss location, ouv 7h à 15h et 17h à 20h, fermé nov à fev *(à la sortie du centre historique d'Estella, prendre à droite la rue Monasterio de Irache juste avant une station-service)*

5 Hotel - Restaurante Tximista**** CB @
Zaldu 15, 31200 Estella (info@hoteltximista.com www.hoteltximista.com 948-555-870) 28 ch, 65 à 105 €, 90 à 125 €, 120 à 155 €, 155 à 185 €, 10 €, 15 €, LL & SL, fermé 24 dec au 10 jan

6 Hotel - Restaurante Yerri ** CB @
avenida Yerri 35, 31200 Estella (948-546-034 hotelyerri@hotelyerri.es www.hotelyerri.es) poss résa, 28 ch, 40 €, 62 à 67 €, 72 à 80 €, 7.50 €, 12 € (seulement le soir), LL & SL, , fermé dim en saison, Noël et Nouvel An

7 Hostal - Restaurante - Bar El Volante CB @
Travesia Merkatondoa 2, 31200 Estella (948-553-957 www.hostalelvolante.com hostalelvolante@gmail.com) 11 ch, 30 à 35 €, 56 à 62 €, 69 à 75 €, 5 €, 11 à 18 € *(à 25 m du chemin)*

8 Restaurante - Fonda Izarra
Caldereria 20, 31200 Estella (948-550-678) 4 ch, 20 €, 30 €, 11.50 à 16 €, LL & SL, , fermé 15 jours fev et 15 jours sep, restaurant fermé mer

9 Hostal - Residencia Cristina
calle Baja Navarra 1, 1°, 31200 Estella (948-550-450) 14 ch, 40 €, 45 €, 60 €

10 Fonda San Andrés *
plaza Santiago 58-1, 31200 Estella (948-554-158) 18 ch, 20 à 32 €, 32 à 40 €, 50 €, 60 €, LL & SL, , fermé hiver

11 Restaurants : nombreux bars et restaurants

12 Centre de Santé (948-556-350)

13 Office de Tourisme, calle San Nicolás 4, 31200 Estella (948-556-301 oit.estella@navarra.es www.turismotierraestella.com) ouv semaine hiver 10h à 17h, été 10h à 14h et 16h à 19h, dim et festivos 10h à 14h, fermé Noël et jour de l'An

14 Albergue municipale San Cipriano @
Francisco Tobez, 31240 Ayegui (948-554-311) poss résa, 70 places en 2 dortoirs, nuit 6 €, 3 € (à partir de 5h30), 9 €, LL & SL, chiens acceptés (chenil), , ouv 13h, ferm 22h, départ 8h, ouv tte l'année
- poss d'obtenir l'Ayeguina, certificat pour avoir fait les 100 premiers km du chemin

15 Hotel - Restaurante - Cafetería Irache*** CB @
prado de Irache 7, 31240 Ayegui (948-551-150 info@hotelirache.com www.hotelirache.com) poss résa, 31 ch, 30 €, 40 €, 5 €, piscine en été, blanchisserie // Cafetería-Bar Urbasa, 10 €

16 Camping Irache @
avenida Prado de Irache 14, 31240 Ayegui (info@campingiratxe.com 948-555-555 www.campingiratxe.com) poss résa, 100 places en ch de 2 à 4 pers, nuit 27 à 33 €, tente 19 à 27 €, bungalows de 4-6 pers 62 à 93 €, (bungalows), sandwiches, dépannage-ravitaillement, LL & SL, draps 3.50 €, piscine en été, // Restaurant-Bar, 11 à 15 €, fermé vacances Noël *(à la sortie d'Estella, à côté du chemin et du monastère de Irache)*

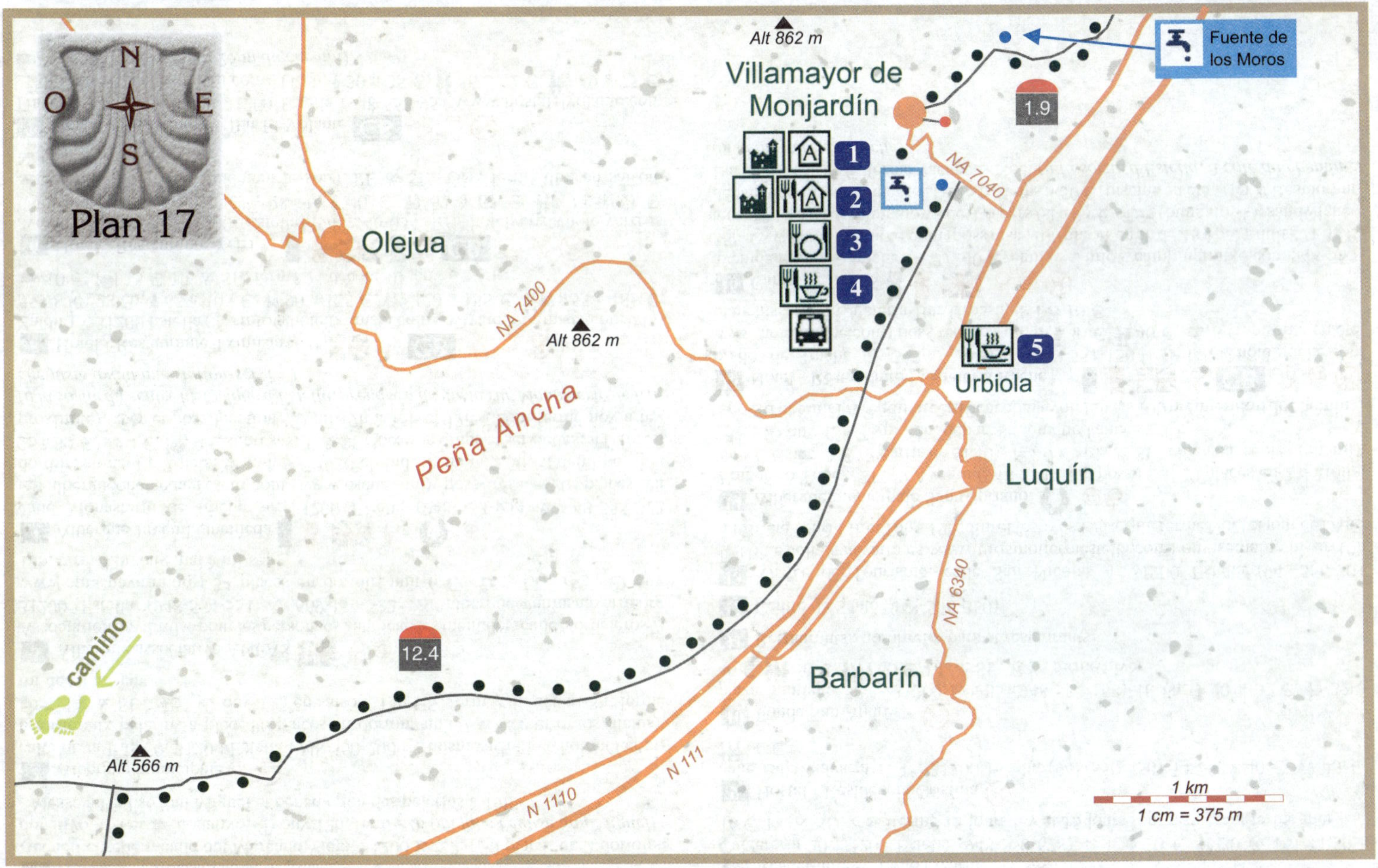

Plan 17
N
O
E
S
Alt 862 m
Villamayor de Monjardín
Fuente de los Moros
1.9
1
2
3
4
5
NA 7040
Olejua
NA 7400
Alt 862 m
Urbiola
Peña Ancha
Luquín
NA 6340
12.4
Barbarín
camino
Alt 566 m
N 111
N 1110
1 km
1 cm = 375 m

Plan 17

1 Albergue paroissiale Santa Cruz
31242 Villamayor de Monjardín, 25 places en dortoir, donativo, (pré), ,
ouv Rameaux à Toussaint
- Messe et bénédiction des pèlerins le soir

2 Albergue privée Hogar Monjardín
Fondation Hollandaise Chrétienne Oasis Trails, plaza de la Iglesia, 31242 Villamayor de Monjardín (948-537-136 info@oasistrails.org www.oasistrails.org) 28 places en 4 dortoirs, nuit 5 €, 5 € de 6h à 7h30, du soir 10 € servi à 18h30, , ouv à partir de 11h, inscriptions à partir de 16h, ferm 22h30, ouv avril à Toussaint
- Méditation proposée à 20h30

3 Restaurante Castrillo de Monjardín, Villa Rellanada (948-537-589) résa nécessaire, carte 30 à 50 €, ouv mar au sam le midi et sam soir

4 Bar-Restaurante Ilarria, 9 €

5 Restaurante - Bar Mesón Urbiola
carretera Estella-Logroño, susceptible d'être fermé

L'âne Pompon dans un élan mystique

Nous sommes donc partis, nous, "les deux Marie et la Sainte Bête", nous, "les deux mules et le bourricot", la harpe, les flûtes et Pompon, beau Catalan, âne d'expérience et de sagesse (18 ans d'âge), parlant français, castillan, et amateur de musique.

En chansons, chantant ce que nous vivions, vivant ce que nous chantions. Dans nos bagages, quelques mélodies portant en creux la marque du temps qui passe, l'empreinte des pas de ces pèlerins du temps jadis...

Extrait de Un chemin d'étoiles, *à pied, avec un âne et en musique du Puy-en-Velay à Saint-Jacques-de-Compostelle, par Marie-Virginie Cambriels*

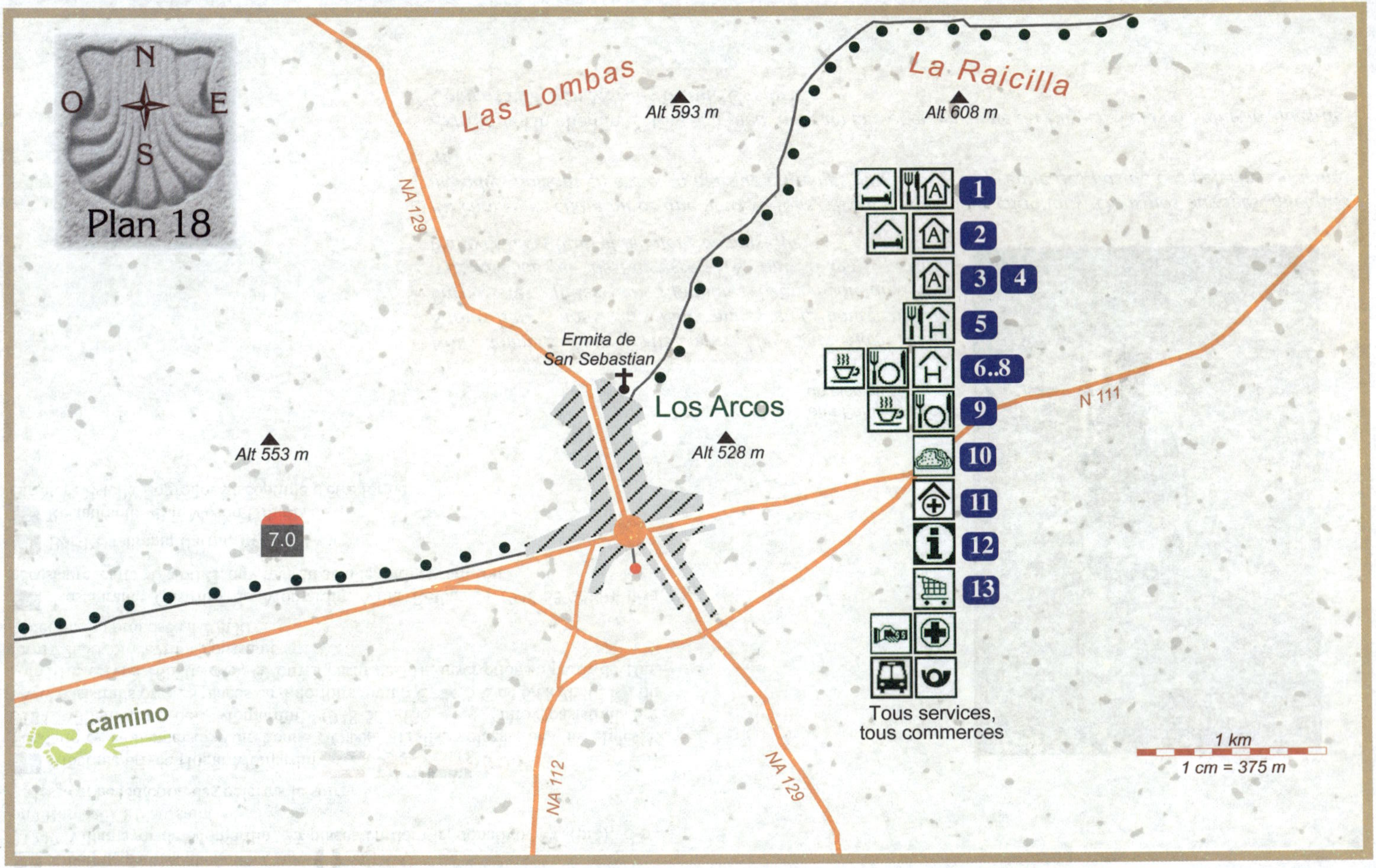
Plan 18
N
O
E
S
Las Lombas
La Raicilla
Alt 593 m
Alt 608 m
Alt 553 m
Alt 528 m
NA 129
Ermita de
San Sebastian
Los Arcos
7.0
N 111
NA 112
NA 129
1
2
3
4
5
6..8
9
10
11
12
13
Tous services,
tous commerces
camino
1 km
1 cm = 375 m

Plan 18

1 CB @
Albergue privée Casa de la Abuela, Sara Zuñiga, plaza de la Fruta 8, 31210 Los Arcos (✉ contacto@casadelaabuela.com www.casadelaabuela.com 948-640-250 & 630-610-721) poss résa (nécessaire en hiver), 38 places en ch de 6-8 pers, nuit 8 €, 3 ch 30 à 40 €, 3.50 €, 7 €, , LL & SL, (pré), , ouv 11h, ferm 22h, départ 8h

2 Albergue associative La Fuente-Casa de Austria @
Ignacio Vela Desojo, calle travesía del Estanco 5, 31210 Los Arcos (948-640-797 & 636-018-348 ✉ ignaciovela@yahoo.com) poss résa, 74 places en dortoirs de 3 à 14 pers, nuit 8 €, 5 ch, 30 €, 40 €, 3 €, , LL & SL, , poss massages, ouv tte la journée, ferm 22h30, départ 8h30, fermé mi-dec à jan

3 @
Albergue municipale Isaac Santiago, Association flamande des amis de Saint Jacques, calle San Lazaro sn, 31210 Los Arcos (948-640-230 & 948-441-091) 72 places en dortoir, nuit 4 €, , SL, , poss camping en dépannage en été, (prévenir), poss massages, ouv 12h, ferm 22h, départ 8h, ouv 1er avril à Toussaint

4 Albergue privée Casa Alberdi
María Concepción Alberdi, calle Hortal 3, 31210 Los Arcos (948-640-764 & 650-965-250 ✉ kontxialberdi@gmail.com) poss résa, 30 places en ch de 4 à 8 pers, nuit 10 €, 4 €, 2 ch 35 €, , LL & SL, transport bagages Pamplona à Nájera (650-965-250), (écurie), , ouv 14h, ferm 22h, ouv tte l'année

5 Hostal-Restaurante-Bar Suetxe**@ carramendevia sn, 31210 Los Arcos (✉ reservas@hostalsuetxe.es 948-441-175 & 618-724-437 www.hostalsuetxe.es) poss résa, 8 ch, 32 à 38 €, 48 à 52 €, supp 15 €, 5.20 €, 14 à 16 €, , HS restaurant fermé, fermé Noël et Nouvel An

6 Hostal-Restaurante-Bar Ezequiel** @
La Serna 14, 31210 Los Arcos (948-640-296 ✉ info@hostalezequiel.com www.hostalezequiel.com) poss résa, 14 ch, 25 à 38 €, 58 à 60 €, 5.50 €, 11 €, (prévenir), , restaurant fermé dim & vacances Noël *(à 200 m du centre-ville)*

7 Hotel-Cafetería Mónaco*
plaza del Coso 1, 31210 Los Arcos (948-640-000 ✉ info@hotelmonaco.es www.hotelmonaco.es) poss résa, 14 ch, 40 à 50 €, 50 à 63 €, 65 à 75 €, 7. 50 €, 12 €, chiens acceptés (14 €), , ouv tte l'année

8 Pensión-Restaurante-Bar Mavi CB
calle La Serna 2 y calle del Medio 7, 31210 Los Arcos (948-640-081 & 608-934-222 ✉ info@pensionmavi.es www.pensionmavi.es) 10 ch, 25 à 35 €, 40 à 50 €, , 10.50 €,

9 Restaurante - bar Gargantua, parque de la Fuenfresca (948-640-915) 10.50 à 12 €, ouv 1er mar à Toussaint

10 Panadería :
- Panadería Abrego, calle del Medio 18, ouv tte l'année 7h à 13h30
- Panadería-tienda Romero, ouv 7h à 20h

11 Centre de Santé (948-640-800)

12 Office de tourisme, plaza de Cozo 2, 31210 Los Arcos (948-640-021 ✉ turismo@losarcos.es www.losarcos.es) ouv 9h à 14h et 17h à 19h en été, 9h à 16h en hiver, fermé dim après-midi & lun

13 Nombreux commerces d'alimentation plaza del Coso et plaza de la Iglesia

Ya rien sur ce morceau de page blanche ?
C'est normal, c'est ma page, c'est moi qui garde...

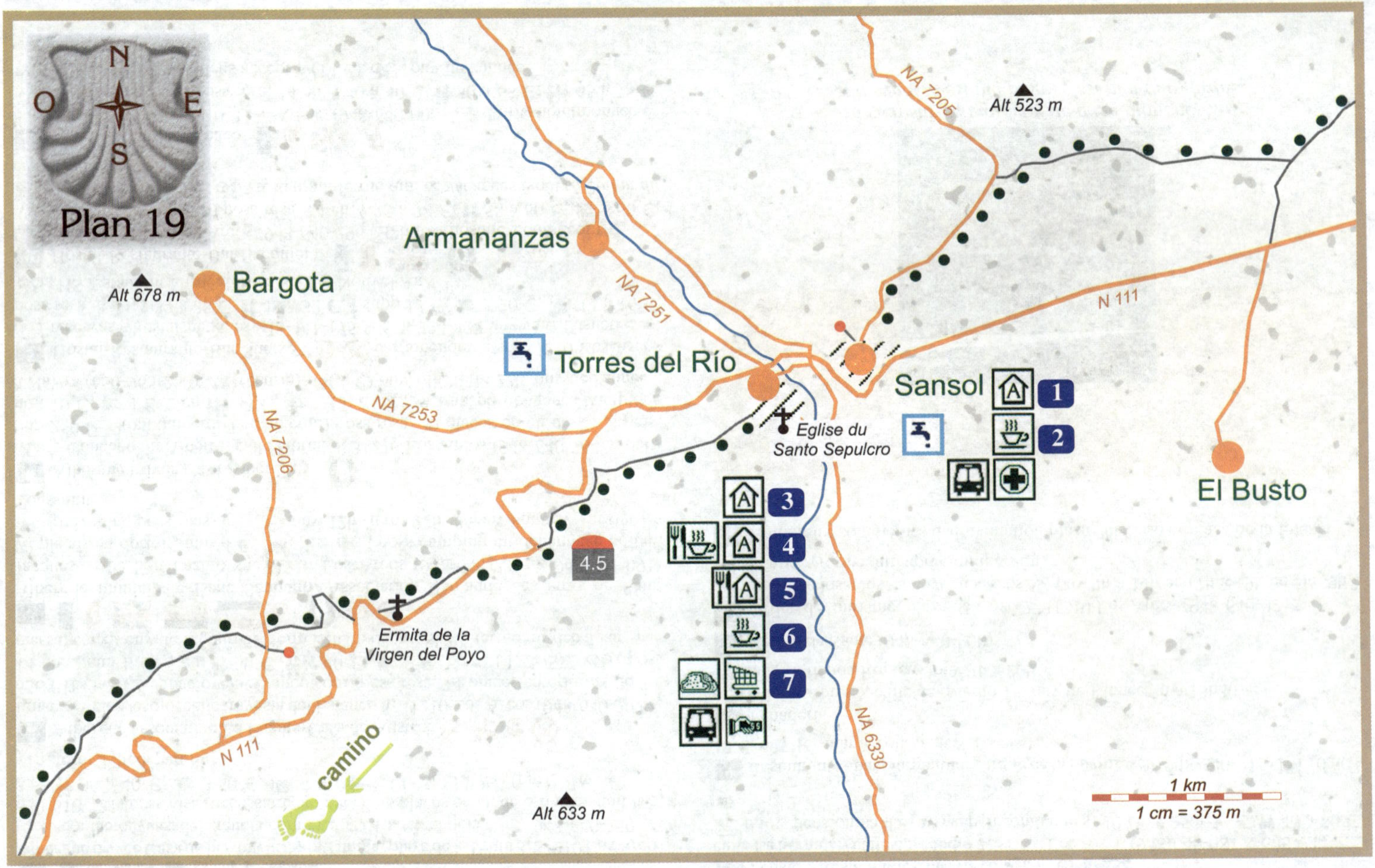

Plan 19
N
O
E
S
Alt 523 m
NA 7205
Armananzas
Bargota
Alt 678 m
NA 7251
N 111
Torres del Río
Sansol
1
2
NA 7253
Eglise du
Santo Sepulcro
El Busto
NA 7206
3
4
5
6
7
4.5
Ermita de la
Virgen del Poyo
NA 6330
N 111
camino
Alt 633 m
1 km
1 cm = 375 m

Plan 19

1 Albergue privée Arcadi
calle Taconera 10, 31220 Sansol (618-197-520) 12 places en ch de 4 et 8 pers, nuit 4 €, , dépannage-ravitaillement, , ouv 12h, ferm 23h, départ 10h, ouvert Rameaux à Toussaint

2 Bar de Socios, sandwiches, ouv 7h30 à 23h en été, 10h à 15h et 16h30 à 22h HS

3 Albergue privée Casa Marí @
Nuevas 13, 31229 Torres del Río (948-648-409 & 699-572-950 oyonm@reterioja.com) 25 places en dortoir, nuit 7 €, , LL, draps 2 €, serviettes 1 €, (pré), , poss massages, ouvert tte l'année

4 Albergue privée - Restaurante - Bar Casa Mariela @
Mariela Berdejo, plaza Padre Valeriano Ordoñez 6, 31229 Torres del Río (948-648-251 & 948-648-433 fernando_berdeja_7@hotmail.com) poss résa, 54 places en ch de 4 à 14 pers, nuit 7 €, 2 ch, 25 €, 3 €, 10 €, , LL, , ouvert tte l'année

5 Albergue privée La Pata de Oca @ CB
Juan Sanchez, calle Mayor 5, 31229 Torres del Río (948-378-457 & 608-250-121 reservas@lapatadelaoca.com www.lapatadelaoca.com) 40 places en dortoir, nuit 10 €, 3 €, 10 €, sandwiches, , LL & SL, piscine en été, , ouvert tte l'année

- En projet pour 2011, 7 ch doubles

6 Bar de Socios

7 Tienda, Esteban Muñoz Valdecantos, plaza de los Fueros 5, dépôt de pain, ouvert tte l'année 7h30 à 19h30

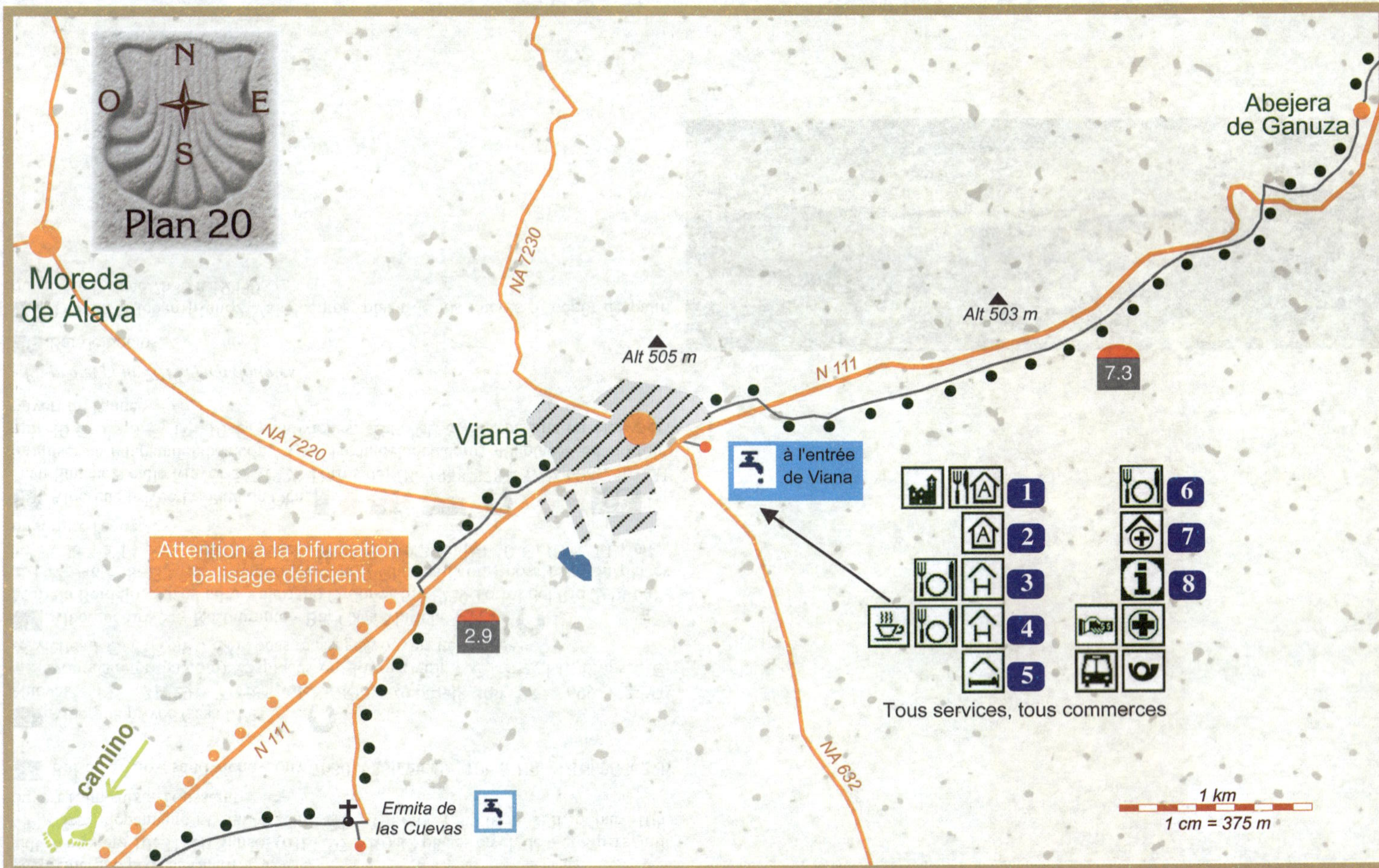

Plan 20
N
O
E
S
Moreda
de Álava
NA 7230
NA 7220
Viana
Alt 505 m
Alt 503 m
N 111
7.3
Abejera
de Ganuza
à l'entrée
de Viana
Attention à la bifurcation
balisage déficient
2.9
1
2
3
4
5
6
7
8
Tous services, tous commerces
N 111
NA 632
camino
Ermita de
las Cuevas
1 km
1 cm = 375 m

Plan 20

1 Albergue paroissiale Santa María
Don José María, accueil chrétien, plaza de los Fueros, 31230 Viana, 16 places en dortoir, donativo, pas de lits, matelas au sol, poss du soir et donativo, ouv 17h, ouvert jun au 1er oct
- Messe et bénédiction des pèlerins à 19h30 ou 20h // Prière proposée avant ou après le repas, poss visiter l'église *(à côté de l'église de la Magdalena)*

2 Alberguería municipale Andrés Muñoz @
Sílvia García, calle Medio San Pedro sn, 31230 Viana (948-645-530 & 609-141-798 ✉ alberguedeviana@hotmail.com) priorité pèlerins à pied, 54 places en dortoir, nuit 6 €, pas de couvertures, , LL & SL, , ouv tte la journée en saison, de Toussaint aux Rameaux à partir de 15h

3 Hôtel-Restaurant Palacio de Pujadas *** CB @
calle Navarro Villoslada 30, 31230 Viana (✉ info@palaciodepujadas.com 948-646-464 www.palaciodepujadas.com) poss résa, 28 ch, 50 €, 70 €, inclus, 9.50 à 20 €, fermé vacances de Noël

4 Hostal-Restaurante-Bar Casa Armendariz **
calle Navarro Villoslada 19, 31230 Viana (948-645-078) poss résa, 6 ch, 21.60 €, 40 €, 11-12 €, fermé dim sauf en été, fermé vacances de Noël et certains ponts

5 Pensión Casa Asún
Asunción, calle La Rueda 46, 31230 Viana (948-645-149 & 646-923-398) 2 ch 13 €, ch 25 à 28 €, , LL, ouv tte l'année

6 7 restaurants

7 Centre de Santé (948-646-207)

8 Office de Tourisme, plaza de los Fueros 1, 31230 Viana (948-446-302 ✉ turismoycultura@viana.es www.viana.es) ouvert Rameaux au 12 oct du lun au sam 9h à 14h et 17h à 19h et dim matin, ouvert HS du lun au sam 9h à 15h

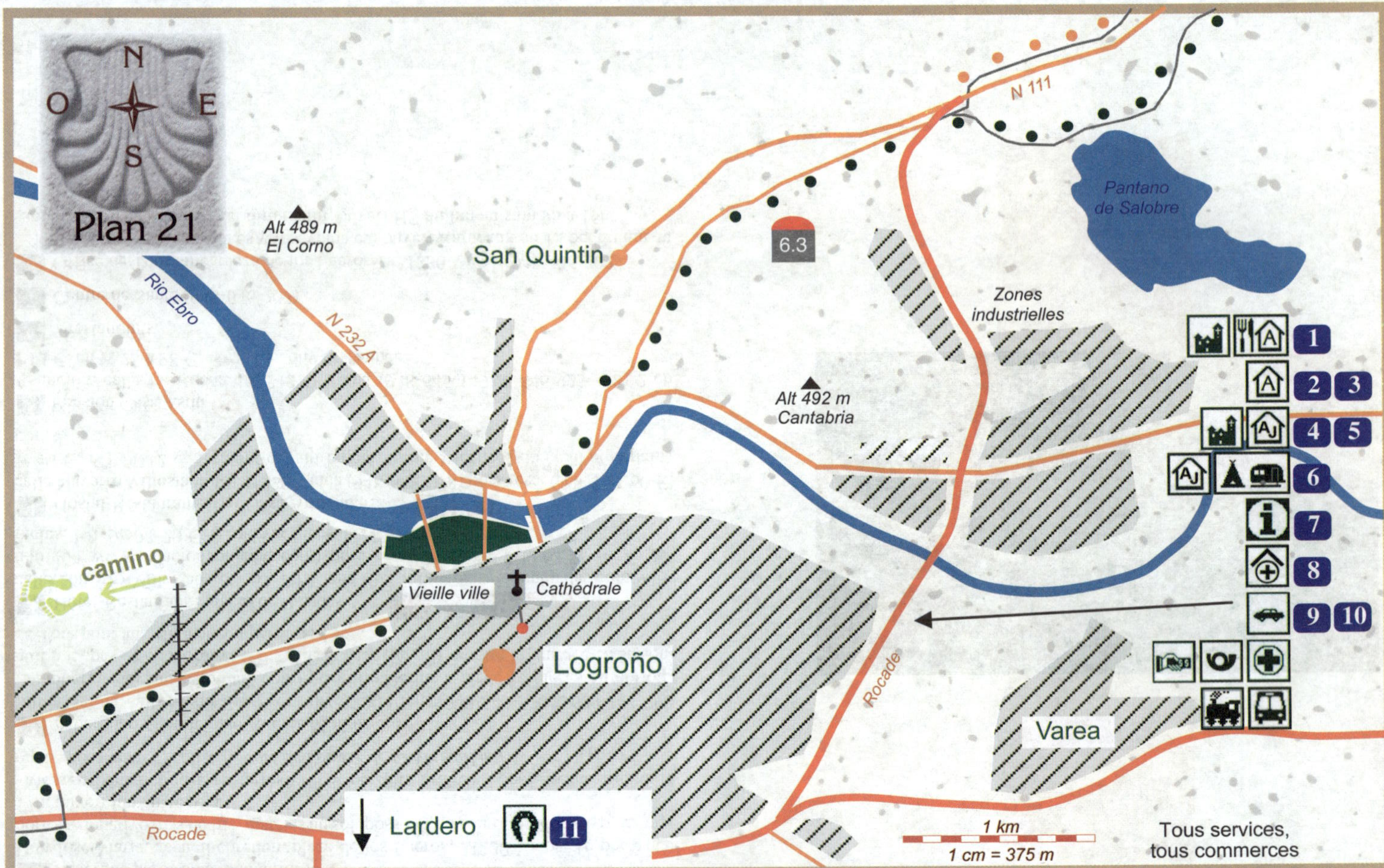
Plan 21
N
O
E
S
Alt 489 m
El Corno
San Quintin
6.3
N 111
Pantano
de Salobre
Rio Ebro
N 232 A
Zones
industrielles
Alt 492 m
Cantabria
1
2
3
4
5
6
7
8
9
10
camino
Vieille ville
Cathédrale
Logroño
Rocade
Varea
Rocade
Lardero
11
1 km
1 cm = 375 m
Tous services,
tous commerces

Plan 21

1 Albergue paroissiale Santiago El Real
Don José Ignacio Díaz, accueil chrétien, parroquia de Santiago el Real, calle Barriocepo 8, 26001 Logroño, 30 places en dortoir, pas de lits, matelas au sol, donativo, , poss et du soir donativo, ouv tte la journée, ouvert de jun à sep
- Prière proposée après le dîner

2 Albergue municipale @
calle Ruavieja 32, 26006 Logroño (941-248-686 ruavieja@gmail.com) 68 places en dortoirs de 24 pers, nuit 5 €, HS, LL & SL, , en saison ouv 12h30, ferm 22h, départ 8h, HS accueil 16h à 21h30

3 Albergue privée Puerta del Revellín @
Blanca Torres, plaza Martinez Flamarique 4 bajo 1, 26004 Logroño (629-170-447 albergue@alberguerevellin.es, www.alberguerevellin.es) 40 places en dortoir, nuit 10 €, LL & SL, , ouv 11h à 22h30, ouvert toute l'année

4 Albergue juvenil de Logroño Residencia Santo Domingo
calle Caballero de la Rosa 38, 26004 Logroño (941-291-145) 3 ch de 2 pers (et 30 en été), nuit 11.80 €, demi-pension 16.60 €, LL & SL, , fermé vacances de Noël

5 Residencia Jordan @
Salvatorianos, Paseo del Prior, 26004 Logroño (941-260-896 residencia.jordan@salvatorianos.org) 60 ch, 20 €, 36 €, 3 €, piscine en été (sous réserve), réception jusqu'à 22h

6 Camping La Playa
avenida de la Playa 6-8, 26006 Logroño (941-252-253 info@campinglaplaya.com www.campinglaplaya.com) poss résa, tente 21 €, bungalow 60 €, 80 €, 99 €, 99 €, 120 €, piscine en été // 200 places en dortoirs, nuit 20 € pour groupes sur résa uniquement, fermé dec et jan *(au bord du Rio Ebro)*

7 Offices de Tourisme :
- Office de tourisme de la Rioja, paseo del Espolón 1, 26071 Logroño (941-291-260 info@lariojaturismo.com www.lariojaturismo.com)
- Office de tourisme de Logroño, calle Portales 50, 26071 Logroño (941-273-353 info@logroturismo.org www.logroturismo.org)
- Office de tourisme du camino de Santiago, puente de Piedra, carretera Mendavia 2, 26003 Logroño (941-275-982 infocamino@logro-o.org www.logroturismo.org/camino)

8 Centre de Santé (941-298-000)

9 Transporteur Globe-trotter Rodolphe Ballesteros
(667-386-307 globtrotterrb@hotmail.com) transport bagages et vélos uniquement, trajet Logroño à Burgos tous les jours, 7 à 8 € par bagage, 10 € par vélo, ouvert 15 mar au 15 oct

10 Taxi (941-505-050)

11 Accueil chevaux
- Centro Ecuestre El Dorado
Señor Lazaro, Castilseco sn, 26140 Lardero (941-201-874 & 659-306-646 & 608-454-453) 10 à 20 € (box)
- Centro Hípico Equus
calle Vieja sn, (près du centre pénitenciaire) 26140 Lardero (941-449-868 & 649-825-901) 20 € (box)

Pour y aller : Lardero se trouve au sud-est de Logroño. A la sortie de la ville, quitter le camino au rond-point d'Auchan (Al Campo), et prendre la direction Lardero sur 800 m. De Lardero, il est facile de gagner Navarrete, au plan 22.

La rose trémière est traditionnellement appelée "bâton de saint Jacques"

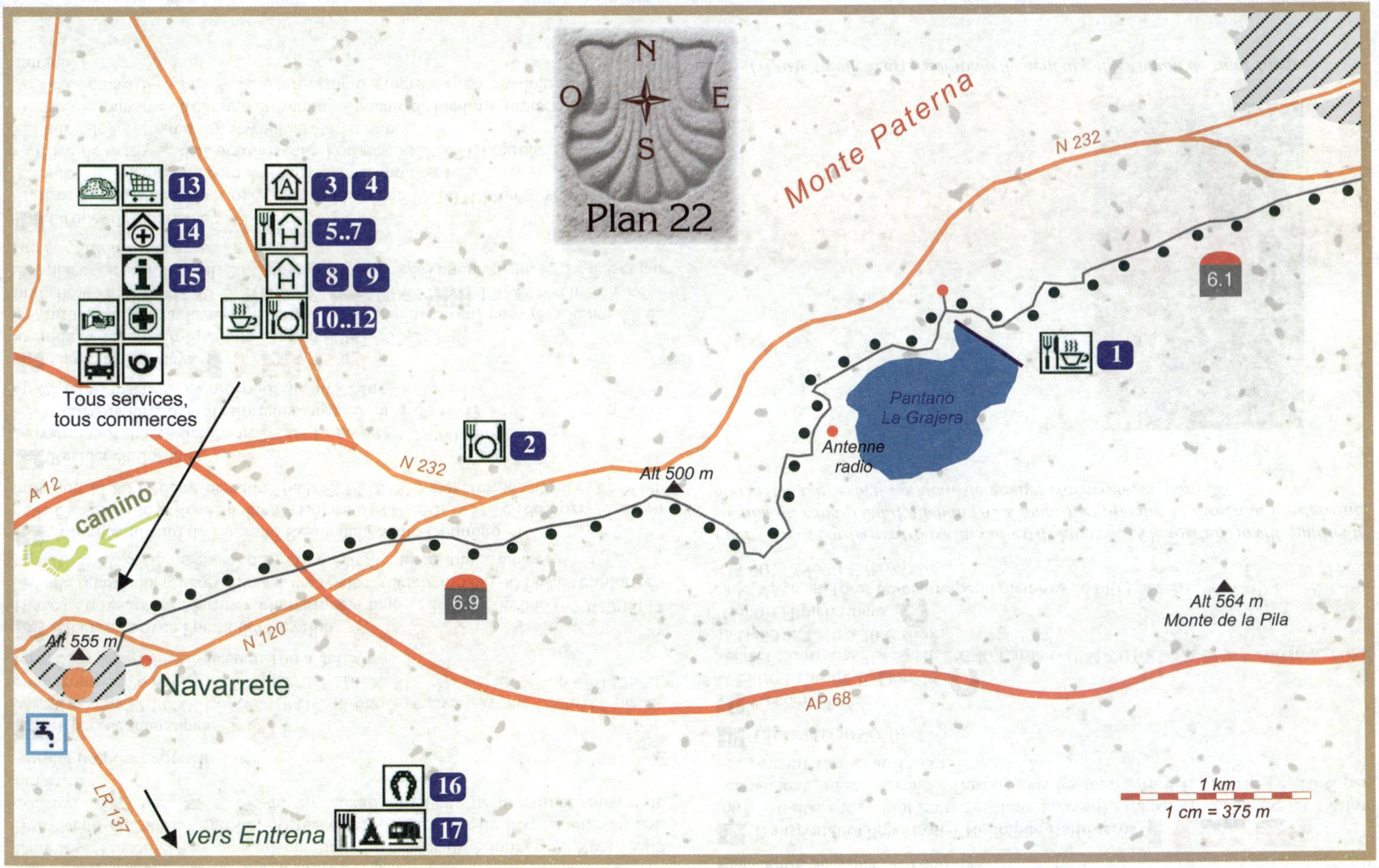

N
O
E
S
Plan 22
Monte Paterna
N 232
13
14
15
3
4
5..7
8
9
10..12
Tous services,
tous commerces
2
1
6.1
6.9
Pantano
La Grajera
Antenne
radio
Alt 500 m
A 12
camino
N 232
Alt 555 m
N 120
Navarrete
AP 68
Alt 564 m
Monte de la Pila
LR 137
vers Entrena
16
17
1 km
1 cm = 375 m

Plan 22

1 Bar-snack La Cabana del Tío Juanvi, 9 €, ouv été

2 Restaurante Los Murales, carretera de Burgos, km 8 (941-440-753) 10 à 16.50 €, fermé soir, fermé 15 au 31 aou et 15 dec au 2 jan

3 Albergue municipale @
Asociación de los Amigos del Camino de la Rioja, calle San Juan 2, 26370 Navarrete (941-440-776) 49 places en dortoirs de 9 et 16 pers, nuit 5 €, , LL & SL, ouv 14h, ferm 22h, départ 8h, ouv début mar à Toussaint

4 Albergue privée El Cantaro
Alicia Garrido Ibañez, calle Herrerias 16, 26370 Navarrete (941-441-180 & 629-942-691 info@albergueelcantaro.com www.albergueelcantaro.com) poss résa, 22 places en 2 dortoirs, nuit 10 €, 5 ch, 20 €, 30 à 40 €, 3 €, LL, , ouv 11h, ferm 23h, ouv tte l'année

5 Hotel - Cafetería San Camilo*** CB @
carretera Fuenmayor 4, 26370 Navarrete (941-441-111 www.sanmillan.com sancamilo@sanmillan.com) poss résa, 38 ch, 53.50 €, 74 à 98 €, inclus, poss lun au jeu, fermé 17 dec au 17 jan

6 Hotel - Cafetería Rey Sancho*** CB
calle Mayor alta 5, 26370 Navarrete (941-441-378 info@hotelreysancho.com www.hotelreysancho.com) 12 ch, 50 €, 70 €, 15 à 18 €, fermé 15 dec au 15 jan

7 Pensión - Restaurante La Carioca
calle Prudencio Muñoz 1, 1er étage, 26370 Navarrete (941-440-805 & 669-943-106 lacarioca1983@hotmail.com) 26 ch, demi-pension 26 à 33 €, 10 €, , restaurant fermé dim, pensión fermée vacances Noël

8 Hostal Villa de Navarrete* CB
La Cruz 2c, 26370 Navarrete (reservas@hostalvilladenavarrete.com 941-440-318 www.hostalvilladenavarrete.com) 11 ch, 30 €, 40.50 €, 49 €, 58 €, 3 €, ouv tte l'année

9 Hotel rural Peregrinando CB @
calle Mayor 34, 26370 Navarrete (casaperegrinando@yahoo.es 941-441-324 & 620-855-038 www.casaperegrinando.scoom.com) résa souhaitée, 5 ch, 30 €, 50 €, inclus, LL & SL, , poss taxi et visites guidées, fermé 20 dec à mi-jan

10 Bar Deportivo, plaza de las Pilas (941-441-065 & 638-603-238) sandwiches, 10.50 à 12 €, fermé mar sauf ponts et de mi-dec à mi-jan

11 Restaurante-Bar El Molino, Coso 6 (941-440-564) 9 à 35 €, ouv à partir de 7h30, fermé dim midi

12 Restaurante El Alvero, San Francisco 6, (941-441-038) midi en semaine 10 €, soir carte, fermé lun, et 15 jours aou et à Noël

13 Alimentation :
- Tienda, calle la Cruz 4, fermé dim et une semaine en sep
- Panadería Azofra, ouvert à partir de 7h, fermé dim et jours fériés

14 Centre de Santé (941-440-347)

15 Office de tourisme @ 26370 Navarrete (www.ayuntamientonavarrete.org 941-440-005 navarrete@lariojaturismo.com) ouv été, vacances et ponts, 10h à 13h30 et 16h30 à 18h *(près de la mairie)*

16 Centro Hípico
Término Bustales sn, 26370 Navarrete (941-740-078 & 617-354-873) pré et nourriture, 5 à 12 € par animal suivant prestation *(à 1.5 km du village sur la route d'Entrena)*

17 Camping Navarrete CB
carretera Navarrete-Entrena km 1.5, 26370 Navarrete (campingnavarrete@fer.es 941-440-169 www.campingnavarrete.com) tente 14 à 17 €, sandwiches, dépannage-ravitaillement en été, LL & SL, piscine, fermé 8 dec au 10 jan // Cafetería, 12 €, ouv jeu à dim *(à 1.5 km du village sur la route d'Entrena)*

L'âne Pompon fleuri

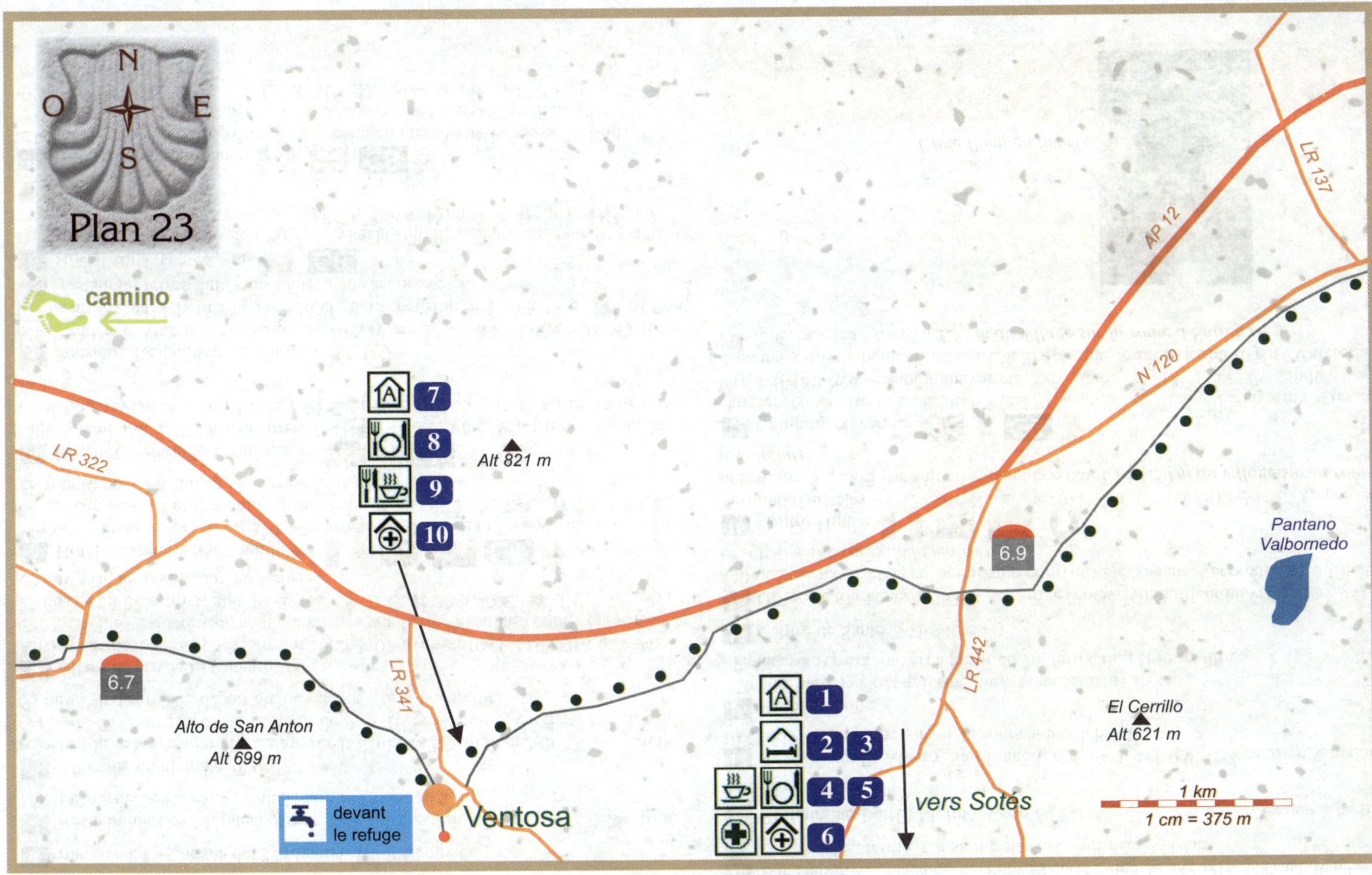

Plan 23
N
O
E
S
camino
LR 322
LR 341
LR 442
LR 137
AP 12
N 120
7
8
9
10
Alt 821 m
6.7
6.9
Alto de San Anton
Alt 699 m
devant
le refuge
Ventosa
1
2
3
4
5
6
vers Sotés
El Cerrillo
Alt 621 m
Pantano
Valbornedo
1 km
1 cm = 375 m

Plan 23

1 Albergue La Bodega de los Peregrinos
Fernando J. Rodriguez, calle Conde Garay 25, 26371 Sotés (670-053-229 ✉ alberguesotes@yahoo.es) poss résa, 18 places en dortoir, nuit 13 € inclus, draps fournis, LL & SL, , jardin, ouv mar à oct

2 Casa rural Señorio de Moncalvillo CB
Rafaël Alday Peral et Sonia Lalinde, calle de la Iglesia 9, 26371 Sotés (✉ info@senoriodemoncalvillo.com www.senoriodemoncalvillo.com 941-441-889 & 677-081-001) poss résa, 8 ch, 36 €, 45 €, , ouv tte l'année *(quand le camino croise la route vers Sotés, monter à gauche sur 2 km)*

3 Casa rural La Casa de Sotés
Javier Manso Alvarez, Conde Garay 45-47, 26371 Sotés (699-783-452 ✉ lacasadesotes@yahoo.es www.lacasadesotes.com) 4 ch, 30 à 40 €, supp 15 €, 4 €, , LL, chiens acceptés 5 €, *(quand le camino croise la route vers Sotés, monter à gauche sur 2 km)*

4 Restaurant et bar Señorio de Sotés (941-441-904) 10 à 15 €

5 Cafetería-Bar, plaza Mayor, (941-441-711) 10 €, sandwiches, ouv à partir de 8h

6 Centre de Santé (941-441-901)

7 Albergue associative San Saturnino
Angel Espinosa, calle Mayor 33, 26371 Ventosa (941-441-899 & 657-823-740 ✉ventosa@jacobeos.net www.jacobeos.net) poss résa, 42 places en ch de 2 à 10 pers, nuit 8 €, , LL & SL, dépannage-ravitaillement, (pré), , ouv 13h, ferm 22h, ouv tte l'année

8 Restaurant Mesón San Antón, callejón San Andrés 3 (941-441-839 www.mesonsananton.es) 11 à 15 €, ouvert Rameaux à mi-oct, ouv festivos

9 Bar, , sandwiches, assiettes garnies 8.50 €, ouv à partir de 7h

10 Centre de Santé (mairie 941-441-903)

Ferdinand, l'âne-pèlerin, a écrit un soir de misère au bivouac...

Quel bled, mes amis !... C'est désert et compagnie, Grand Erg et Tatahouine, ce pays-là. Où sont les vertes prairies de ma jeunesse ?

Je n'ai qu'une consolation en ce pauvre monde : c'est la longue mangeoire qui borde le chemin, mise à la disposition des pauvres ânes chargés, par le Bon Dieu de ce pays. Dès que mon bwana a le dos tourné, je m'en attrape au passage quelques bonnes bouchées. Ce n'est certes pas aussi bon que l'avoine, mais je ne vais pas chipoter alors que j'ai orge et blé à m'en faire péter la sous-ventrière.

Et puis je dois vous dire aussi ceci : je hais les chiens de cette contrée. Il y en a deux qui m'ont méchamment coursé tout à l'heure, alors que je ne leur avais strictement rien fait. Je sens que je ne vais pas dormir beaucoup cette nuit, car ils ne sont pas loin de l'endroit où je me gèle en ce moment. Ni bouffer beaucoup non plus, car l'herbe est aussi rase que la coiffure d'un mulet militaire.

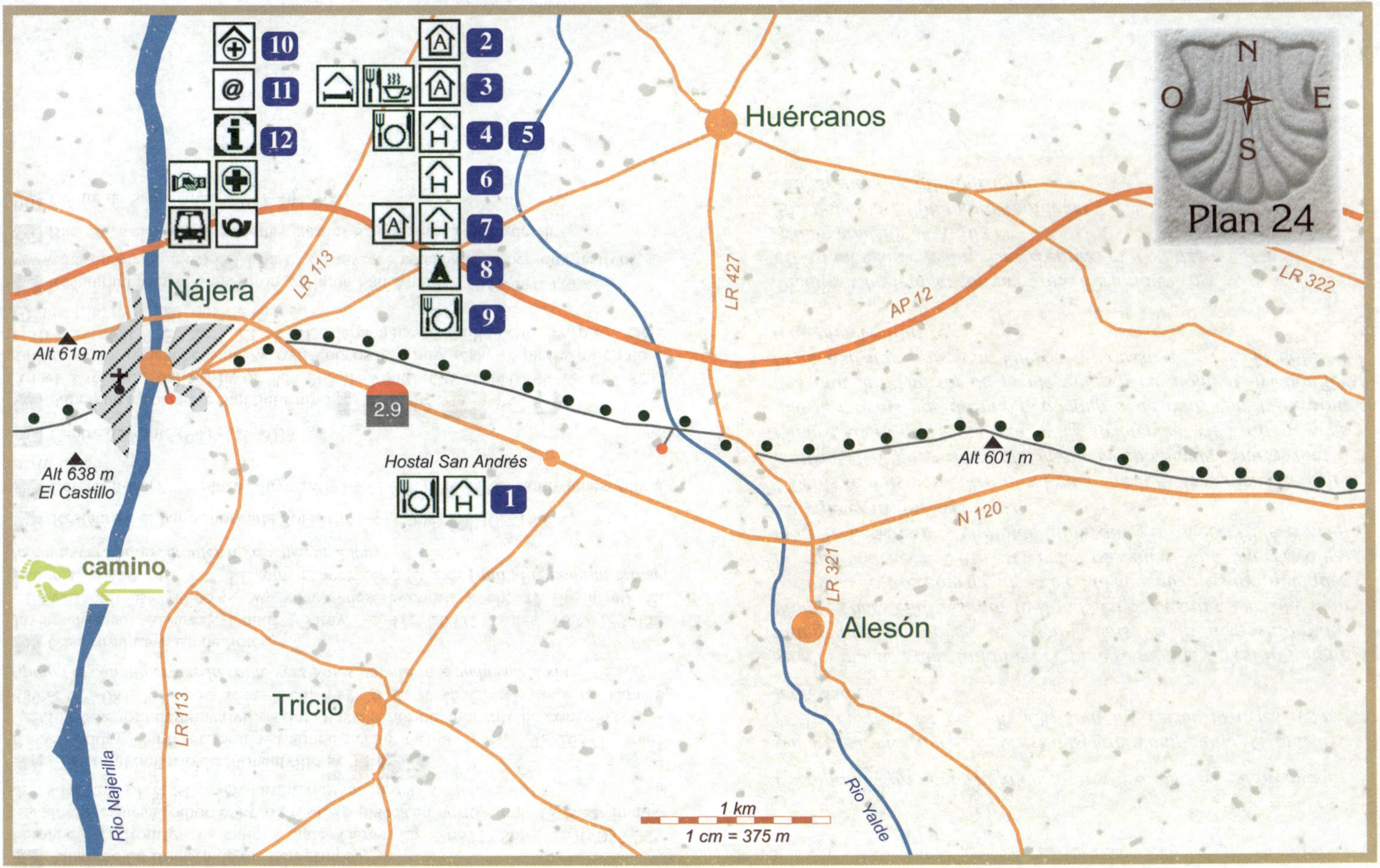

Plan 24
N
O
E
S
Huércanos
Nájera
Alesón
Tricio
Hostal San Andrés
Alt 619 m
Alt 638 m
El Castillo
Alt 601 m
2.9
LR 113
LR 427
LR 322
LR 321
AP 12
N 120
Rio Najerilla
Rio Yalde
camino
1 km
1 cm = 375 m
1
2
3
4
5
6
7
8
9
10
11
12

Plan 24

1 Hostal - Restaurante San Andrés * @
N 120, km 23, 26300 Nájera (941-369-031 www.hostalsanandres.com info@hostalsanandres.com) 40 ch, 26 €, 37 €, 46 €, 3 €, 10.50 €, restaurant fermé dim *(hôtel routier, 2 km avant Nájera sur la N 120)*

2 Albergue municipal @
Amigos del Camino de Nájera, plaza Santa María la Real, 26300 Nájera (mairie 941-363-666) 92 places en dortoir, donativo, , LL & SL, ouv 13 ou 15h, ferm 22h, départ 7h30, ouv tte l'année

3 Bar La Judería-Sancho III - Albergue privée
Teodoro Ochoa, calle Constantin Garan 13 (restaurant et réception, albergue à 100 m), 26300 Nájera (941-361-138) priorité pèlerins à pied, 10 places en 2 ch, nuit 8 €, 8.50 €, ouv 12h, ferm 22h
- En projet 2011, 4 ch doubles

4 Hotel - Restaurante San Fernando ** CB @
paseo San Julián 1, 26300 Nájera (941-363-700 sanfernando@sanmillan.com www.sanmillan.com) 55 ch, 43 €, 63 €, 86 €, 4.50 à 6 €, 10.50 à 14 €, fermé vacances Noël

5 Hostal - Restaurante Hispano II * CB @
La Cepa 2, 26300 Nájera (941-363-615 hispanonajera@yahoo.es www.hostalhispanonajera.com) 22 ch, 35 €, 49 €, 79 €, 5 €, 11 €, , restaurant fermé 15 jours en oct

6 Hotel Duques de Nájera *** @
calle Carmen 7, 26300 Nájera (941-410-421 info@hotelduquesdenajera.com www.hotelduquesdenajera.com) poss résa, 15 ch, 55 €, 70 €, 90 €, 7 à 10 €, , fermé 20 dec au 7 jan

7 Hostal et Albergue Ciudad de Nájera ** CB
calleja de San Miguel 14, 26300 Nájera (941-360-660 www.ciudaddenajera.com info@ciudaddenajera.com) poss résa, 8 ch, 48.50 €, 58 €, , dortoir 8 lits avec draps, 20 €, , fermé vacances Noël

8 Camping El Ruedo
paseo de San Julián 24, 26300 Nájera (941-360-102) tente 12 €, , LL, ouv 1er avr au 10 sep

9 Restaurants : nombreux restaurants à Nájera

10 Centre de Santé, avenida de la Rioja 5 (941-360-975)

11 - Ciberteca @, calle Constantin Garan
- Cibercafé @ Heladeria Juanca, calle Mayor

12 Office de Tourisme, plaza San Miguel 10, 26300 Nájera (941-360-041 turismonajera@najera.net www.najerasanmillan.es)

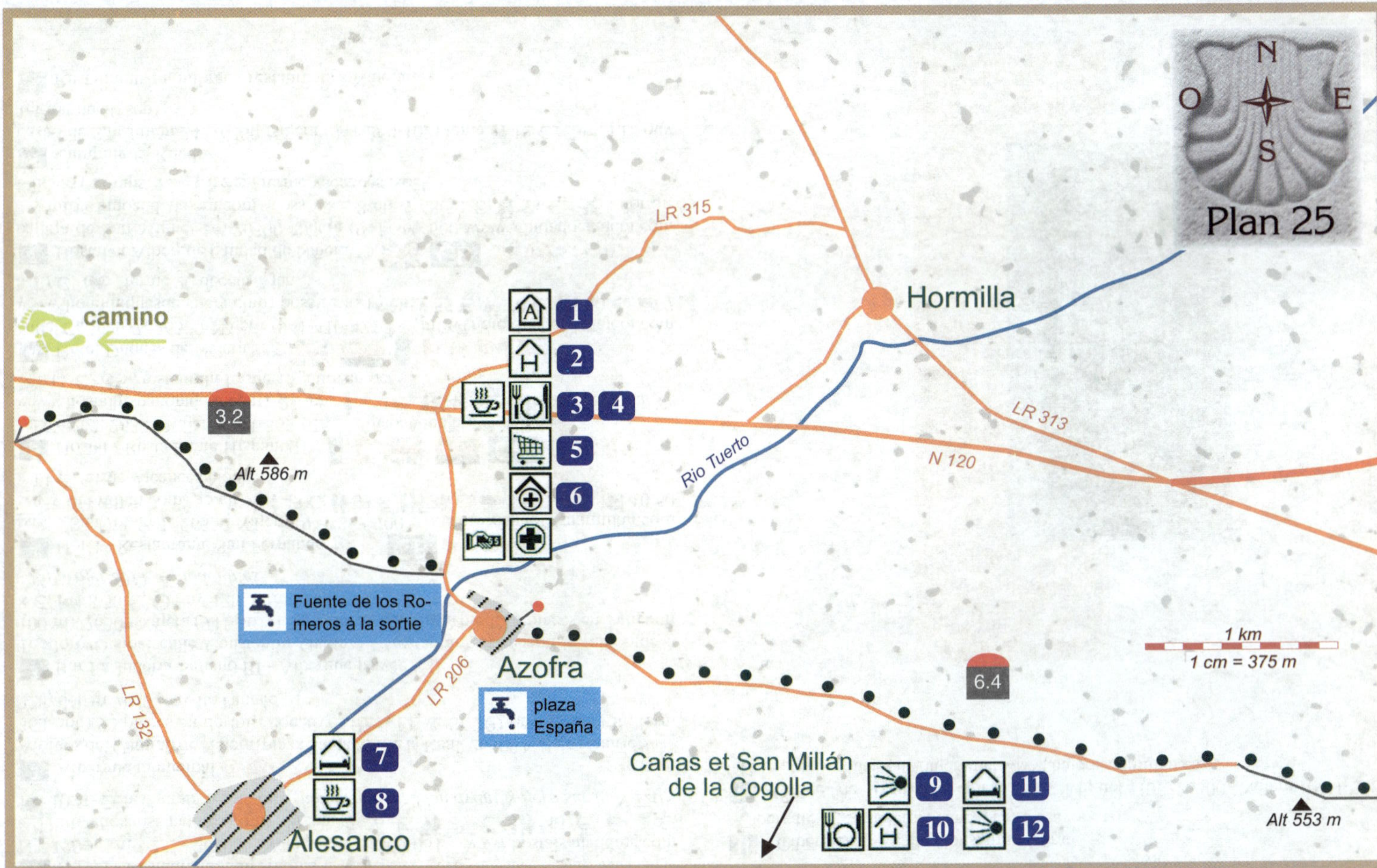

Plan 25
N
O
E
S
camino
3.2
Alt 586 m
LR 315
Hormilla
LR 313
N 120
Rio Tuerto
1
2
3
4
5
6
Fuente de los Romeros à la sortie
Azofra
plaza España
LR 206
LR 132
7
8
Alesanco
6.4
1 km
1 cm = 375 m
Cañas et San Millán de la Cogolla
9
10
11
12
Alt 553 m

Plan 25

1 Albergue municipale et Albergue paroissiale Herbert Simon
Ernesto Álvarez, calle Las Parras 7, et calle del Sol, 26323 Azofra (941-379-220 & mairie 941-379-049) 60 places en box de 2 pers, nuit 6 €, , LL & SL, , ouv 12h, ferm 22h, ouv avr à Toussaint
- L'albergue paroissiale, 16 places, est ouverte quand l'autre est complète ou fermée (aussi en hiver)

2 Hotel Real Casona de las Amas ***** CB
calle Mayor 5, 26223 Azofra (941-416-103 ✉ mail@realcasonadelasamas.com www.realcasonadelasamas.com) 16 ch, 120 à 200 €, 170 à 330 €, inclus, blanchisserie, piscine en été, spa 25 à 35 €, fermé 15 dec au 15 jan

3 Restaurante-Bar El Camino de Santiago, calle Mayor 17 (941-379-239) 2 €, 10 €, ouv 6h en été, 7h15 en hiver

4 Restaurante-Bar El Descanso del Peregrino, calle Mayor 40 (609-077-761) 9 €

5 2 Tiendas de alimentación, calle Mayor

6 Centre de Santé (941-379-281)

7 Pensión Jauja
calle Mayor 38, 26324 Alesanco (941-379-139) 7 ch, 20 à 35 €, 40 €, 60 à 65 €, inclus, , piscine, ouv tte l'année *(à Azofra, prendre la LR 206 en direction d'Alesanco sur 1.5 km)*

8 2 bars, 10 €

9 Abadia cisterciense San Salvador de Cañas
Cañas (941-379-083) fermé lun sauf ponts, ouv 10h30 à 13h30 et 16h à 18h, dim 11h à 19h, en été à 10h à 19h, fermé 19 dec au 20 jan *(à Azofra, prendre vers Alesanco, puis Cañas sur 5 km)*

10 Hotel - Restaurante - Bar Casona de Cañas * CB
carretera 13, 26325 Cañas (www.lacasonadecanas.com 941-379-150 ✉ info@lacasonadecanas.com) poss résa, 4 ch, 21 à 24 €, 30 à 42 €, supp 12 €, 4 €, 9 à 12 €, chiens acceptés (chenil), *(à Azofra, prendre à gauche la direction de Cañas sur 5 km)*

11 Casa rural La Posada del Santo
calle Real 2, 26325 Cañas (626-348-511 ✉ laposadadelsanta@hotmail.com www.laposadadelsanto.com) 5 ch, 55 à 80 €, 3.50 € *(à Azofra, prendre à gauche vers Cañas sur 5 km)*

12 Monasterios de Suso y Yuso
(monastère mozarabe de San Millán de la Cogolla) (941-373-049 et 941-373-082) 2 €, fermé lun et jours fériés, ouv 10h à 13h30 & 16h à 18h30 en été, 10h à 13h et 15h30 à 17h30 en hiver, résa nécessaire, départ en minibus toutes les demi-heures *(détour qui vaut la peine. A Azofra, prendre vers Alesanco, puis Cañas, puis Berceo (en tout 12 km). De San Millán, on peut rejoindre le Camino à Cirueña (plan 26) ou à Santo Domingo de la Calzada (plan 27))*

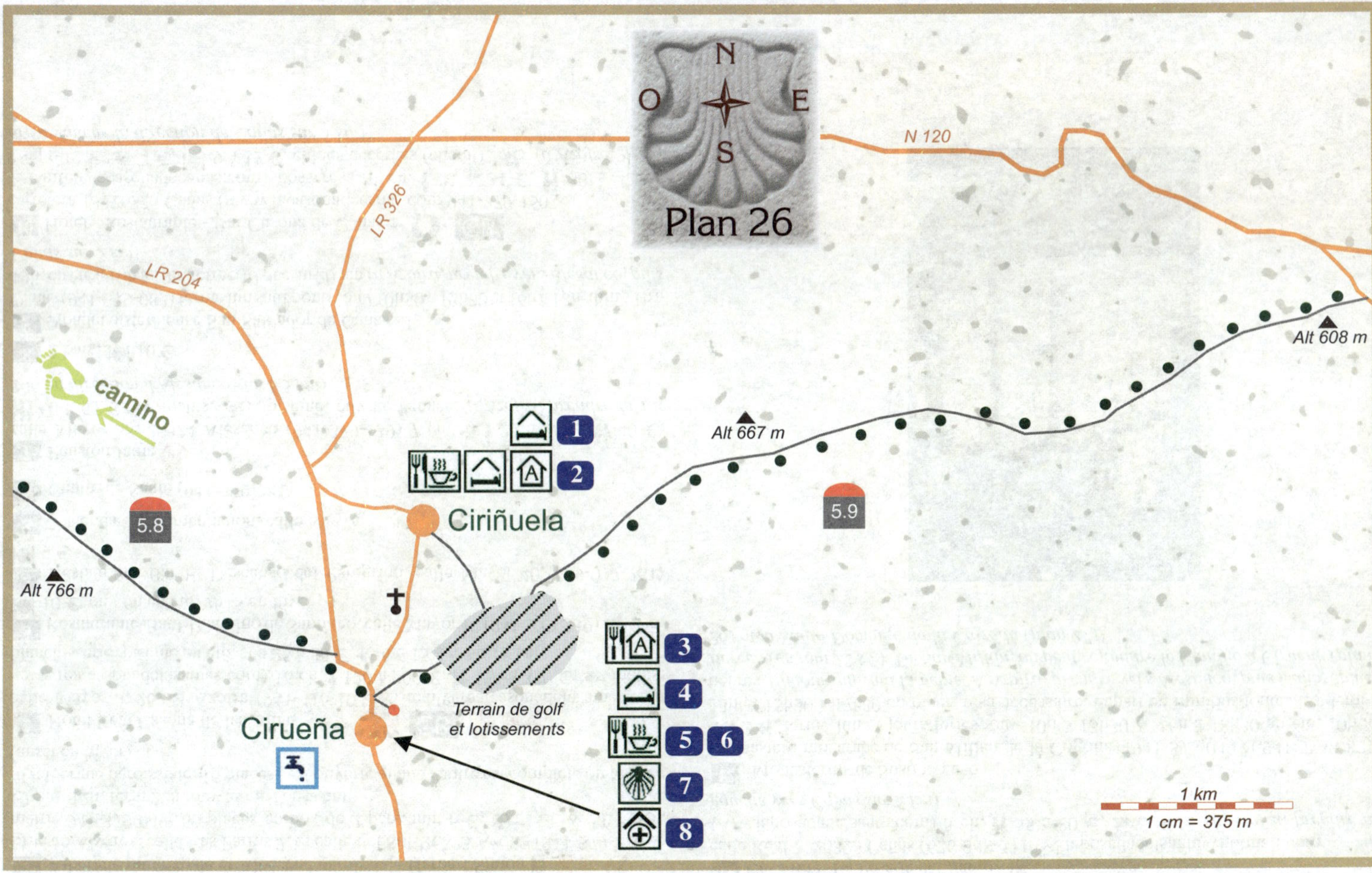

Plan 26
N
O
E
S
N 120
LR 326
LR 204
camino
1
2
Ciriñuela
5.8
5.9
Alt 766 m
Alt 667 m
Alt 608 m
3
4
5
6
7
8
Terrain de golf
et lotissements
Cirueña
1 km
1 cm = 375 m

Plan 26

1 Casa Silvia

Silvia, calle Real 31, 26258 Ciriñuela (944-967-899 & 618-205-422) résa nécessaire, 1 ch, 20 €, 25 €, (à l'attache),

2 Bar et Albergue Virgen de Las Candelas

Ruben et Ilka, calle Real 90, 26258 Ciriñuela (941-343-290 & 686-313-449) poss résa, 14 pl en dortoir, nuit 8 €, 7 places en ch, 15 €, , 9 €, LL & SL, , ouv toute l'année

3 Albergue Virgen de Guadalupe

Pedro Mari Iriondo, Barrio Alto 1, 26258 Cirueña (638-924-069 ✉ virgendeguadalupe1@gmail.comwww.virgendeguadalupe1.blogspot.com) priorité pèlerins à pied, poss résa, 14 places en 4 mini-dortoirs, nuit 10 €, 3 €, du soir 7 € servi tôt, petits chiens acceptés, , ouv mi-mar à mi-oct

4 Casa rural Victoria

Emilio et Bali, plaza del Horno 8, 26258 Cirueña (941-341-105 & 661-861-200 ✉ contacto@casavictoriarural.es www.casavictoriarural.es) résa nécessaire, 4 ch, 25 €, 40 €, 55 €, 5 €, LL, (à l'attache, prévenir), location et local , ouv 15 dec au 15 jan

5 Bar - Restaurante Tres Aguas

Campo de Golf, 15 à 18 €, sandwiches, dépôt de pain, fermé Noël, Nouvel An et Epiphanie

6 Bar Jacobeo, plaza del Horno, 10 €

7 Bénédiction du pèlerin, en été à l'église 20h-20h30

8 Centre de Santé (941-340-669)

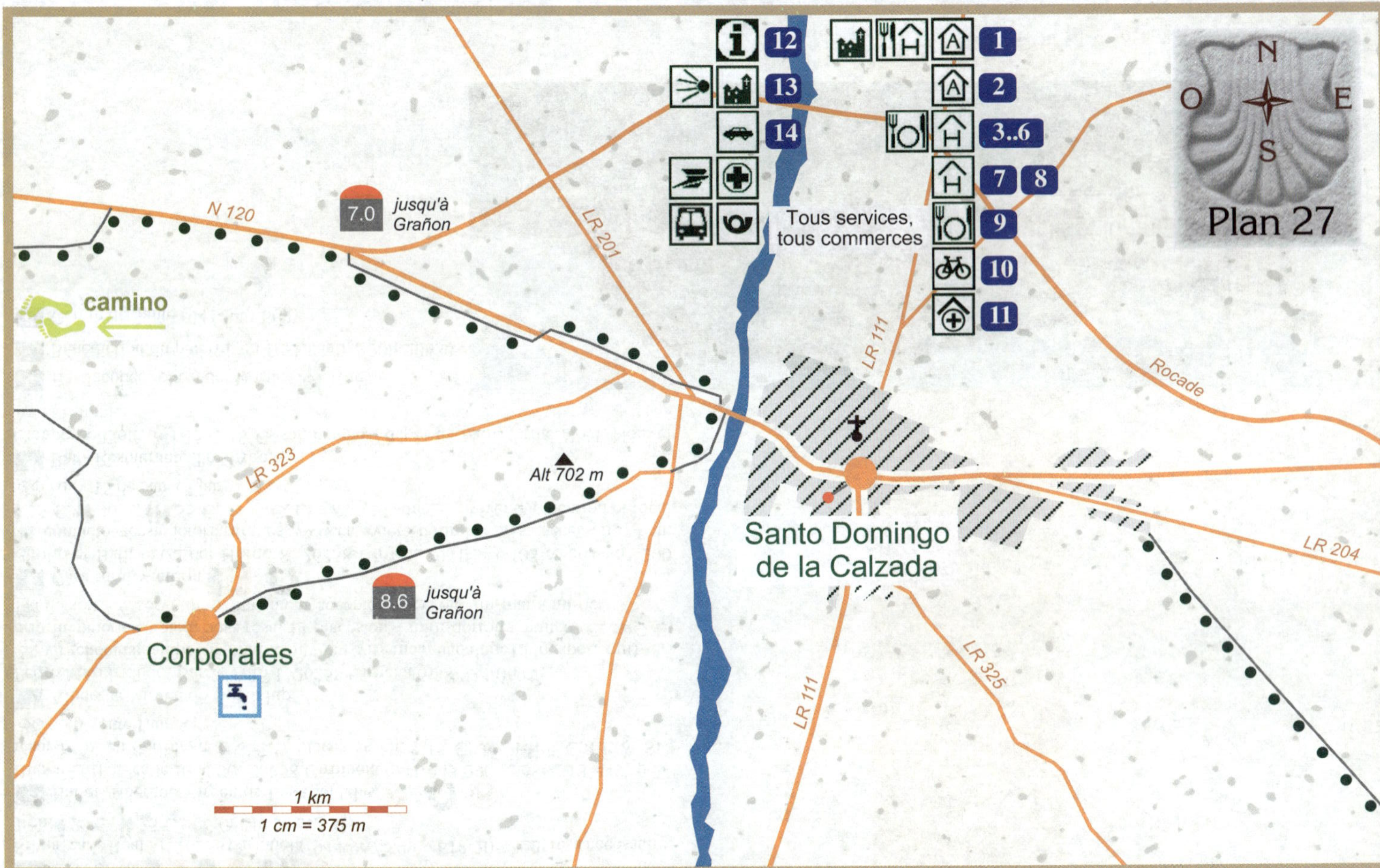
Plan 27
N
O
E
S
12
13
14
1
2
3..6
7
8
9
10
11
Tous services,
tous commerces
N 120
7.0
jusqu'à
Grañon
8.6
jusqu'à
Grañon
camino
LR 201
LR 111
LR 323
LR 325
LR 204
Rocade
Alt 702 m
Santo Domingo
de la Calzada
Corporales
1 km
1 cm = 375 m

Plan 27

1 Abadia Cisterciense de la Asúncion Albergue et Hospedería ** @
Accueil chrétien, calle Mayor 29, 26250 Santo Domingo de la Calzada (941-340-700 ✉ hospederia@cister-lacalzada.com www.cister-lacalzada.com) 33 places en dortoir, donativo, , , ouv 12h, ferm 22h, départ 8h, ouv mai à sep // Hospedería, 62 ch, 38 à 50 €, 57 €, 79 €, 4 à 7 €, 13 €, poss résa (l'hospedería est aussi un centre spirituel, idéal groupes, elle s'appelle également Hotel Santa Teresita) *(entrée de l'hospedería calle Pinar 2)*
- Poss assister aux vêpres

2 Albergue Casa de la Cofradía del Santo @
Confrérie de Santo Domingo, calle Mayor 42, 26250 Santo Domingo de la Calzada (941-343-390) 220 places en été, 50 places en dortoir de 10 à 26 pers en hiver, donativo, , LL & SL (à proximité), (à proximité, prévenir), , ouv 11h30 à 22h, départ 8h, ouv tte l'année

3 Paradores de Santo Domingo CB @
Santo Domingo****, plaza del Santo 3, 26250 Santo Domingo de la Calzada (941-340-300 & résa 902-547-979 ✉ sto.domingo@parador.es www.parador.es) résa nécessaire pour tarifs spéciaux, 112 ch, à partir de 168 € // Bernardo de Fresneda***, plaza de San Francisco (941-341-150 & résa 902-547-979 ✉ bernardodefresneda@parador.es) 50 ch, à partir de 138 € // 20 €, 32 €, tarif escapade jeune 20-35 ans 57 € inclus, tarif + 55 ans -30%, blanchisserie, fermé 3 jan au 4 mar

4 Hotel - Restaurante El Corregidor *** CB
calle Mayor 14-16, 26250 Santo Domingo de la Calzada (941-342-128 & 941-342-552 ✉ contacto@hotelelcorregidor.com www.hotelelcorregidor.com) poss résa, 32 ch, 54 à 62 €, 77 à 100 €, 8 €, 15 €, blanchisserie, fermé Noël à début fev

5 Pensión - Restaurante Río
calle Etchegoyen 2, 26250 Santo Domingo de la Calzada (941-340-277) 12 ch, 25 €, 35 à 45 €, 10 à 12 €, , fermé Noël

6 Pensión-Cafetería Miguel
calle Juan Carlos I 23, 3ème étage, 26250 Santo Domingo de la Calzada (941-343-252) poss résa, 7 ch, 20 à 32 €, 30 à 42 €, 62 €, sandwiches, assiettes garnies, 3.50 € servi à partir de 8h semaine, 8 €

7 Hostal El Molino de Florén @
calle Margubete 5, 26250 Santo Domingo de la Calzada (941-342-931 ✉ info@elmolinodefloren.com www.elmolinodefloren.com) 11 ch, 48 à 59 €, 58 à 65 €, 79 à 88 €, 90 à 110 €, 6 €

8 Hostal Rey Pedro I * @
calle San Roque 9, 26250 Santo Domingo de la Calzada (941-341-160 ✉ info@hostalpedroprimero.es www.hostalpedroprimero.es) poss résa, 9 ch, 47 à 53.50 €, 60 à 65 €, 78 à 88 €, 90 à 101 €, 5.50 €, du soir sur résa uniquement pour groupes

9 15 restaurants

10 Vélos, Demanda Ciclos, calle Juan Carlos I 29 (941-340-011 & 616-581-497) poss réparations

11 Centre de Santé (902-297-711& urgences 941-342-173)

12 Office de tourisme, calle Mayor 44, 26250 Santo Domingo de la Calzada (902-106-637 ✉ santodomingo@lariojaturismo.com www.lacalzada.com)

13 Catedral de Santo Domingo et Musée
Cathédrale, entrée 2.50 €, nouveau musée, entrée 3 €, ouv 10h à 14h et 17h à 19h15

14 Taxis :
- Taxi Jímenez (636-933-328) poss transport bagages et vélos, 4 places
- Taxi Daniel (629-135-393) poss transport bagages, 4 places

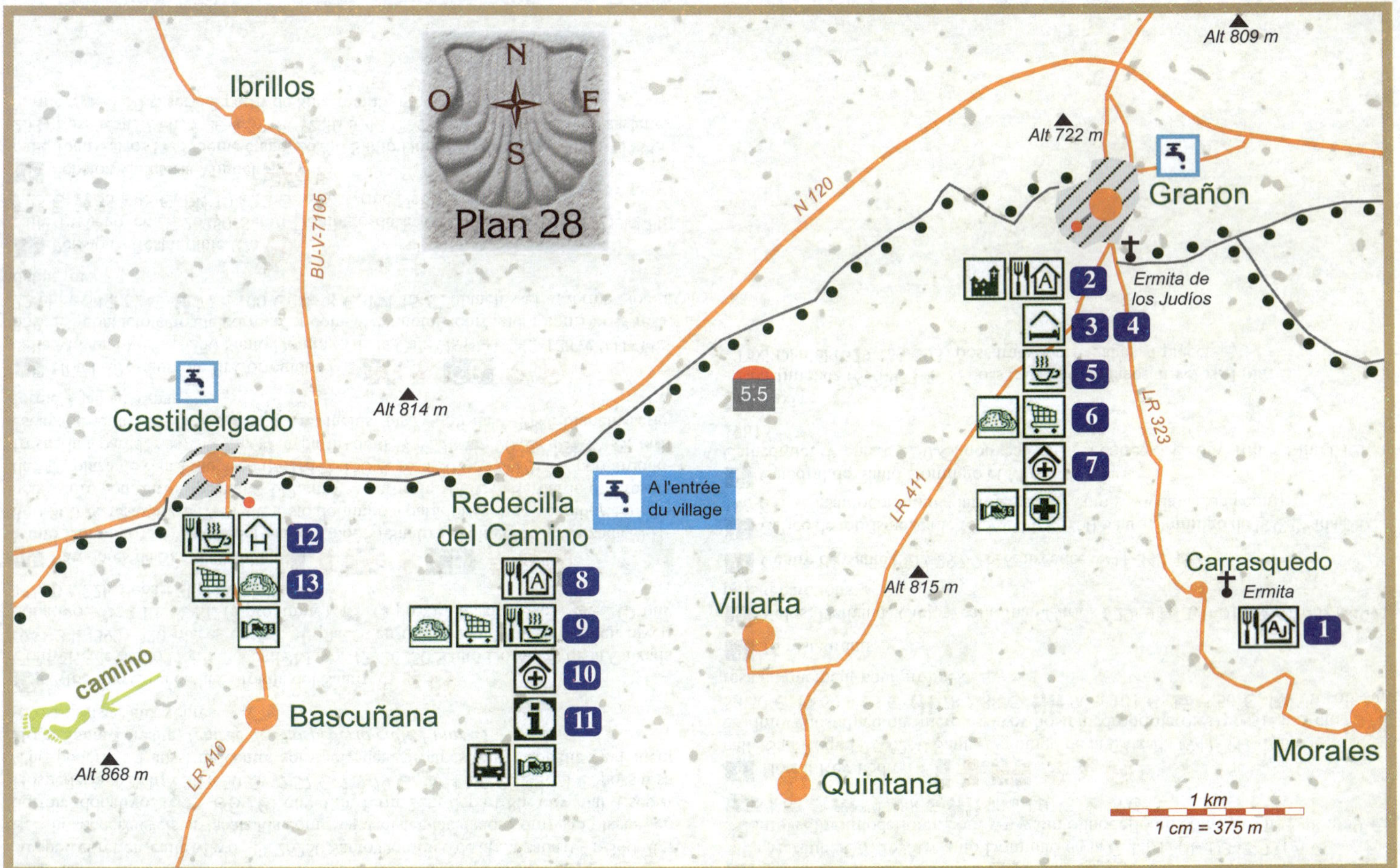
Plan 28
N
O
E
S
Ibrillos
BU-V-7105
Alt 809 m
Alt 722 m
Grañon
N 120
Ermita de
los Judíos
1
2
3
4
5
6
7
LR 323
LR 411
5.5
Alt 814 m
Castildelgado
Redecilla
del Camino
A l'entrée
du village
8
9
10
11
12
13
Carrasquedo
Ermita
Alt 815 m
Villarta
Quintana
Morales
Bascuñana
camino
Alt 868 m
LR 410
1 km
1 cm = 375 m

Plan 28

1 Albergue juvenil de Carrasquedo **
carretera Grañón-Corporales, 26259 Grañón (941-746-000 & 941-291-100 & 900-200-272 résa groupes) résa nécessaire, 40 places en dortoir, nuit 13.50 € inclus, demi-pension 17 à 26 €, chevaux (pré), fermé lun sauf ponts et sep *(de Santo Domingo, on peut rejoindre directement Carrasquedo, en prenant 1 km après la sortie, la route à gauche pour Corporales-Morales)*

2 Albergue paroissiale San Juan Bautista
Don Patxi, 26259 Grañón, 50 places en dortoir, donativo, matelas au sol, pas de lits, poss et donativo, (pré à proximité), , ouv tte la journée, ouv tte l'année
- Prière proposée après le repas, église ouv tte la journée

3 Casa rural Jacobea **
Fernando Melchor de Chinchetru, calle Mayor 32, 26259 Grañón (fermelchor@gmail.com 941-420-684 & 629-781-490 & 687-505-544 www.fotorural.es/casajacobea) poss résa, 2 ch, 50 €, supp 16 €, , (pré à proximité), ouv tte l'année

4 Casa rural El Cerro de Mirabel
Esther Martinez, calle Mayor 40, 26259 Grañón (941-420-798 & 660-166-090 esther_martinez-5@hotmail.com www.casacerrodemirabel.es) 4 ch, 55 €, supp 15 € inclus, LL, ouv tte l'année

5 3 bars

6 Alimentation :
- Tienda de Alimentación, calle Santiago 3, ouv festivos
- Spar, calle Mayor
- Panadería Jesús, calle Mayor, ouvert à partir de 7h, ouv festivos

7 Centre de Santé (941-420-769)

8 Albergue municipale Hospital de San Lazaro @
Pilar Valgano et Julio Gayo García, calle Mayor 24, 09259 Redecilla del Camino (mairie 947-588-078 & 947-580-283) 40 places en dortoirs de 2 à 12 pers, donativo, poss et donativo (seulement des Rameaux à Toussaint), , LL, piscine en été, , ouv tte la journée, ferm 24h, ouv tte l'année // Bar *(en face de l'église)*
- En projet pour 2011 : 12 places supp à l'albergue et casa rural à côté de celle-ci, ouverture prévue au printemps

9 Bar - Panadería - Tienda
carretera Logroño-Vigo km 25, 10 €, , ouv à partir de 7h30 en été, 8h30 HS *(sur la N 120, à la sortie du village)*

10 Centre de Santé (urgences 947-580-558)

11 Office de tourisme @
09259 Redecilla del Camino (turismoredecilladelcamino@telefonica.net 947-588-004) ouv avr à Toussaint

12 Hotel-Restaurante - Bar El Chocolatero CB @
carretera Logroño-Vigo km 57.5, 09259 Castildelgado (www.elchocolatero.com 947-588-063 chococastil@gmail.com) 37 ch, 22 €, 40 €, 56 €, 4 €, 13 €, , ouv 6h, fermé sam HS

13 Alimentation :
- Panadería, ouv 6h à 14h
- Tienda, ouv à partir de 7h

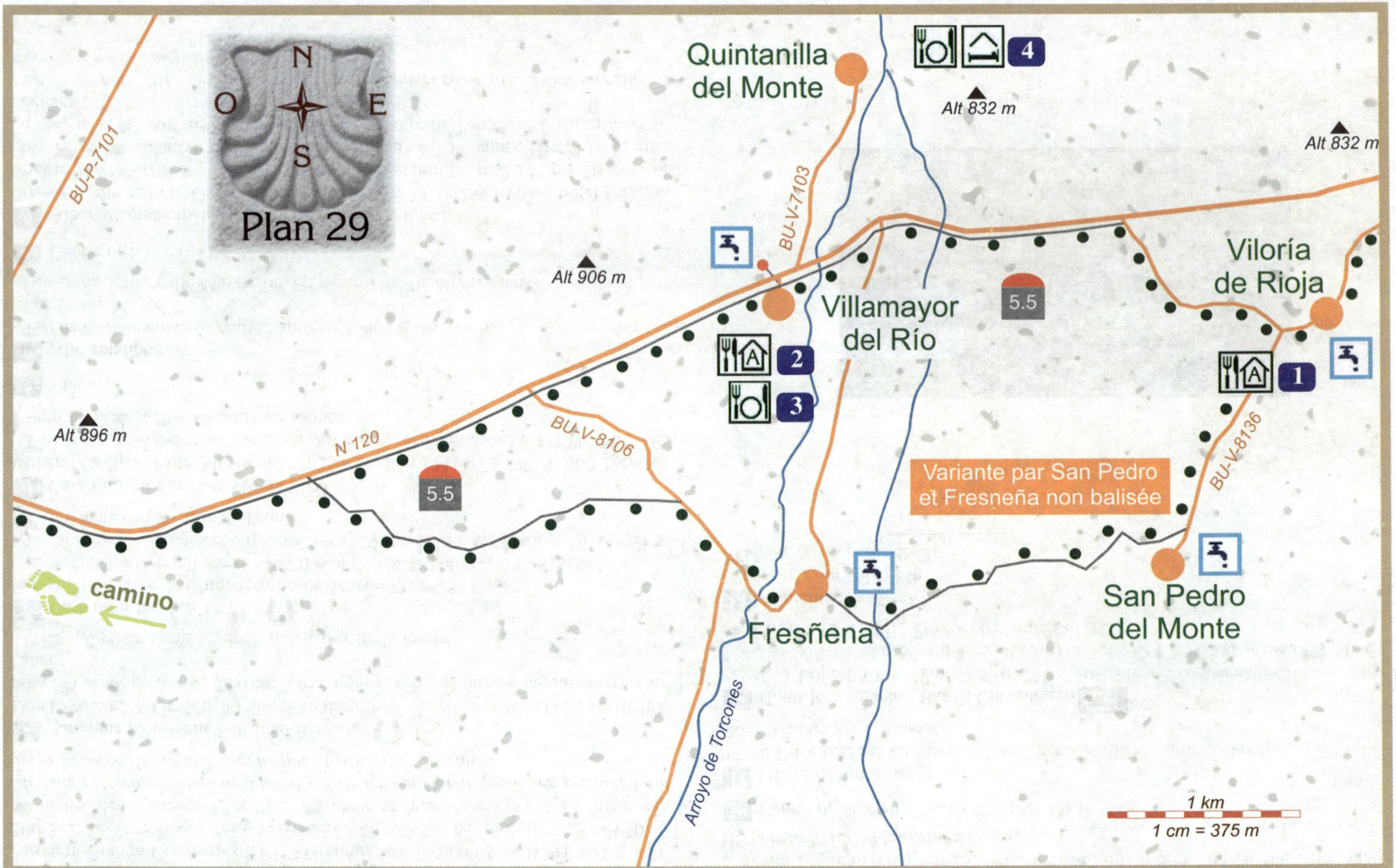
Plan 29
N
O
E
S
Quintanilla
del Monte
4
Alt 832 m
Alt 832 m
BU-P-7101
BU-V-7103
Alt 906 m
Villamayor
del Río
5.5
Viloría
de Rioja
1
2
3
Alt 896 m
N 120
BU-V-8106
BU-V-8136
Variante par San Pedro
et Fresneña non balisée
5.5
camino
Fresneña
San Pedro
del Monte
Arroyo de Torcones
1 km
1 cm = 375 m

Plan 29

1 Albergue privée Acacio y Orietta
Acacio et Orietta (anciens pèlerins), calle Nueva 6, 09259 Viloria de Rioja (947-585-220 & 679-941-123 ✉ casaperegrina@yahoo.es www.peregrinando.org) poss résa, 10 places en dortoir, nuit 5 €, poss 🍽 et ☕ donativo, LL, 🚲, ouv tte l'année

2 Albergue privée San Luis de Francia @
Roberto y Maricarmen, carretera Quintanilla sn, 09259 Villamayor del Río (947-580-566 & 659-967-967 ✉ alberguesanluisdefrancia@hotmail.com) poss résa, 26 places en ch de 4 et 5 pers, nuit 5 €, ☕ 3 €, 🍽 8 €, sandwiches, LL & SL, 🚲, 🕘 ouv 12h30, départ 7h45, ouvert l'hiver sur résa pour groupes, ouv mar à mi-oct *(sur la route de Quintanilla del Monte, à 200 m du camino)*

3 Restaurante Casa León, carretera Burgos 1 (947-580-237) carte uniquement, épicerie fine, fermé lun

4 Centro de turismo rural La Aldea Encantada
Ana Maria, Barrio de Arriba 102, 09259 Quintanilla del Monte (947-580-484 & 650-951-903 ✉ informacion@laaldeaencantada.es www.laaldeaencantada.es) 6 ch, 39 €, 48 €, 72 €, 96 €, ☕ 3.50 à 7 €, 🍽 10 à 12 €, Villamayor, (prévenir), chiens acceptés (prévenir), 🚲, ouv tte l'année *(juste avant d'arriver à Villamayor, prendre la petite route à droite vers Quintanilla del Monte sur 900 m)*

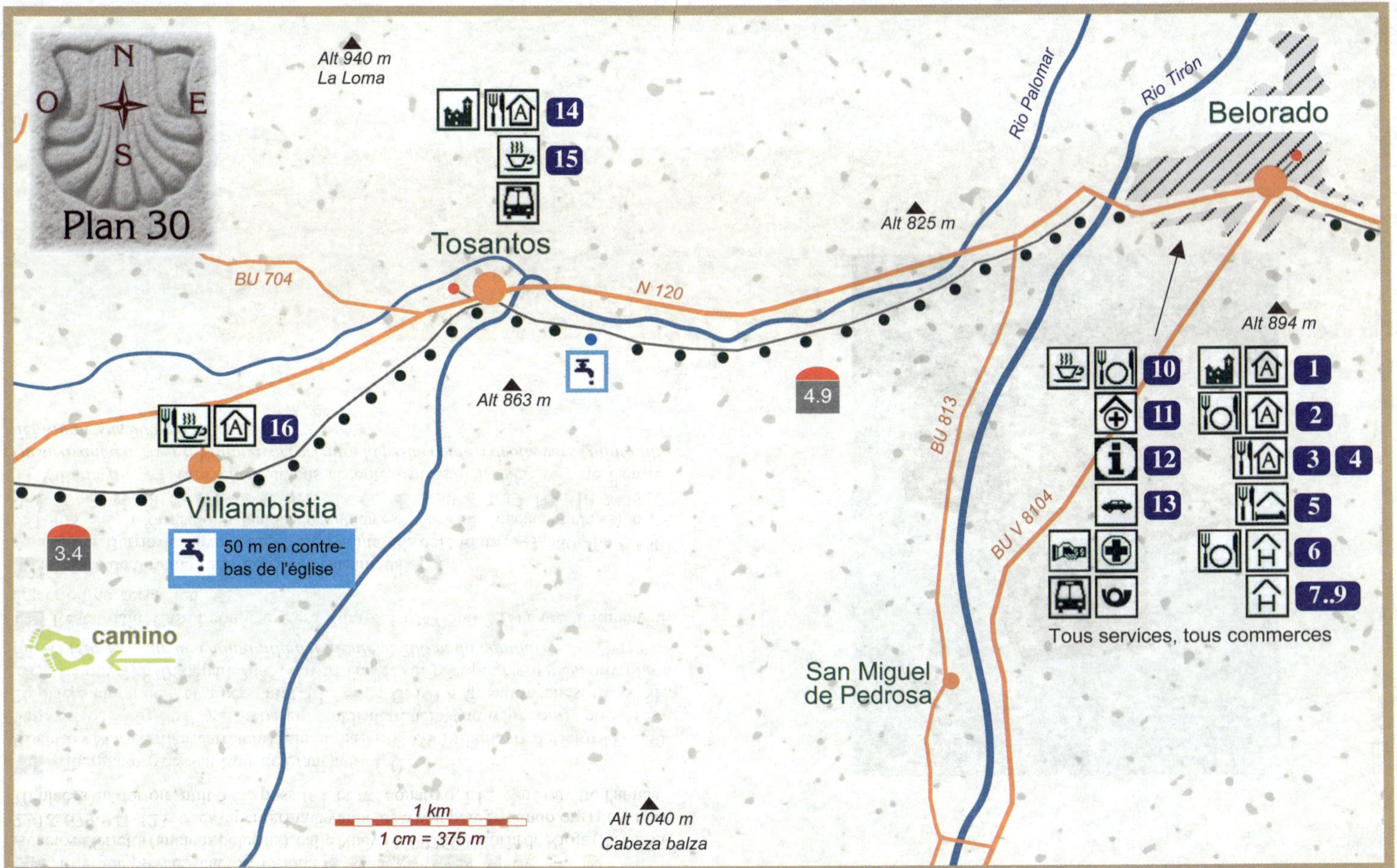

Plan 30
N
O
E
S
Alt 940 m
La Loma
14
15
Tosantos
BU 704
N 120
Rio Palomar
Rio Tirón
Belorado
Alt 825 m
Alt 894 m
Alt 863 m
4.9
16
Villambístia
3.4
50 m en contre-bas de l'église
camino
BU 813
BU V 8104
10
11
12
13
1
2
3
4
5
6
7..9
Tous services, tous commerces
San Miguel de Pedrosa
1 km
1 cm = 375 m
Alt 1040 m
Cabeza balza

Plan 30

1 Albergue Paroissial
Association helvétique des Amis de Saint Jacques, calle El Corro, 09250 Belorado (947-580-085), 24 places en dortoir donativo, donativo, ouv 13h, ferm 22h, ouv avr à nov *(à côté de l'église Santa María)*

2 Restaurant - Bar - Albergue privée A Santiago CB @
Camino de Redoña (947-562-164 & 677-811-847 www.a-santiago.es albergueasantiago@hotmail.com) poss résa, 99 places en 8 dortoirs de 10 à 28 pers, nuit 5 € // Chambres, 12 ch, 30 €, 40 €, 3 €, 10 €, LL & SL, piscine, jardin, et atelier de réparation, fermé Toussaint à mar

3 Albergue Cuatro Cantones @
Association Cuatro Cantones, calle Hipolíto López Bernai 10, 09250 Belorado (www.alberguecuantroccantones.org cuatrocantones@hotmail.com 947-580-591 & 696-427-707) poss résa, 60 places en 5 dortoirs, nuit 5 €, 3 €, , poss donativo mar à sep, LL & SL, piscine, poss massages, ouv 11h, 14h en hiver, ferm 22h, ouv tte l'année

4 Albergue privée El Caminante
Belén, calle Mayor 36, 09250 Belorado (947-580-231 & 656-873-927 info@alberguecaminante.com www.alberguecaminante.com) poss résa, 22 places en dortoir, nuit 5 € // Chambres, 4 ch, 35 à 45 €, 3 €, 10 €, LL & SL, ouv 10 à 22h, fermé Toussaint à mar // Bar

5 Pensión Casa Waslala @
Paul et Belmalyn Melman, calle Mayor 57, 09250 Belorado (947-580-726 & 647-102-254 casawaslala@gmail.com www.casawaslala.com) 3 ch, 24 €, 40 €, demi-pension 44 €, 80 €, LL, (prévenir), ouv mi-mar à nov

6 Hotel-Restaurante Belorado * CB @
avenida de Burgos 3, 09250 Belorado (947-580-684 www.hotelbelorado.com informacion@hotelbelorado.com) 11 ch, 30 €, 48 €, 60 €, 3 €, 12 €, (pré), , ouv tte l'année

7 Hotel rural Verdeancho
Elsa María López, calle El Corro 11, 09250 Belorado (947-580-261 & 659-484-584 info@casaverdeancho.com www.casaverdeancho.com) poss résa, 7 ch, 40 €, 52 €, 68 €, 86 €, 4 €, LL & SL, , fermé vacances Noël

8 Hotel Jacobeo ** CB @
calle Generalisimo 3, 09250 Belorado (947-580-010 www.hoteljacobeo.net contacto@hoteljacobeo.net) 16 ch, 48 à 53.50 €, 58 à 65 €, 5 €, , fermé Noël

9 Pensión Toni
Antonia, calle Redecilla 7, 09250 Belorado (947-580-525 & 616-010-808 pensio_toni@hotmail.com www.pensiontoni.netau.com) 5 ch, 29 €, 40 €, 60 €, 75 €, blanchisserie, (écuries), , ouv tte l'année

10 Restaurants :
- Restaurante-Cafetería Goya, avenida Burgos 8 (947-580-344) 9 à 10 €, ouv à partir de 7h, fermé le soir
- Bar-Restaurant El Bulebar, plaza Mayor 26 (947-580-041) 10 à 12 €
- Nombreux bars et commerces dans le centre

11 Centre de Santé (947-580-558)

12 Oficina de Turismo, plaza Mayor (info@belorado.org 947-580-815 www.belorado.es) ouv 11h à 15h et 16h à 20h en semaine

13 Taxi Castroviejo, 09250 Belorado (947-580-045 & 606-899-340 & 649-452-571) transport personnes et bagages de Santo Domingo à Burgos

14 Albergue San Francisco de Asís
Accueil chrétien, calle Santa Marina, 09258 Tosantos (947-580-371) 30 places en dortoir, donativo, matelas au sol, pas de lits, et donativo, , ouvert tte la journée, ouv mi-mar à mi-nov
- Prière proposée après le dîner, oratoire

15 Bar El Castaño dos Santos, sur la N 120, sandwiches, ouv 8h, fermé lun

16 Albergue municipal San Roque et Bar @
09258 Villambístia, 14 places, nuit 6 €, 9.50 € servi à 19h, LL & SL, (dans le village), , fermé mardi, Noël et une semaine en jan et en fev

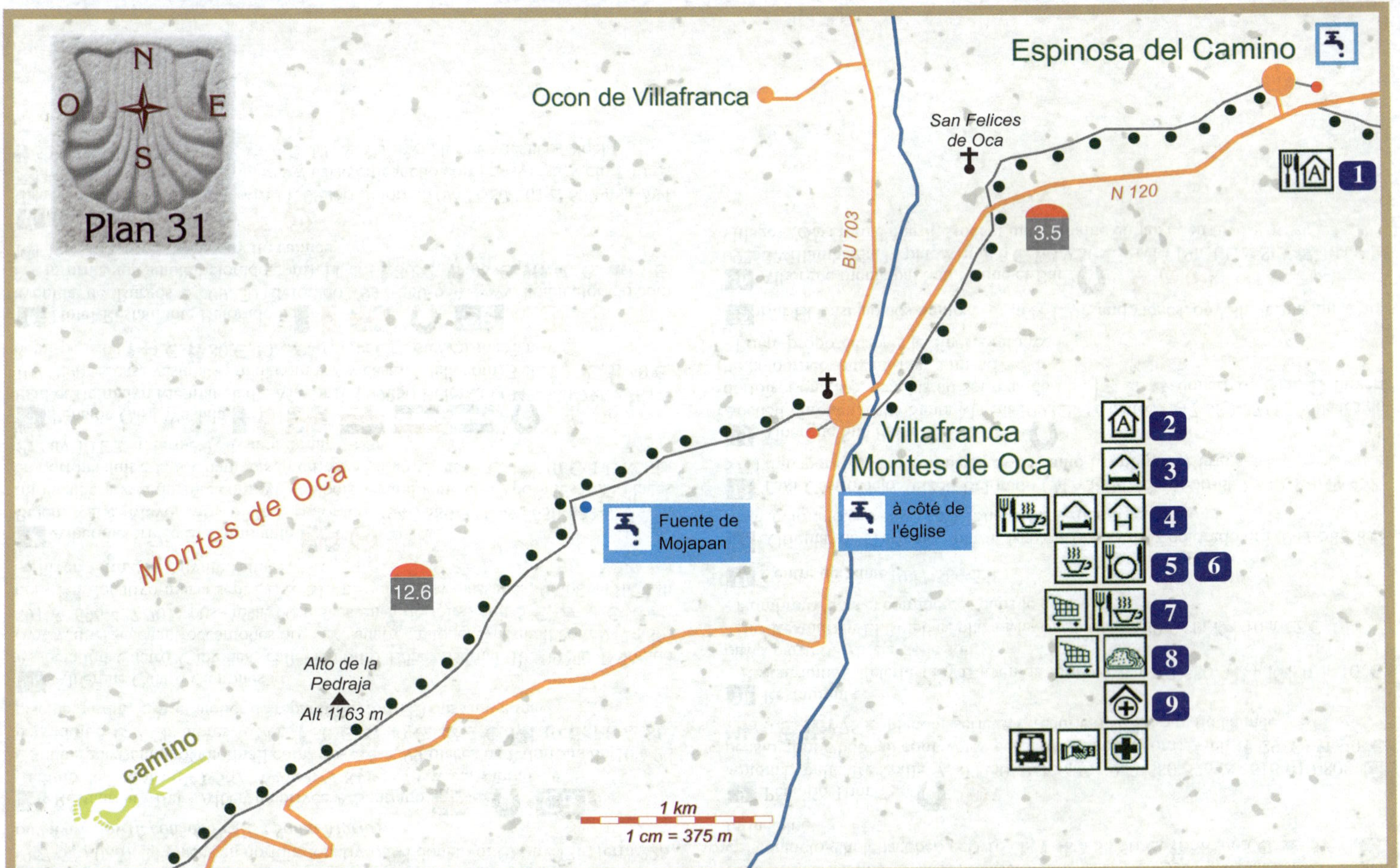
Plan 31
N
O
E
S
Espinosa del Camino
Ocon de Villafranca
San Felices de Oca
N 120
BU 703
3.5
Villafranca Montes de Oca
à côté de l'église
Fuente de Mojapan
Montes de Oca
12.6
Alto de la Pedraja
Alt 1163 m
camino
1 km
1 cm = 375 m
1
2
3
4
5
6
7
8
9

Plan 31

1 Albergue privée la Campana
José Mir Fonseré (Pepé), 09258 Espinosa del Camino (678-479-361) poss résa la veille, réservé pèlerins à pied avec sac à dos, 10 places en mini-dortoir, demi-pension obligatoire (prix non communiqué), ouv 13h ferm 22h, ouv mar à nov

2 Albergue municipal
Maite y Teresa, calle Mayor 17, 09257 Villafranca Montes de Oca (687-594-296 & 947-582-124) 60 places en 4 dortoirs, nuit 6 €, , (écurie à proximité), , ouv tte la journée, ferm 22h30, ouv tte l'année

3 Casa rural La Alpargatería CB
calle Mayor 2, 09257 Villafranca Montes de Oca (alpargateria@hotmail.com 686-040-884) poss résa, 6 ch, 20 €, 36 €, , LL & SL, (enclos), poss massages sur résa

4 @ CB
Hôtel *** - Restaurant - Bar - Albergue San Anton Abad
(hotelsanantonabad@gmail.com www.sanantonabad.com 947-582-149 & 947-582-150) 14 ch, 45 à 55 €, 55 à 65 €, supp 20 €, 8 €, 12 €, ouv tte l'année // Albergue 18 places en 2 dortoirs, nuit 9 à 11 €, 2 ch de 2 pers 40 €, LL & SL, ouv 1er mar au 15 nov

5 Bar - Restaurant El Pájaro, 10 à 12 €, fermé dim et 1ère quizaine de sep

6 Bar - Restaurant Mesón Alba, calle Briviesca 17, 10 € à partir de 19h, ouv à partir de 7h, fermé lun en hiver

7 Bar - tienda El Puerto, 9 € *(à la sortie du village)*

8 Panadería La Pedraja, dépannage-ravitaillement, fermé Noël et Nouvel An

9 Centre de Santé (urgences Belorado 947-580-558)

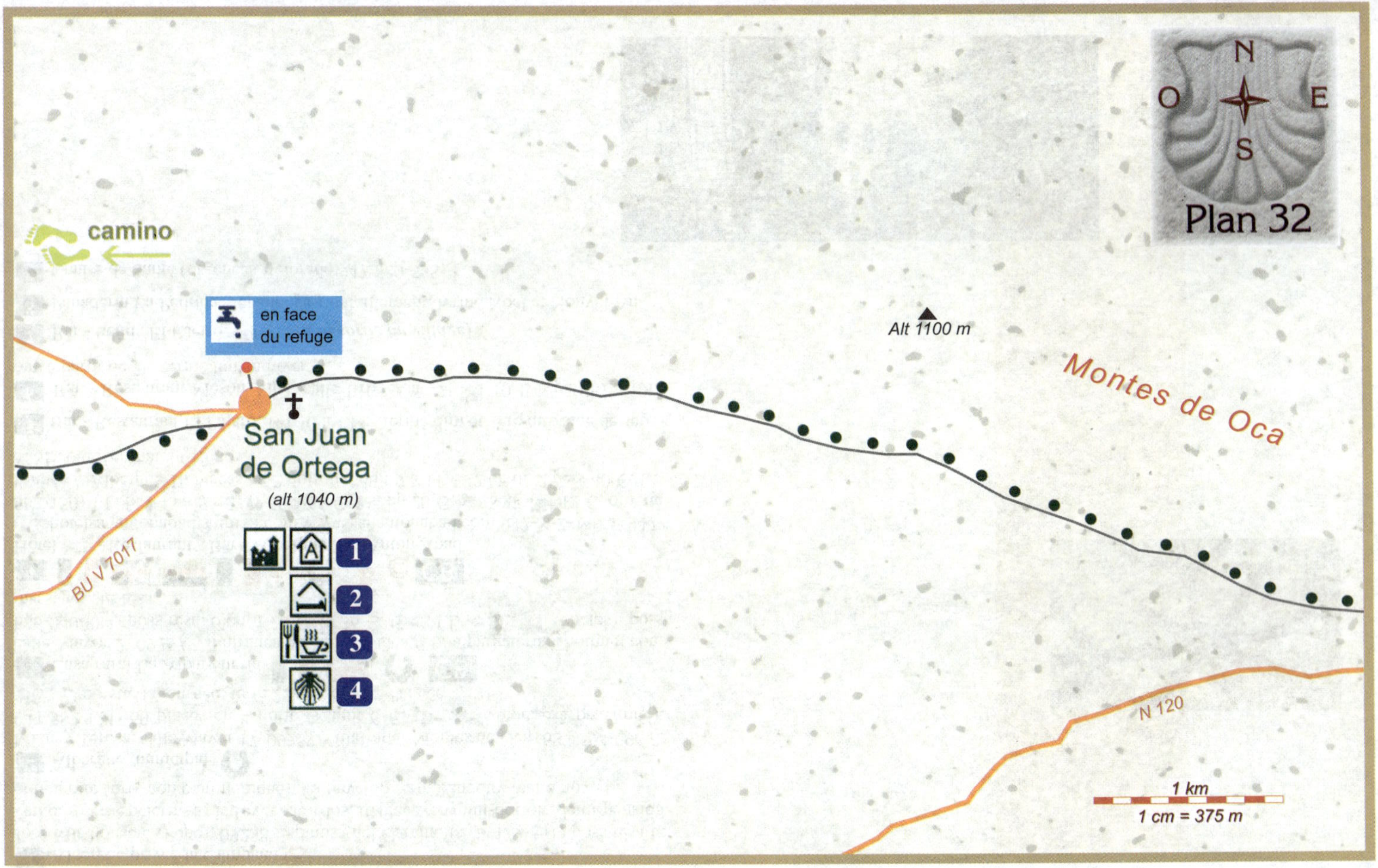
Plan 32
N
O
E
S
camino
en face
du refuge
San Juan
de Ortega
(alt 1040 m)
1
2
3
4
BU V 7017
Alt 1100 m
Montes de Oca
N 120
1 km
1 cm = 375 m

Plan 32

1 Monasterio de San Juan de Ortega
Fundacion Diper, 09199 San Juan de Ortega (947-560-438) 58 places en dortoir, nuit 5 à 7 €, soupe à l'ail offerte, , LL, chauffage, (pré à proximité, sous réserve de l'accord des voisins), , ouv 12h30, ferm 22h, ouv mar à Toussaint

2 Centro de turismo rural La Henera
09199 San Juan de Ortega (606-198-734 manuel@sanjuandeortega.es www.sanjuandeortega.es) poss résa, 10 ch, 45 €, 55 €, 3 à 4 €, , ouv mar à Toussaint

3 Bar Marcela, sandwiches et assiettes garnies, ouv 8h30

4 Messe et bénédiction des pèlerins l'été à 18h, église ouv tte la journée

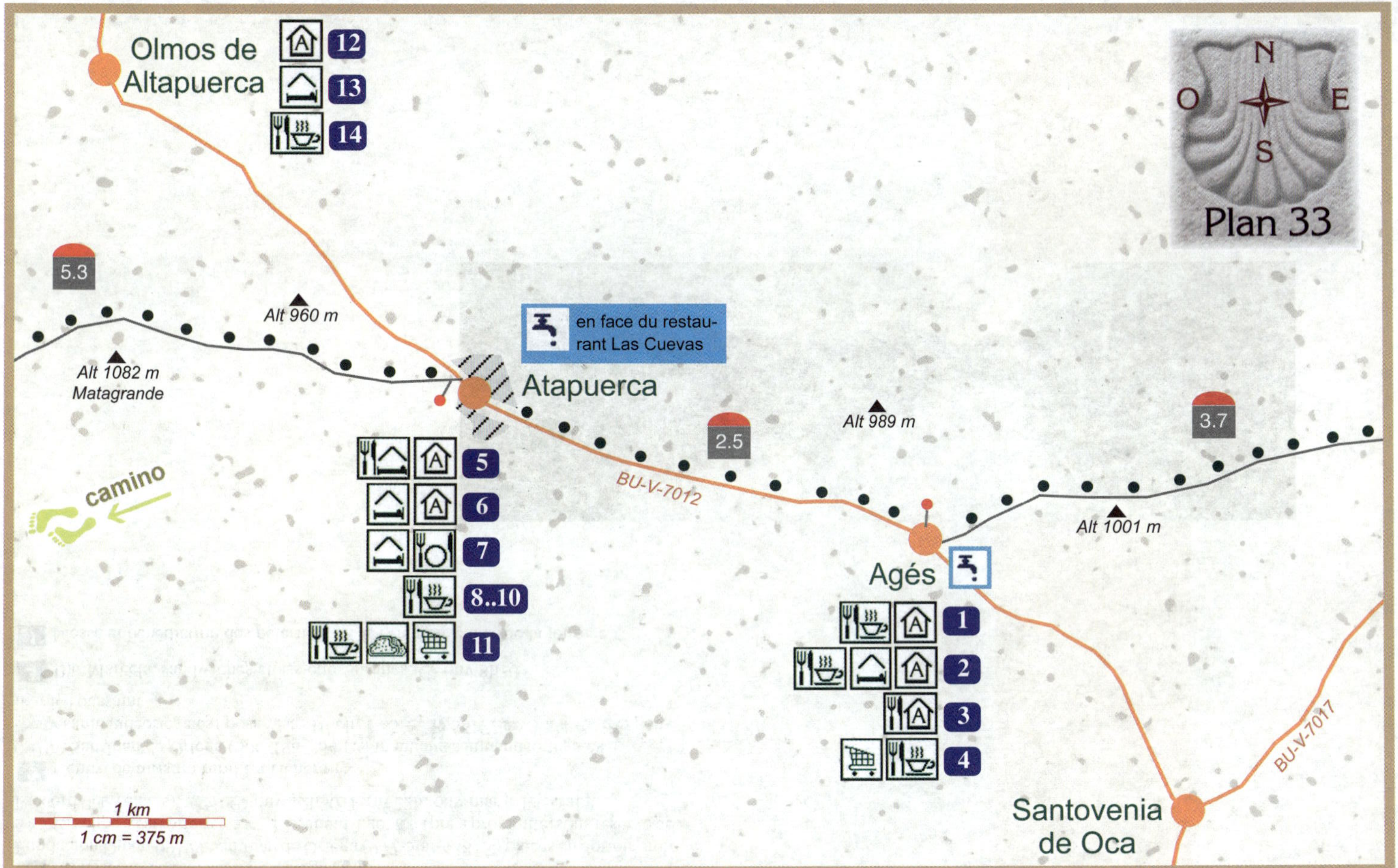
Plan 33
N
O
E
S
Olmos de Altapuerca
12
13
14
5.3
Alt 960 m
Alt 1082 m
Matagrande
en face du restaurant Las Cuevas
Atapuerca
5
6
7
8..10
11
camino
BU-V-7012
2.5
Alt 989 m
3.7
Alt 1001 m
Agés
1
2
3
4
BU-V-7017
Santovenia de Oca
1 km
1 cm = 375 m

Plan 33

1 Albergue municipale et Taberna de Agés CB @
Pedro, calle del Medio 19, 09199 Agés (947-400-697 & 660-044-575), 36 places en 5 dortoirs, nuit 7 €, 3 €, 9 €, sandwiches, LL, (écuries dans le village, prévenir), , ouv 11h, ferm 23h, départ 6h à 9h, ouv tte l'année

2 Albergue privée San Rafael
Rafael Barrera, calle Camino de San Juan, 09199 Agés (947-430-392 & 661-263-289 ✉ san_rafael_albergue@yahoo.es www.alberguesanrafael.com) 4 ch 6 à 8 pers, nuit 10 €, 3 ch, 30 €, 40 €, 3 €, 9.50 € (poss végétarien), LL & SL en projet, (écuries dans le village, prévenir) en hiver, ouv sur résa

3 Albergue privée El Pajar @
María Isabel et Josefa, calle Paralela del Medio 12, 09199 Agés (947-430-388 & 699-273-856) poss résa, 68 places en dortoir de 4 à 10 pers (en 2 maisons), nuit 5 à 7 €, 3 €, 9 €, LL & SL, (à l'attache), , ouv tte la journée, Toussaint à mar ouv sur résa pour groupes

4 Tienda - Cafetería El Alquimista, calle Ochabro 2 (947-400-692) , sandwiches, assiettes garnies, salades, dépôt de pain

5 Centro de turismo rural Papasol et La Hutte
Jacqueline Vézy Lamas, calle en Medio 36, 09199 Atapuerca (947-430-320 ✉ papasol@burgosturismorural.com www.burgosturismorural.com) 8 ch, 35 à 40 €, 50 à 55 €, 70 à 75 € // La Hutte, 18 places en dortoir, pas de résa, nuit 5 €, // 5 €, 10 € (sur présentation crédencial), (enclos), ouv tte l'année

6 Albergue El Peregrino
Rocio García, carretera 105, 09199 Atapuerca (✉ rocio@albergueatapuerca.com 661-580-882 www.albergueatapuerca.com) 36 places en dortoirs de 6 pers, nuit 8 €, 6 ch, 35 €, , LL & SL, chiens acceptés (jardin), , ouv 13h, ferm 22h départ 8h, fermé Toussaint au 1er mar

7 Pensión - Restaurante - Bar El Palomar
calle la Revilla 22, 09199 Atapuerca (✉ elpalomardeatapuerca@gmail.com 947-400-675 www.elpalomardeatapuerca.es) 4 ch, 35 à 50 €, 50 à 65 €, 80 €, 10 à 13 €

8 Restaurante Comosapiens, camino de Santiago 24 et 26 (947-430-501) 12 à 20 €, fermé soir sauf week-end, tout le mer et dim soir HS, fermé mi-jan à mi-fev

9 Restaurante - Bar Asador Las Cuevas, calle Bajera 3 (947-430-481) 9.50 à 13 €, à partir de 19h, fermé lun soir, fermé 22 dec & jan

10 Bar Cantina de Atapuerca, carretera sn (947-430-323) 10 €, ouv à partir de 7h, fermé du 22 dec au 1er fev

11 Panadería - Cafetería - Tienda Las Cuevas, 09199 Atapuerca, ouv en saison, poss à partir de 6h30

12 Albergue turistico municipal
calle Iglesia 9, 09199 Olmos de Atapuerca (947-430-328) 24 places en dortoir, nuit 7 €, , , poss au bar, fermé fev et parfois aou, si l'albergue est fermée demander les clés au bar Mesón Los Hidalgos

13 Casa rural Casarrota La Campesina
Isabel Hernández, encimera 10, 09199 Olmos de Atapuerca (616-962-773 ✉ info@casarrota.com www.casarrota.com) poss résa, 8 ch, 50 €, 65 à 70 €, 80 €, 5 €, , ouv tte l'année

14 Bar Mesón Los Hidalgos, sandwiches, 9 à 13 €, fermé lun et fev, susceptible d'être parfois fermé

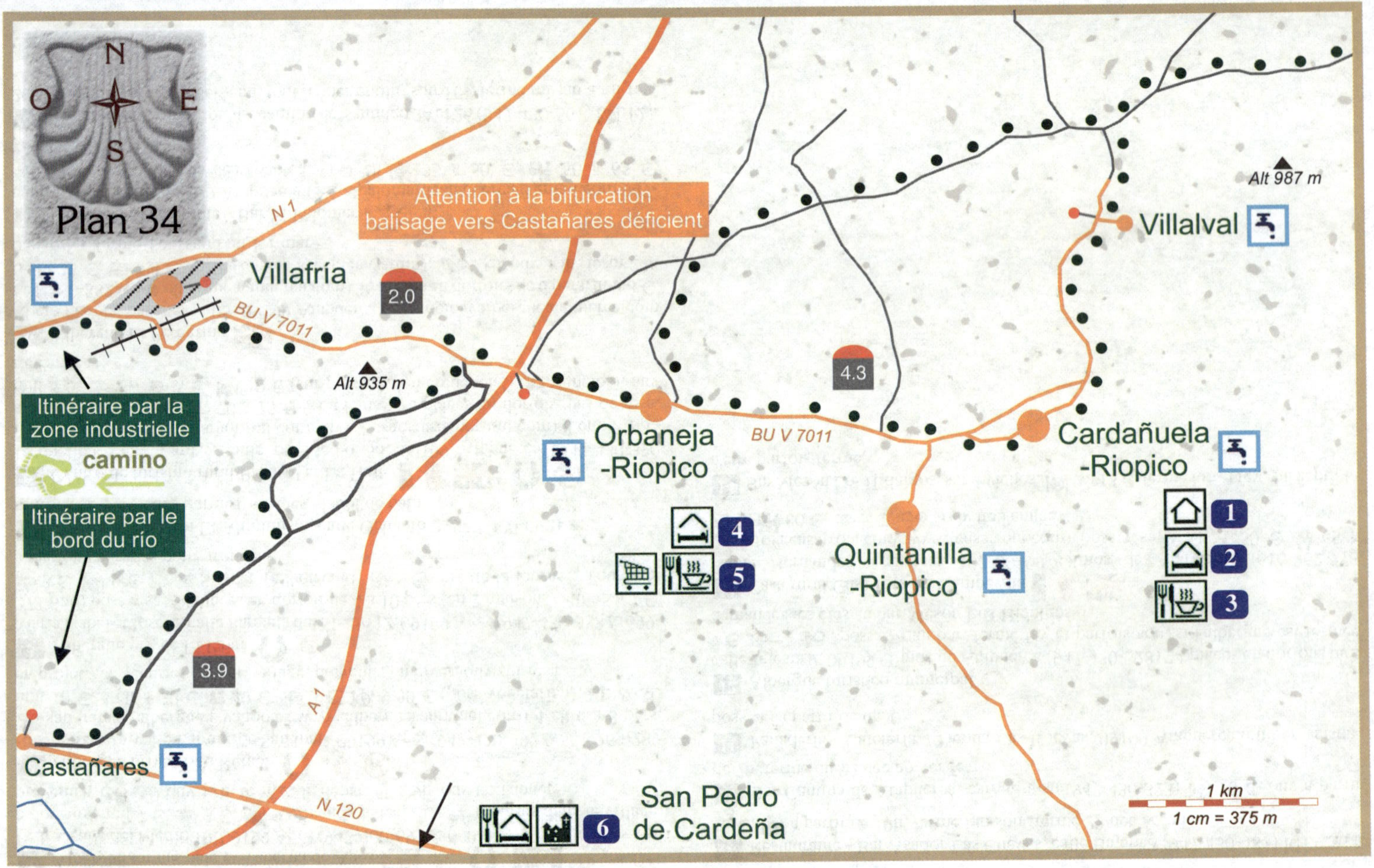
Plan 34
N
O
E
S
Attention à la bifurcation
balisage vers Castañares déficient
Villafría
N 1
BU V 7011
2.0
Alt 935 m
Itinéraire par la zone industrielle
camino
Itinéraire par le bord du río
3.9
Castañares
A 1
N 120
Orbaneja -Riopico
4.3
BU V 7011
4
5
6
San Pedro de Cardeña
Quintanilla -Riopico
Cardañuela -Riopico
1
2
3
Villalval
Alt 987 m
1 km
1 cm = 375 m

Plan 34

1 Albergue municipal
09192 Cardeñuela-Ríopico, 17 places, nuit 5 €, , *fermé été 2010, devrait rouvrir pour la saison 2011*

2 Casa rural La Cardeñuela
calle Vía Minera sn, 09192 Cardeñuela-Ríopico (610-652-560 & 947-210-479 www.toprural.com/lacardenuela) résa souhaitée, 3 ch, 25 €, 50 €, 75 €, , LL, location à la chambre en été, sinon maison entière 160 €

3 Bar La Parada, 9 €, sandwiches

4 Casa rural Fortaleza
Juan Miguel Gomes Alvarez, calle principal 31, 09192 Orbaneja-Ríopico (947-22-53-54 & 678-116-570 & 666-010-551 ruralfortaleza@terra.es www.casaruralfortaleza.com) 6 ch, 35 €, 45 €, 70 €, , ouv tte l'année

5 Bar Río Pico, 09192 Orbaneja, sandwiches, plats chauds, dépannage-ravitaillement, ouv 8h

6 Abadia Cisterciense Santa María de los Martíres
San Pedro de Cardeña, Castrillo del Val, 09193 Burgos (947-290-033 & 677-632-886 spc-hospederia@hotmail.com www.cardena.org) résa nécessaire, 24 ch, donativo, ferm 20h, fermé Noël au 2 jan
- Réservé aux pèlerins désirant effectuer une retraite spirituelle *(7 km au sud de Castañares. De là, on peut rejoindre directement Burgos)*

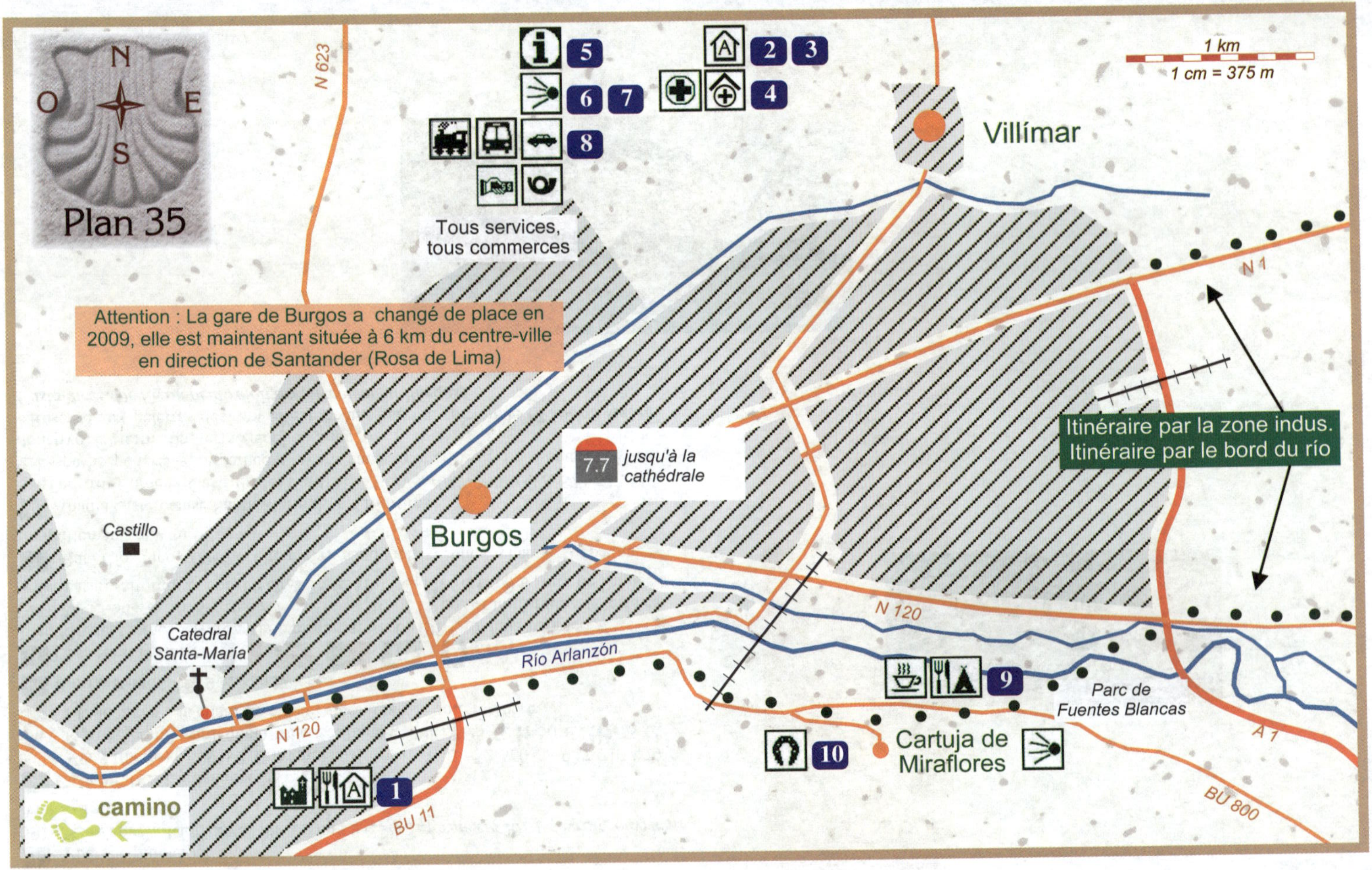
Plan 35
N
O
E
S
1 km
1 cm = 375 m
5
6
7
8
2
3
4
Tous services,
tous commerces
Villímar
N 623
Attention : La gare de Burgos a changé de place en 2009, elle est maintenant située à 6 km du centre-ville en direction de Santander (Rosa de Lima)
N 1
7.7
jusqu'à la cathédrale
Itinéraire par la zone indus.
Itinéraire par le bord du río
Burgos
Castillo
Catedral Santa-María
Río Arlanzón
N 120
N 120
9
Parc de Fuentes Blancas
10
Cartuja de Miraflores
A 1
1
BU 11
BU 800
camino

Plan 35

1 Albergue Casa Emaús (ce n'est pas la communauté d'Emmaüs)
Accueil chrétien, parroquia San José Obrero, calle San Pedro de Cardeña 31 bis, 09002 Burgos, priorité pèlerins à pied, 20 places en ch 4 à 6 pers, donativo, poss et donativo, SL, ouv 14h, ferm 20h, départ 8h, ouvert Rameaux à Toussaint
- Messe proposée à la paroisse avant le dîner, prière proposée après le repas
- HS accueil sur résa pour groupes chrétiens, écrire à marie-noëlm@gmail.com
(Barrio La Quinta, à l'entrée de Burgos par le rio. A côté du collège des Jésuites, au bout de la calle Diego San Victores)

2 Casa del Cubo, albergue municipal @
Association des Amis du Camino de Burgos, calle Fernan González 28, 09003 Burgos (947-460-922) 150 places, priorité pèlerins à pied, nuit 4 €, LL & SL, (+ 1 €) *(à côté de la cathédrale)*

3 Albergue Hospital de Santiago y Santa Catalina "Divina Pastora" @
Association des commerçants de Burgos, calle Lain Calvo 10, 09003 Burgos (947-207-952) réservé pèlerins à pied, 16 places, donativo, LL & SL, ouv 11h, ferm 22h , ouv mar au 8 dec
- Chapelle Divina Pastora au-dessous du refuge, messe tous les jours à 20h et bénédiction du pèlerin *(en centre ville)*

4 Centre de Santé (947-281-800 & 947-221-477)

5 Office de tourisme :
- Office de Tourisme de la province de Castilla y León, plaza Alonso Martínez 7 bajo, 09003 Burgos (947-203-125 oficinadeturismodeburgos@jcyl.es www.turismocastillayleon.com) fermé Noël et Nouvel An
- Office de Tourisme de la ville de Burgos, plaza del Rey San Fernando 1, 09003 Burgos (947-288-874 turismo@aytoburgos.es www.aytoburgos.es) ouv festivos sauf Noël, Nouvel An & Epiphanie

6 Cathédrale ouvert 9h30 à 18h30

7 Musée Monasterio Santa María la Real de las Huelgas
calle de los Compases sn, 09001 Burgos, ouv semaine 10h à 13h15 et 15h45 à 17h30, dim 10h30 à 14h, fermé lun

8 Taxi Luis Angel
(650-451-540 luisacero2005@yahoo.es www.taxiluisangel.com) transport personnes, bagages et vélos de Burgos à León et transfert gares & aéroports de mi-mars à Toussaint, transport personnes toute l'année

9 Camping Fuentes Blancas - Restaurant - Bar
carretera Burgos-Cartuja de Miraflores km 3.5, 09000 Burgos (947-486-016 info@campingburgos.com www.campingburgos.com) tente 9 à 14 €, bungalow (la nuit, HS seulement) 32 à 37 €, 76 à 100 €, albergue 22 places en dortoir, nuit 8 €, 10 €, LL & SL, , dépannage-ravitaillement et piscine en été

10 Centro ecuestre Miraflores
09193 Burgos (659-480-737) pré ou box (prix selon service) *(à proximité de la Cartuja de Miraflores)*

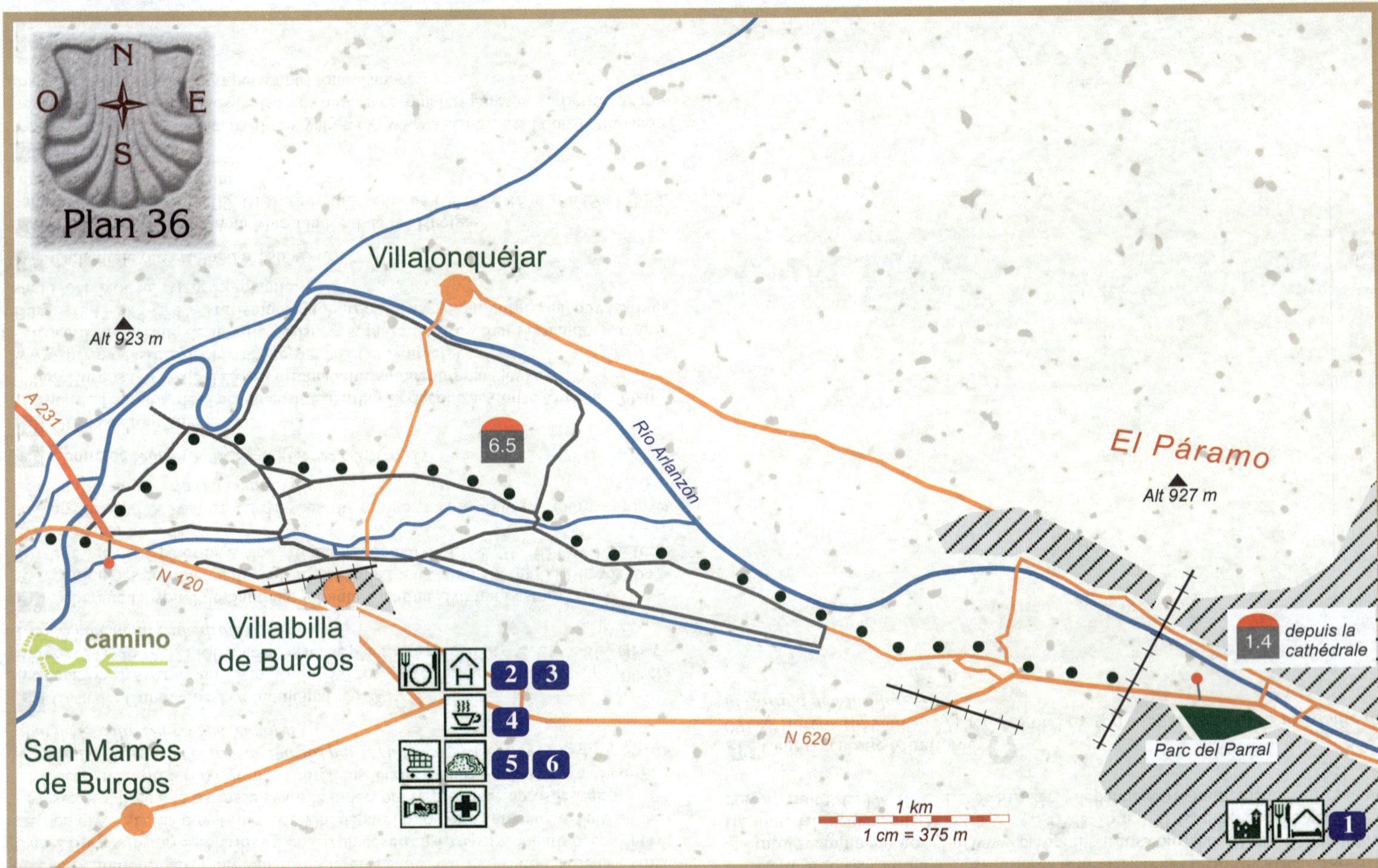
Plan 36
N
O
E
S
Villalonquéjar
Alt 923 m
A 231
6.5
Río Arlanzón
El Páramo
Alt 927 m
N 120
Villalbilla
de Burgos
camino
2
3
4
5
6
San Mamés
de Burgos
N 620
1.4
depuis la
cathédrale
Parc del Parral
1 km
1 cm = 375 m
1

Plan 36

1 Monasterio Santa María la Real de las Huelgas : voir infos plan 35

2 Hostal** - Restaurante La Posada del Duque
urban San Roque 55, 09197 Villalbilla (947-291-229 hostal@posadadelduque.es www.posadadelduque.es) 11 ch., 35 €, 44 €, 69 €, , 10 à 12 €, , ouvert 7h, restaurant fermé dim soir

3 Pensión - Restaurante Tomasa CB
calle Estación sn, 09197 Villalbilla (947-291-265) 9 ch., 22 €, 30 à 40 €, 11 €, , restaurant fermé lun et en sep

4 Bar Esther, fermé mer

5 Panadería J. Tobar, calle Sagrado Corazón de Jesús 20, ouv 5h à 15h, fermé l'après-midi et dim

6 Alimentation, ouv lun au ven

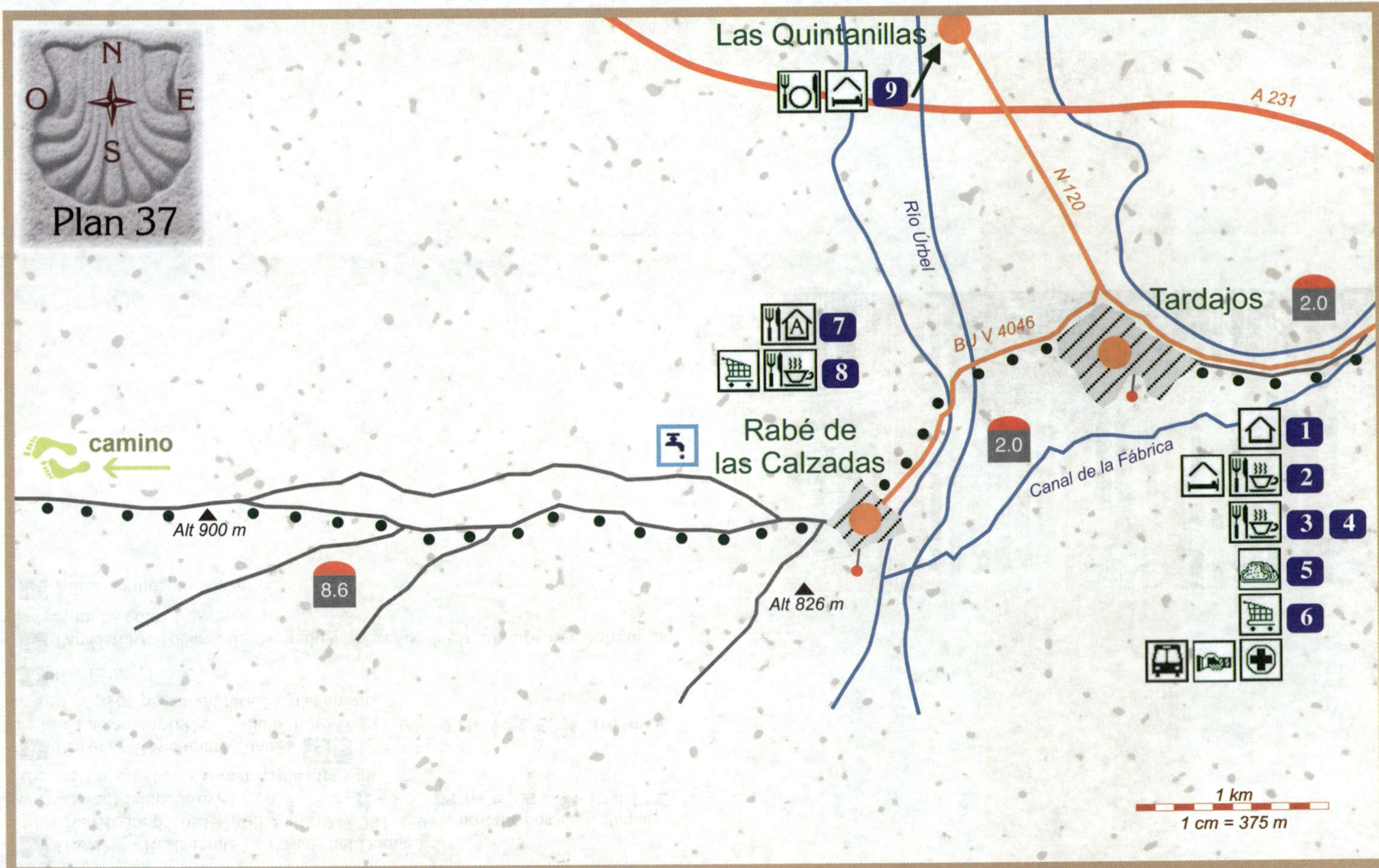

N
O
E
S
Plan 37
Las Quintanillas
9
A 231
N 120
Río Úrbel
Tardajos
2.0
7
8
BU V 4046
Rabé de
las Calzadas
2.0
1
2
Canal de la Fábrica
3
4
5
6
camino
Alt 900 m
8.6
Alt 826 m
1 km
1 cm = 375 m

Plan 37

1 Refugio municipal de Tardajos
Association des Amis du Camino de Madrid, calle Asunción sn, 09130 Tardajos (mairie 947-451-189) 10 places en dortoir, donativo, pas de chauffage, accueil hospitaleros 19 mars à la Toussaint, le reste de l'année demander les clés à la mairie, ouv 15h, ferm 22h

2 Pensión - Bar Ruiz
calle Pozas s/n, 09130 Tardajos (947-451-125) 6 ch, 30 €, 2.50 €, 10 €

3 Bar - Restaurante Pececitos
avenida del General Yagüe 7, 09130 Tardajos (947-451-060) 10 à 15 €, fermé le matin, susceptible d'être fermé

4 Bar El Camino
calle del Mediodia 20, sandwiches, assiettes garnies,

5 Panadería Ordoñez, dépannage-ravitaillement, ouvert 8h30, ouv festivos

6 Tienda SPAR

7 Albergue privée Libéranos Domine
Clementina, plaza Francisco Riberas 2, 09130 Rabé de las Calzadas, poss résa, 24 places en ch de 4 à 8 pers, nuit 8 €, 2.50 €, du soir 8 €, LL & SL, (à l'attache), ouv 12h à 22h, ouv tte l'année

8 Bar - Tienda
sandwiches, ouv en saison à partir de 6h, sinon 13h

9 Restaurante - Casa rural La Posada del Pintor
calle Mayor 8, 09594 Las Quintanillas (947-450-174 & 699-315-858 & 645-837-091 posada@posadadelpintor.es www.laposadadelpintor.es) 7 ch, 45, 60 €, 100 €, 25 €, inclus, (pré), , Tardajos ou dans un rayon de 10 km, ouv mar à dec *(à Tardajos, prendre la N 120 sur 2 km)*

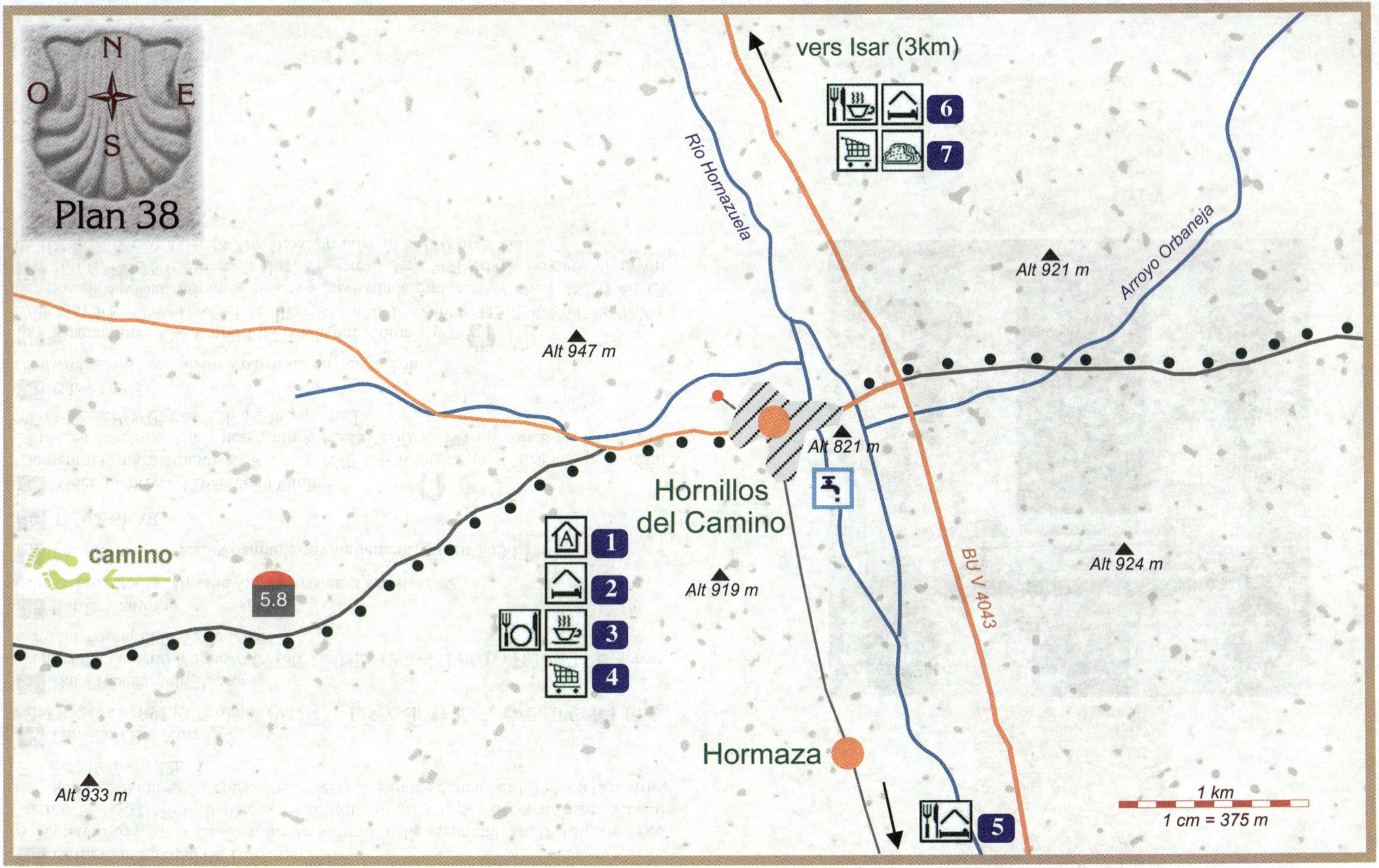

Plan 38
N
O
E
S
vers Isar (3km)
6
7
Río Hornazuela
Arroyo Orbaneja
Alt 921 m
Alt 947 m
Alt 821 m
Hornillos
del Camino
camino
5.8
1
2
3
4
Alt 919 m
BU V 4043
Alt 924 m
Hormaza
Alt 933 m
1 km
1 cm = 375 m
5

Plan 38

1 Albergue municipale
Manolo, plaza de la Iglesia, 09230 Hornillos del Camino (947-411-050) priorité pèlerins à pied, 32 places en 3 dortoirs (20 autres lits à la mairie et au gymnase l'été), nuit 5 €, , LL, (à l'attache), , ferm 22h, si l'albergue est fermée demander Manolo ou Marisol à la Casa Manolo, fermé fev

2 Casa rural De Sol a Sol
09230 Hornillos del Camino (947-484-622 & 649-876-091 desolasolrural@hotmail.com www.desolasoln3.es) résa nécessaire, 7 ch, 38 €, 45 €, 60 €, inclus, (pré), ouvert mar à oct *(à l'entrée du village)*

3 Bar - Restaurante Casa Manolo, calle Real 16 (947-411-050) 9 €, service 13h à 15h et 18h à 21h, ouvert 19 mar à Toussaint

4 Alimentación Area, sandwiches, dépôt de pain, ouv 7h30 en saison, ouvert avr à mi-oct

5 Casa rural El Molino
Milagros Alcalde Diez, carretera Estepar-Vilviestre km 2, Vilviestre de Muñó, 09230 Hornillos del Camino (947-560-302 & 616-812-292 & 610-749-181 www.elmolinodelcamino.com) 10 ch, 38 €, 50 €, inclus, du soir 15 € (produits de la ferme), LL & SL, Hornillos, ouvert tte l'année *(le moulin se trouve sur le río Hormazuela : prendre le chemin qui va plein sud sur 6 km en passant par Hormaza)*

6 Bar - Restaurante et Casa rural La Consulta de Isar @
(947-450-288 laconsultadeisar@gmail.com www.consultadeisar.com) 5 ch, 35 à 42 €, 40 à 50 €, 49 à 60 €, 5 €, 11 €, Hornillos, (enclos), fermé 15 jours en mar

7 Tienda et panadería

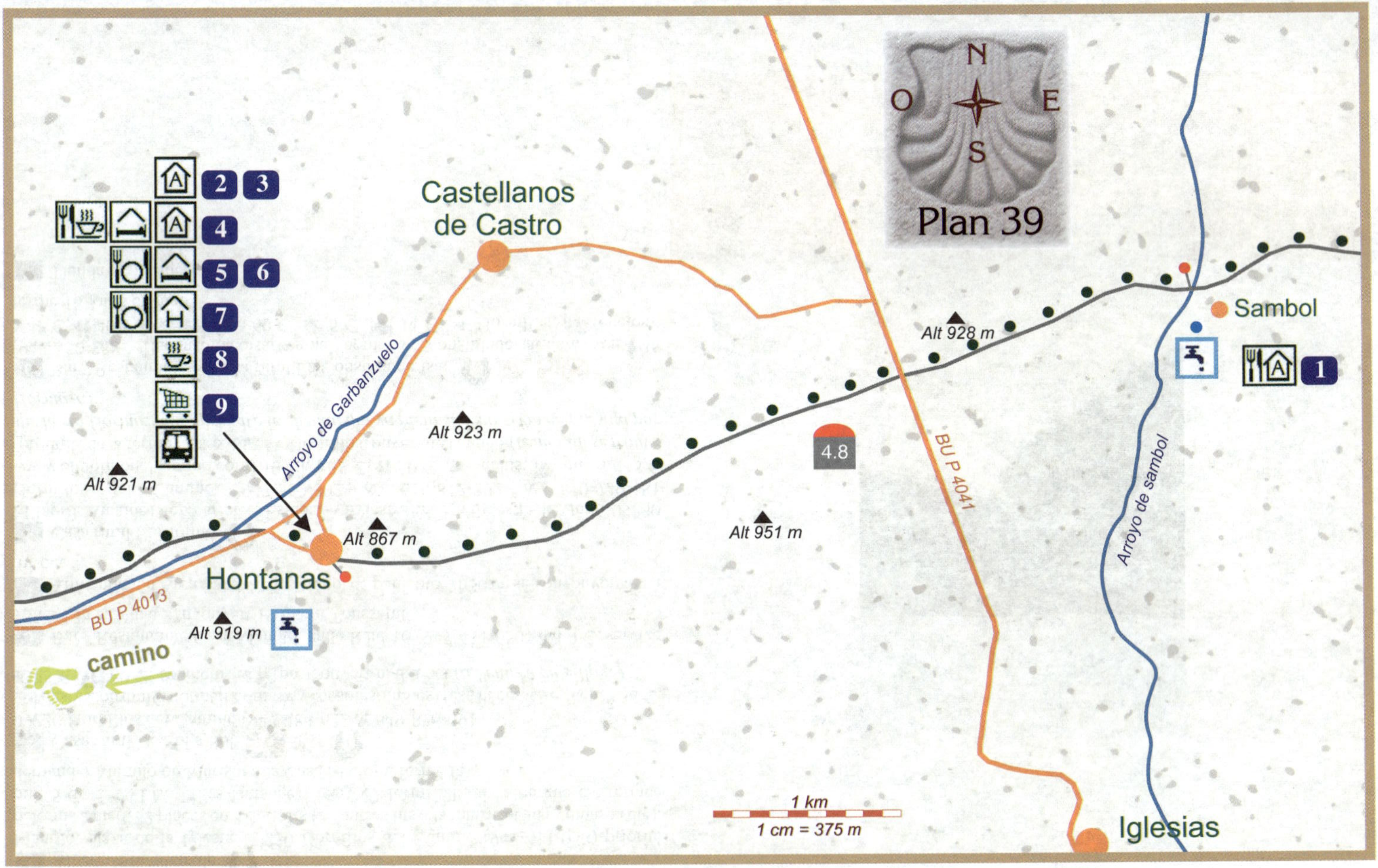
Plan 39
N
O
E
S
Castellanos
de Castro
Sambol
Hontanas
Iglesias
Arroyo de Garbanzuelo
Arroyo de sambol
BU P 4041
BU P 4013
Alt 921 m
Alt 923 m
Alt 867 m
Alt 919 m
Alt 951 m
Alt 928 m
4.8
camino
1 km
1 cm = 375 m
1
2
3
4
5
6
7
8
9

Plan 39

1 Albergue de Sambol
Felix, 09227 Iglesias (609-164-697) 12 places en dortoir, nuit 5 €, poss , donativo, douches avec eau chaude et toilettes, eau courante et électricité, et toujours une belle source à l'extérieur, (pré), ouv mar à oct

2 Albergue municipale Antiguo Hospital San Juan Peregrino
calle Real 26, 09227 Hontanas (947-377-021 & 947-378-521) 55 places en dortoir de 7 à 21 pers, nuit 5 €, poss du soir en hiver, , , piscine en été, ouv 13h, si l'albergue est fermée, demander Pili ou l'Alcalde aux voisins, ouv tte l'année

3 Albergue privée Santa Brigida
Felix (609-164-697) 14 places en ch de 2 à 6 pers, nuit 5 €, 2.50 €, , LL & SL, ouv 12h à 22h , ouv de mar à oct

4 Casa rural - Albergue - Restaurante - Bar El Puntido @
Marí Carmen, calle La Iglesia 6, 09227 Hontanas (947-378-597) poss résa, 40 places en ch de 2 à 5 pers, nuit 5 €, // Chambres, 2 ch, 25 €, 2 €, 9 €, LL & SL, (écurie), , ouv 6h été, ferm 21h, ouv mi-mar à la Toussaint

5 Casa rural - Restaurante El Descanso CB @
Pilar Gutíerrez, calle Real 16, 09227 Hontanas (947-378-521 & 606-137-989 & 947-377-035 pitgutibusta@hotmail.com www.casaeldescanso.com) poss résa, 8 ch, 30 €, 35 €, 45 €, inclus, 8 €, , LL & SL

6 Casa rural Cesar Arnaíz CB
Pilar Gutíerrez, calle La Portadilla, 09227 Hontanas (947-378-521 & 606-137-989) poss résa, 3 ch, 30 € inclus, en El Descanso, LL & SL, infos et clés à la Casa El Descanso, ouv tte l'année

7 Hostal - Restaurante Fuentestrella CB
Azucena, calle Mayor de Europa, calle de la Iglesia, 09227 Hontanas (947-377-261 & 646-612-530 fuentestrella@yahoo.es) 7 ch, 25 à 40 €, 35 à 40 €, 40 à 55 €, inclus, 9 €, , ouv mar à nov

8 Bar de la Piscina, ouv 15 jun au 15 sep

9 Tienda, en face de l'albergue municipale, ouv mar à oct

Dixit un pèlerin désenchanté tripatouillant ses ampoules :

« Sur le camino, toutes les belles envolées philosophiques ou spirituelles descendent très vite vers les doigts de pied au niveau du sparadrap »

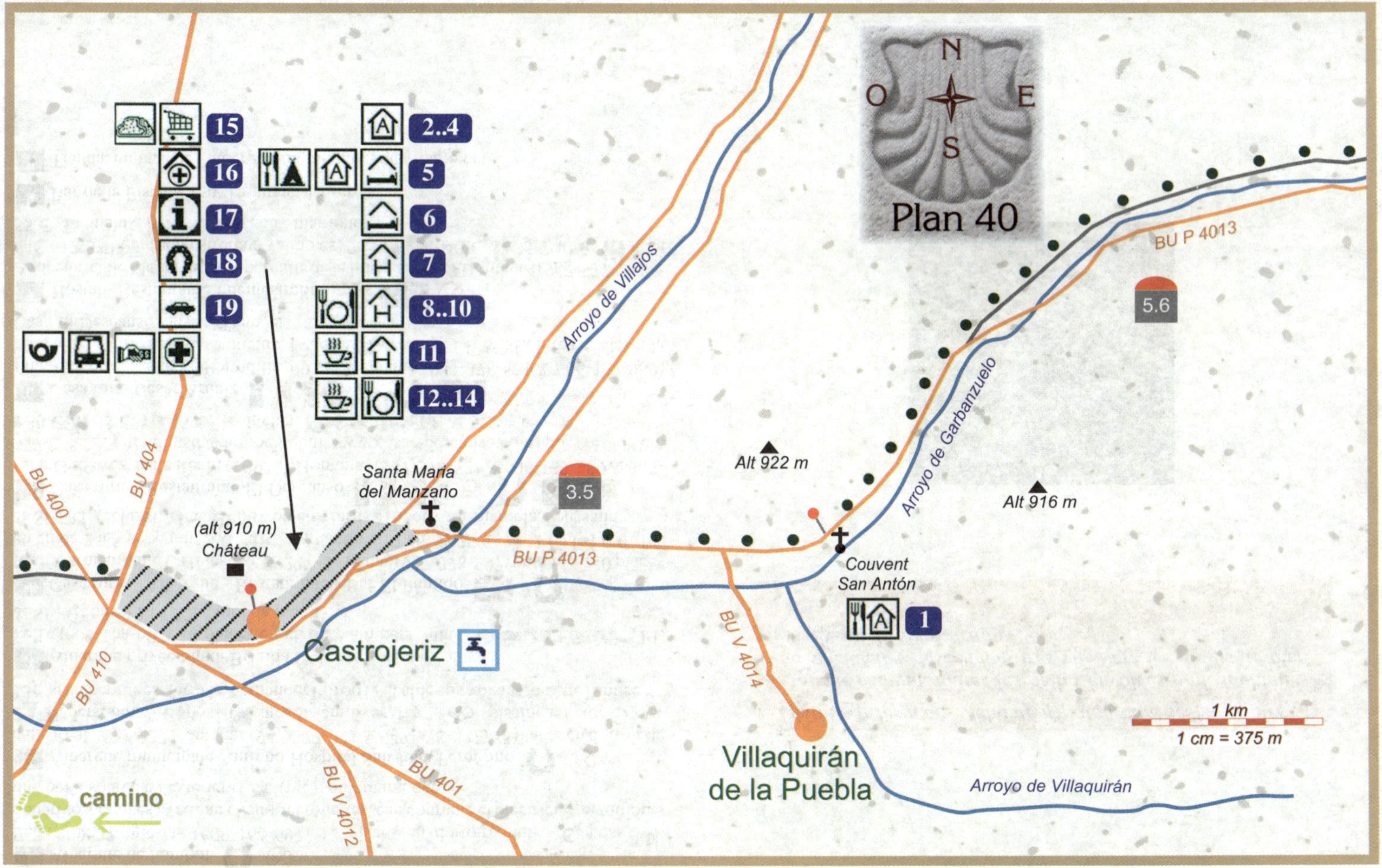

Plan 40
N
O
E
S
15
16
17
18
19
2..4
5
6
7
8..10
11
12..14
Arroyo de Villajos
BU P 4013
5.6
3.5
Arroyo de Garbanzuelo
Alt 922 m
Alt 916 m
Santa Maria
del Manzano
(alt 910 m)
Château
BU P 4013
Couvent
San Antón
1
BU 404
BU 400
BU 410
Castrojeriz
BU V 4014
BU V 4012
BU 401
Villaquirán
de la Puebla
Arroyo de Villaquirán
1 km
1 cm = 375 m
camino

1 Refugio privé Hospital de peregrinos de San Antón
Ovidio Campo (grand pèlerin), 09110 Castrojeriz, 12 places en dortoir donativo, poss donativo, (pré + à l'attache), , eau froide, pas d'électricité, ouv tte la journée mai à sep

2 Albergue municipale San Esteban @
Paco, plaza Mayor, 09110 Castrojeriz (mairie 947-377-001) 30 places en dortoir, donativo, ouv 14h, ferm 22h30, départ 8h, ouv tte l'année *(dans l'ancienne église San Esteban)*

3 Refugio municipal de San Juan
Asociación de los Amigos de los Refugios, calle Cordón, 09110 Castrojeriz, 28 places en dortoir donativo, donativo, (pré), , poss camper été, ouv 13h, 16h HS, ferm 22h30, ouv Rameaux au 12 oct

4 Albergue privée Casa Nostra @
Juanjo, calle Real de Oriente 54, 09110 Castrojeriz (incastrojeriz@hotmail.com 947-377-493) 26 places en 3 dortoirs, nuit 6.50 €, , LL & SL, , ouv 11h, ferm 22h, fermé dec à fin fev

5 @
Camping - Casa rural - Albergue Camino de Santiago, calle Virgen del Manzano sn, 09110 Castrojeriz (947-377-255 & 658-966-743 info@campingcamino.com www.campingcamino.com) 30 places en 1 dortoir, nuit 6 € // 3 ch, 30 €, 37 € / bungalow 80 €, 90 €, (casa rural & bungalows), tente 14.25 €, 3 €, 10 €, LL & SL, dépannage-ravitaillement, chiens acceptés (camping), , camping & albergue ouv 15 mar à 15 nov, casa rural & bungalows ouv tte l'année

6 Casa rural Faulín
Encarnación Antón Faulín, plazuela San Juan sn, 09110 Castrojeriz (947-377-061 & 680-948-986) poss résa, 3 ch, 20 €, 25 €, , LL, , ouv Rameaux à Toussaint

7 Hotel La Posada *** CB @
calle Landelino Tardajos 3, 09110 Castrojeriz (info@laposadadecastrojeriz.es 947-378-610 www.laposadadecastrojeriz.es) poss résa, 21 ch, 36 €, 58 €, supp 10 €, 4 €, fermé vacances Noël

8 Hostal - Restaurante - Bar El Mesón ** CB
calle Cordón, 09110 Castrojeriz (947-377-400) 7 ch, 22 €, 33 €, 43 €, 4 €, 10 à 14 €, fermé fin sep à mi-oct et Noël à mi-jan

9 Hotel - Restaurante La Cachava** @
calle Real 93-95, 09110 Castrojeriz (947-378-547 info@lacachava.com www.lacachava.com) poss résa, 9 ch, 25 à 35 €, 50 à 70 €, 80 à 110 €, 110 à 140 €, 6.50 €, 13 à 17 €, blanchisserie, ouv mar à Toussaint

10 CB
Hotel Puerta del Monte ** y Restaurante Las Cruzadas, paseo Puerta del Monte sn, 09110 Castrojeriz (947-378-647 & 650-234-458 puertadelmonte@msn.com www.puertadelmonte.es) 14 ch, 55 €, demi-pension 42 €, 3 à 5 €, 6 à 11 € service non-stop, cafetería ouv à partir de 8h

11 Hotel - Bar El Manzano *
avenida Colegiata sn, 09110 Castrojeriz (947-378-618 & 620-782-768 hotelelmanzano@hotmail.com) 5 ch, 25 €, 35 €, 2.50 €, sandwiches, ouv 19 mar à Toussaint, HS hostal ouv sur résa (appeler sur portable) *(à côté de l'église Santa Maria del Manzano)*

12 Restaurante Asador Cordón, calle Cordón 2, 9 à 10.50 €, du soir à partir de 18h30, fermé mar HS et nov

13 Restaurante - Bar La Taberna @
calle Real de Oriente 43, 09110 Castrojeriz (947-377-610) 11 €, ouv à partir de 7h, fermé lun et de mi-dec à fev

14 Bar El Lagar, 10 €, ouv Rameaux à Toussaint, fermé mer

15 Alimentation :
- Panadería Veronica, ouv à partir de 7h45
- 4 épiceries

16 Centre de Santé (947-377-020)

17 Office de Tourisme, Ayuntamiento, plaza Mayor 1, 09110 Castrojeriz (947-377-001 www.castrojeriz.com) ouv mai à nov 8h à 15h en semaine

18 accueil chevaux, écuries de la Junta

19 Taxi Jesus (947-377-032 & 696-443-722), minibus, transport bagages et vélos

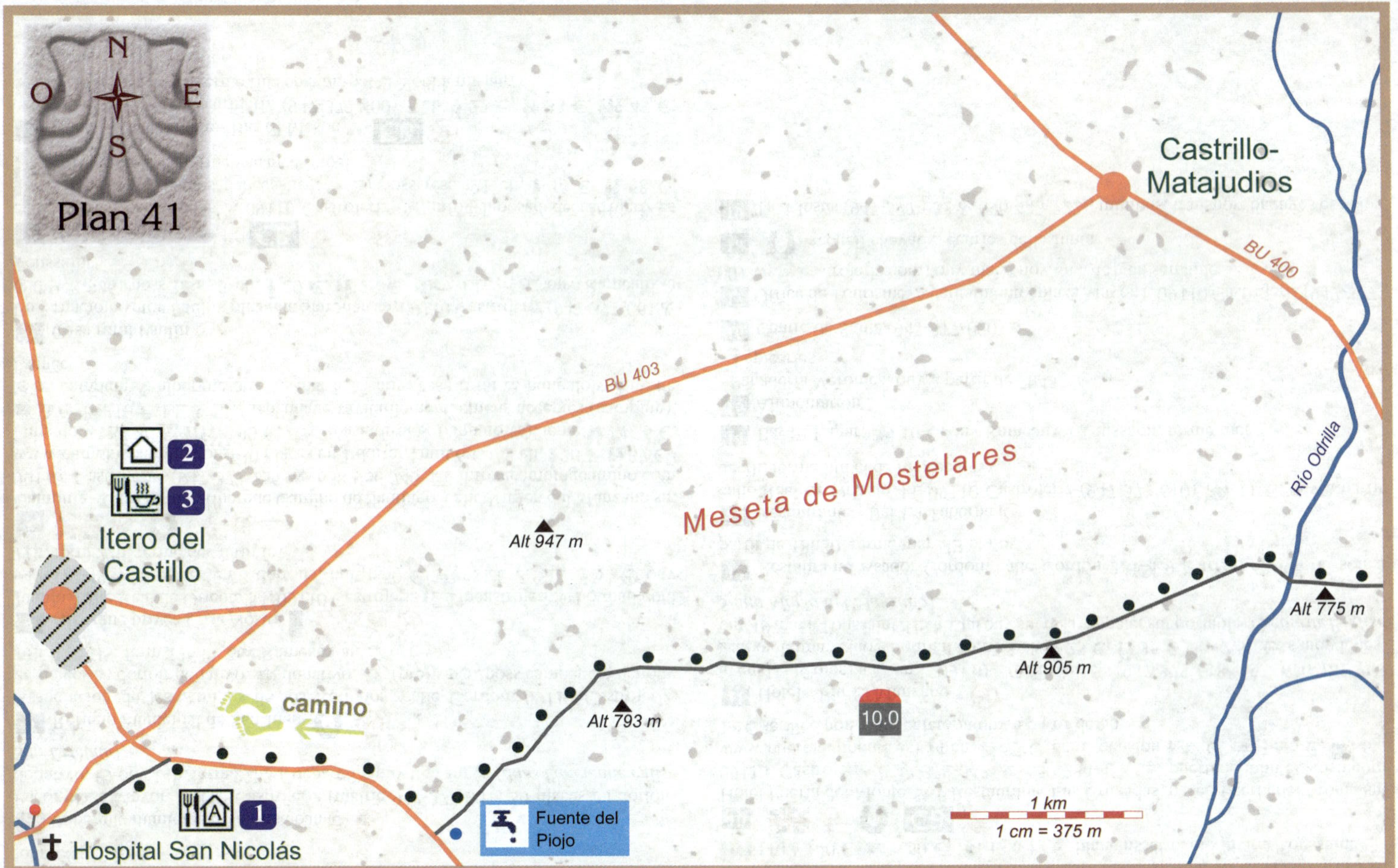
Plan 41
N
O
E
S
Castrillo-
Matajudios
BU 400
BU 403
Río Odrilla
Meseta de Mostelares
Alt 947 m
Alt 775 m
Alt 905 m
Alt 793 m
10.0
2
3
Itero del
Castillo
camino
1
Hospital San Nicolás
Fuente del
Piojo
1 km
1 cm = 375 m

Plan 41

1 Refugio Hospital San Nicolás
Accueil chrétien, Confraternité italienne Saint Jacques de Perugia, 09107 Itero del Castillo, 12 places en dortoir, donativo, poss et donativo, (pré), ouv 16h, ferm 22h, ouv mai à sep, albergue très simple dans une ancienne chapelle restaurée, pas d'électricité
- Lavement des pieds avant le dîner *(sur le chemin juste avant de passer le puente Fitero)*

2 Refugio municipal
09107 Itero del Castillo, 12 places en dortoir 5 €, , ouv tte l'année, clés au bar si fermé
- Nouvel albergue de 20 places avec en projet pour 2011

3 Bar municipal, sandwiches, assiettes garnies, dépannage-ravitaillement, fermé lun en hiver

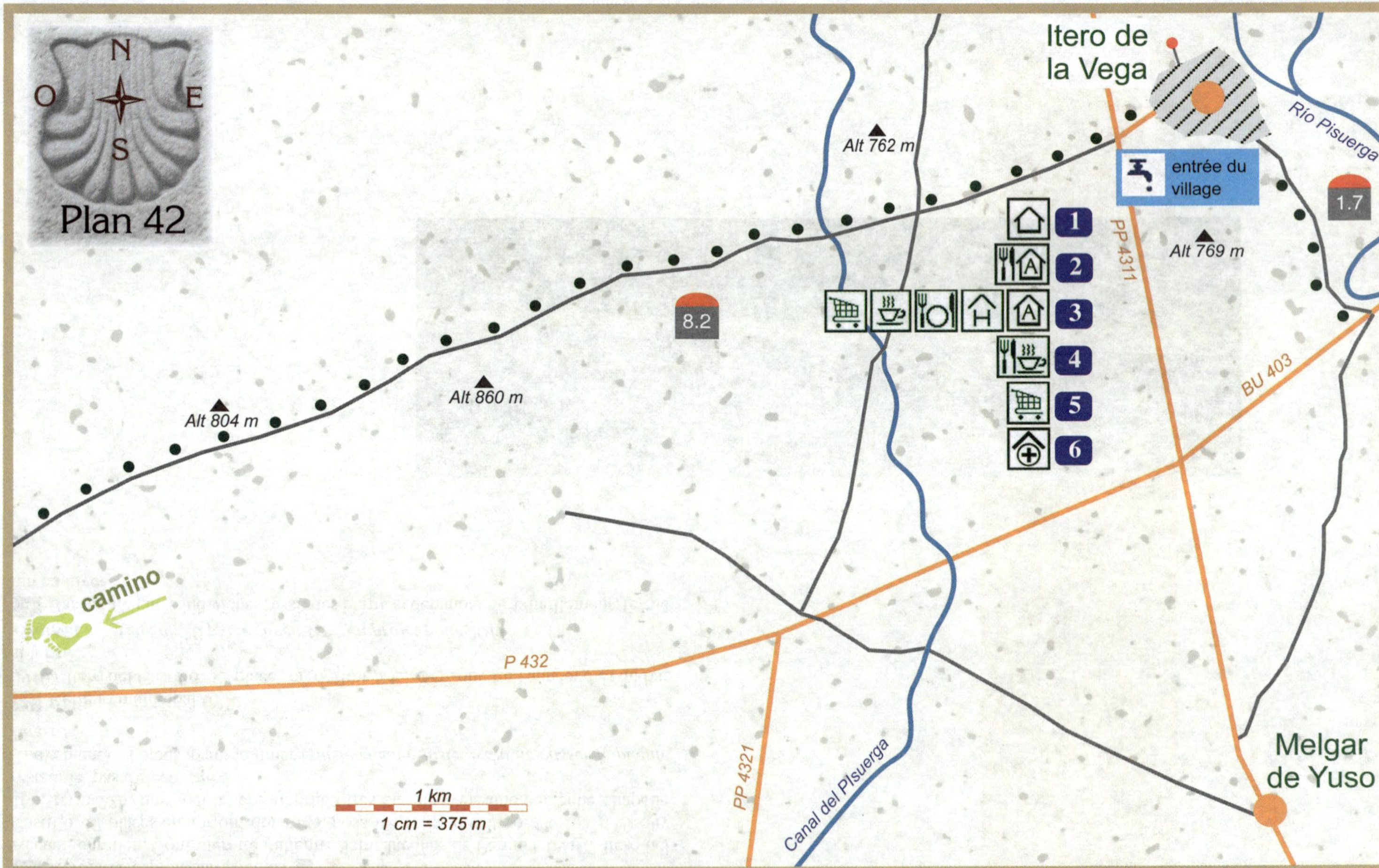
Plan 42
N
O
E
S
Itero de la Vega
Río Pisuerga
entrée du village
1.7
8.2
Alt 762 m
Alt 769 m
Alt 860 m
Alt 804 m
1
2
3
4
5
6
PP 4311
BU 403
P 432
PP 4321
Canal del Pisuerga
Melgar de Yuso
camino
1 km
1 cm = 375 m

Plan 42

1 Refugio municipal @
Pilar González, plaza Mayor, 34468 Itero de la Vega (605-034-347) 12 places en dortoir, nuit 5 €, , , ouv tte la journée, ouv tte l'année

2 Albergue privée La Mochila @
Irais Lopez Capa, calle Santa Ana 3, 34468 Itero de la Vega (979-151-781 & 609-513-454 euloman@hotmail.com www.albergueitero.com) 20 places en ch de 2 à 8 pers, nuit 6 à 8 €, location draps, 2 €, 8 €, , sandwiches, LL & SL, , ouv tte la journée, ouv tte l'année

3 Albergue-Hosta-Bar-Restaurante-Tienda Puente Fitero CB @
Señor Gaillardo Tapia, 34468 Itero de la Vega (979-151-822) 28 places en 2 dortoirs, nuit 6 €, 8 ch, 28 €, 38 €, 45 €, , 10 €, LL & SL, (pré), , ouv tte l'année

4 Bar Tachu, sandwiches, assiettes garnies

5 Supermercado Nuestra Señora de la Piedad, calle Marqués de Estella, ouv à partir de 8h30, sonner si le supermercado est fermé, fermé dim après-midi

6 Consultorio medico (979-151-826)

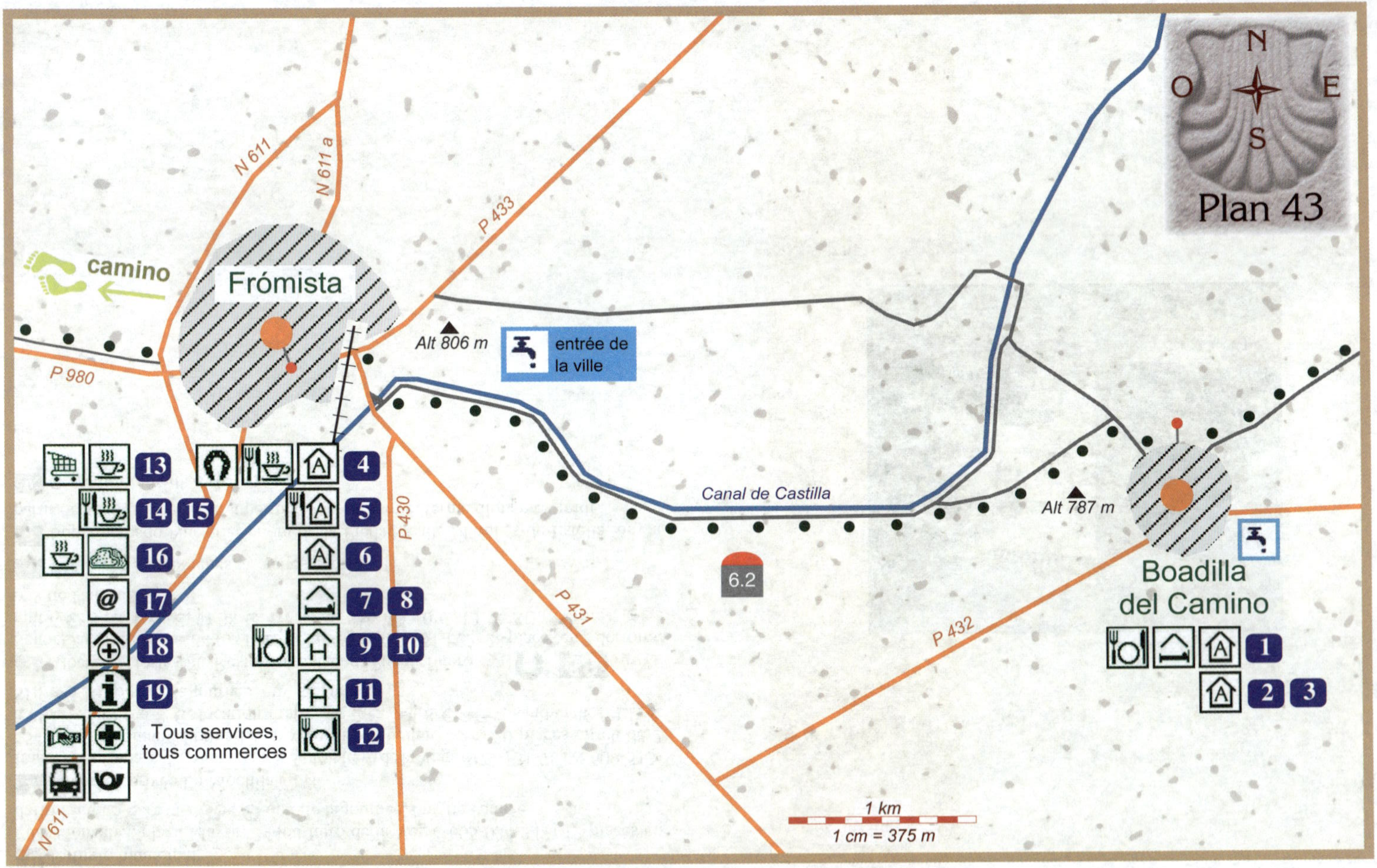

Plan 43
N
O
E
S
camino
Frómista
N 611
N 611 a
P 433
P 980
P 430
P 431
P 432
Alt 806 m
entrée de la ville
Canal de Castilla
Alt 787 m
6.2
Boadilla del Camino
1
2
3
4
5
6
7
8
9
10
11
12
13
14
15
16
17
18
19
Tous services, tous commerces
N 611
1 km
1 cm = 375 m

Plan 43

1 Centro de Turismo rural En el Camino @
Eduardo, plaza El Rollo, 34468 Boadilla del Camino (979-810-284 & 619-105-168 boadillaman@hotmail.com www.boadilladelcamino.com) poss résa, 48 places en 4 dortoirs, nuit 6 €, 4 ch, 26 à 31 €, 3 €, 9 €, sandwiches, LL & SL, (à l'attache), , piscine, ouv tte la journée, ouv 1er mar à mi-nov

2 Albergue municipale
34468 Boadilla del Camino (mairie 979-810-390) 12 pl, nuit 3 €, ouv tte l'année

3 Albergue Putxu, Serafín, calle las Bodegas 9, 34468 Boadilla del Camino, 10 places, nuit 7 € *(tarifs sous réserve)*

4
Albergue privée Canal de Castilla*** - Mesón Infanta Leonor, José, calle La Estación, 34440 Frómista (979-888-048 & 979-810-193 & 693-465-737 info@albergueperegrinosfromista.es www.albergueperegrinosfromista.es) poss résa, poss rester plusieurs jours, 40 places en 1 dortoir, nuit 7 €, demi-pension 15 € (et nuit) // 4 ch, 25 €, 30 €, supp 7 €, 3.50 €, 10 €, LL & SL, et location ânes pour le chemin, , ouv tte l'année *(à l'entrée de Fromista)*

5 Albergue privée Estrella del Camino*** @
Floren, avenida del Ejercito Español, 34440 Frómista (979-810-053 & 625-687-045 & 653-751-582 alberguestrella@terra.es www.alberguestrelladelcamino.com) poss résa, 40 places en dortoirs, nuit 7 €, 9 €, 3-4 €, LL & SL, , fermé dec et jan

6 Albergue municipale de Frómista
Carmen Calvo, plaza de San Martín, 34440 Frómista (979-811-089 & 686-579-702) 56 places en 7 dortoirs, nuit 7 €, 2.50 €, pas de chauffage, LL & SL, (à proximité), , ouv 12h, ferm 22h, en hiver ouv 15h à 21h, fermé mi-déc à fin jan

7 Casa António y Marcelino et Casa Serviarias
Rosana, calle Magistral Aguado 14, 34440 Frómista (www.casaruralserviarias.com 979-810-148 & 626-959-079 info@casaruralserviarias.com & rosanna.pla@hotmail.es) poss résa, loue 2 maisons 4 ch, 40 €, maison entière 5 places 75 €, , LL, (à proximité),

8 Centre de turismo rural San Telmo
calle Martín Veña 8, 34440 Frómista (centroruralsantelmo@yahoo.es www.turismofromista.com 979-811-028 & 617-885-744) poss résa, 9 ch, 35 €, 45 €, 55 €, 65 €, (à proximité, prévenir), , Toussaint à mar ouv uniquement sur résa pour groupes

9 Hôtel Doña Mayor*** et restaurant L'Esclusa
calle Francesa 8, 34440 Frómista (979-810-588 & 686-466-962 reservas@hoteldonamayor.com www.hoteldonamayor.com) 12 ch, 63.50 à 76 €, 79 à 95.50 €, inclus, supp 30 €, 14 à 18 €, (à proximité), ouv tte l'année

10 Hotel - Cafetería San Martín*
plaza San Martín 7, 34440 Frómista (979-810-000 info@hotelsanmartin.es www.hotelsanmartin.es) 12 ch, 38 €, 49 à 53.50 €, 5 €, 10 €, , ouv 8h, fermé jan

11 Hostal Camino de Santiago @
Mila, calle Francesa 26, 34440 Frómista (979-810-053 & 979-810-282 caminomila@terra.es www.caminofromista.com) 8 ch, 20 à 25 €, 40 à 45 €, 60 à 66 €, 4 €, (dans le village), , fermé Noël

12 Restaurante Los Palmeros, plaza San Telmo 4 (979-810-067) 30 à 50 €, fermé mar HS et jan

13 Tienda - Bar La Venta, plaza San Martín 8, vins et fromages, HS ouv dim, fermé lun et quelques jours en fev

14 Bar La Plaza, plaza de Tuy, 10 à 12 €, ouv 8h, fermé jan

15 Bar Garigolo @, calle Carremonzón 2, plats chauds, ouv 6h30-7h, fermé fev

16 Panadería - Cafetería, plaza San Telmo, ouv 8h30, fermé lun après-midi

17 Telecentro Internet @, Casa de Cultura, calle Francesas, Point Internet

18 Centre de Santé (979-810-065)

19 Office de Tourisme, avenida Ingeniero Ribera 34440 Frómista (979-810-180 citfromista@yahoo.es www.fromista.com) ouv festivos le matin

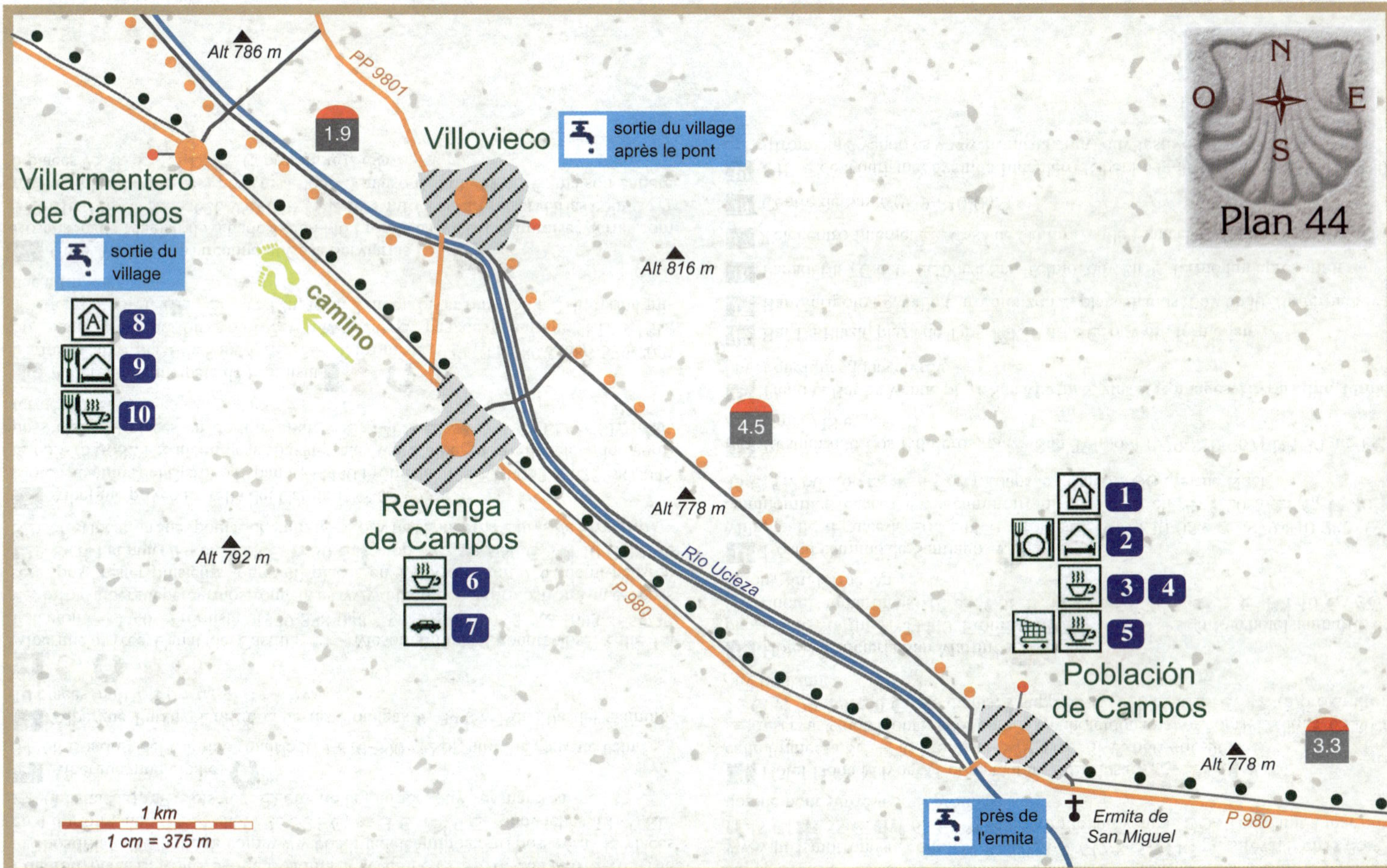

Plan 44
N
O
E
S
Villarmentero de Campos
sortie du village
8
9
10
Alt 786 m
PP 9801
1.9
Villovieco
sortie du village après le pont
camino
Alt 816 m
Revenga de Campos
6
7
Alt 792 m
4.5
Alt 778 m
Río Ucieza
P 980
1
2
3
4
5
Población de Campos
près de l'ermita
Ermita de San Miguel
Alt 778 m
3.3
P 980
1 km
1 cm = 375 m

Plan 44

1 Refugio municipal
gestion privée (Centro de turismo rural), paseo del Cementerio, 34449 Población de Campos (979-811-099) 18 places en dortoir, nuit 3 €, ,

2
Centro de turismo rural Amanecer en Campos
Inmaculada et Marí Carmen Marcial, calle Francesas 3, 34449 Población de Campos (info@amanecerencampos.com www.amanecerencampos.com 979-811-099 & 685-510-020) 14 ch dans maisons anciennes, 7 ch dans CTR (neuf), 30 €, 30 à 45 € inclus, dans les maisons anciennes, 2.50 €, LL & SL, , 9 €

3 Bar Los Cigüeños, fermé jours fériés HS

4 Bar de la Plaza

5 Bar-Tienda El Pazo, ouv 7h, fermé matin HS

6 Bar Angeles, fermé matin

7 Taxi Vallejera
Elisa Vallejera Cacho, calle General Amor 10, 34447 Revenga de Campos (979-810-079 & 670-710-817) taxi 4 places, transport de bagages et vélos

8 Albergue privée
calle José Antonio 2, 34449 Villarmentero de Campos (629-178-543) 20 places en 2 dortoirs et 15 pl en tipi, nuit 6 € / 2 cabanes de 2 pers, 16 €, , donativo, projet de hamacs, , ouv 10h à 22h, fermé nov à avr

9 Centro de turismo rural La Casona de Doña Petra
Luis, calle Ramón y Cajal 14, 34449 Villarmentero de Campos (655-939-858 & 639-104-547 lacasonadepetra@gmail.com www.casonadepetra.com) 12 ch, 50 €, 65 €, 85 €, 5 €, 15 à 30 € (réservé aux hôtes), (pré et box), et poss location vélos

10 Bar Chiringuito, , sandwiches, assiettes garnies

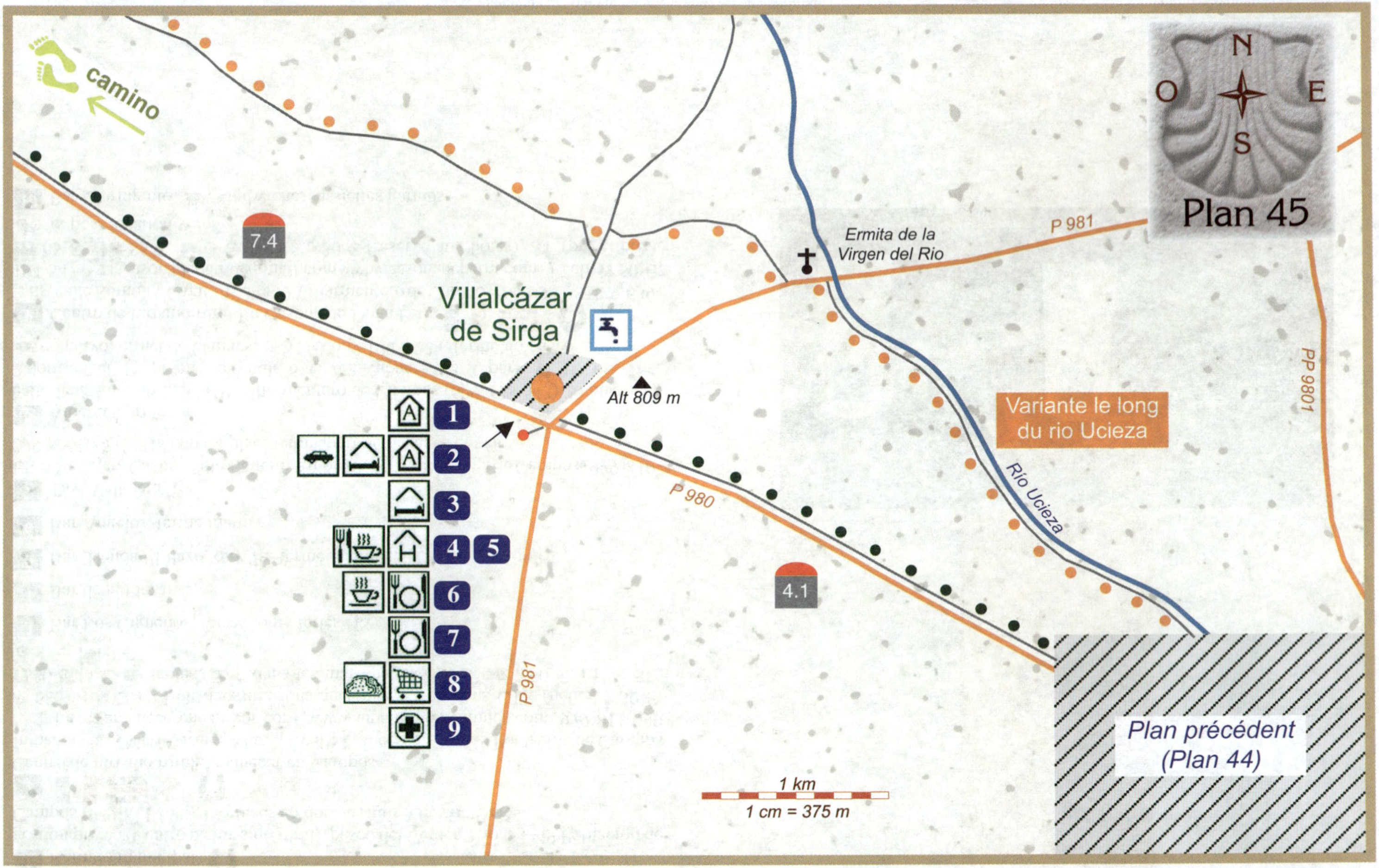

Plan 45
N
O
E
S
camino
7.4
Villalcázar de Sirga
Alt 809 m
Ermita de la Virgen del Rio
P 981
PP 9801
Variante le long du rio Ucieza
Río Ucieza
P 980
4.1
1
2
3
4
5
6
7
8
9
P 981
1 km
1 cm = 375 m
Plan précédent (Plan 44)

Plan 45

1 Albergue municipale Casa del Peregrino
plaza del Palacio, 34449 Villalcázar de Sirga (mairie 979-888-041) 20 places en dortoir, donativo, douche chaude 1 €, , , ouv 14h, ferm 23h, ouv Rameaux à Toussaint
- Messe et bénédiction des pèlerins en semaine 20h, dim 19h

2 Albergue privée et Casas rurales Aurea et Federico @
Mariano Garrido Castro, Ronda 1 et 3, 34449 Villalcázar de Sirga (979-888-163 & 620-399-040 aureafederico@hotmail.com ww.casafederico.com) Albergue, poss résa jusqu'à 14h en été, 24 places en dortoirs de 4 à 10 pers, nuit 7 à 10 € // Casa rural, 10 ch, 40 à 45 €, // LL, (enclos), accueil au bar Tasca Don Camino, poss taxi, ouv sur résa en hiver

3 Casa rural Vidal
Vidal Payo Bahillo, calle Cantaranas 14, 34449 Villalcázar de Sirga (979-888-151 & 633-153-211) poss résa, 3 ch, 15 €, 24 €, LL, , location à la nuit de sep à jun

4 Hostal - Bar Infanta Doña Leonor * CB @
calle Condes de Toreno 1, 34449 Villalcázar de Sirga (www.hostalinfantaleonor.com 979-888-118 hostalinfantaleonor@hostalinfantaleonor.com) poss résa, 7 ch, 35 €, 45 €, 75 € inclus, , ouv de mar à nov

5 Hostal et Bar Las Cantigas * CB
Paco, calle Condes de Toreno sn, 34449 Villalcázar de Sirga (979-888-027 info@hostallascantigas.es www.hostallascantigas.es) 5 ch, 30 €, 40 €, 55 €, 2.50 à 5.50 €, assiettes garnies 6.50 €, , ouv 8h, ouv tte l'année

6 Restaurant - Bar Tasca Don Camino, calle Real 23, 10 €, , ouv à partir de 8h en été *(à côté de l'albergue privée)*

7 Restaurante Mesón Los Templarios et Mesón Villasirga plaza Mayor (979-888-089 & 979-888-022) 15 € (semaine), ouv midi seulement HS et en semaine, fermé 23 déc au 20 jan

8 Panadería-Tienda Nuestra Señora del Río

9 Centro de Salud (mairie 979-888-041)

Salut à la compagnie

Salut à la compagnie
de cette maison !
Je vous souhaite une bonne soirée,
du bien à foison.
Nous sommes d'un pays étrange,
Venus dans ce lieu,
Pour vous faire la demande
De la part à Dieu.

Merci à tous ceux ici
Qui nous ont accueillis,
Qui nous ont ouvert leur porte
Et nous ont souri.
A ceux qui ont cheminé
Pour nous rencontrer,
Nous écouter, et rêver,
A tous grand merci.

Que jamais la maladie,
Le chagrin, le deuil,
N'assombrissent votre vie,
Ne vous laissent seuls.
Nous prierons la Sainte Vierge,
Saint Jacques, et les Trois Rois,
Que nous fassent à tous la grâce
Que les puissions voir.

Si votre cœur est en joie
Soyez généreux.
Le bon Dieu vous le rendra
Quand serez aux cieux.
Et si malgré nos prières,
Vous n'êtes pas heureux.
Venez alors nous rejoindre
Sur les chemins bleus

Chanson traditionnelle et Marie-Virginie Cambriels

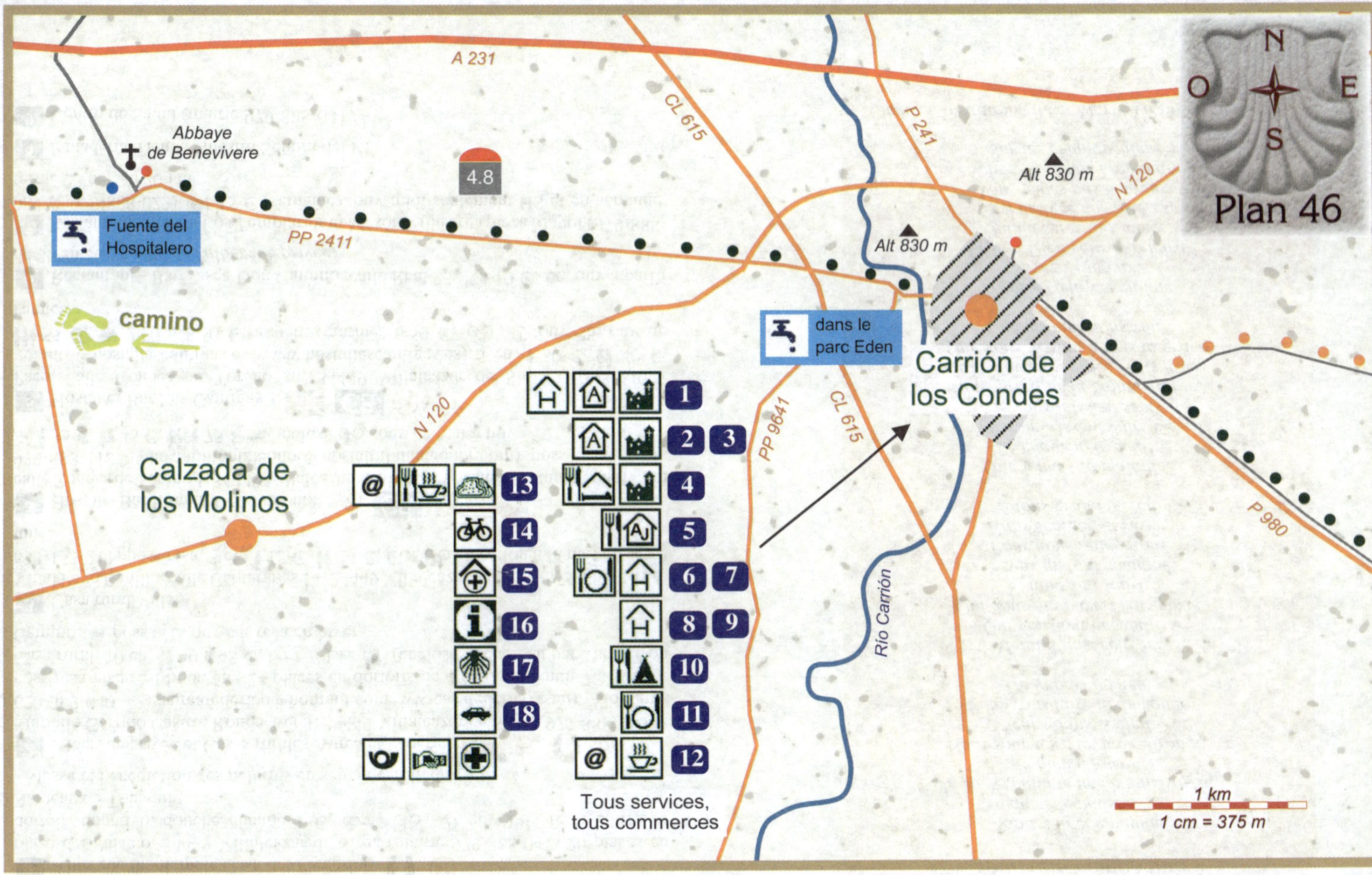
Plan 46
N
S
E
O
A 231
CL 615
P 241
Alt 830 m
N 120
Alt 830 m
Abbaye
de Benevivere
4.8
Fuente del
Hospitalero
PP 2411
camino
dans le
parc Eden
Carrión de
los Condes
PP 9641
CL 615
N 120
Calzada de
los Molinos
1
2
3
4
5
6
7
8
9
10
11
12
13
14
15
16
17
18
Río Carrión
P 980
Tous services,
tous commerces
1 km
1 cm = 375 m

Plan 46

1 Monasterio de Santa Clara, Albergue et Hospedería
Accueil religieux, Madres Clarisas, calle de Santa Clara 1, 34120 Carrión de los Condes (979-880-837) Albergue, 30 places en ch de 2 à 6 pers, nuit 5 € // Hospedería, 9 ch, 20 €, 40 €, , ouv 11h à 15h et 17h à 20h, départ 8h, fermé dec à fev
- Messe 8h30 en semaine, 9h dim, vêpres à 19h en été

2 Albergue paroissiale Santa Maria @
Accueil chrétien, Sœurs Augustines, calle del Clerigo Pastor, 34120 Carrión de los Condes (979-880-768) 52 places en dortoir, nuit 5 €, , LL & SL, , ouv 12h, ferm 22h, départ 7h30, fermé mi-nov au 1er mar
- Messe et bénédiction des pèlerins 20h semaine, 19h dim, 17h à 19h été, rencontre spirituelle et musicale, partagé avec les sœurs *(derrière l'église Santa María)*

3 Albergue del Collegio Espiritu Santo @, Accueil chrétien, Filles de la Charité de Saint Vincent de Paul, calle San Juan 4, 34120 Carrión de los Condes (979-880-052) poss résa, 100 places en dortoirs de 12 à 25 pers, nuit 5 €, 9 € hiver, 4 ch, 24 €, , , ouv tte la journée, ouv tte l'année *(à côté du centre de santé)*

4 Casa de Espiritualidad Nuestra Señora de Belén, Hospedería
Accueil chrétien, Hermanas Filipenses, Leopoldo María de Castro 6, 34120 Carrión de los Condes (979-880-031 adelamate@mixmail.com) résa souhaitée, 75 ch, demi-pension 26 à 28 € avec draps *(derrière l'église Nuestra Señora de Belén)*

5 Albergue Juvenil Río Carrión @
plaza Martín Campagnat 1, 34120 Carrión de los Condes (979-88-10-63 & 609-202-863 info@alberguericarrion.com www.alberguericarrion.com) résa souhaitée pour groupes, individuels pas de résa, 200 places en dortoirs de 2 à 12 pers, nuit à partir de 13 €, demi-pension à partir de 19 €, (pré), , piscine, chapelle

6 Hôtel-Restaurant Real Monasterio San Zoilo***
calle Souto, 34120 Carrión de los Condes (979-880-050 & 979-880-049 hotel@sanzoilo.com www.sanzoilo.com) 54 ch, 62 €, 76 à 99 €, 116 €, 9€, à la carte, , fermé Noël

7 Hostal - Restaurante La Corte*
calle Santa María 36, 34120 Carrión de los Condes (contacto@hostallacorte.com 979-880-138 www.hostallacorte.com) 15 ch, 26 à 34 €, 45 €, 55 €, 8 à 10 €, ouv 1er avr au 30 sep

8 Hostal Santiago * plaza de los Regentes 8, 34120 Carrión de los Condes (979-881-052 & 699-204-349 www.hostalsantiago.es) poss résa, 16 ch, 32 à 39 €, 42 à 48 €, 64 €, 80 €, service blanchisserie, , ouv Rameaux à nov

9 Pensión El Resbalon
calle Fernánd Gómez 19, 34120 Carrión de los Condes (979-880-433) 6 ch, 15 €, 22 à 25 €, 28 à 30 €,

10 Camping municipal** - Restaurant-Bar El Eden
calle Tenerías 1, 34120 Carrión de los Condes (979-880-200 administracion@campingeleden.es www.campingeleden.com) tente 12 €, LL, (à proximité, prévenir), piscine en été, ouv tte l'année // Restaurant - Bar, 10 à 18 €, ouv Rameaux à Toussaint
- Bungalows 4 pers en projet pour 2011

11 Plusieurs restaurants et bars dans le centre

12 Bar España, plaza Piña Merino 1, ouv 6h été, 7h hiver @

13 Panadería-Cafetería Yadira, calle Conde Garay 7, ouv 6h été, 7h30 hiver, fermé dim après-midi HS et nov @

14 Cycles Atelier Juanito, réparation vélos, calle Las Cercas

15 Centre de Santé (979-880-245)

16 Office de Tourisme
Museo Contemporaneo, callejon de Santiago, 34120 Carrión de los Condes (979-880-931 turismo@carriondeloscondes.es www.carriondeloscondes.es)

17 Centro de estudios y documentación del Camino de Santiago
Real Monasterio de San Zoilo, calle Souto, 34120 Carrión de los Condes (979-880-902 info@bibliotecajacobea.org www.bibliotecajacobea.org) ouv 10h30 à 14h et 16h30 à 20h en été, 16h à 18h30 en hiver, fermé lun HS, fermé Noël au 1er mar

18 Taxi Jesús García Melgar (j.garcia.melgar@hotmail.com 979-880-918 & 639-886-824) poss transport personnes et bagages, plutôt pour groupes
- Taxis Centillo y María Victoria (689-399-556 & 659-563-390) transport personnes (7 places), bagages et vélos de Carrión de los Condes à León, avr à sep

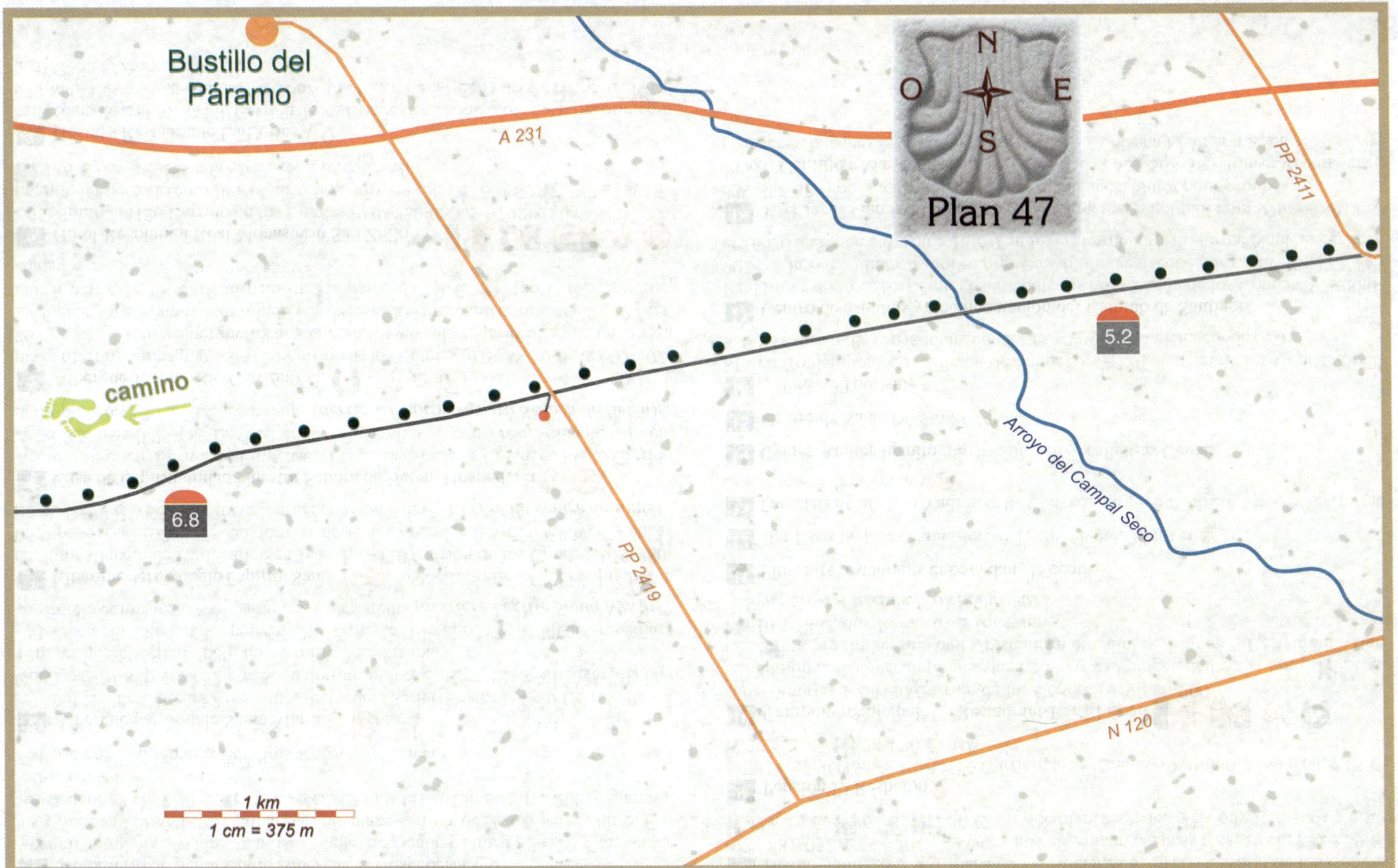
Bustillo del Páramo
A 231
N
O
E
S
Plan 47
PP 2411
5.2
camino
6.8
PP 2419
Arroyo del Campal Seco
N 120
1 km
1 cm = 375 m

Plan 47

En 1673, le moine Domenico Laffi, cheminant sur la Meseta, a donné les derniers sacrements à un pèlerin qui était en train de se faire bouffer par un nuage de criquets.
De source sûre, ce pauvre pèlerin n'avait pas de miam-miam-dodo... Certains diront qu'il n'y a aucun rapport, mais on peut quand même se poser la question...

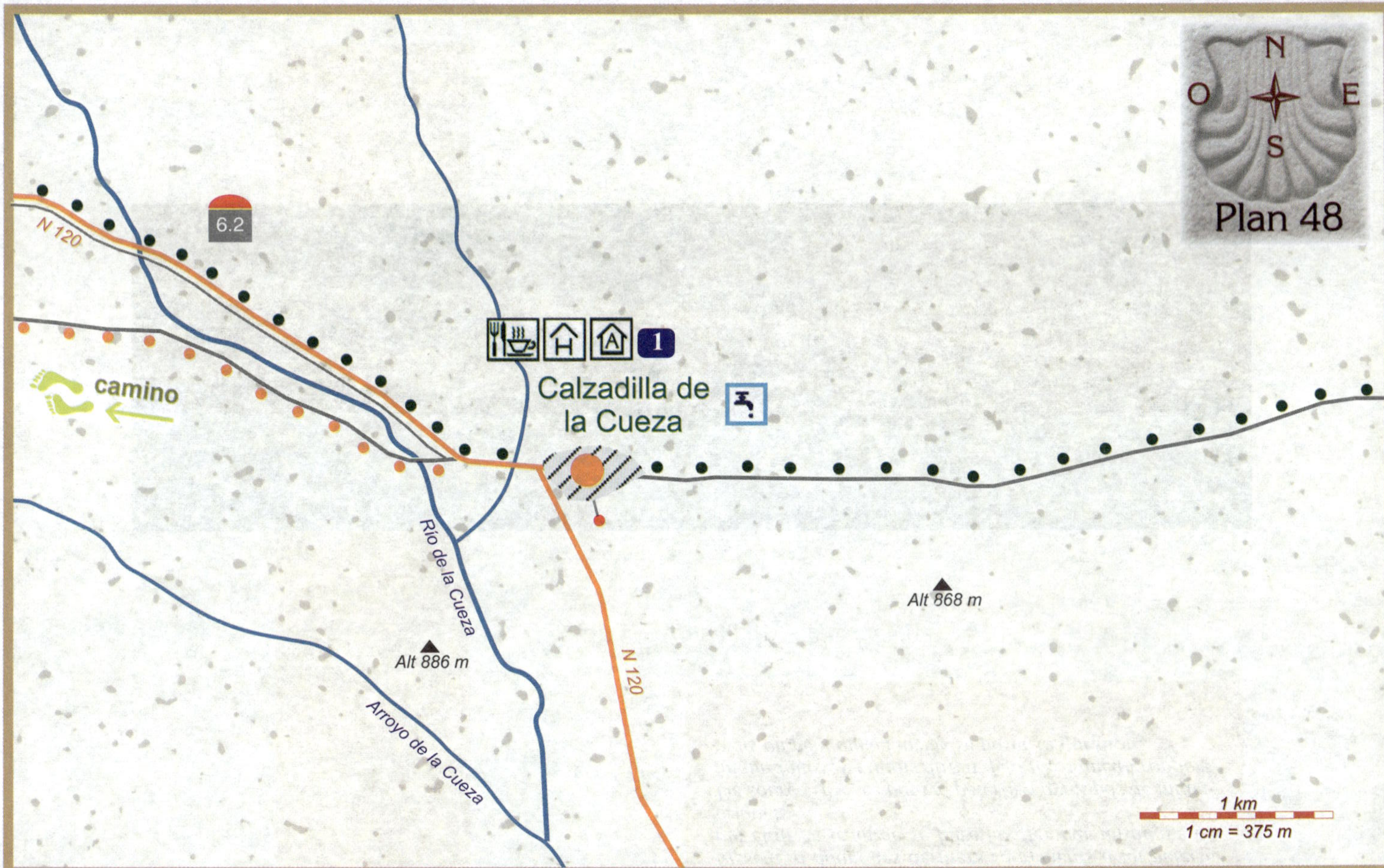
N
O
E
S
Plan 48
6.2
N 120
camino
1
Calzadilla de
la Cueza
Río de la Cueza
Alt 886 m
Arroyo de la Cueza
N 120
Alt 868 m
1 km
1 cm = 375 m

Plan 48

1 (hostal)
Hostal - Bar - Restaurante - Albergue Camino Real
Cesar Acero Adamez, 34309 Calzadilla de la Cueza (979-883-187 & 616-483-517 ✉ cesaracero2004@yahoo.es) 80 places en dortoirs de 20 à 30 pers, nuit 6 € // 21 ch, 30 €, 40 €, 55 € // 9 €, sandwiches, LL & SL, (12 boxes), , piscine, ouv 6h en été, sinon 7h, si l'albergue est fermée demander les clés au bar, ouv tte l'année *(à l'entrée du village)*

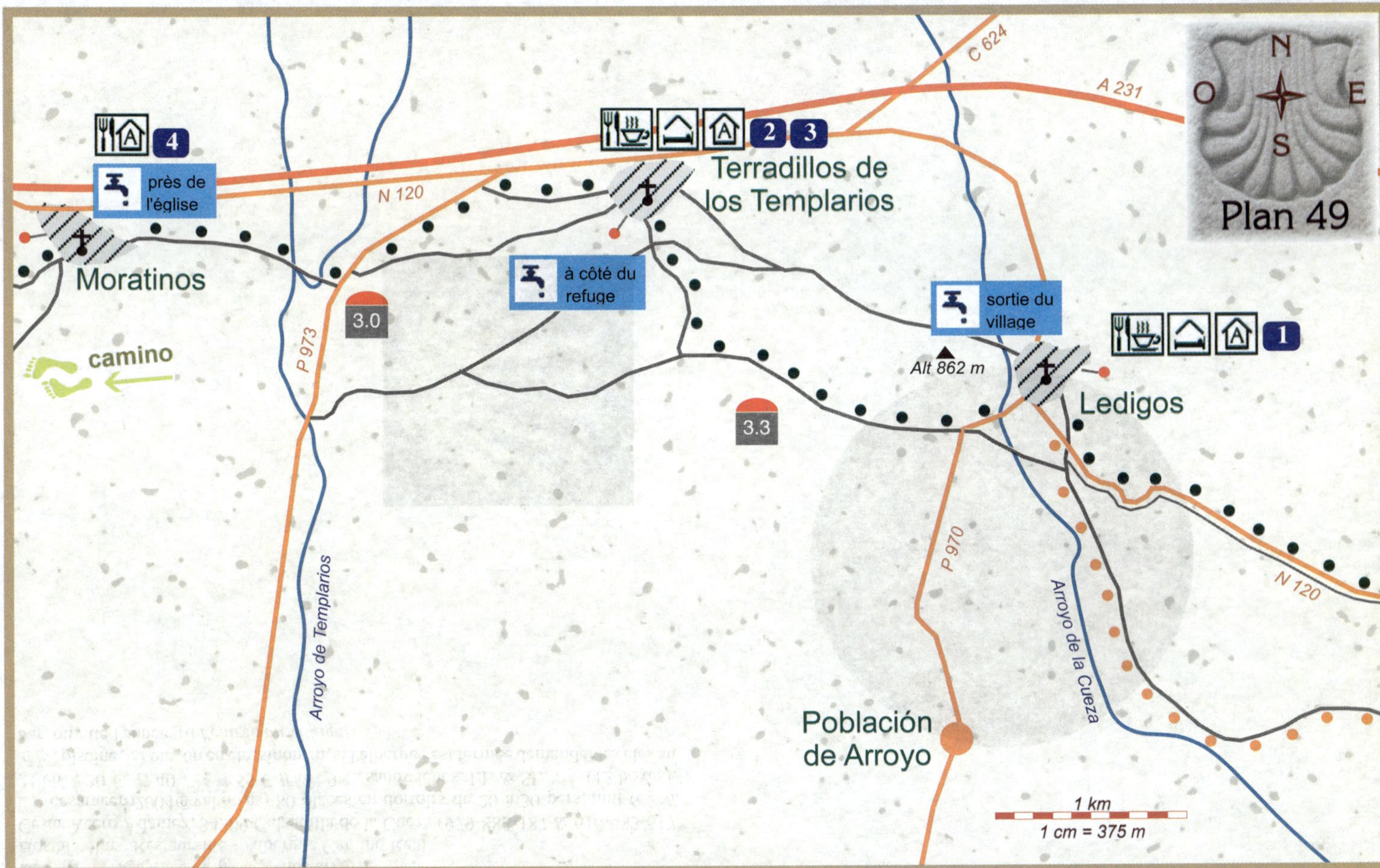
Plan 49
N
O
E
S
A 231
C 624
N 120
4
près de l'église
Moratinos
camino
2
3
Terradillos de los Templarios
à côté du refuge
3.0
P 973
Arroyo de Templarios
sortie du village
Alt 862 m
1
Ledigos
3.3
P 970
Arroyo de la Cueza
N 120
Población de Arroyo
1 km
1 cm = 375 m

Plan 49

1 Albergue privée - Bar - Restaurant El Palomar
Ana Pérez, calle Ronda de Abajo, 34347 Lédigos (979-883-605 & 979-883-614) 40 places en dortoir, nuit 6 € // 5 ch, poss résa, nuit 8 € // 2.20 €, 8 €, , LL, (pré à proximité), , ouv 7h en été, ouv mar à dec

2 Albergue privée - Bar - Restaurant Jacques de Molay
Marisa Pérez, calle Iglesia, 34349 Terradillos de los Templarios (979-883-679 & 657-165-011 yacquesdemolay@hotmail.com) poss résa, 50 places en ch de 2 à 6 pers, nuit 7 à 10 €, 3 €, 8 €, dépannage-ravitaillement, LL & SL, (écurie), , ouv 7h à 22h, fermé vacances de Noël

3 Albergue privée et Cafetería Los Templarios
Maria Antonia Paniagua, Saldaña 13, 34349 Terradillos de los Templarios (667-252-279 alberguelostemplarios@hotmail.com www.alberguelostemplarios.com) 52 places en mini-dortoirs, nuit 7 à 9 € // 6 ch, 28 €, 36 € // 9.50 €, LL & SL, (prévenir, étable à proximité), piscine en été, , ouv 6h en été, ouv Rameaux à mi-oct

4 Albergue Hospital San Bruno
Associazione Bresciana Amici del Cammino di Santiago, Bruno Bernoni, 34349 Moratinos

Chanson moult profitable aux pèlerins
qui vont à Saint-Jacques

Une rare chanson pleine de conseils pratiques, qui, pour dater du XVIIème siècle, n'a pas perdu toute pertinence. Source : Le chemin de Tolose a S. Iacques de Compostelle en Galice, Pierre d'Estey, Foix, 1650, cité in "12 chansons de pèlerins" carnet édité par Marie-Virginie Cambriels (ORION)

Vous qui allez à Saint-Jacques
Je vous prie humblement
Que n'ayez point de haste :
Allez tout bellement.
Las ! Que pauvres malades
Sont en grand desconfort !
Car maints hommes et femmes
Par les chemins sont morts.

Vous qui allez à Saint-Jacques,
Au moins en temps d'esté,
Ne prenez point grand charge
Allez sur le léger.
Car de peu l'on se fasche (fatigue)
Je parle à gens de pied;
Ducats à deux visages
Portez-en, si en avez.

Vous qui allez à Saint-Jacques,
Je vous voudrois prier
Que ne fussiez point lasches
A apprester à disner.
Les hostesses sont fines,
Elles ne servent de rien;
Qui sçait faire la cuisine
Il luy servira bien.

Vos qu'andais a Santiago
Mire vostre merce
Non ay en posades
Nada para comer.
Bosquais en altres cazes
Lo qu'abrets menester
Si queres bones cames
Moy limpes hallares.

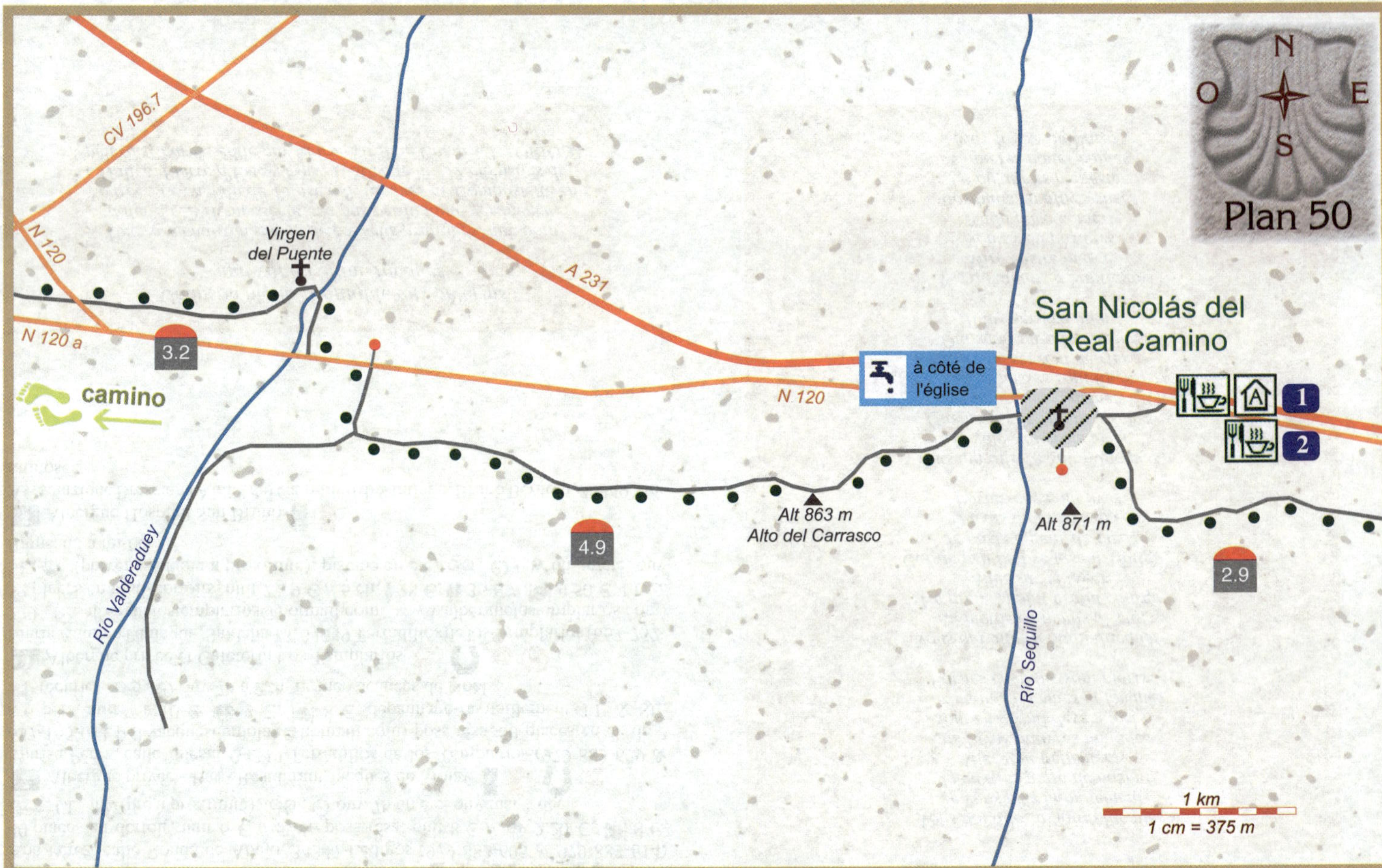

Plan 50
N
O
E
S
San Nicolás del
Real Camino
à côté de
l'église
1
2
Virgen
del Puente
CV 196.7
N 120
N 120 a
A 231
N 120
3.2
4.9
2.9
camino
Alt 863 m
Alto del Carrasco
Alt 871 m
Río Valderaduey
Río Sequillo
1 km
1 cm = 375 m

Plan 50

1 Bar - Restaurant - Albergue privée Albergueria Laganares @
Marisa, plaza de la Iglesia, 34349 San Nicolás del Real Camino (979-188-142 & 629-181-536 ✉ laganares@yahoo.es www.alberguelaganares.es) poss résa, 22 places en ch de 4 à 6 pers, nuit 7 €, 1 ch 25 €, 2.20 €, 9 €, sandwiches, draps 2 €, LL & SL, , poss taxi, ouv tte la journée à partir de 7h, ouv mi-mar à Toussaint

2 Bar Casa Barrunta, 10 €, ferm lun après-midi

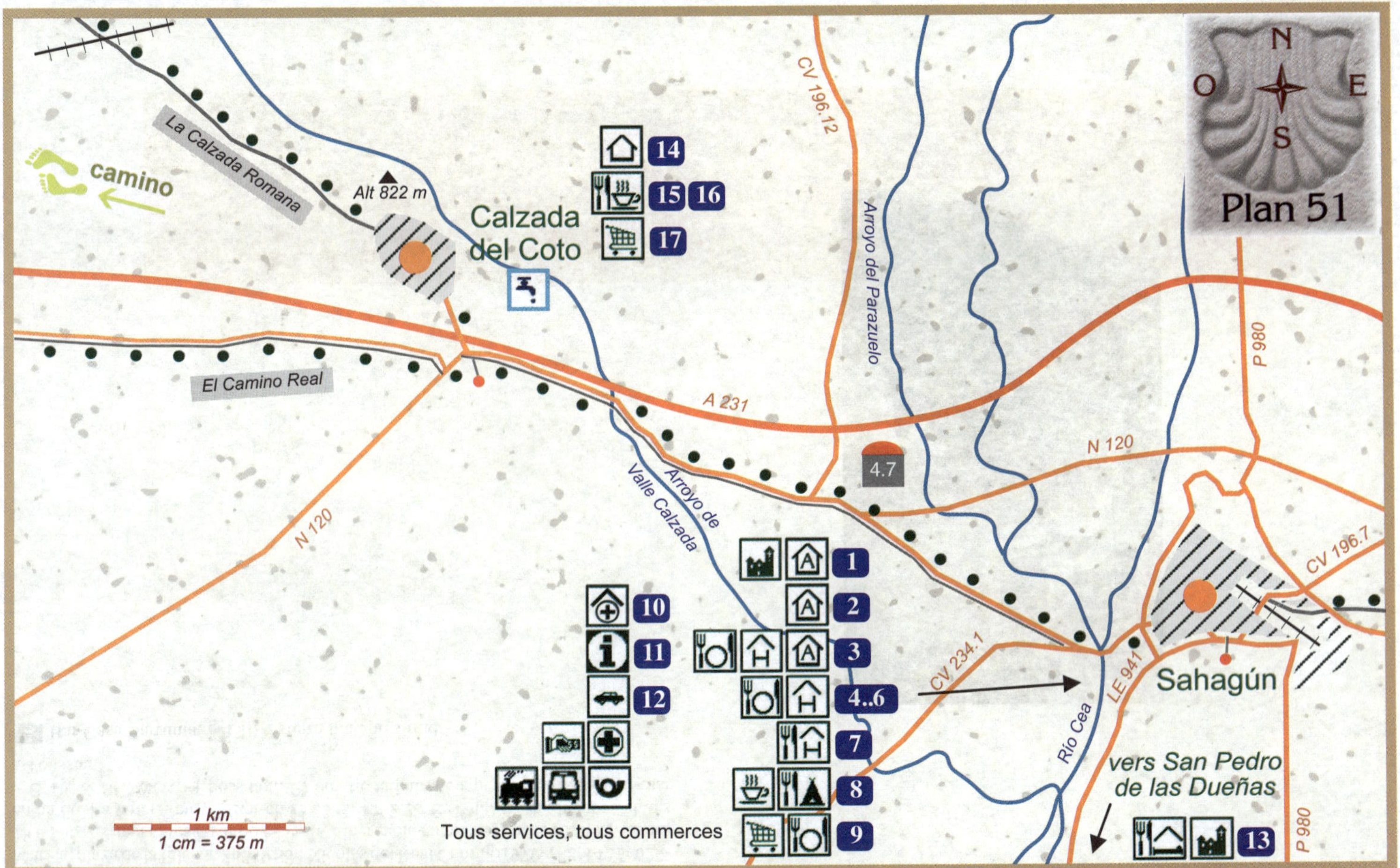

Plan 51
N
O
E
S
camino
La Calzada Romana
Alt 822 m
Calzada
del Coto
14
15
16
17
CV 196.12
Arroyo del Parazuelo
El Camino Real
A 231
4.7
N 120
N 120
Arroyo de
Valle Calzada
P 980
CV 196.7
1
2
3
4..6
7
8
9
10
11
12
CV 234.1
LE 941
Río Cea
Sahagún
vers San Pedro
de las Dueñas
13
P 980
1 km
1 cm = 375 m
Tous services, tous commerces

Plan 51

1 Albergue Monasterio benedictino de la Santa Cruz
Accueil chrétien, calle Antonio Nicolás sn, 24220 Sahagún (987-780-078) 14 places en mini-dortoirs, donativo, donativo, ouv 12h à 21h30, ouv Rameaux au 12 oct
- Vêpres et bénédiction des pèlerins 19h, complies 21h avec les sœurs
- *susceptible d'être fermé en 2011*

2 Albergue municipale Cluny @
Iglesia de la Trinidad, 24320 Sahagún (987-781-015) 64 places en dortoir, nuit 4 €, , LL, sur résa (écurie), , en hiver la mairie accueille les pèlerins dans un autre lieu (calle Pedro Ponce), ouv 12h à 22h30, départ 8h30, ouv tte l'année

3 Hostal - Restaurante - Albergue privée Viatoris CB @
Estanislao Linares González, travesía del Arco, 24320 Sahagún (987-780-975 aaocho@hotmail.com www.viatoris.es) poss résa, 48 places en 6 dortoirs, nuit 7 €, , LL & SL, , réparation vélos à proximité, poss massages et eaux thermales en été, ouv mar à Toussaint // Hostal, 10 ch, 25 €, 40 €, 55 €, 3 €, 10 €, ouv tte l'année *(après l'hôtel Puerta de Sahagún, continuer jusqu'au rond-point, et tourner à gauche)*

4 CB @
Hotel Puerta de Sahagun*** - Restaurantes El Silo y El Peregrino
calle Burgos, 24320 Sahagún (987-781-880 info@hotelpuertadesahagun.com www.hotelpuertadesahagun.com) 90 ch, 40 à 50 €, 70 à 80 €, 90 à 95 €, 7 €, 12 €, blanchisserie,

5 Hostal - Restaurante La Codorniz** @
avenida Constitución 97, 24320 Sahagún (987-780-276 www.hostallacodorniz.com info@hostallacodorniz.com) 46 ch, 35 à 40 €, 50 €, 70 €, 4 €, 10 €

6 Hostal - Restaurante El Ruedo** CB @
plaza Mayor I, 24320 Sahagún (987-781-834 info@restauranteelruedo.com www.restauranteelruedo.com) 5 ch, 30 à 35 €, 50 à 55 €, supp 18 €, inclus, 10 € semaine, restaurant fermé jeu, fermé nov

7 Hostal - Cafetería Escarcha**
calle Regina Franco 12, 24320 Sahagún (987-781-856 www.hostalescarcha.com escarcha_17@hotmail.com) 14 ch, 22 €, 43.50 €, 50 €, 3 €, cafetería, , ouv tte l'année

8 Camping Pedro Ponce **
N 120 km 1.2, 24320 Sahagún (987-780-415) tente 11 €, dépannage-ravitaillement, LL & SL, piscine en été, ouv mars à Toussaint // Restaurant - Bar, 9 € *(à la sortie de la ville)*

9 Nombreux restaurants et commerces d'alimentation

10 Centre de Santé (987-781-291)

11 Office de Tourisme, Iglesia de la Trinidad, 24320 Sahagún (987-781-015 & 987-782-117 www.sahagun.org)

12 Taxi Alvárez (987-781-099 & 608-687-613) transports personnes, bagages et vélos

13 Hospedería Monasterio benedictino de San Pedro de las Dueñas
Madres benedictinas, 24329 San Pedro de las Dueñas (987-780-150) résa nécessaire, 20 ch, pension complète 40 €, en hiver ouv uniquement sur résa pour groupes *(à 4 km de Sahagún sur la LE 941)*

14 Refugio municipal San Roque @
Josines y Loli, calle Real sn, 24342 Calzada del Coto (mairie 987-781-233) 20 places en dortoir, donativo, ouv tte la journée, si le refuge est fermé s'adresser au bar Xanadú

15 Bar Xanadú, ouv 13h, poss pour les pèlerins de l'albergue, sandwiches, assiettes garnies *(en face de l'albergue)*

16 Bar Buca, , 8 €

17 Alimentation :
- Spar, plaza del Ayuntamiento, fermé dim et festivos HS

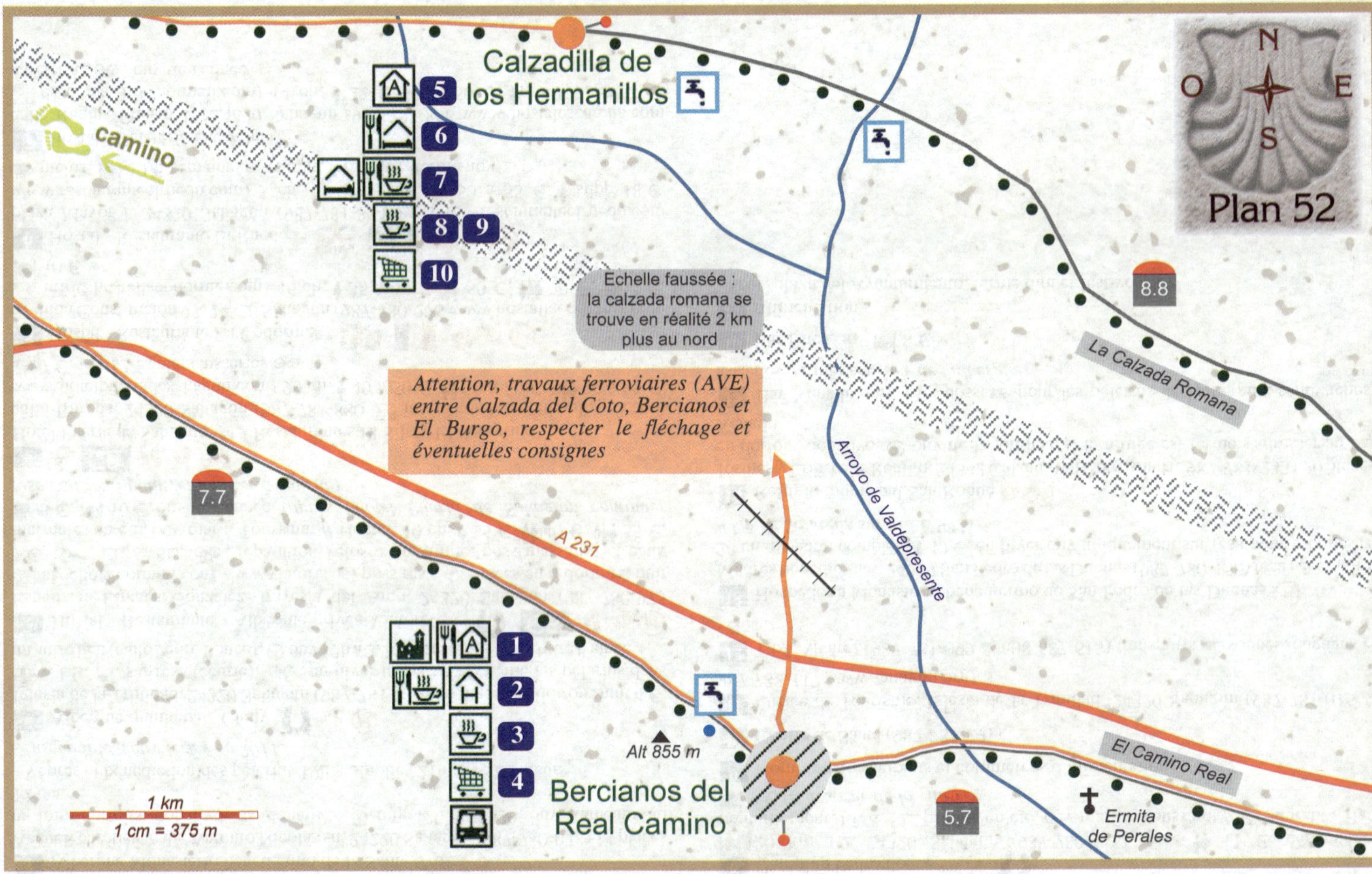
Plan 52
N
O
E
S
Calzadilla de los Hermanillos
5
6
7
8
9
10
camino
Echelle faussée : la calzada romana se trouve en réalité 2 km plus au nord
Attention, travaux ferroviaires (AVE) entre Calzada del Coto, Bercianos et El Burgo, respecter le fléchage et éventuelles consignes
8.8
La Calzada Romana
Arroyo de Valdepresente
7.7
A 231
1
2
3
4
Alt 855 m
Bercianos del Real Camino
5.7
El Camino Real
Ermita de Perales
1 km
1 cm = 375 m

Plan 52

1 Albergue paroissiale Casa Rectoral
Accueil chrétien, Asociación de Hospitaleros Voluntarios, calle santa Rita 11, 24325 Bercianos del Real Camino (987-784-008) 46 places en dortoir, donativo, poss et en été donativo, (à l'attache), , ouv tte la journée, ouv mi-mar à Toussaint
- Prière proposée avant le dîner

2 Hostal - Restaurante - Bar Rivero * CB @
calle Mayor 12, 24325 Bercianos del Real Camino (987-784-287) 8 ch, 30 €, 40 €, 50 €, , 10 €, , restaurant fermé sam HS, ouv 8h en été

3 Bar Cleto, plaza Trinquete, ouv 9h, sandwiches sam, fermé mer

4 Spar, calle Mayor, ouv tte l'année, ouv festivos

5 Albergue municipale San Bartolomé
Hospitaleros Voluntarios, calle Mayor 28, 24343 Calzadilla de los Hermanillos (mairie 987-330-013) 18 places en ch de 3 ou 4 pers, donativo, , LL & SL, (pré), , ouv tte la journée, ouv tte l'année

6 Centro de turismo rural Casa El Cura
Emilia Santamarta, carretera 13, 24343 Calzadilla de los Hermanillos (987-337-502 & 987-337-647 & 619-137-764 lacasaelcura@yahoo.es www.lacasaelcura.com) 7 ch, 35 €, 45 €, 65 €, 80 €, 5 €, 9 €, LL & SL, (pré), & poss location vélos, fermé nov

7 Pensión - Restaurante - Bar Via Trajana CB @
24343 Calzadilla de los Hermanillos (987-337-610 & 600-220-104) poss résa, 2 ch, 35 €, 3 ch 3 à 4 pers, 15 €, 3 € à partir de 7h, 9 €, LL & SL, (pré), , ouv Rameaux à la Toussaint

8 Bar, Era 1, sandwiches

9 Bar Venancio, calle Mayor 14, fermé matin, mer et nov

10 Tienda

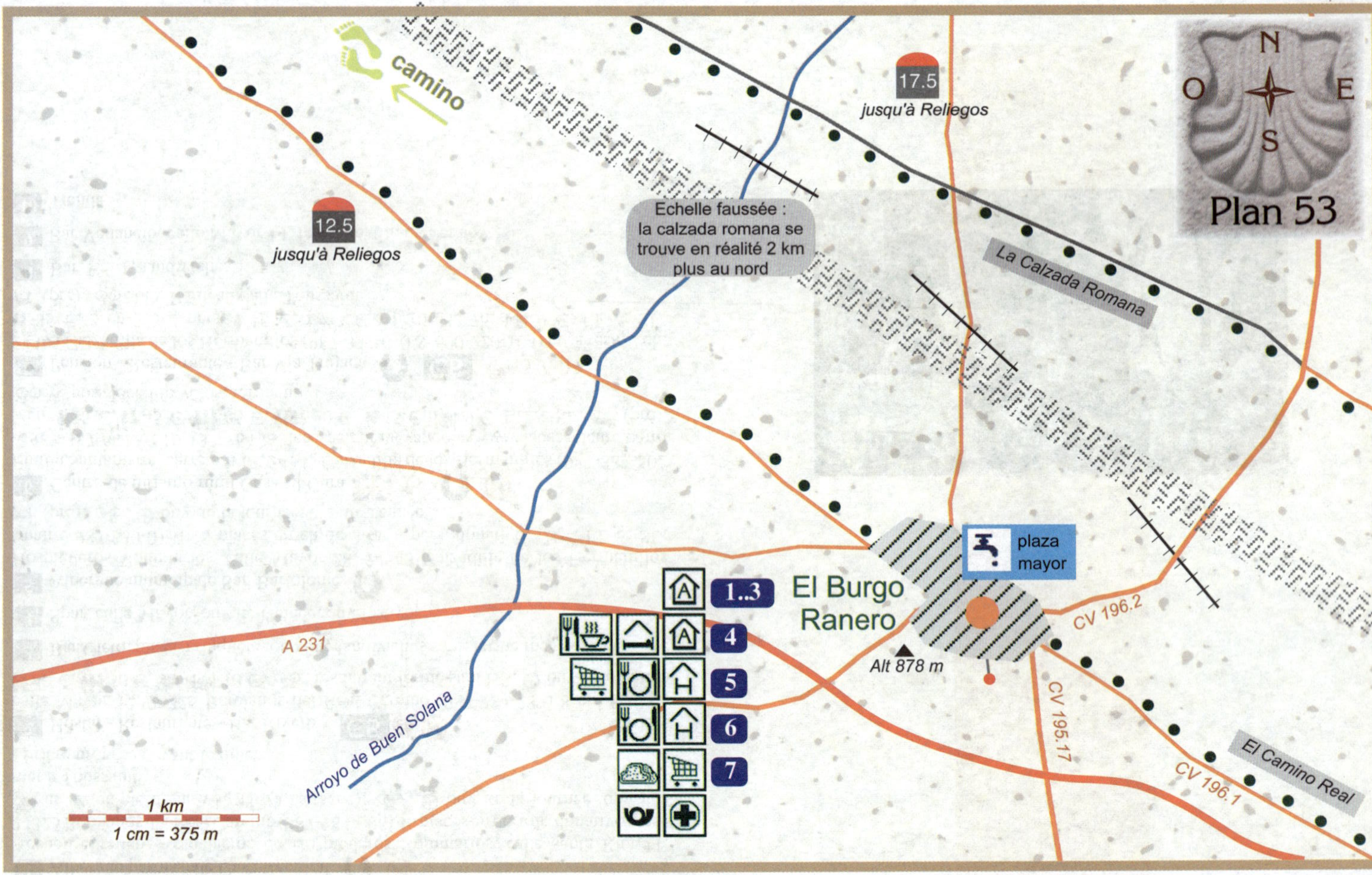

Plan 53
N
O
E
S
camino
12.5
jusqu'à Reliegos
17.5
jusqu'à Reliegos
Echelle faussée : la calzada romana se trouve en réalité 2 km plus au nord
La Calzada Romana
plaza mayor
El Burgo Ranero
Alt 878 m
CV 196.2
CV 195.17
CV 196.1
El Camino Real
A 231
Arroyo de Buen Solana
1..3
4
5
6
7
1 km
1 cm = 375 m

Plan 53

1 Albergue municipale Domenico Laffi @
Asociación de los Hospitaleros Voluntarios, plaza Mayor 1, 24343 El Burgo Ranero (mairie 987-330-023 & albergue 987-330-047) 28 places en dortoir, donativo, , LL & SL, (pré), ouv 13h, ferm 22h en saison, HS si l'albergue est fermée demander les clés à la Tienda Pili dans la même rue ou à la mairie

2 Albergue Hospedería jacobea associative El Nogal
calle Fray Pedro 44, 24343 El Burgo Ranero (627-229-331 jelnogal@yahoo.es) poss résa, 10 places en dortoir, nuit 7 €, 20 places en ch de 1-3 pers, 10 €, LL, (à l'attache), , ouv 11h à 22h30, ouv Rameaux à la Toussaint *(à l'entrée du village)*

3 Albergue privée Esbalotamau
Eufemio, Barrio la Estación 37, 24343 El Burgo Ranero (679-490-521) poss résa, 3 ch de 4 pers, nuit 8 €, , LL, jardin, et poss réparation, ouv avr à oct

4 CB @
Hotel rural Piedras Blancas - Albergue - Bar La Laguna**
Santiago Grañeras Cavallero, calle Fray Pedro 32, 24343 El Burgo Ranero (987-330-094 & 607-163-982) poss résa, 18 places en dortoir, nuit 8 €, , bungalows de 2 pers, 8 à 12 €, ouv fev à mi-oct // 6 ch, 30 €, 40 à 45 €, 50 à 65 €, , 10 €, LL & SL, (écurie), ouv tte l'année

5 Hotel - Restaurante Castillo El Burgo - Station service @
Autovia km 3424343 El Burgo Ranero (987-330-403 burgo@castillobenavente.com www.castillobenavente.com) 10 ch, 32 €, 52 €, , 10.50 €, dépannage-ravitaillement, , ouv 24/24

6 Hostal - Restaurante - Bar Peregrino * @
calle Fray Pedro 36, 24343 El Burgo Ranero (987-330-069 jumeca07@hotmail.com) poss résa, 14 ch, 30 €, 40 €, 60 €, 10 €, blanchisserie, ouv 5h

7 Tienda Pili, dépôt de pain, clés de l'albergue en hiver

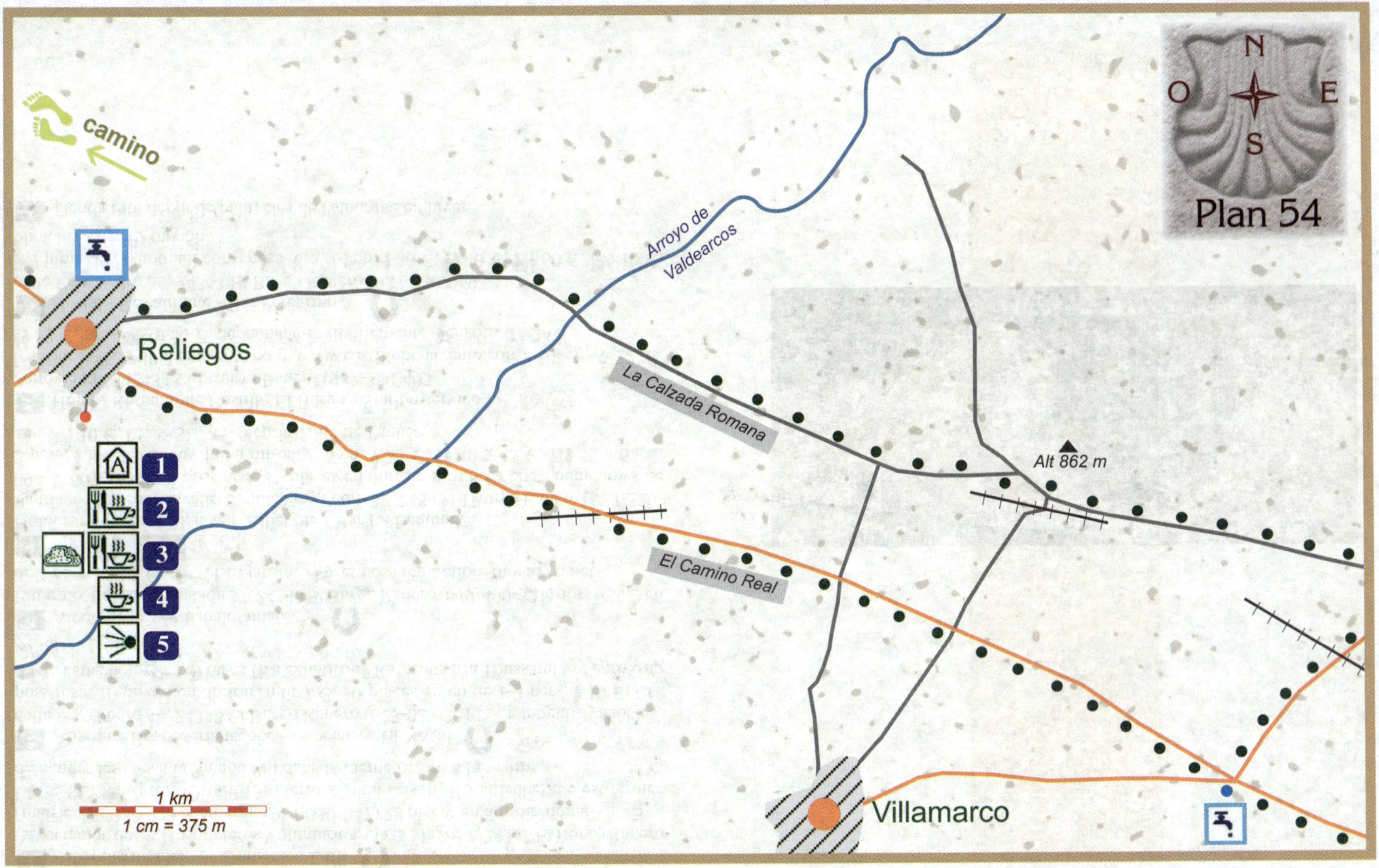
Plan 54
N
O
E
S
camino
Reliegos
Arroyo de Valdearcos
La Calzada Romana
El Camino Real
Alt 862 m
Villamarco
1
2
3
4
5
1 km
1 cm = 375 m

Plan 54

1 Albergue municipale
Illuminada et Laudelino Rodríguez, calle Escuelas 2, 24339 Reliegos de las Matas (987-317-801) 44 places en 4 dortoirs, nuit 5 €, , (à l'attache, demander Emiliano Reguera dans le village), , ouv 14h30, ferm 22h30, si l'albergue est fermée demander les clés au nro 4 derrière l'albergue, ouv tte l'année

2 Bar Gíl, calle Cantas 28 (987-317-804) 9 €, fermé nov

3 Bar La Torre, plaza La Barrera, plats chauds, dépannage-ravitaillement, dépôt de pain

4 Bar El Caseto, *en travaux, restaurant en projet (à l'entrée du village)*

5 Eglise ouv tte la journée en été

Les hispanisants, hispanophones, hispanophiles, doivent fulminer depuis le départ de Roncevaux, en lisant les pages de ce miam-miam-dodo, sur la faiblesse grammaticale de son texte et la pauvreté linguistique de ses auteurs.
En effet, l'albergue de peregrinos, cette institution si typique du royaume d'Espagne, est systématiquement affublée du genre féminin. Or, doivent se gausser nos savants lecteurs, chacun sait bien qu'en castillan, "Albergue" est masculin. On dit "bonito albergue" et non pas "bonita albergue".
Alors, bien qu'étant quelquefois des jean-foutre notoires, voici par quelle pirouette lexicale sont passés les auteurs pour accréditer leur félonie syntaxique. D'abord ils se sont abîmés en contemplation devant plusieurs albergues, y cherchant quelques traces de protubérances masculines ou d'avantages féminins qui auraient justifié le sexe de l'albergue. Hélas sans succès... Naturellement, si un gros moustachu sort de l'albergue en vous menaçant avec un bâton, vous penserez que c'est un albergue masculin. Si au contraire une jolie soubrette aux yeux de braise franchit le seuil, vous énoncerez qu'il s'agit à l'évidence d'une albergue féminine. Mais ce sont là des arguments subjectifs.
Alors, après s'être longuement concertés, et avec l'accord de leurs psychiatres respectifs, ils en ont conclu qu'une albergue était désespérément asexuée, bien que s'étant curieusement multipliée ces dernières années.
Restait donc le sens de l'esthétique, qui est à la phrase ce que le bon sens est à la raison. Réfléchir à ce qui est le plus beau dans la langue française, et qui ne heurtera point les papilles optiques d'un locuteur français, même gorgé de chorizo ? Ecrira-t-on "un joli albergue" ou bien "une jolie albergue" ? A vous de juger, amis pèlerins.
Nous avons laissé parler notre cœur, consulté astralement Michel de Montaigne et Marguerite Duras, et finalement choisi la seconde solution.

Note de l'éditeur : trop de soleil, trop de vin de la Rioja...

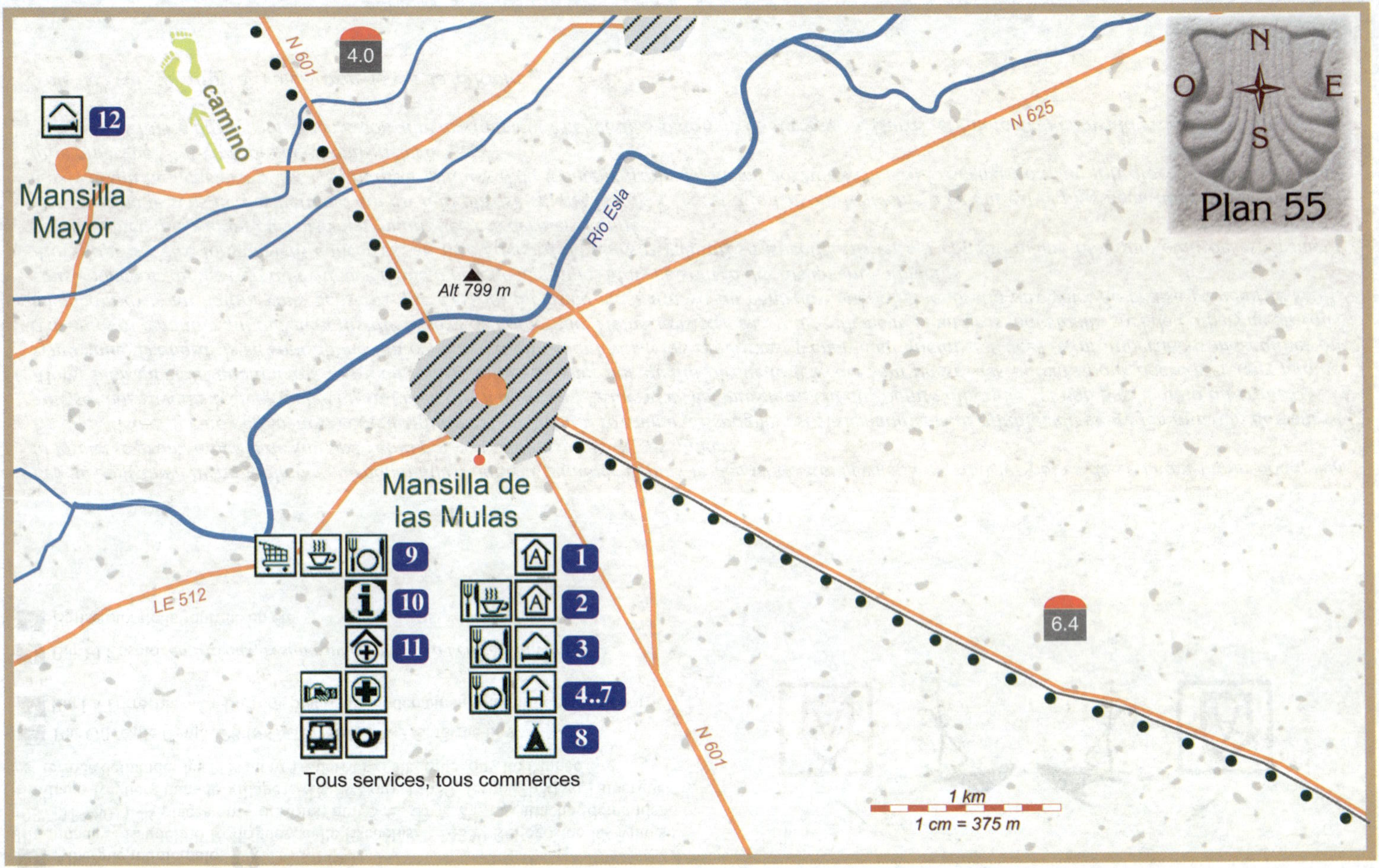

Plan 55
N
O
E
S
12
camino
Mansilla
Mayor
N 601
4.0
Río Esla
N 625
Alt 799 m
Mansilla de
las Mulas
9
10
11
1
2
3
4..7
8
LE 512
N 601
6.4
Tous services, tous commerces
1 km
1 cm = 375 m

Plan 55

1 Albergue municipale @
Laura, calle del Puente 15, 24210 Mansilla de las Mulas (✉ alberguemansilla@gmail.com) 70 places en dortoir, nuit 5 €, , LL & SL, (écurie dans le village), , ouv 12h, ferm 23h, ouv tte l'année

2 Albergue privée - Restaurant - Bar El Jardín del Camino @
Oga Brez, Camino de Santiago 1, 24210 Mansilla de las Mulas (987-310-232 & 600-471-597 ✉ olgabrez@yahoo.es) 32 pl, nuit 8 € (10 € en hiver), 2.50 €, 7 à 10 €, LL &SL, , ouv 12h, ferm 23h, ouv tte l'année

3 Centro de turismo rural El Puente @
calle del Puente 11 et 13 & calle Mesón 12, 24210 Mansilla de las Mulas (987-310-762 ✉ ctrambeSL@hotmail.com www.ctrelpuente.com) 12 ch, 30 €, 45 à 55 €, 60 €, 3 €, 9 €, , fermé sam HS, fermé 20 dec au 10 jan

4 Hostal - Restaurante Alberguería del Camino CB @
calle Concepción 12, 24210 Mansilla de las Mulas (987-311-193 ✉ jcachan@terra.es www.albergueriadelcamino.com) 4 ch, 38 €, 55 €, 3 €, 9 €, fermé dim soir, lun et vacances Noël

5 Hostal - Restaurante - Bar El Gallo ** CB @
carretera Cistierna km 19.7 24210 Mansilla de las Mulas (987-310-359 ✉ hostalelgallo2006@hotmail.com www.hostalelgallo.com) 7 ch, 26 €, 48 €, 3 €, 9 €, , fermé sam soir et dim HS, fermé de Noël à L'Epiphanie *(au bord du río Esla, à 1 km de Mansilla)*

6 Hostal - Restaurante San Martín
avenida Picos de Europa 32, 24210 Mansilla de las Mulas (987-310-094 & 606-374-767) 10 ch, 25 €, 40 €, 3.50 à 5 € à partir de 9h, 10 à 14 €, LL, , fermé dim HS & vacances Noël

7 Hostal - Restaurante El Postigo CB
calle Los Mesones 12, 24210 Mansilla de las Mulas (987-310-921) 9 ch, 20 €, 40 €, 3 €, 8.50 €, , fermé vacances Noël

8 Camping Esla C-2
paraje Fuente de los Prados, 24210 Mansilla de las Mulas (987-310-089) LL, ouv 15 jun au 15 sep

9 Nombreux bars, restaurants et commerces d'alimentation

10 Office de Tourisme, Ayuntamiento (pour le moment), plaza del Convento San Agustin (*en travaux, devrait ouvrir courant 2011*), 24210 Mansilla de las Mulas (987-310-012 ✉ otmansilladelasmulas@hotmail.com www.ayto-mansilla.org)

11 Centre de Santé (987-311-175)

12 Casa rural Joaco
calle Padre Llorente 1, 24217 Mansilla Mayor (987-310-062 & 676-900-688 www.casajoaco.com) 5 ch, 65 à 75 € inclus, , ouv tte l'année

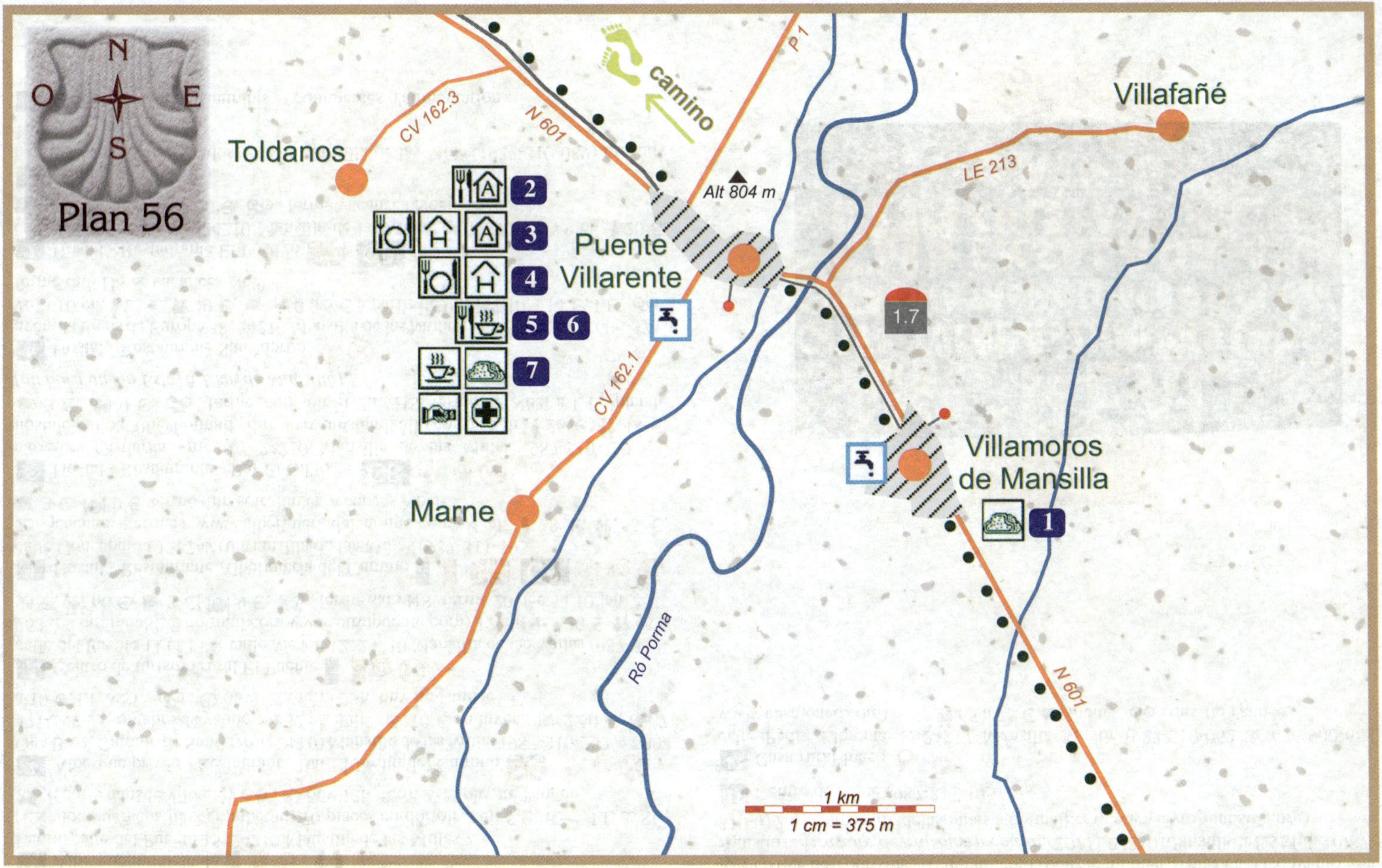

Plan 56
N
O
E
S
camino
Toldanos
CV 162.3
N 601
P 1
Alt 804 m
Villafañé
LE 213
Puente
Villarente
2
3
4
5
6
7
1.7
CV 162.1
Villamoros
de Mansilla
1
Marne
Rô Porma
N 601
1 km
1 cm = 375 m

Plan 56

1 Panadería Miguelez, avenida Madrid 15, ouv 8h30 à 22h, fermé Noël et 1er jan

2 Albergue privée San Pelayo
Julio García, calle El Romero 9, Puente de Villarente, 24226 Villarente (albergues anpelayo@hotmail.com www.alberguesanpelayo.com 987-312-677 & 650-918-281) poss résa, 64 places en dortoirs de 6 à 16 pers, nuit 8 € (+ 2 € en hiver) // 4 ch, 40 €, 2.50 €, 10 €, , LL & SL, , ouv 12h, ferm 22h, ouv tte l'année

3 CB
Albergue privée - Hostal - Restaurante El Delfín Verde
Ines y Antolina Torre, carretera general 601 15, Puente de Villarente, 24226 Villarente (987-312-065 hostalesdelfinverde@gmail.com) Albergue, 20 places en dortoirs de 4 à 10 pers, nuit 5 €, (prévenir), , ouv mar à Toussaint // Hostal-Restaurante, 15 ch, 20 €, 35 €, 49 €, , 10 €, fermé nov à mar (*piscine en projet pour 2011)*

4 Hostal - Restaurante La Montaña * CB
camino de Santiago 17, 24226 Villarente (987-312-161) 16 ch, 27 €, 45 €, 66 €, 3 €, 10 à 18 €, fermé Noël

5 Restaurant - Bar Avellaneda (987-312-236) 10 €, ouv 6h30, fermé sam et vacances Noël

6 4 bars

7 Panadería - Pastelería - Cafetería El Horno de Eladia, camino de Santiago 4, ouv 7h, fermé jeu, et parfois après-midi en hiver

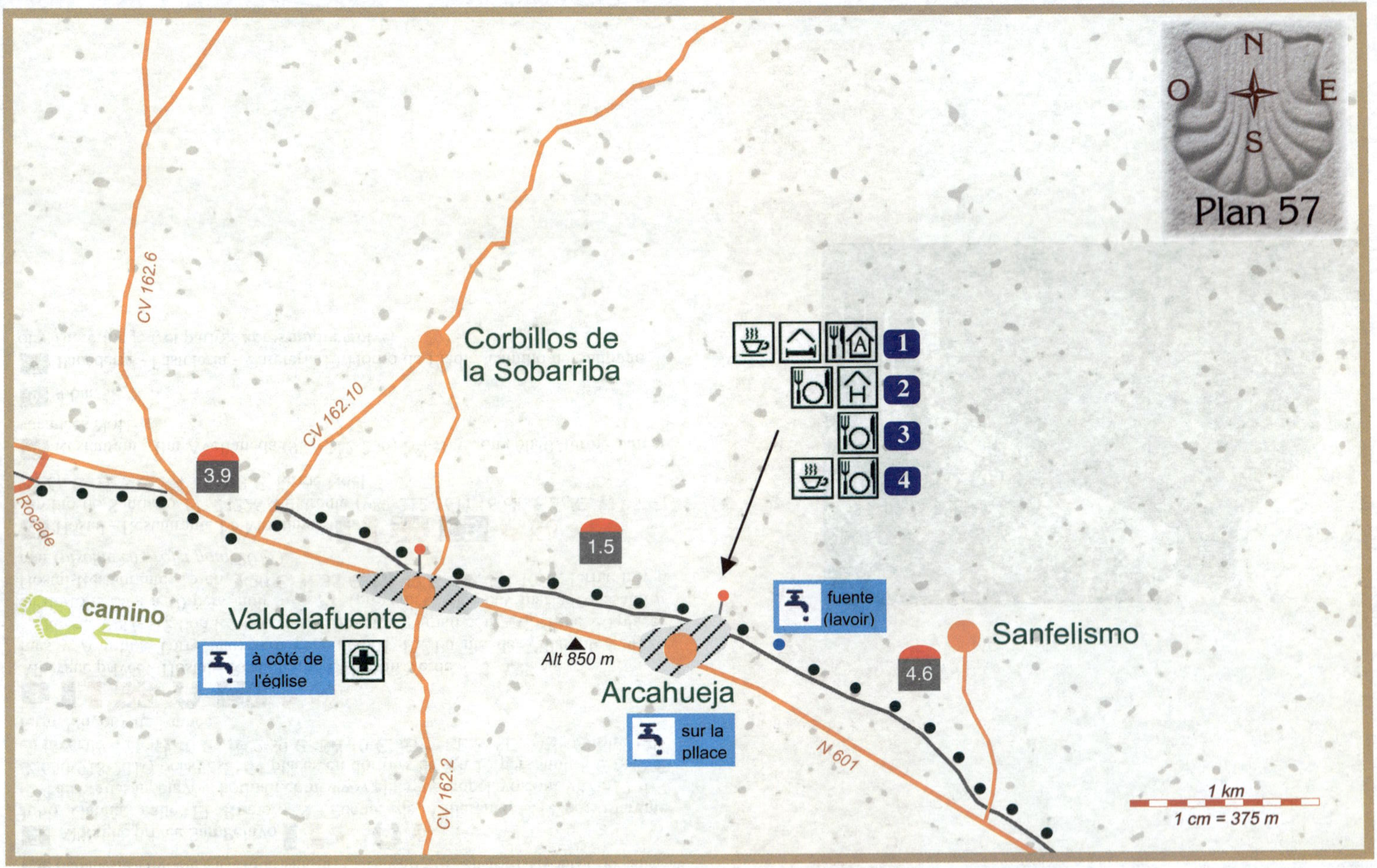
Plan 57
N
O
E
S
Corbillos de
la Sobarriba
CV 162.6
CV 162.10
CV 162.2
3.9
1.5
4.6
Rocade
camino
Valdelafuente
à côté de
l'église
Alt 850 m
Arcahueja
sur la
pllace
fuente
(lavoir)
Sanfelismo
N 601
1
2
3
4
1 km
1 cm = 375 m

Plan 57

1 Bar - Restaurante - Albergue privée La Torre @
calle La Torre 1, 24227 Arcahueja (987-205-896 & 669-660-914
✉ info@alberguetorre.es www.alberguetorre.es) poss résa, 18 places en 2 dortoirs, nuit 7 € // 3 ch, 1 pers. 20 €, 2 pers. 40 €, 3 pers. 60 € // petit-déj. 3 €, repas 9 €, sandwiches, LL & SL, vélos, fermé 2 semaines vers Noël et fev *(à côté de l'église)*

2 Hotel - Restaurante Camino Real ***
N 601 km 320, 24227 Arcahueja (987-218-134 ✉ reservas@hotelcaminoreal.com www.hotelcaminoreal.com) 44 ch, 1 pers. 43 à 55 €, 2 pers. 68 à 75 €, 3 pers. 75 à 85 €, 4 pers. 99 €, petit-déj. 4 €, repas 12 à 16 €, ouv festivos sauf Noël et Nouvel An

3 Restaurant médiéval Las Pallozas
calle del Molino (987-269-133) repas 14 à 17 €, fermé lun et 15 jours en jun et oct

4 Restaurant-Bar El Pradillo, N 601 km 319.6, 987-269-032, repas 10 €, ouv 8h30, ouv festivos

L'arc de San Antón

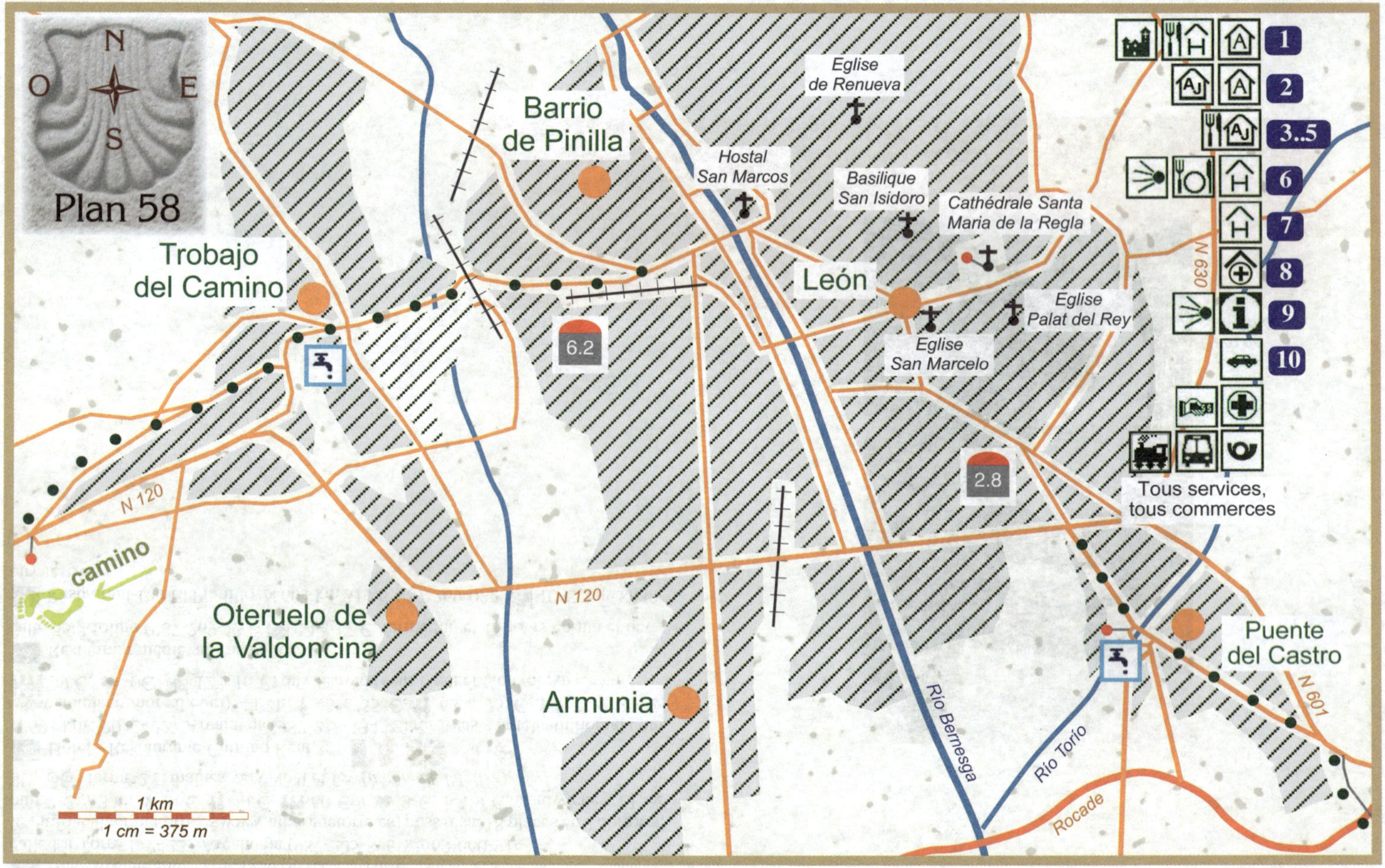

Plan 58
N
O
E
S
Trobajo
del Camino
Barrio
de Pinilla
Hostal
San Marcos
Eglise
de Renueva
Basilique
San Isidoro
Cathédrale Santa
Maria de la Regla
León
Eglise
Palat del Rey
Eglise
San Marcelo
6.2
2.8
N 630
N 120
N 120
N 601
1
2
3..5
6
7
8
9
10
Tous services,
tous commerces
camino
Oteruelo de
la Valdoncina
Armunia
Puente
del Castro
Río Bernesga
Río Torío
Rocade
1 km
1 cm = 375 m

1 Monasterio Santa María de Carvajal
Accueil chrétien, plaza Santa María del Camino 11, 24001 León (hospedería 987-344-493 & 680-649-28 ✉ registro@hospederiapax.com www.hospederiapax.com) Albergue, Sor Ana Maria, 142 places en 3 dortoirs (hommes, femmes et couples), donativo, ☕ donativo, , LL & SL, , ⌚ ouv 11h, ferm 21h30, départ 8h // Hospedería*** y Hospedería antigua**, Sor Maria Eufemia, 18 ch 54 €, 60 €, 81 €, ☕, ouv tte l'année
- poss assister messe et vêpres à 19h, complies et bénédiction des pèlerins à 21h45, laudes à 8h30, chapelle dans l'hospedería

2 Albergue municipale - Albergue Juvenil @
Pedro Lozano, calle Campos Góticos sn, 24071 León (987-081-832 & 987-081-834 ✉ alberguedeleon@hotmail.com www.reaj.com) poss résa, 134 places en dortoir, nuit 4 €, ch de 2 à 8 pers (albergue juvenil), nuit 7 à 13 €, LL & SL, (centre équestre à proximité), poss prêt vélos pour visiter León, ⌚ ouv 24/24, fermé Noël, Nouvel An et Epiphanie

3 Albergue Juvenil Miguel de Unamuño @
calle san Pelayo 15, 24003 León (✉ migueldeunamuno@terra.es 987-233-010 & 987-233-203 www.albergueunamuno.com) poss résa, 20 ch de 2 à 4 pers, nuit 22 € ☕ inclus, demi-pension pers 28 €, LL, , ⌚ ouv 24/24, ouv jul au 10 sep *(à côté de la cathédrale)*

4 Albergue Juvenil Doña Sancha @
calle Corredera 2, 24004 León (987-203-009 ✉ donasancha-ij@jcyl.es www.reaj.com) résa nécessaire, 122 places, nuit 8.50 à 12 € ☕ inclus, demi-pension 13.50 à 17.50 €, sur résa, LL, piscine, ⌚ ouv 16h, ferm 20h, ouv jul et aou

5 Albergue Juvenil Consejo de Europa
paseo del Parque 2, 24005 León (✉ albergues.juveniles@cec.jcyl.es 987-200-206 & 987-202-969 www.reaj.com) résa nécessaire 7 jours à l'avance, 43 ch, nuit 8.50 à 12 € ☕ inclus, demi-pension 12.50 à 17.50 €, , LL, ⌚ ouv 16h, ferm 20h, ouv jul ou aou

6 Parador de León***** @
plaza de San Marcos 7, 24001 León (987-237-300 & résa 902-547-979 ✉ leon@parador.es www.parador.es) 195 ch, à partir de 225 € ☕ inclus, 40 €, tarif escapade jeune 20-35 ans 56 € ☕ inclus, tarif + 55 ans -30%, blanchisserie, résa nécessaire pour les tarifs spéciaux

7 Très nombreux hôtels en ville

8 Centre de Santé (987-211-311)

9 Office de Tourisme de la Province de León, Cid 1, Palacio de los Gusmanes, 24003 León (987-237-082 ✉ oficinadeturismodeleon@jcyl.es www.leon.es www.turisleon.com) ouv festivos
- Museo de la Real Colegiata de San Isidoro, ouv mar au sam, en saison 9h à 20h, et dim matin 9h à 14h, HS 10h à 13h30 et 16h à 18h30
- Musée de la Cathédrale, ouv lun au sam, 9h30 à 14h (13h30 hiver) et 16h à 19h30 (18h30 hiver), dimanches et fêtes ouv matin seulement, fermé Noël et Nouvel An

10 Taxis :
- Radio-Taxi (987-261-415)
- Taxi María Mar (606-732-207 ✉ marimartransports@hotmail.com) transport bagages de León à Ponferrada avr à jun et sep à oct

Plan 59
N
O
E
S
Choix à cet endroit : soit suivre la N 120
(on y a retrouvé des pèlerins morts de chagrin)
ou prendre l'itinéraire bucolique par Oncina
Attention : pour la N 120,
il n'y a pas de plans séquentiels
calle Consejo, en
face du supermarché
1.8
La Vírgen
del Camino
1
2..4
5
6
7
8
AP 66
Alt 917 m
9
10
Valverde de
la Vírgen
N 120
CV 161 36
CV 161 21
11
San Miguel
del Camino
4.9
3.7
Fresno del
Camino
12.2
jusqu'à
San Martín
AP 71
La Aldea de
la Valdoncina
Alt 899 m
Robledo de
la Valdoncina
camino
1 km
1 cm = 375 m
Oncina de
la Valdoncina
Raneros

Plan 59

1 Albergue municipale Don Antonino y Doña Cinia @
Padres dominicanos, camino de Villacedré 16, 24198 La Virgen del Camino (987-302-213 alberguevirgen@gmail.com) 40 places en 2 dortoirs, nuit 5 €, , LL & SL, , ouv 12h, ferm 23h, départ 8h, ouv avr à Toussaint *(à côté du sanctuaire)*

2 Hôtel Villapaloma** Restaurante El Brasero CB @
avenida de Astorga 47, 24198 La Virgen del Camino (987-300-990 villapaloma@argored.com www.argored.com/villapaloma) 44 ch, 41, 53 €, 72 €, 3 €, 11 € (soir uniquement),

3 Hostal-Restaurante Julio Cesar*
calle Cervantes 6, 24198 La Virgen del Camino (987-302-044) 12 ch, 25 €, 40 €, 60 €, , 10 €

4 Hostal-Restaurante Central* CB
avenida de Astorga 85, 24198 La Virgen del Camino (987-302-041 www.hostalrestaurantecentral.com) 28 ch, 20 €, 40 €, , 9 €,

5 Hostal Plaza y San Froilán** CB @ avenida de Astorga 96, 24198 La Virgen del Camino (987-302-019 www.hostalesplaza-sanfroilan.com) 31 ch, 35 à 40 €, 48 à 53.50 €, supp 17 €,

6 Hostal Soto** CB
avenida de Astorga 5, 24198 La Virgen del Camino (987-802-925) 31 ch, 24 €, 36 à 48 €, , fermé Noël

7 Restaurants :
- Restaurante El Peregrino, Aspona-León, calle Pablo Diez Fernández 7 (987-302-019) 7.50 à 12 €, fermé lun
- Restaurante Miravalles, avenida Astorga 34 (987-302-338) 8.50 à 12 €, fermé sam, vacances Noël et 15 jours aou
- Restaurante Marisquería Astúrias, calle Cervantés 5 (987-300-005) 9 € midi, carte soir, fermé mer et 1er au 20 nov *(données 2010)*
- Restaurante Cartujo, avenida Aviación 21 (987-300-746) 15 € et carte, fermé mar et 2 semaines aou

8 Plusieurs commerces d'alimentation, avenida de Astorga

9 Albergue Casa del Camino, Floristería @
Pilár, calle El Jano 2, 24291 Valverde de la Vírgen (987-303-414 & 659-178-087 pilarrodriguez2004@hotmail.es www.alberguefloristeria.com) poss résa, 20 places, nuit 8 € (+2 € en hiver), 3 € // 2 ch, 30 € inclus, 7 à 9 €, , LL, , poss visiter León en laissant son sac à l'albergue

10 Restaurante Mesón El Yugo, La Carrera 6 (987-303-418) à la carte, fermé lun, fermé Noël et Nouvel An et 15 jours sep

11 Restaurante - Bar El Rincón de Julia, calle de la Fuente 7 (987-303-356) 10 €, fermé mar

Sur une piste de la Tierra de Campos

Un grand-père nous interroge :
- « De donde veneis ?»
- « De Francia con el burro ? »
- « Si ! »
- « Ay, Vírgen santíssima ! »
et de se signer trois fois...

(Extrait de Un chemin d'étoiles, *à pied avec un âne et en musique, du Puy-en-Velay à Saint-Jacques-de-Compostelle, par M.-V. Cambriels, ORION, voir bibliographie)*

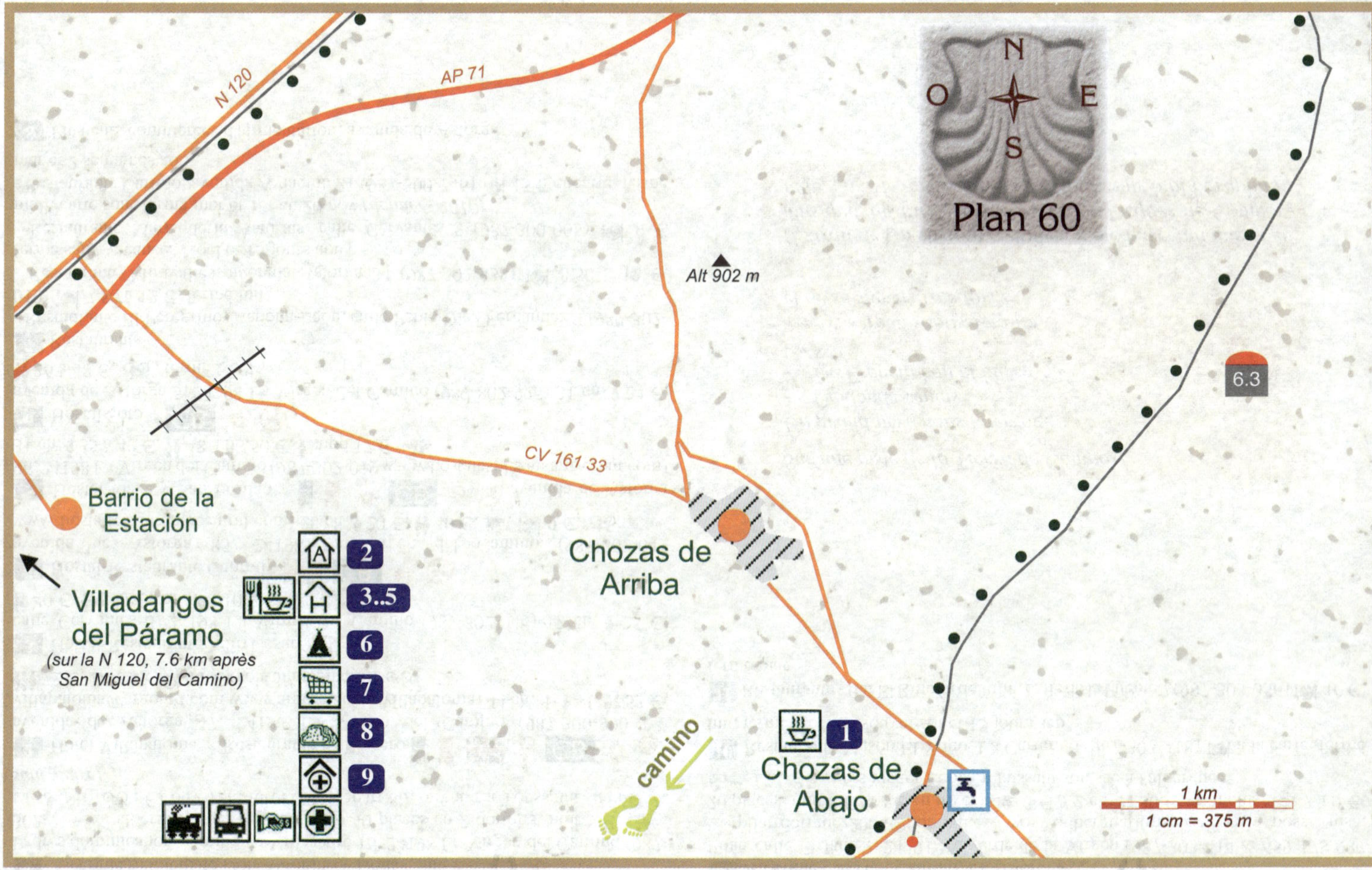

Plan 60
N
O
E
S
N 120
AP 71
Alt 902 m
CV 161 33
6.3
Barrio de la Estación
Villadangos del Páramo
(sur la N 120, 7.6 km après San Miguel del Camino)
2
3..5
6
7
8
9
Chozas de Arriba
Chozas de Abajo
1
camino
1 km
1 cm = 375 m

Plan 60

1 Bar, fermé lun

2 Albergue municipale de Villadangos @
carretera León-Astorga sn, 24392 Villadangos del Páramo (987-390-484) 80 places en dortoir, nuit 3 €, , LL & SL, (à l'attache), , ouv 10h, ferm 22h, ouv tte l'année

3 Hostal - Restaurante Avenida II* et Hotel Avenida III** CB @
carretera León-Astorga km 17, 24392 Villadangos del Páramo (987-390-151 info@hotelavenidaiii.com www.hotelavenidaiii.com) 70 ch, 38 à 42 €, 45 à 52 €, 75 €, 4 €, 11.50 €, , fermé Noël

4 Hostal - Bar - Restaurante Libertad** CB
calle padre Ángel Martínez Fuertes 25, 24392 Villadangos del Páramo (987-390-123) 31 ch, 35 €, 45 €, 60 €, 2.50 à 4.50 €, 10 à 14 €, , fermé sam HS et mi-dec à mi-jan

5 CB @
Hostal Alto del Paramo** et Bar - Restaurante Camino de Santiago
carretera León-Astorga km 18, 24391 Villadangos del Páramo (Hostal, 987-390-425 restaurant 987-390-193 hostalaltoparamo@hotmail.com) 15 ch, 21 €, 31 €, 40 €, , 9 à 20 €, (terrain), , ouvert 7h, fermé oct à mai le dim, fermé Noël et Nouvel An et 2ème quinzaine d'aoû

6 Camping Camino de Santiago Cat-2
N 120 km 324, 24392 Villadangos del Páramo (info@caminodesantiago.com 987-680-253 www.campingcaminodesantiago.com) tente 15 €, LL, piscine, ouv mai à sep

7 Alimentation :
- Tienda Gelin, N 120, fermé sam après-midi et dim HS, fermé 1er au 15 oct

8 Panadería García, calle Real 44, ouv tous les jours 9h30 à 21h, sauf dim en hiver

9 Centro medico (987-390-494)

Plan 61
N
O
E
S
N 120
Fojedo del Páramo
LE 413
3.7
devant l'église
Alt 876 m
Villar de Mazarife
1
2
3
4
5
6
CV 194 24
CV 194 6
camino
9.5
LE 413
Mozondiga
1 km
1 cm = 375 m

Plan 61

1 Albergue privée - Restaurante - Bar Tío Pépe @ CB
Loli, calle El Teso de la Iglesia 2, 24392 Villar de Mazarife (987-390-517 & 636-794-889 www.alberguetiopepe.es) 26 places en ch de 2 à 6 pers, nuit 7 €, 2.50 € à partir de 7h en été // 2 ch, 35 à 50 € inclus, 9 à 10 €, sandwiches, , en hiver ouv sur résa, fermé 10 jan au 1er mar, fermé 1 jour par semaine en hiver, ouv tte la journée, ferm 23h *(à côté de l'église)*

2 Albergue privée San Antonio de Padua @
Pépe, calle León 33, 24392 Villar de Mazarife (987-390-192 alberguesanantoniodepadua@hotmail.com) poss résa, 52 places en ch de 4 à 6 pers, nuit 6 €, 5 ch de 2 pers 30 €, 4 €, ouv 5h30 en été, 9 à 10 € (paëlla végétarienne), LL & SL, (pré), , poss massages sauf hiver, ouv tte l'année

3 Albergue privée Paraíso de Jesús @
Jesús, calle Corujo 11, 24392 Villar de Mazarife (987-390-697 & 686-053-390 refugiojesus@hotmail.com) 50 places en dortoirs de 4 pers, nuit 5 €, , 2.50 €, 8.50 €, LL & SL, (pré), piscine en été, , ouv tte la journée, ouv tte l'année

4 Bar Rosy, carretera Valcabado 28 (987-390-478) ouv à partir de 6h

5 Alimentation :
- Tienda de alimentación, Camino 1, ouv dim matin en saison
- Supermercado Spar, fermé sam après-midi hors-saison, ouv dim 12h à 12h30
- Panadería Impavinaz, calle Rosario 4, ouv 9h

6 Taxi Aquilino (626-351-626) 7 places

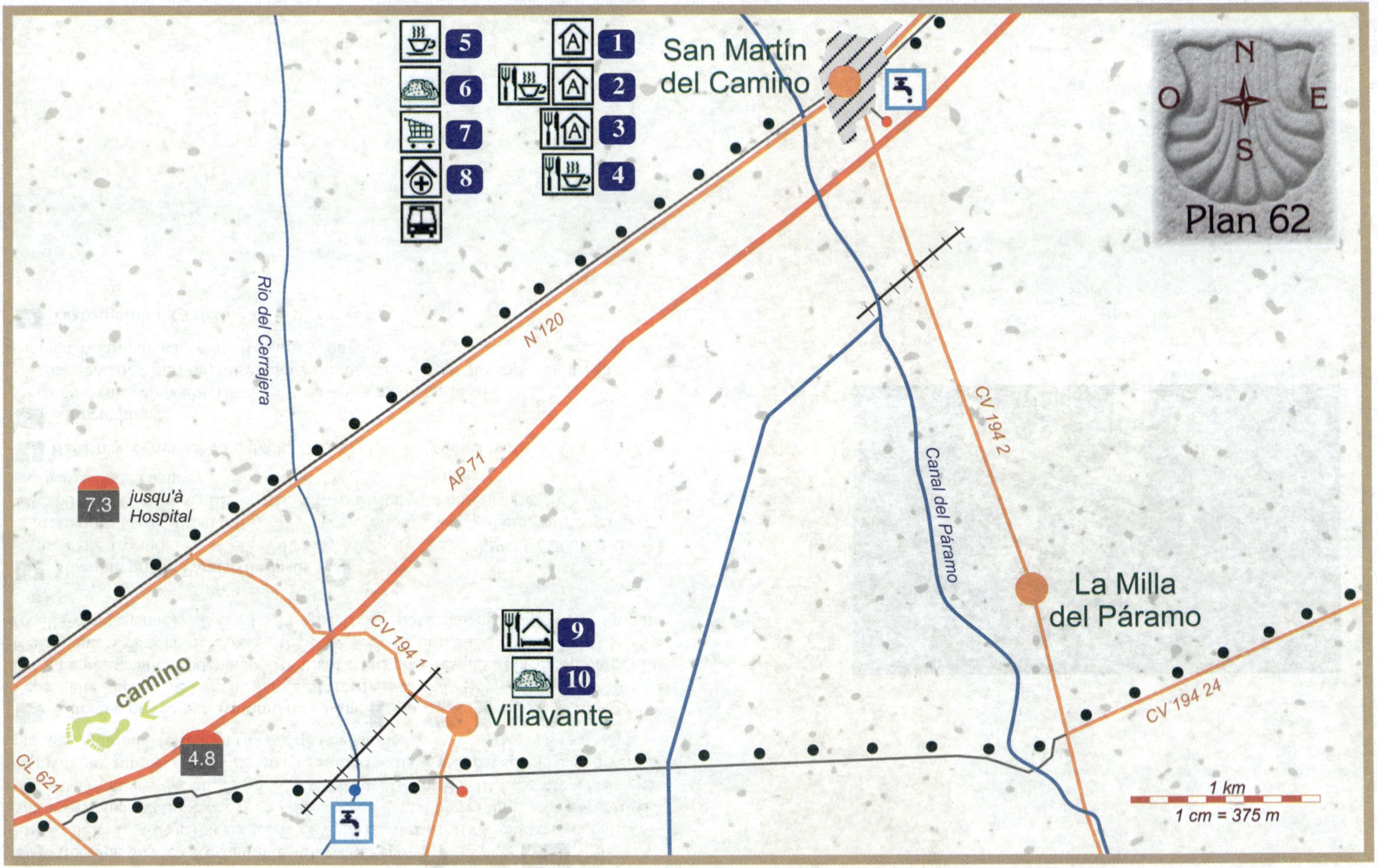
Plan 62
N
O
E
S
San Martín
del Camino
1
2
3
4
5
6
7
8
N 120
AP 71
Rio del Cerrajera
7.3
jusqu'à
Hospital
Canal del Páramo
CV 194 2
La Milla
del Páramo
CV 194 24
9
10
Villavante
CV 194 1
camino
4.8
CL 621
1 km
1 cm = 375 m

Plan 62

1 Albergue de la Junta Vecinal @
Rosario, 24393 San Martín del Camino, 60 places, nuit 3 €, , , *fermé hiver 2010 pour travaux, devrait rouvrir au printemps 2011*

2 Albergue - Bar Vieira @
Carmen Villadangos, 24393 San Martín del Camino (987-378-565 & 651-517-382 & 654-721-320 www.alberguevieira.com) poss résa, 58 places en ch de 2 à 8 pers, nuit 3 à 8 €, 2 €, 9 €, sandwiches, , LL & SL, (écuries), , piscine en été, ouv Rameaux à Toussaint

3 Albergue Ana @
carretera Astorga 3, 24393 San Martín del Camino (987-378-653 & 680-917-423 ✉ martinez_sonia@hotmail.com) poss résa, 30 places en 2 dortoirs, nuit 4 à 6 €, 13 ch, 18 €, 3 €, midi 6 à 8 €, soir 9 €, sandwiches, (supplément), LL & SL, (écuries), , piscine en été, ouv tte l'année

4 Bar Los Picos, @, 9.50 €, ouv 7h30

5 Bar Cubano, carretera León-Astorga 58, sandwiches

6 Panadería Fernández Franco, calle Eras 9, fermé dim

7 Tienda, ouv dim matin

8 Centre de Santé (987-378-663)

9 Casa rural Molino Galochas @
Mercedes, Molino Galochas, 24393 Villavante (987-388-546 & 629-963-870 ✉ info@molinogalochas.com www.molinogalochas.com) 6 ch, 36 €, 50 € inclus, bungalow 4/5 pers, 20 €, 15 €, , sandwiches, LL & SL, (terrain), , ouv tte l'année

10 Panadería Martinez, calle Real 15, ouv tous les jours

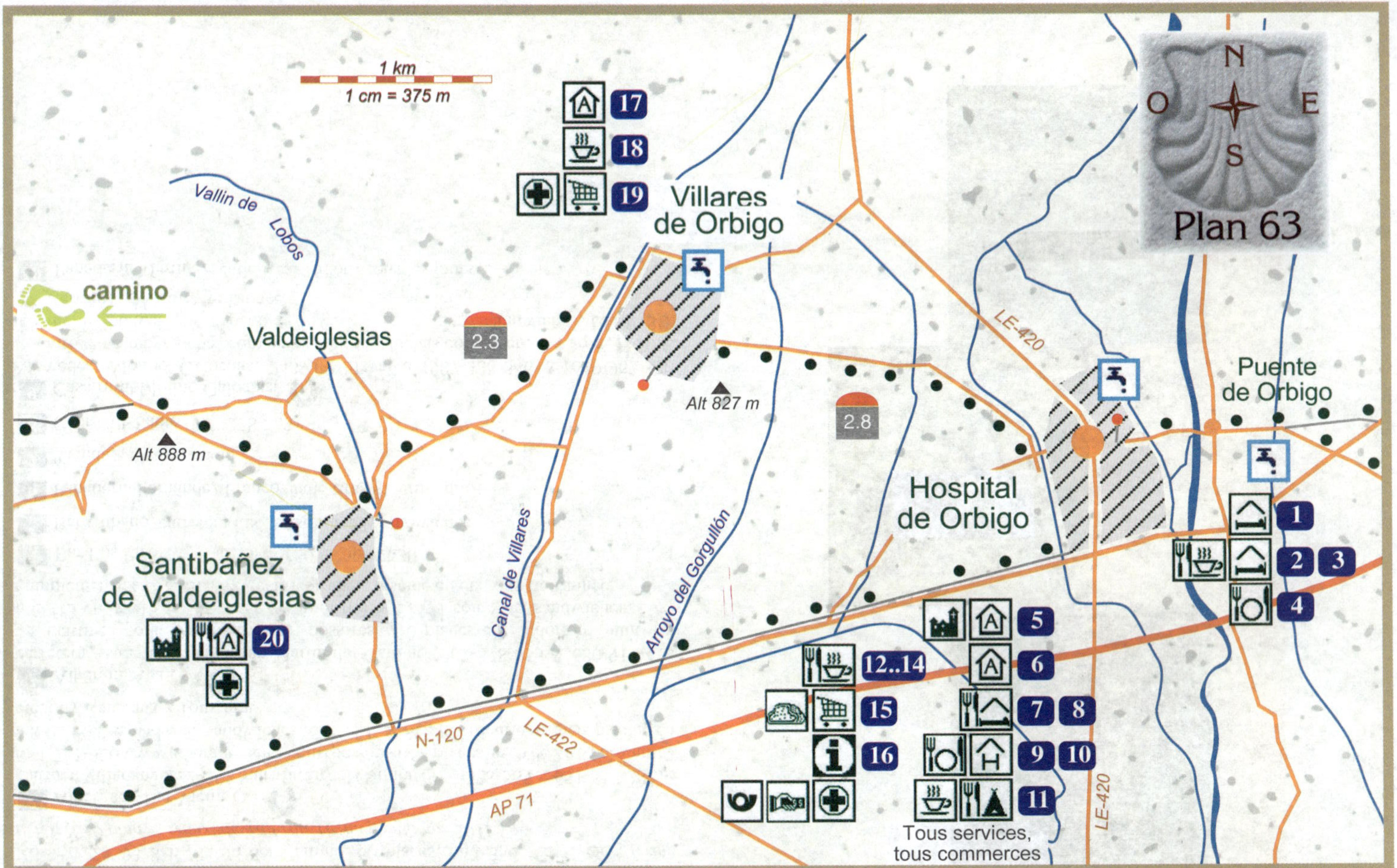

Plan 63
N
O
E
S
1 km
1 cm = 375 m
camino
Vallin de Lobos
Valdeiglesias
Villares de Orbigo
Santibáñez de Valdeiglesias
Hospital de Orbigo
Puente de Orbigo
Alt 888 m
Alt 827 m
2.3
2.8
Canal de Villares
Arroyo del Gorgullón
N-120
LE-422
LE-420
AP 71
1
2
3
4
5
6
7
8
9
10
11
12..14
15
16
17
18
19
20
Tous services,
tous commerces

1 Casa rural Lar la Puente
Susana Sarmiento Fernández, paso Honroso 15, 24286 Puente de Órbigo (639-468-069 & 987-361-100 ✉ susarmiento@terra.es www.larlapuente.com) 6 ch, 20 à 25 €, 35 à 40 €, 4 €, résa nécessaire, ouv Rameaux à oct

2 Pensión - Bar - Restaurante Alicia
Vda Isidro Seijas, avenida de la Constitución 53, 24286 Puente de Órbigo (987-388-349) 8 ch, 20 €, 40 €, 3.75 €, 12 €, ouv à partir de 7h été, 8h HS, pensión ouv mar à oct, restaurant ouv tte l'année

3 Pensión - Restaurante La Asturiana
avenida de la Constitución 54, 24286 Puente de Órbigo (987-388-425) 7 ch, 23 €, 29 €, inclus, 7 €, ouv en jul-aou

4 Restaurante Flamingo, carretera León-Astorga 5 (987-388-016) 9 €, fermé dim sauf jul-aou

5 Albergue paroissiale Karl Leisner - San Juan Bautista @
Don Manuel González, calle Alvarez Vega 32, 24286 Hospital de Órbigo (987-388-444) 80 places en dortoirs de 6 à 12 pers, nuit 5 €, , , ouv tte la journée, fermé jan & fev

6 Albergue privée San Miguel @
Pedro Jesús, calle Alvarez Vega 35, 24286 Hospital de Órbigo (987-388-285 & 609-420-931 ✉ info@alberguesanmiguel.com www.alberguesanmiguel.com) poss résa, 40 places en 2 dortoirs, nuit 7 €, 1 ch 30 €, 3 € à partir de 6h été, , LL & SL, , ouv 11h, ferm 22h30, départ 10h, fermé en hiver

7 Centro de turismo rural Nuestra Señora de Lourdes calle Sierra Pambley 40, 24286 Hospital de Órbigo (987-388-253 & 639-001-024 ✉ nuestra-senoradelourdes@hotmail.com www.nuestrasenoradelourdes.es) 9 ch de 1-3 pers, 20 €, 3 €, 10 €, LL,

8 Centro de turismo rural B& B El Caminero CB @
Maria Carmen, calle Sierra Pambley 56, 24286 Hospital de Órbigo (987-389-020 & 619-870-069 ✉ info@elcaminero.es www.elcaminero.es) 5 ch, 45 €, 60 à 80 €, 90 €, inclus, sur résa 25 €, blanchisserie, , réception 13h à 22h, fermé fev

9 Hostal - Restaurante Don Suero de Quiñones**
calle Álvarez Vega sn, 24286 Hospital de Órbigo (✉ don.suero@hotmail.com 987-388-238) 11 ch, 45 €, 60 à 65 €, 70 €, 3 € *(prix 2010)*, (pré), hôtel et restaurant fermé nov

10 Hostal - Restaurante - Estación de servicio Paso Honroso**
N 120 km 335, 24286 Hospital de Órbigo (✉ hotel@elpasohonroso.com 987-361-010 www.elpasohonroso.net) 37 ch, 32 à 37 €, 47 à 49 €, 60 €, à partir de 7h semaine, 8h week-end, 10 €, fermé vacances Noël

11 Camping Don Suero de Quiñones Cat-2
terrenos de la Vega, 24286 Hospital de Órbigo (987-361-018 & 987-388-206 ✉ camping@hospitaldeorbigo.com) tente 11 €, sandwiches, LL & SL, dépannage-ravitaillement à partir des Rameaux, piscine à proximité, ouv uniquement week-ends et vacances des Rameaux à Toussaint, ouv 7/7 jul à sep // Restaurant-Bar *(à l'entrée de la ville, 500 m à droite du pont)*

12 Cafetería Los Angeles, calle Doctor Santos Olivera 6 (987-388-250 & 987-361-072) 9 à 12 €, ouv 7h été, 9h hiver, fermé Noël et jan

13 Cafetería Jabel, calle Doctor Santos Olivera 4 (987-361-062) 10 €

14 Restaurante-Bar La Encomienda, calle Álvarez Vega 30 (987-388-211) 12 à 25 €, fermé lun HS, fermé jan & Noël

15 Alimentation :
- Supermercado Carpi, épicerie *(près du pont)*
- Alimentación Luis Carlos Benavides González, ouv dim été
- Panadería Alegre, calle Doctor Santos Olivera 49, fermé Noël, 1er jan, 7 jan
- Panadería Blanco, carretera León-Astorga km 31, ouv tous les jours

16 Office de tourisme, (mairie 987-388-206 www.hospitaldeorbigo.com) fermé lun et mar saison, ouv semaine sainte et jun à aou

17 Albergue turistico privée de Villares @
Belén et Pablo, calle Arnal 21, 24286 Villares de Órbigo (987-132-935 & 609-420-931 ✉ info@alberguevillaresdeorbigo.com www.alberguevillaresdeorbigo.com) poss résa, 32 places en minidortoirs, nuit 6 à 7.50 €, 2.50 €, , LL & SL, (prévenir), , ouv 11h, ferm 23h, ouv tte l'année

18 Bar Piris, sandwiches, ouv 7h30 été, *en projet pour 2011*

19 Alimentation, Tienda Majo, ouv festivos

20 Albergue paroissiale de Santibañez
Accueil chrétien, Caromonte bajo 3, 24288 Santibañez de Valdeiglesias (987-377-698) 60 places en ch de 4 pers, nuit 6 €, poss 5 à 8 €, , si l'albergue est fermée, demander les clés calle Real 52
- Messe des pèlerins 20h30

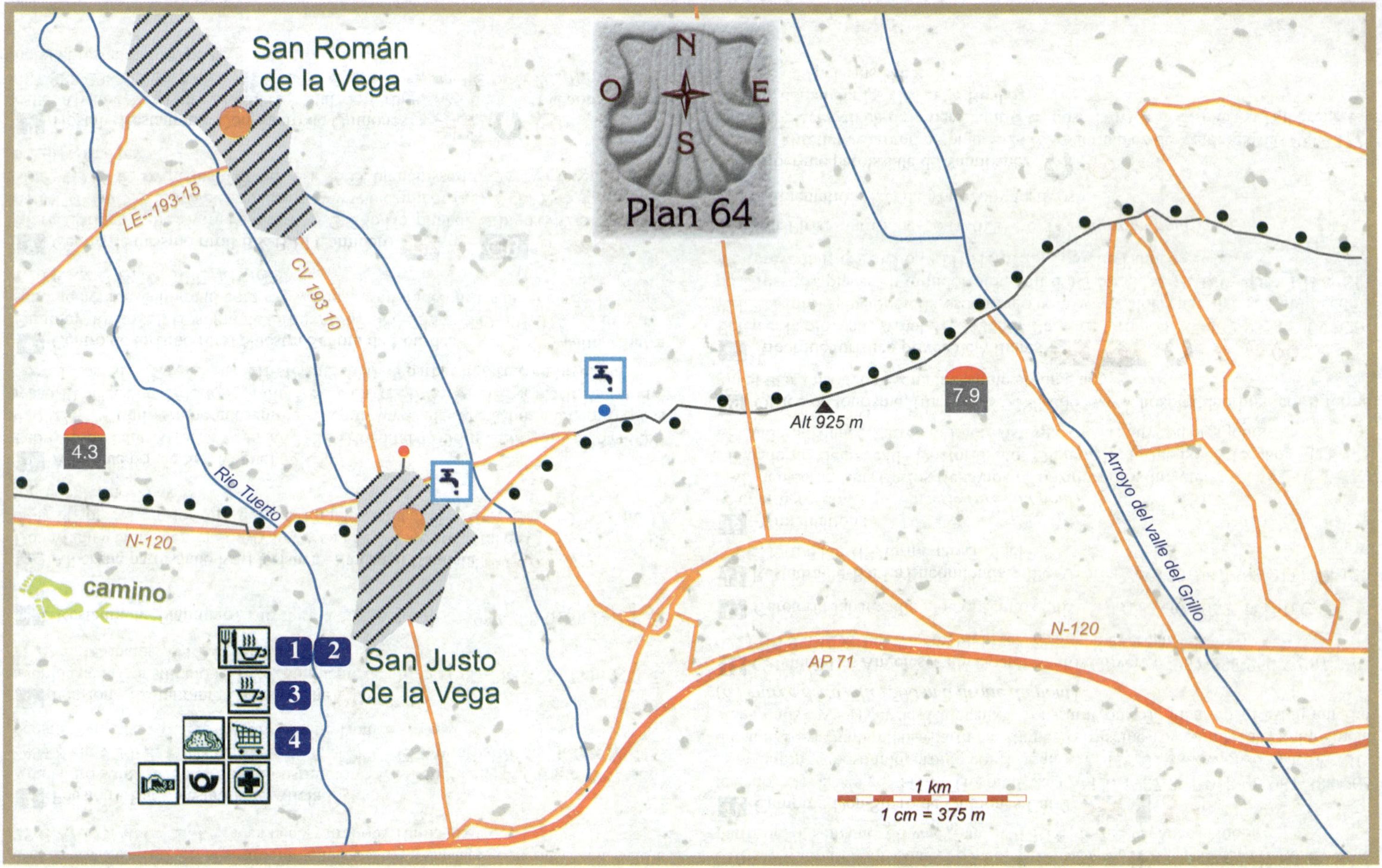
Plan 64
N
O
E
S
San Román
de la Vega
LE--193-15
CV 193 10
Rio Tuerto
N-120
4.3
camino
San Justo
de la Vega
1
2
3
4
Alt 925 m
7.9
Arroyo del valle del Grillo
N-120
AP 71
1 km
1 cm = 375 m

Plan 64

1 Cafetería - Bar Ideal, sandwiches

2 Bar La Playa del Camino, sandwiches, ouv 15 jun au 15 sep *(à la sortie du village, près de la rivière)*

3 Cafetería Oasis, calle Real 66, sandwiches, ouv 7h30

4 Alimentation :
- Panadería Riesco, plaza de la Constitución 15, fermé dim
- Supermercado Aliprox, fermé dim et jours fériés
- Tienda Ana, plaza de la Constitución 5, fermé sam après-midi et dim

Voulez-vous accueillir un pèlerin ?

Chanson originale de la région de Foix (Bélesta), traduite de l'occitan, extraite du carnet de chansons de pèlerins (Orion, voir biblio)

Voulez-vous accueillir un pèlerin, Madame, Madame ?
Voulez-vous accueillir un pèlerin, pour l'amour de Dieu ?
Mettez-vous donc derrièr' la port', pauvre homme, pauvre homme,
Mettez-vous donc derrièr' la port', pour l'amour de Dieu.
Les oies me mordraient, Madame, Madame !…
Mettez-vous donc sous l'escalier, pauvre homme…
Lorsqu'on balaierait, on me salirait.
Mettez-vous donc au milieu de la maison
Quand les servantes me verraient, Madame, madame,
Quand les servantes me verraient, ell' riraient de moi !
Mettez-vous donc au coin du feu…
Quand le feu flamberait, il me brûlerait…
Eh bien ! Allez-vous-en au lit, …
Merci bien, je vais y aller…
Avez-vous bien dormi cette nuit… ?
Toutes les puces m'ont piqué…!
Eh bien ! Allez vous faire f…!

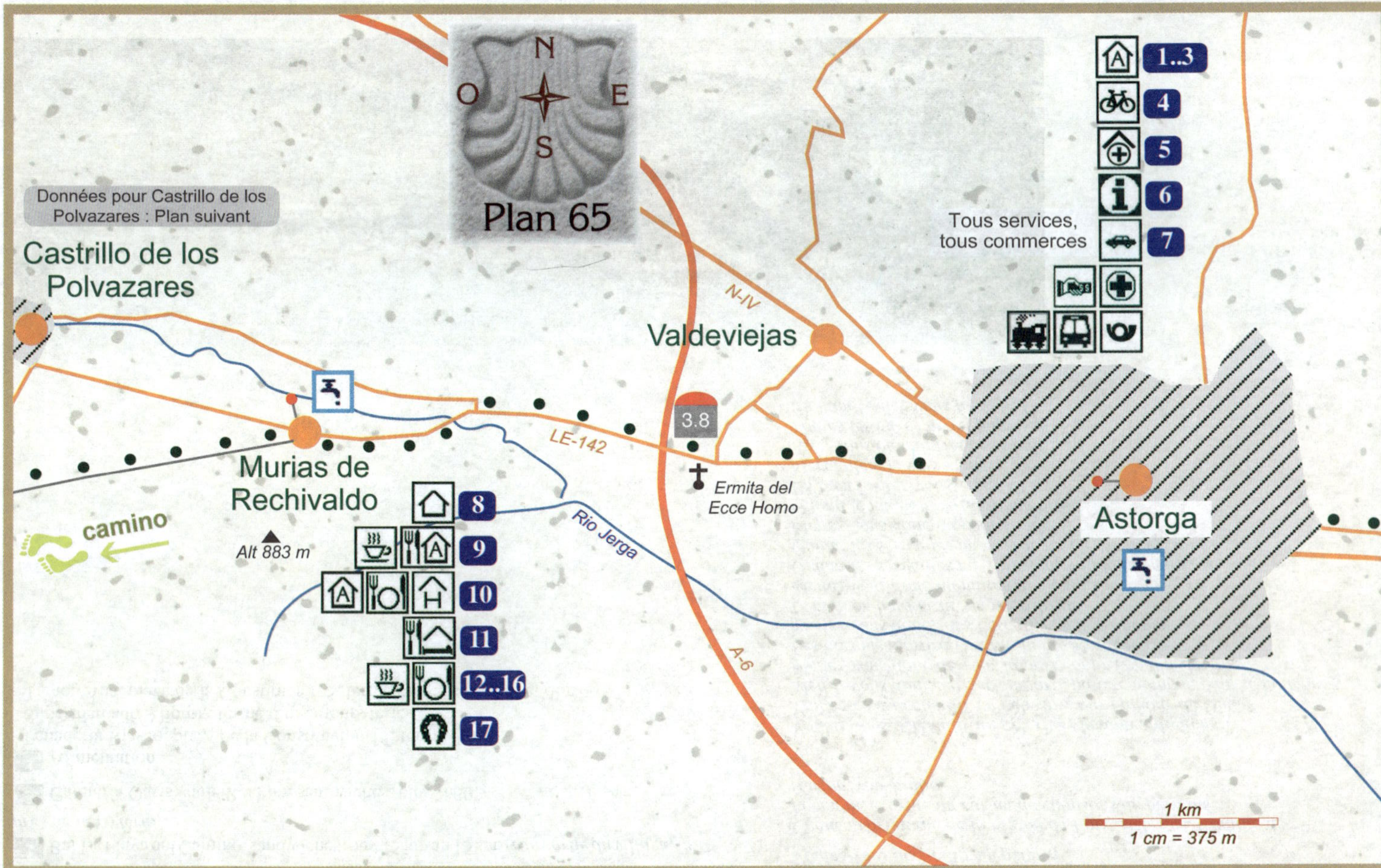
Plan 65
N
O
E
S
Données pour Castrillo de los Polvazares : Plan suivant
Castrillo de los Polvazares
Murias de Rechivaldo
Alt 883 m
camino
LE-142
Rio Jerga
A-6
N-IV
Valdeviejas
3.8
Ermita del Ecce Homo
Astorga
Tous services, tous commerces
1..3
4
5
6
7
8
9
10
11
12..16
17
1 km
1 cm = 375 m

Plan 65

1 Albergue privée Camino y Via
Daniel, carretera de León 64, 24700 Astorga (tél 987-615-192) poss résa, 32 places en dortoirs de 6 à 10 pers, nuit 6 €, 4 ch, 25 €, 3 € de 6h à 8h, , LL & SL, , fermé dec & jan *(à l'entrée d'Astorga)*

2 Albergue municipale Siervas de María
Association des amis de Saint Jacques de Astorga, plaza San Francisco 3, 24700 Astorga (asociacion@caminodesantiagoastorga.com 987-616-034 & 618-271-773 www.caminodesantiagoastorga.com) 154 places en ch de 2 à 12 pers, nuit 5 €, , LL & SL, , poss massages, ouv 10h, ferm 23h, départ entre 6h et 8h, ouv tte l'année
- Oratoire

3 Albergue privée San Javier
Chus, Porteria 6, 24700 Astorga (987-618-532 www.sanjavier.com alberguesanjavier@hotmail.com) 95 places en dortoir, nuit 8 €, 3.50 €, , LL & SL, ouv tte la journée, ferm 22h30, départ 8h30, fermé mi-dec à mar *(à côté de la cathédrale)*

4 Motos HT Sport, calle Santiago Crespo 6 (987-602-768) réparation vélos

5 Centre de Santé (987-617-810)

6 Office de tourisme, plaza Eduardo de Castro, 24700 Astorga (987-618-222 turismo@ayuntamientodeastorga.com www.ayuntamientodeastorga.com) fermé dim après-midi et lun HS

7 Station de taxis, plaza del Obispo Alcolea sn, 24700 Astorga (987-616-000)

8 Refugio municipal
Vicente Alonso, 24718 Murias de Rechivaldo (987-691-150) 18 places en dortoir, nuit 4 €, poss camper l'été, (pré), , ouv tte la journée, ferm 22h30, ouv avr à oct

9 Albergue privée - Bar Las Aguedas
Isidoro González, 24718 Murias de Rechivaldo (987-691-234 & 636-067-840 lasaguedas@yahoo.es www.lasaguedas.com) poss résa, 40 places en 2 dortoirs, nuit 8 € (+3 € pour chauffage l'hiver), 3 € // 6 ch, 40 à 50 € inclus, du soir 8 €, sandwiches, draps et serviettes 3 €, LL & SL, (pré), , ouv tte la journée, ouv mar à mi-nov, en hiver ouv pour groupes sur résa

10 Hostería - Restaurante Casa Flor
Kiko et Flor, carretera Santa Colomba 52, 24718 Murias de Rechivaldo (987-603-148 & 609-478-323 & 654-012-838 rodkiko@gmail.com www.hosteriacasaflor.com) 8 ch, 60 € inclus, 5 à 15 €, (pré+enclos),
- en projet pour avril 2011 : Albergue 25 places en mini-dortoirs, nuit 5 à 10 €, et 6 ch, 35 €

11 Casa rural La Veleta
plaza Mayor 1, 24718 Murias de Rechivaldo (616-598-133 & 620-013-794 ctr_laveleta@hotmail.com www.galeon.com/laveleta) 7 ch, 35 €, 55 €, inclus, 9 € (soir uniquement et sur résa), LL & SL, (pré),

12 Restaurante Mesón Asturum, carretera Santa Colomba (987-619-270 & 676-945-585) 10 à 15 €, fermé mer HS

13 Restaurante Casa Botas, Amado et Mari Carmen, plaza Mayor 4 (987-691-168) 10 €, HS ouvert uniquement week-ends et festivos, fermé lun saison et fêtes de fin d'année

14 Restaurante Don Juan Tenorio (618-811-174) 10 €

15 Restaurante Mesón El Llar, ouv été uniquement

16 Bar Felix, 9 €, sandwiches

17 Accueil chevaux, José Manuel López Picorell, camino la Chana sn (618-648-293) écurie et pré, donativo

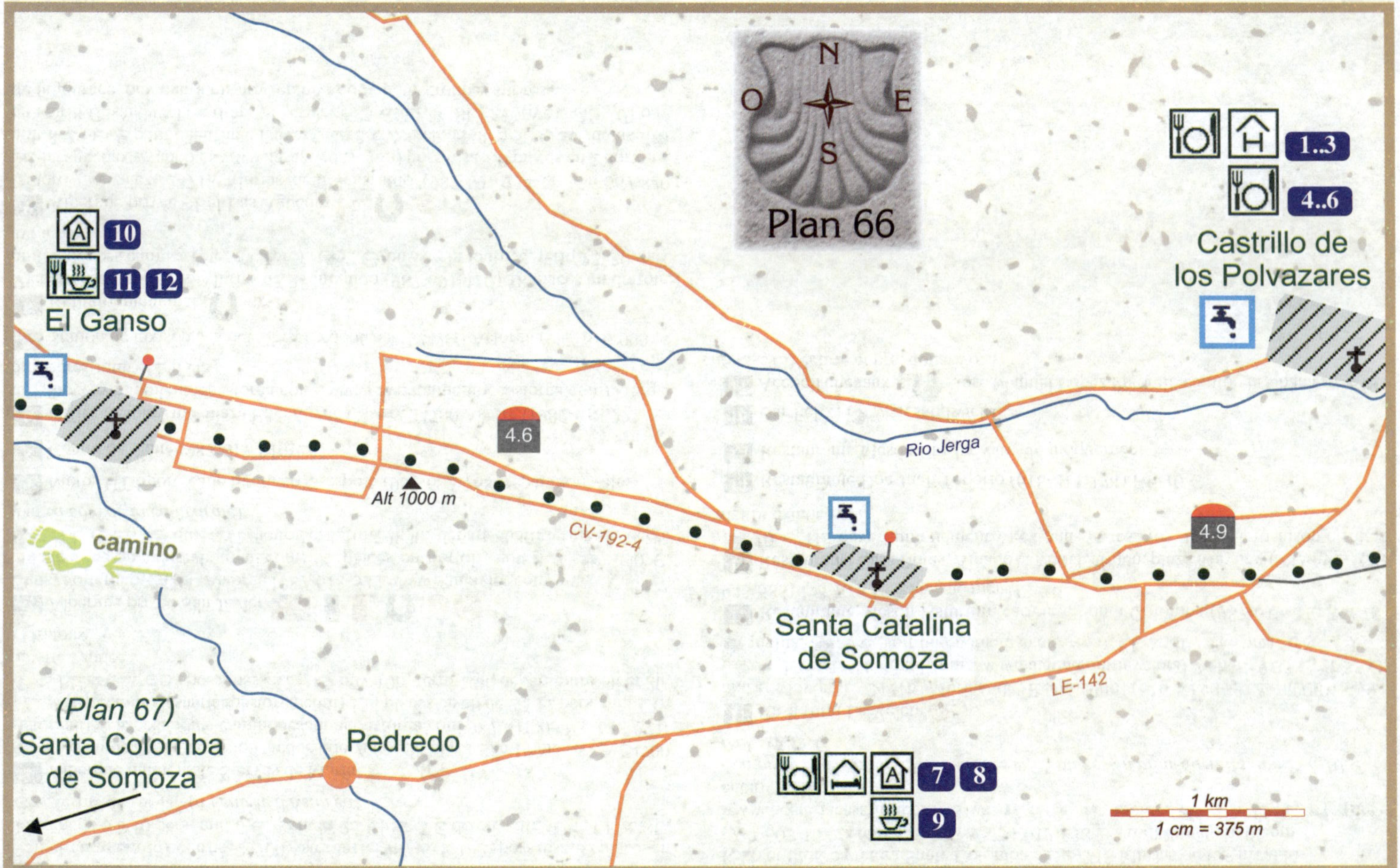

Plan 66
N
O
E
S
1..3
4..6
Castrillo de
los Polvazares
10
11 12
El Ganso
4.6
Alt 1000 m
Rio Jerga
CV-192-4
4.9
camino
Santa Catalina
de Somoza
LE-142
(Plan 67)
Santa Colomba
de Somoza
Pedredo
7 8
9
1 km
1 cm = 375 m

Plan 66

1 Centro de turismo rural Casa Coscolo CB
Pedro, Rincón 1, 24718 Castrillo de los Polvazares (987-691-984 & 619-280-540 casacoscolo@hotmail.com www.casacoscolo.com) 4 ch, 45 €, 58 €, 78 €, 3.50 €, 18.50 €,

2 Hostal-Restaurante Cuca la Vaina ** CB @
calle Jardín sn, 24718 Castrillo de los Polvazares (987-691-034 & 649-988-254 informacion@cucalavaina.com www.cucalavaina.com) 7 ch, 49 à 54 €, 64 à 70 €, 6 €, 12 à 20 €, restaurant fermé lun et jan

3 Hostal-Restaurante Don Álvaro CB
calle La Magdalena 1, 24718 Castrillo de los Polvazares (987-053-990 & 616-556-651 info@hosteriadonalvaro.com www.hosteriadonalvaro.com) 5 ch, 43 €, 58 €, 3.50 €, demi-pension 60 €, 99 €, , fermé mer

4 Restaurant La Peregrina, Real 52 (987-691-102 & 669-225-961) 17 €

5 Restaurant Casa Juan Andres, calle Juan José Cano 16 (987-691-971) 19 €, fermé mer et 23 dec au 1er fev

6 Restaurant Entrepiedras, calle Real 29 (696-010-600) 16.50 €, fermé mar sauf en aou, fermé 23 déc au 1er fev

7 Centro de turismo rural - Hospedería San Blas CB @
Ruben Merino, calle Real, 24718 Santa Catalina de Somoza (987-691-411 & 637-464-833 hospederiasanblas@gmail.com) poss résa, 20 places en dortoir, nuit 5 € // 2 ch, 30 €, 35 €, 45 € // , 8.50 à 14 €, sandwiches, dépannage-ravitaillement, LL & SL, poss camping, (pré), , ouv 6h été, 8h hiver, ferm 22h30, ouv tte l'année

8 Centro de turismo rural El Caminante @
David, calle Real 2, 24718 Santa Catalina de Somoza (987-691-098 & 638-102-837 casperete@telefonica.net www.elcaminante.es) 16 places en 2 mini-dortoirs, nuit 6 € (en hiver 8 €, chauffage) // 12 ch, 30 €, 45 €, 65 €, 4 €, 8 à 14 €, LL & SL, (enclos), , ouv 7h été, fermé à Noël

9 Bar El Peregrino, sandwiches (infos sous réserves)

10 Albergue Gabino
calle Real 9, 24718 El Ganso (660-912-823) poss résa, 30 places en 3 dortoirs, nuit 8 € inclus, , LL, , ouv mar à nov

11 Bar Merendero, assiettes garnies, ouv 7h30, ouv mai à Toussaint

12 Bar Mesón Cowboy, sandwiches, ouv 7h, ouv mar à nov

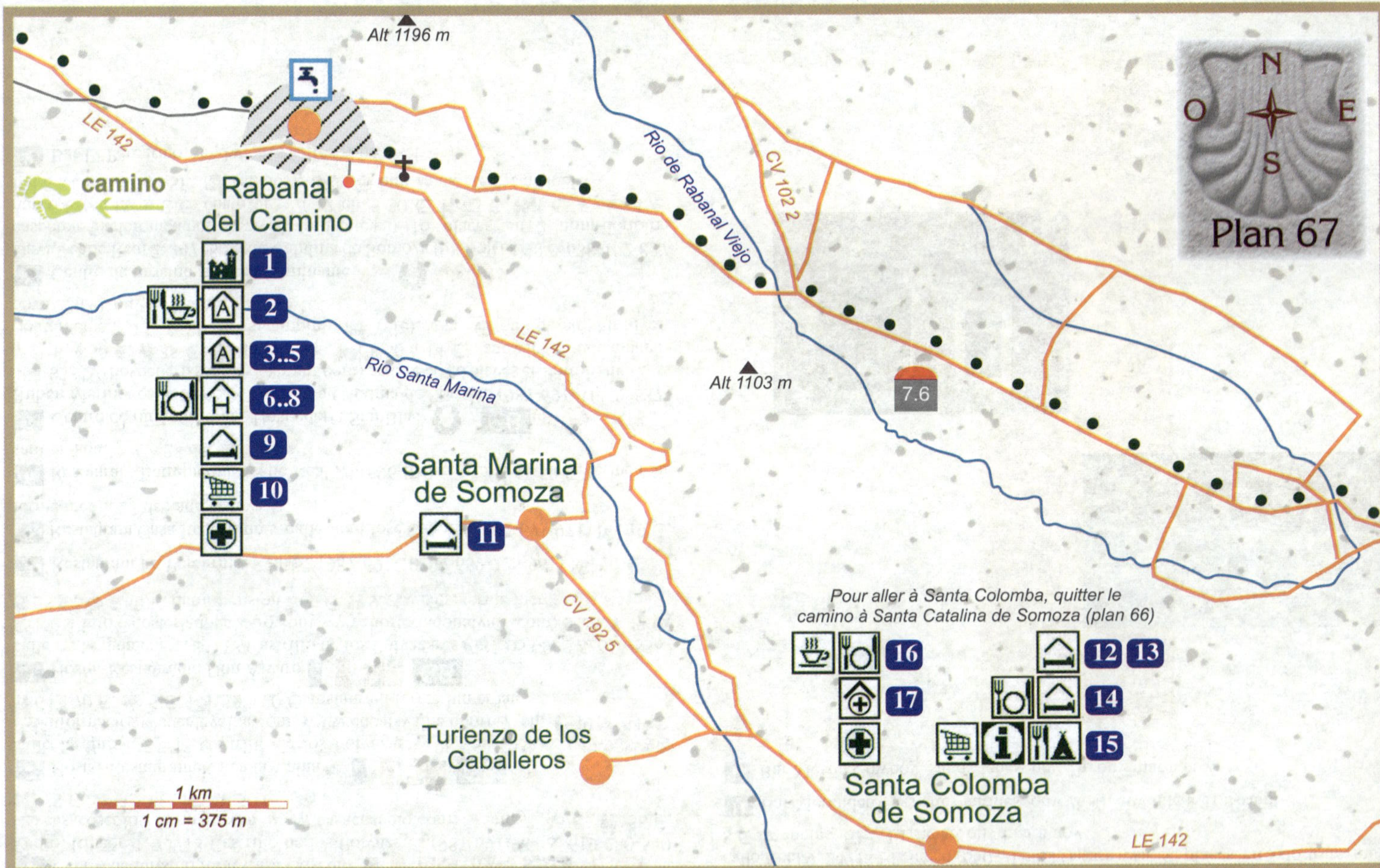
Plan 67
N
O
E
S
Alt 1196 m
LE 142
camino
Rabanal
del Camino
1
2
3..5
6..8
9
10
Rio de Rabanal Viejo
CV 102 2
LE 142
Rio Santa Marina
Alt 1103 m
7.6
Santa Marina
de Somoza
11
CV 192 5
Turienzo de los
Caballeros
1 km
1 cm = 375 m
Pour aller à Santa Colomba, quitter le
camino à Santa Catalina de Somoza (plan 66)
16
17
12
13
14
15
Santa Colomba
de Somoza
LE 142

Plan 67

1 Monasterio Benedictino San Salvador de Monte Irago
24722 Rabanal del Camino (987-631-528 ✉ monteirago@gmail.com www.monteirago.com) hospedería à disposition des pèlerins souhaitant une halte de silence et de prière, résa souhaitée, minimum 2 nuits, consulter le frère hôtelier - Poss assister aux offices des moines (vêpres 19h)

2 Albergue privée - Bar del Pilar @
Isabel Rodríguez Morán, plaza Jeronimo Morán Alonso, 24722 Rabanal del Camino (987-631-621 & 616-089-942 ✉ rabanalelpilar@hotmail.com) poss résa, 72 places en dortoir, nuit 5 €, 3 €, assiettes garnies 5.50 €, , LL, (à proximité), , ouv tte l'année // bar fermé HS, ouv tte la journée, ferm 23h, poss résa

3 Albergue La Senda (antiguo Tesín)
Damian et Angela, calle Real sn, 24722 Rabanal del Camino (987-637-802 & 696-819-060 & 650-952-721) poss résa, 34 places en ch de 4-12 pers, nuit 5 à 7 €, , LL & SL, poss camper, accueil ânes uniquement (pré), , ouv 10h, ferm 22h, ouv 1er avr à mi-oct

4 Albergue de la Junta Vecinal
Fernando, plaza Jeronimo Morán Alonso, 24722 Rabanal del Camino, 22 places en dortoir, nuit 6 €, , (pré), , ouv 12h, ferm 22h, ouv avr à Toussaint

5 Albergue Gaucelmo
Confraternity of Saint James, Calvario 4, 24722 Rabanal del Camino (987-631-615) priorité pèlerins à pied, 44 places en dortoir en été, 28 places mi-saison, donativo, 6h30, , poss camper, (pré), , ouv 14h, ferm 22h, départ 8h, ouv avr à Toussaint

6 Centro de turismo rural La Posada de Gaspar CB
calle Real 27, 24722 Rabanal del Camino (987-691-079 & 987-631-629 ✉ laposadadegaspar@hotmail.com www.laposadadegaspar.com) 14 ch, 41 €, 54 €, 68 €, 6 €, 10 à 16 €, à partir de 7h, (à proximité, prévenir), , fermé 15 jours en hiver, sauf résa groupe

7 Hostal El Refugio @
calle Real sn, 24722 Rabanal del Camino (✉ hostalelrefugio@terra.es 987-631-592) 16 ch, 35 €, 50 €, 62 €, 4 €, 10 € servi à partir de 13h et 19h, fermé parfois en hiver pour travaux *(prix 2010)*

8 Posada El Tesín
calle Real sn, 24722 Rabanal del Camino (652-277-268 & 635-527-522 ✉ posadaeltesin@hotmail.com) 4 ch, 35 €, 43 €, 56 €, 2.50 à 3.80 €, 9 €, , ouv avr à oct

9 Casa rural La Cruz de Ferro
Damian, calle Real 7, 24722 Rabanal del Camino (650-952-721) 4 ch, 28 à 32 €, 42 €, , LL, (infos à l'albergue la Senda)

10 Tienda de alimentación, ouv avr à oct

11 Casa rural La Casina de la Fuente
Lorenza de Cabo Andrés, La Fuente sn, 24722 Santa Marina de Somoza (987-635-103 & 619-608-777) résa souhaitée, loue maison 2 ch 115 €, , LL

12 Casa rural El Hontanar @
Rosa María Moro, calle Antonio Perez Crespo sn, 24722 Santa Colomba de Somoza (987-631-022 & 649-436-839 ✉ elhontanar@hotmail.com) poss résa, 3 ch, 29 €, 40 €, 3 €, , LL & SL, (suivant saison)

13 Centro de turismo rural El Molinero de Santa Colomba
Ricardo Fuente, calle de la Iglesia 19, 24722 Santa Colomba de Somoza (987-631-591) 6 ch, 50 € inclus, et poss location, fermé nov ou dec

14 Centro de turismo rural Casa Pepa CB
Pepa, calle Mayor 2, 24722 Santa Colomba de Somoza (987-631-041 & 679-339-774 ✉ correo@casapepa.com www.casapepa.com) poss résa, 6 ch, 52 €, 75 à 90 €, 107 à 120 €, inclus, 15 €, , fermé vacances Noël

15 Camping Santa Colomba et Information touristique
Patricia, carretera Astorga-Ponferrada km 15, 24722 Santa Colomba de Somoza (✉ campingsantacolomba@gmail.com www.campingsantacolomba.com 987-691-909 & 652-795-627) tente 12.50 €, dépannage-ravitaillement // Restaurant, 12 €, ouv tte l'année

16 Restaurante - Bar Mesón El Artesano **(987-631-109) 9 €, fermé jeu soir, Noël et Nouvel An**

17 Centre de Santé (987-631-010)

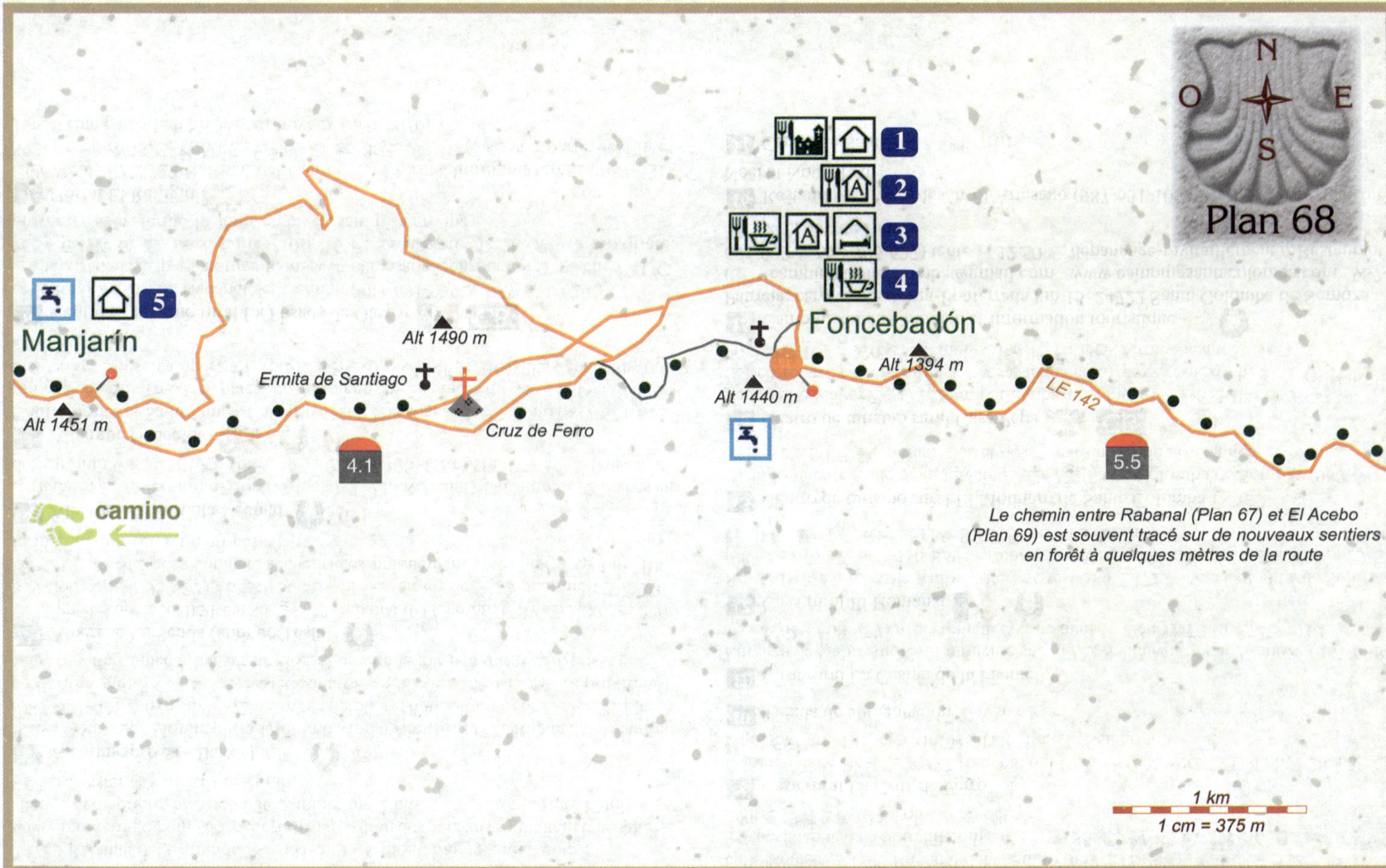
Plan 68
N
O
E
S
Foncebadón
1
2
3
4
Manjarín
5
Alt 1451 m
Alt 1490 m
Ermita de Santiago
Cruz de Ferro
Alt 1440 m
Alt 1394 m
LE 142
4.1
5.5
camino
Le chemin entre Rabanal (Plan 67) et El Acebo
(Plan 69) est souvent tracé sur de nouveaux sentiers
en forêt à quelques mètres de la route
1 km
1 cm = 375 m

Plan 68

1 Refugio de Foncebadón @
Accueil chrétien, Amigos del Camino de Santiago del Bierzo, 24722 Foncebadón, 18 places en dortoir, donativo, poss et , donativo, (pré), , ouv tte la journée, ouv avr à Toussaint
- Prière proposée le soir

2 Albergue Monte Irago @
Felipe Sánchez, calle Real sn, 24722 Foncebadón (695-452-950) 31 places en dortoir, nuit 6 €, 3 à 4 € à partir de 6h en été, 7h en hiver, du soir 7 € servi à 19h, , LL & SL, dépannage-ravitaillement, (écuries à proximité), poss massages, , ouv tte l'année

3 Centro de turismo rural, Convento de Foncebadón @
José Nicolás Blanco, calle Real sn, 24722 Foncebadón (658-974-818 conventodefoncebadon@telefonica.net www.conventodefoncebadon.iespana.es) 30 places en dortoir, nuit 7 €, 14 ch, 36 €, 46 €, 56 €, 3 € à partir de 7h, 9 €, , ouv mar à dec

4 Restaurante - Bar La Taberna de Gaia
Enrique Notario (616-585-143) 5 à 18 €, cuisine médiévale et traditionnelle, service 12h à 16h et 18h à 20h, fermé lun en saison, de Toussaint à mai ouv ven, sam et dim à midi, fermé à Noël

5 Refugio de los Templarios
Tomas Martínez de Paz, 24413 Manjarín (tomas@manjarin.tk www.manjarin.tk) 20 places en dortoir, poss , donativo, (écurie), , ouv tte la journée, ouv tte l'année
- Refuge très "médiéval", poss prendre un café et se réchauffer devant la cheminée, ce qui est souvent appréciable après le passage du Col de Irago, donativo.
- En projet pour 2011, chalet avec douches et eau chaude

Plan 69
N
O
E
S
camino
nombreuses fontaines
El Acebo
1
2
3
4
5
6
7
CV 192 20
LE-142
Alt 1409 m
Mina del Acebo
Alt 1511 m
Alt 1464 m
6.9
Espinoso
8
Compludo
1 km
1 cm = 375 m

Plan 69

1 Albergue paroissiale @
Accueil chrétien, plaza del Sagrado, 24413 El Acebo, 20 places, donativo, poss du soir donativo, (pré), , ouv 13h30, ferm 22h, ouv avr à nov
- Prière souvent proposée après le dîner

2 Albergue privée-Restaurante - Bar Mesón El Acebo
Gumersindo Flórez, 24413 El Acebo (987-695-074 www.mesonelacebo.es) poss résa, 18 places en 1 dortoir, nuit 5 € // 2 ch, 20 €, 30 €, 4.50 € servi à partir de 7h, 9.50 €, sandwiches, LL & SL, (pré à proximité), , ouv 7h, fermé des vacances de Noël à mi-jan

3 Restaurante - Casa rural La Posada del Peregrino @
calle Real 67-69, 24413 El Acebo (laposadadelperegrino@gmail.com 987-057-875 www.laposadadelperegrino.es) poss résa, 7 ch, 35 à 40 €, 40 à 50 € inclus, 12 €, blanchisserie, (dans le village, prévenir), et poss location, fermé début déc à début mar

4 Casa rural La Trucha del Arco Iris
Jaime Mas Calafell, calle La Cruz 10, 24413 El Acebo (987-695-548) 2 ch, 50 €, 60 €, inclus, du soir 10 € (végétarien et bio), (écuries et pré), , ouv tte l'année

5 Casa rural La Rosa del Agua @
Cintia et Manolo, calle Real 52, 27413 El Acebo (616-849-738 larosadelagua@hotmail.com www.larosadelagua.com) 4 ch, 40 €, 45 à 50 €, 75 €, 100 €, inclus, jardin, , fermé jan *(à l'entrée du village)*

6 Casa rural La Casa de Monte Irago
José Andrés Devesa y Marisol, calle Real 45, 24413 El Acebo (639-721-242 irago@lacruzdeferro.com www.lacruzdeferro.com) poss résa, 3 ch, 30 €, 40 €, 2.50 €, LL & SL, chiennes acceptées, , ouv mar à nov

7 Tienda-Bar
Josefa et Joaquín, plaza de la Peña, ouv 7h30 jusqu'à 21h-22h30 été, dépannage-pharmacie, sandwiches, , fermé vacances de Noël jusqu'au 15 jan

8 A visiter : village et église mozarabe de Peñalba de Santiago. Possibilité de dormir à Espinoso et Peñalba (casas rurales) et manger à Compludo, Espinoso et Peñalba *(à El Acebo, prendre la route vers Compludo, Espinoso, Bouzas, Peñalba (1 étape). Le lendemain on peut rejoindre Ponferrada directement par Bouzas, San Cristobal de Valdueza, Vilar de los Barrios. Il y a environ 20 km de Penãlba à Ponferrada (Valle del Silencio))*

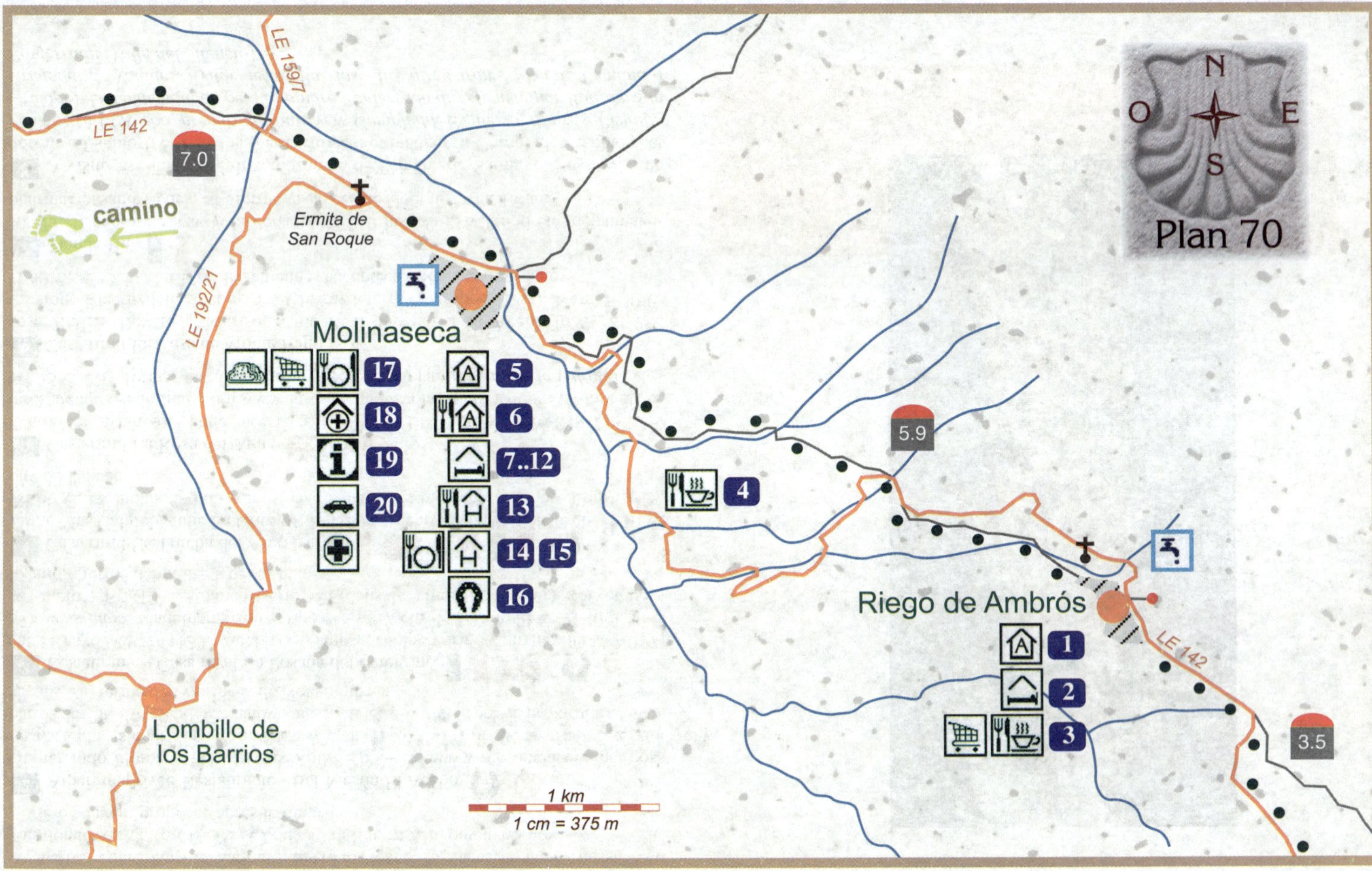
Plan 70
N
O
E
S
LE 142
7.0
LE 159/7
camino
Ermita de
San Roque
LE 192/21
Molinaseca
17
18
19
20
5
6
7..12
13
14
15
16
4
5.9
Riego de Ambrós
1
2
3
LE 142
3.5
Lombillo de
los Barrios
1 km
1 cm = 375 m

Plan 70

1 Albergue Santa Maria Madalena @
Pedro Gabella, calle Real, 24413 Riego de Ambrós (987-695-190 & 696-482-873) poss résa, 29 places en dortoir, nuit 5 €, , LL & SL, , ouv tte la journée, ferm 22h30, ouv avr à oct

2 Pensión Riego de Ambrós
carretera de Astorga 3, 24413 Riego de Ambrós (987-695-188 & 616-123-557) résa nécessaire pour groupes, 4 ch, 20 à 25 €, 35 à 40 €, 3 €, , (pré, à l'attache), ouv avr à mi-dec

3 Restaurante - Bar Ruta Santiago @
calle Real sn, 9.50 €, dépannage-ravitaillement

4 Restaurante - Bar El Jardín de Anduriña, carretera Riego de Ambrós-Molinaseca, 8 à 12 €

5 Albergue municipale San Roque @
Alfredo Alvarez Pérez, calle Manuel Fraga Iribarne, 24413 Molinaseca (615-302-390 alfredomolinaseca@hotmail.com) priorité pèlerins à pied, 30 places en dortoir, nuit 5 €, poss camper en été, , LL & SL, , ouv tte la journée, ferm 23h, ouv tte l'année *(à la sortie du village dans l'ancienne chapelle Saint-Roch)*

6 Albergue privée Santa Marina @
Christina, 24413 Molinaseca (653-375-727 chrismolinaseca@hotmail.com) poss résa, 56 places en dortoirs de 10-12 places, nuit 7 €, 3 €, du soir 8 €, LL & SL, , ouv 12h, ferm 22h30, départ 8h *(à la sortie du village juste avant l'albergue municipale)*

7 Casa rural San Nicolás
Calle la Iglesia 43, 24413 Molinaseca (987-453-138 & 699-602-826) 6 ch, 35 €, , LL, renseignements à la Tienda Elias au n°38 de la rue

8 Casa rural Elias
Señor Elias, plaza Las Estapias 2, 24413 Molinaseca (987-453-138 ou 223 & 617-089-385 & 699-602-826) 4 ch, 35 €, , LL, jardin, renseignements à la Tienda Elias (n° 38)

9 Casa rural La Pájara Pinta
calle Real 30, 24413 Molinaseca (987-453-001casaruralpajarapinta@hotmail.es www.casaruralpajarapinta.com) 8 ch, 40 € inclus, supp 10 €, , LL, , ouv tte l'année

10 Casa rural El Horno CB
calle Rañadero 3, 24413 Molinaseca (987-453-203 www.hostalelhorno.com) 8 ch, 50 €, , LL, ouv tte l'année

11 Casa rural Casa María
Raquel Fernández, calle Iglesia 25, 24413 Molinaseca (987-453-160 & 638-705-958 reservas@molinasecamaria.com www.molinasecamaria.com) poss résa, 5 ch, 40 €, loue maison 10 pers 190 €, LL

12 Casa rural del Reloj
María Antonia López Balboa, trav. Fraga Iribarne sn, 24413 Molinaseca (987-453-124) poss résa, 6 ch, 40 €, 52 €, inclus, fermé Noël à fev

13 Hotel-Restaurante La Posada de Muriel ** CB
plaza del Santo Christo sn, 24413 Molinaseca (info@laposadademuriel.com 987-453-201 www.laposadademuriel.com) 8 ch, 40 à 65 €, 50 à 90 €, 6 à 8 €, 20 à 24 €, ouvert 7h, fermé Noël et jan

14 Hotel - Restaurante El Palacio** CB @
El Palacio 16, 24413 Molinaseca (987-453-094 info@casaelpalacio.com www.casaelpalacio.com) poss résa, 10 ch, 35 à 42 €, 40 à 50 €, 60 à 65 €, 2.50 à 5 €, 10 à 12 €, (écuries), , restaurant fermé Noël, jour de l'An et 15 jours fev, ouv à partir de 7h45 en saison

15 Hotel - Restaurante de Floriana*** CB
avenida Fraga Iribarne, 24413 Molinaseca (info@defloriana.com 987-453-146 www.defloriana.com) 22 ch, 48 à 77 €, 64.20 à 96.30 €, 12 €, 40 € soir à partir de 21h30, fermé 7 jan au 3 fev

16 Accueil chevaux *écuries municipales en projet pour 2011*

17 8 restaurants et plusieurs commerces d'alimentation

18 Centre de Santé (987-410-250)

19 Oficina de Turismo, plaza Garcia Rey, 24413 Molinaseca (987-453-085 fmartin@molinaseca.org www.molinaseca.org) fermé lun et mar, ouv avr à sep

20 Taxi Raul (687-829-499) transport personnes et bagages, de Rabanal à Villafranca

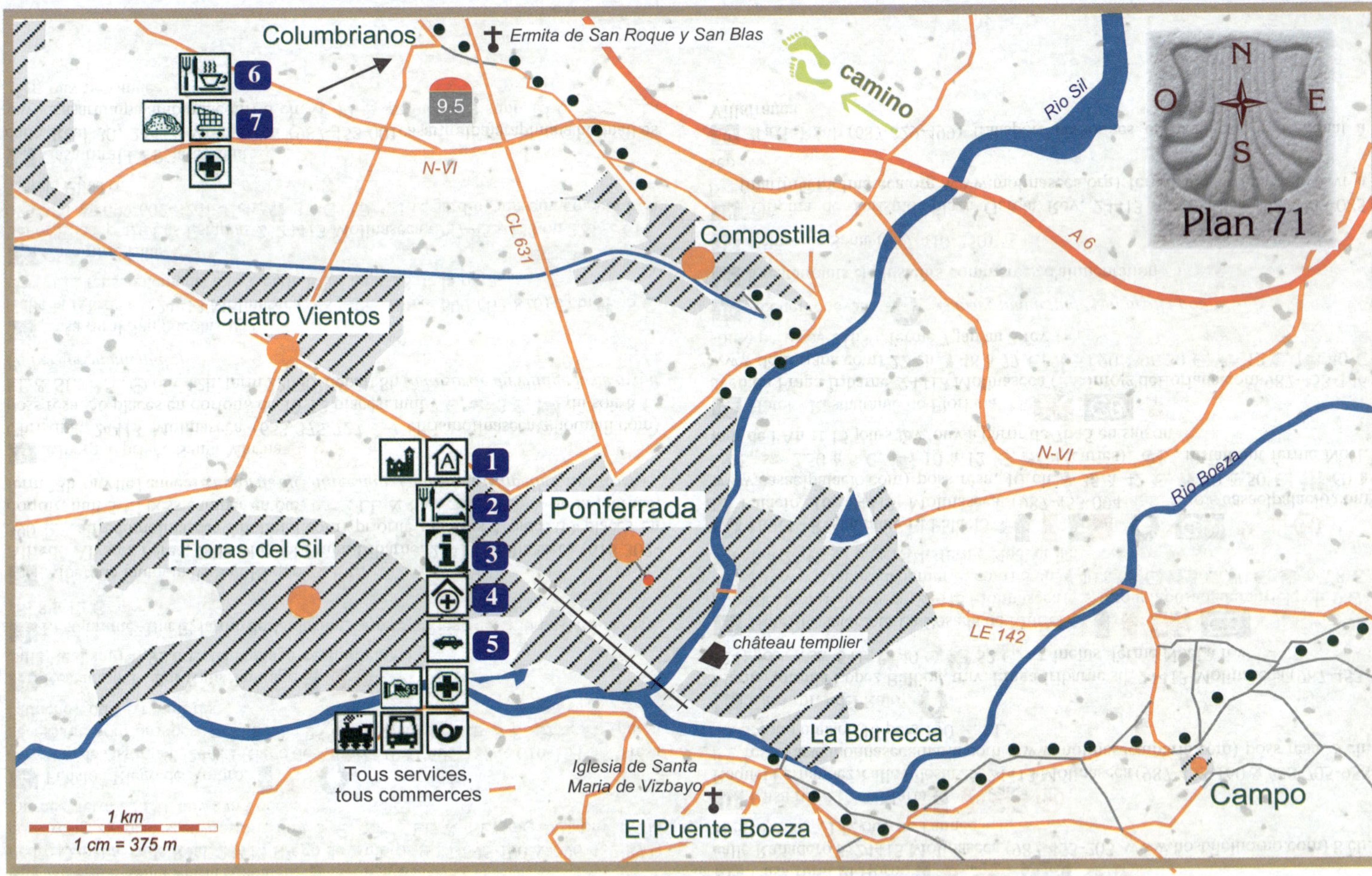
Plan 71
N
O
E
S
camino
Columbrianos
Ermita de San Roque y San Blas
9.5
6
7
N-VI
CL 631
A 6
Río Sil
Compostilla
Cuatro Vientos
Ponferrada
Floras del Sil
1
2
3
4
5
château templier
N-VI
Río Boeza
LE 142
La Borrecca
Iglesia de Santa
Maria de Vizbayo
El Puente Boeza
Campo
Tous services,
tous commerces
1 km
1 cm = 375 m

Plan 71

1 Albergue paroissiale San Nicolás de Flue
Don Miguel, accueil chrétien, calle de la Loma sn, 24400 Ponferrada (987-413-381 ✉ peregrinosflue@terra.es) 180 places en dortoir et 4 ch de 4 pers, donativo, , LL & SL, (pré à proximité), , ouv 13h, 15h en hiver, ferm 22h30, départ 8h, ouv tte l'année
- Temps de prière commun proposé en été le soir ou le matin, bénédiction des pèlerins
- Chapelle del Carmen, ouv tte la journée, messe à la Encina ou à la chapelle

2 Casa rural Camino Medulas CB
Bernardo Guerrero, avenida de Portugal 359, La Martína, 24400 Ponferrada (987-426-900 ✉ casarural@caminomedulas.com www.caminomedulas.com) poss résa, 32 ch, demi-pension 40 à 45 €, LL & SL, (pré), Ponferrada, ouv tte l'année *(à 3.5 km du centre de Ponferrada, suivre tout droit l'avenida de Portugal, en direction du quartier las Medulas)*

3 Office de tourisme, calle Gil y Carrasco 4, 24400 Ponferrada (987-424-236 ✉ turismo@ponferrada.org www.ponferrada.org) ouv matin dim et jours fériés, ouv festivos

4 Centre de Santé (tél 987-410-250)

5 Radio Taxis (tél 987-087-087)

6 Plusieurs bars dans la calle Real

7 Alimentation :
- Panadería *(près de la mairie)*
- Tienda

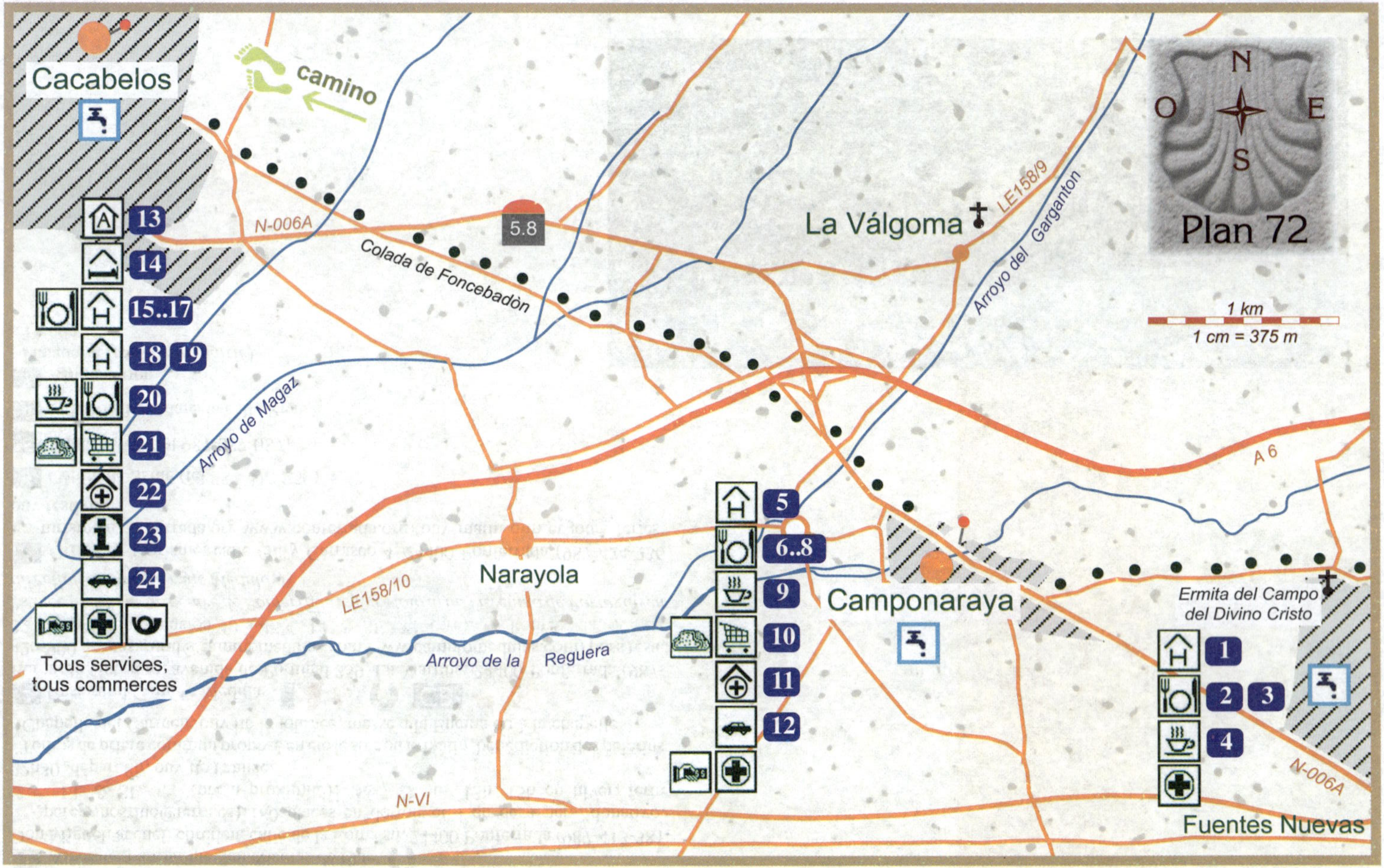
Plan 72
N
O
E
S
1 km
1 cm = 375 m
Cacabelos
camino
N-006A
5.8
Colada de Foncebadòn
La Válgoma
LE158/9
Arroyo del Garganton
Arroyo de Magaz
A 6
Narayola
LE158/10
Arroyo de la Reguera
N-VI
Camponaraya
Ermita del Campo del Divino Cristo
Fuentes Nuevas
N-006A
13
14
15..17
18
19
20
21
22
23
24
Tous services, tous commerces
5
6..8
9
10
11
12
1
2
3
4

Plan 72

1 Hostal Novo CB
N VI, km 386, 24540 Fuentes Nuevas (987-424-441 info@hotelnovo.com www.hotelnovo.com) 56 ch., 40 €, 55 €, , 10 €, fermé vacances Noël

2 Restaurante la Casona
calle Real 72 (987-455-358) 17.50 à 25 €, fermé dim soir, ouv tte l'année

3 Restaurante Los Comensales, calle Dehesa 36 (987-455-302) 10 €

4 Plusieurs bars

5 Motel Acrópolis
24410 Camponaraya (987-464-066) 22 ch., 40 €, 55 €, 5 à 10 €, sandwiches, ouv 24/24 tte l'année *(à la sortie de Camponaraya, après le rond-point en direction de Cacabelos prendre à droite)*

6 Restaurante Naraya, carretera Madrid-A Coruña km 391.5 (987-450-260) 10.50 €, fermé Noël et Nouvel An

7 Restaurante El Reloj, camino de Santiago 105 (987-463-724) 10 €, fermé dim, fermé Noël au 15 jan

8 Restaurante Marisquería Riazor
carretera Madrid-A Coruña km 392 (987-463-091) 10 €, fermé dim et fêtes

9 Plusieurs bars

10 Alimentation :
- Supermercado Claudio, avenida del Bierzo 91
- Alimentación Otilia, ouv le matin, dim et festivos
- Panadería

11 Centre de Santé (987-450-354)

12 Taxi Juan y MariCarmen (655-828-729) transport personnes, bagages et vélos de Molinaseca au Cebreiro

13 Albergue municipale @
Manoli, plaza del Santuario, 24540 Cacabelos (987-547-167) 70 places en boxs de 2 pers, nuit 5 €, LL & SL, , ouv 12h, ferm 23h, départ 8h, ouv avr à début nov

14 Casa rural La Casa de las Hadas
Leny Prada, calle La Reguera sn, 24540 Cacabelos (www.casadelashadas.com 676-483-108) loue maison, 3 ch, 110 à 150 €, , LL, ouv avr à oct

15 Hotel - Restaurante Moncloa de San Lazaro CB
calle Cimadevilla 97, 24540 Cacabelos (info@moncloadesanlazaro.com 987-546-101 www.moncloadesanlazaro.com) 8 ch, 50 €, 70 à 130 €, 8 €, 25 €, fermé Noël et Nouvel an

16 Hostal - Bar La Gallega CB @
calle Santa María 25, 24540 Cacabelos (hostallagallega@gmail.com 987-549-476 & 680-917-109 www.hostallagallega.galeon.com) 19 ch, 25 €, 40 €, 50 €, à partir de 7h été, 8h HS, 9 €, LL & SL, (terrain)

17 Pensión-Cibercafetería El Molino @
calle Santa María 10, 24540 Cacabelos (987-546-979) 5 ch, 15 à 22 €, 28 à 35 €, plat chaud 5 à 7.50 € à tte heure, LL, , fermé mar HS, fermé 1ère quinzaine sep

18 Hotel Villa de Cacabelos*** CB @
avenida de la Constitución 12, 24540 Cacabelos (987-548-148 reservas@hotelvilladecacabelos.es www.hotelvilladecacabelos.es) 34 ch, 35 €, 50 à 60 €, 65 €, 80 €, inclus, (à l'attache), , ouv 24/24

19 Hostal Santa María** CB @
calle Santa María 20 A, 24540 Cacabelos (santamaria20sl@hotmail.com 987-549-588 www.hostalsantamaria.net) 20 ch, 34 €, 44 €, 57 €, , , fermé 20 dec au 12 jan

20 14 restaurants et nombreux bars

21 Commerces d'alimentation, plaza Mayor

22 Centre de Santé (987-549-262)

23 Bureau d'information touristique, Museo, calle Las Angustias 24, 24540 Cacabelos (987-546-993 turismo@cacabelos.org www.cacabelos.org)

24 Taxis :
- Taxis (987-546-300) 24/24
- Taxi Germán (666-775-861) transport bagages et vélos de Molinaseca au Cebreiro

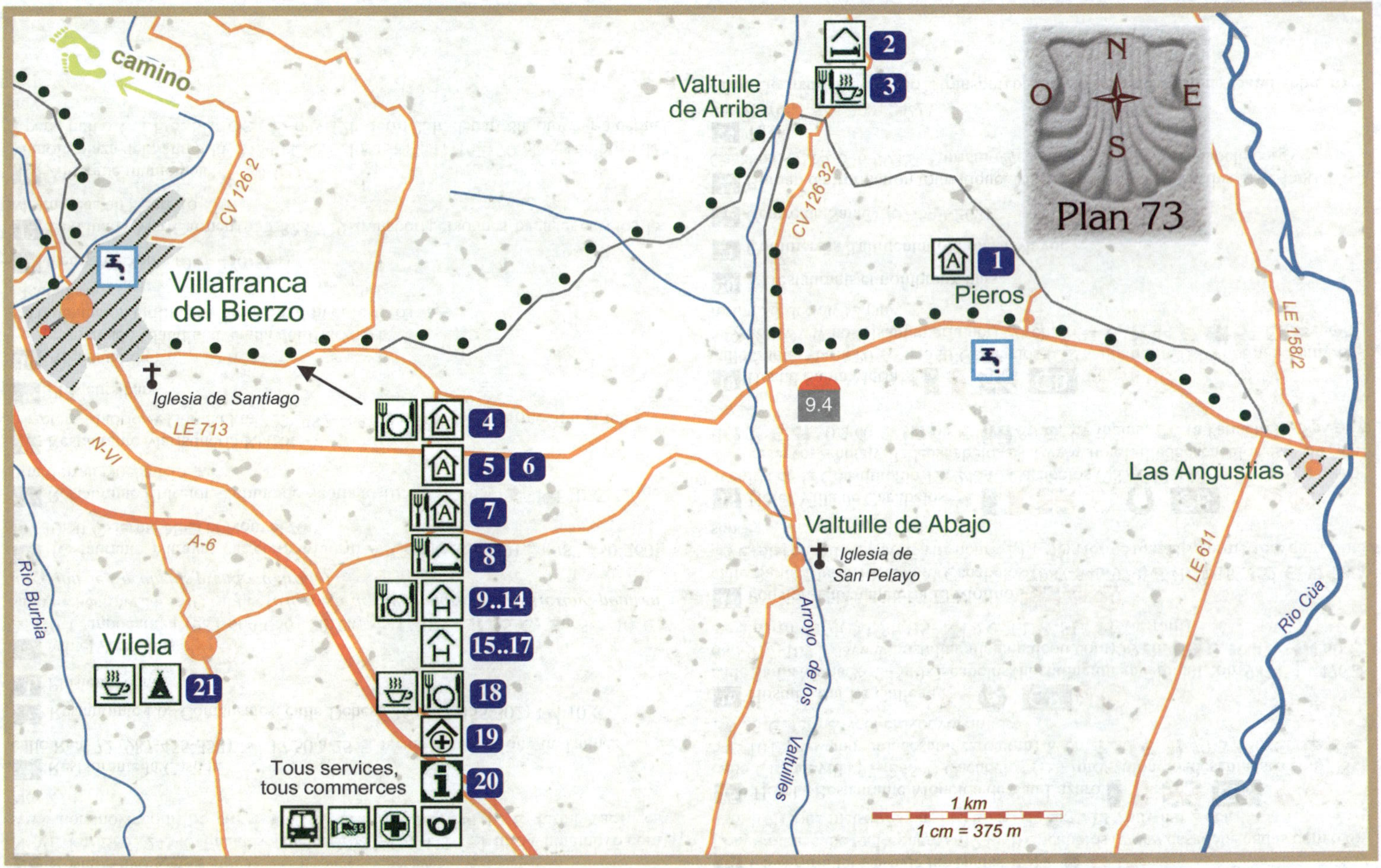
Plan 73
N
O
E
S
Valtuille
de Arriba
2
3
CV 126 32
1
Pieros
9.4
LE 158/2
Las Angustias
Valtuille de Abajo
Iglesia de
San Pelayo
LE 611
Río Cúa
Arroyo de los Valtuilles
1 km
1 cm = 375 m
camino
CV 126 2
Villafranca
del Bierzo
Iglesia de Santiago
LE 713
N-VI
A-6
4
5
6
7
8
9..14
15..17
18
19
20
Tous services,
tous commerces
Vilela
21
Río Burbia

Plan 73

1 Albergue municipale *en projet, devrait ouvrir au printemps 2011*

2 Casa rural La Osa Mayor @
Maité Velasco, calle El Besal, 24547 Valtuille de Arriba (987-562-185 & 654-152-305 ✉ maitevel7@yahoo.es www.osamayor.es) résa souhaitée, 5 ch, 20 € inclus, , dépannage-ravitaillement, (pré), ouv tte l'année

3 Bar El Chiringuito, ouv saison et Bar La Escuela, midi seulement

4 Albergue privée - Restaurante Viña Femita
Avenida Calvo Sotelo 2, 24500 Villafranca del Bierzo (987-542-490 & 679-096-898 ✉ vinafemita@yahoo.es www.vinafemita.com) poss résa, 23 places en 2 dortoirs, nuit 8 €, 3 ch de 1 à 3 pers, 15 €, 3 €, 9.50 €, LL & SL, (écuries),

5 Albergue privée La Piedra @
Unai et Livia, calle Espiritu Santo 14, 24500 Villafranca del Bierzo (987-540-260 & 618-743-465 ✉ amigos@alberguedelapiedra.com www.alberguedelapiedra.com) poss résa, 16 places en dortoir, nuit 8 € // 4 ch, 24 €, 24 €, 2 €, , LL & SL, et chiens (prévenir), , fermé dec à mar

6 Albergue municipale @
calle Campo de la Gallina, 24500 Villafranca del Bierzo (987-542-680) 58 places en dortoir + camp sous tentes en été, nuit 6 €, , LL & SL, (pré), , ouv 12h, ferm 22h30, ouv Rameaux au 4 nov

7 Albergue privée Ave Fenix @
Jesús Jato, calle Santiago 10, 24500 Villafranca del Bierzo (987-540-229 ✉ refugioavefenix@wanadoo.es) priorité aux pèlerins à pied, 77 places en dortoir, nuit 6 €, 8 €, poss transport bagages jusqu'à Triacastela, (pré), , ouv 12h, ferm 23h // Bar

8 Casa rural La Llave
Manuel Vaquera, calle del Agua 37, 24500 Villafranca del Bierzo (987-542-739 ✉ lallaverural@gmail.com www.lallaverural.es) ch, 50 à 55 €, 75 €, 100 à 115 €, 4.50 €, 12 € (soir uniquement), sandwiches,

9 CB @
Hotel-Restaurante Posada Las Doñas del Portazgo****
calle del Agua, 24500 Villafranca del Bierzo (987-542-742 ✉ info@elportazgo.es www.elportazgo.es) 17 ch, 55 à 70 €, 78 à 90 €, 9.50 €, 19 €, (prévenir)

10 Parador de Villafranca del Bierzo **** CB @
avenida Calvo Soltelo 28, 24500 Villafranca del Bierzo (987-540-175 & résa 902-547-979 ✉ villafranca@parador.es www.parador.es) 36 ch, à partir de 140 €, tarif escapade jeune 20-35 ans 57 € inclus, tarif + 55 ans -30%, 40 €, résa nécessaire pour les tarifs spéciaux

11 Hostal - Restaurante-Bar La Charola @
N VI, km 406, 24500 Villafranca del Bierzo (987-540-200 www.lacharola.org) 14 ch, 35 €, 55 €, 3 €, 10 €, (à proximité, prévenir)

12 Hostal - Restaurante Puerta del Perdon CB @
plaza de Prim 4, 24500 Villafranca del Bierzo (www.lapuertadelperdon.com 987-540-614 ✉ info@lapuertadelperdon.com) 7 ch, 42 €, 55 à 60 €, 100 €, inclus, 11 €, , blanchisserie, chiens acceptés (+ 20 €), fermé dec

13 Hostal - Restaurante Casa Mendez CB @
calle Espiritu Santo 1, 24500 Villafranca del Bierzo (✉ info@casamendez.es tél 987-542-408 www.casamendez.es) 12 ch, 38 à 44 €, 50 €, 62 €, 6 €, 14 €, petits chiens acceptés,

14 Hostal Ultreia et Vinothèque CB @
calle Puentecillo 8, 24500 Villafranca del Bierzo (987-540-391 & 616-707-693 ✉ info@hostalultreia.com www.hostalultreia.com) 4 ch, 50 à 60 €, 75 €, 5 €, , ouv tte l'année

15 Posada Plaza Mayor
plaza Mayor 4, 24500 Villafranca del Bierzo (✉ hotel@villafrancaplaza.com 987-540-620 www.villafrancaplaza.com) 15 ch, 64 à 68.50 €, 67 à 85 €, 89 à 105 €, 7.50 €, , fermé nov à mar

16 Hostal Burbia ** CB @
calle Fuente Cubero 13, 24500 Villafranca del Bierzo (987-542-667 ✉ reservas@hostalburbia.com www.hostalburbia.com) 10 ch, 38 €, 48 €, 60 €, 3 à 4 €, , fermé Noël et Nouvel An

17 Hotel San Francisco * CB
plaza Mayor 6, 24500 Villafranca del Bierzo (✉ hotelsanfrancisco@hotmail.com 987-540-465 www.hotelsanfrancisco.org) 20 ch, 35 à 45 €, 45 à 62 €, 72 à 82 €, 4 €, , fermé nov à mar

Suite données Villafranca page suivante…/…

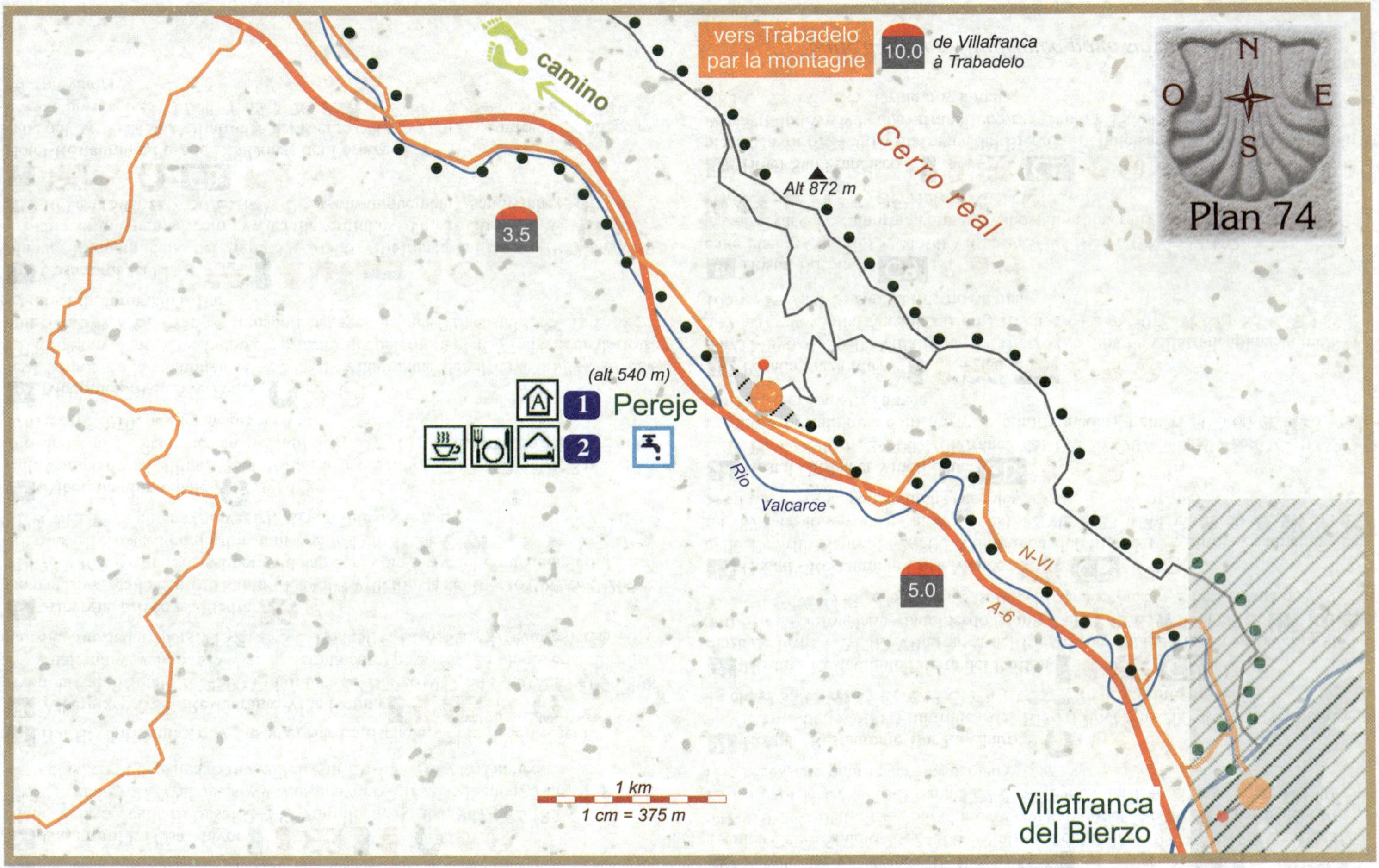
Plan 74
N
O
E
S
vers Trabadelo
par la montagne
10.0
de Villafranca
à Trabadelo
Cerro real
Alt 872 m
camino
3.5
(alt 540 m)
Pereje
1
2
Rio
Valcarce
N-VI
A-6
5.0
1 km
1 cm = 375 m
Villafranca
del Bierzo

Plan 74

.../... Suite données Villafranca del Bierzo

18 10 restaurants et nombreux bars

19 Centre de Santé (987-542-510)

20 Office de Tourisme, avenida Diez Ovelar 10, 24500 Villafranca del Bierzo (987-540-028 ✉ turismo@villafrancadelbierzo.org www.villafrancadelbierzo.org)

21 Camping Brejeo Cat-2
calle Saavedra sn, Vilela, 24516 Villafranca del Bierzo (987-542-025 ✉ info@brejeo.com www.brejeo.com) tente 11.50 €, sandwiches, LL & SL // Bar, 10 €

****

1 Albergue de la Junta Vecinal
camino de Santiago 6, 24522 Pereje (987-540-138) 30 places en dortoir, nuit 6 €, , LL et SL, (pré, à l'attache), , ouv tte la journée, si fermé clés au Centro de turismo rural, ouv tte l'année

2 Centro de turismo rural Las Coronas
calle Camino de Santiago, 24522 Pereje (987-540-138 & 699-512-004) 4 ch, 36 €, 46 €, 56 €, , 10 €, bar, , ouv 7h en été, ouv tte l'année

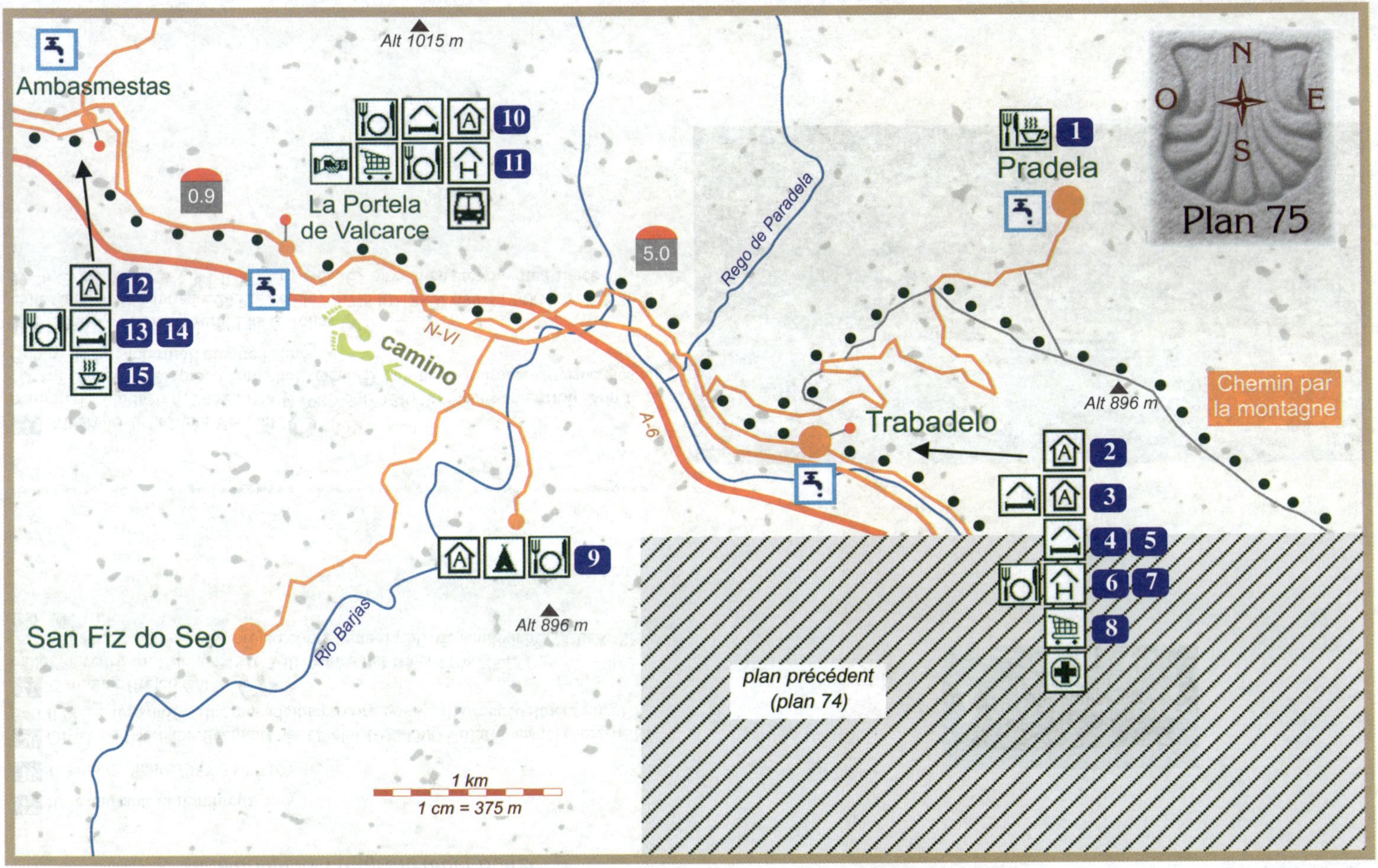
Plan 75
N
O
E
S
Pradela
1
Ambasmestas
Alt 1015 m
10
11
La Portela
de Valcarce
0.9
5.0
Rego de Paradela
12
13
14
15
N-VI
camino
A-6
Chemin par
la montagne
Alt 896 m
Trabadelo
2
3
4
5
6
7
8
9
Alt 896 m
San Fiz do Seo
Rio Barjas
plan précédent
(plan 74)
1 km
1 cm = 375 m

Plan 75

1 Bar La Fócara, sandwiches (sous réserves)

2 Albergue municipale @
Ana, calle Camino de Santiago, 24523 Trabadelo (✉ aytotrabadelo@terra.es tél 687-827-987) poss résa, 28 places en dortoir, nuit 6 €, , LL & SL, , ouv 12h, ferm 22h30, fermé vacances Noël

3 Albergue Crispeta - Casa rural Los Arroxos @
calle Camino de Santiago, 1 et 2, 24523 Trabadelo (696-978-653 & 620-329-386 ✉ charo_lago@hotmail.com www.osarroxos.com) poss résa, 20 places en dortoirs de 6-8 pers, nuit 6 €, 10 ch, 42 €, 4 €, dans l'albergue, LL & SL, , sauna et spa, ouv tte l'année

4 Casa rural Pilar Frade
María Pilar Frade López, 24523 Trabadelo (616-426-421 & 649-844-307 www.turismoruralpilarfrade.com) poss résa, 5 ch, 36 à 40 €, , LL

5 Casa rural Rosalia
José Manuel Frade, camino de Santiago sn, 24523 Trabadelo (696-978-652 ✉ info@casaruralrosalia.com www.casaruralrosalia.com) poss résa, 2 ch, 45 €, , LL, (à proximité), , ouv tte l'année

6 Hostal - Restaurante Nova Ruta** CB @
carretera N VI km 415, 24523 Trabadelo (987-566-431 & 987-566-426) 14 ch, 25 €, 45 €, , 10 €, (voir avec l'albergue Crispeta), , fermé Noël

7 Bar-Pensión El Puente Peregrino @
Elly Otten, Camino de Santiago 153, 24523 Trabadelo (987-566-500 & 680-236-345 ✉ pc.otten@yahoo.com) 3 ch, 35 €, , 8.50 à 12 € (végétarien), ouv tte l'année *(infos sous réserves)*

8 Tienda de alimentación, camino de Santiago sn, ouv dim et festivos matin

9 Albergue-Camping Valle Do Seo-Restaurant La Hoja Verde CB
N VI km 417, route de San Fis do Seo, 24523 San Fis do Seo (987-566-428 & 677-913-043 & 606-673-536 www.agroseo.org) Albergue 20 places en 3 mini-dortoirs, poss résa, nuit 10 €, tente 10 €, 3 €, 10 à 15 € (produits biologiques), , LL, (écuries), , ouvert Rameaux au 15 sep *(quand le chemin rejoint la N VI après Trabadelo, rebrousser chemin sur la N VI sur150 m environ, prendre à droite la route de San Fis do Seo sur 200 m, puis suivre les indications sur 800 m)*

10 Centro de turismo rural El Peregrino @
Gervasio y Sonia, calle Camino de Santiago 5, 24524 La Portela de Valcarce (987-543-197 ✉ reservas@laportela.com www.laportela.com) 25 places en ch de 4 pers, poss résa, nuit 8 €, 6 ch, 30 €, 35 à 40 €, , 10 à 13 €, sandwiches, LL, (écurie), , ouv 6h été, ouv tte l'année

11 Hostal - Restaurante - Tienda Valcarce***
carretera N VI km 419, 24524 La Portela de Valcarce (987-543-180 ✉ hotel@grupovalcarce.com www.grupovalcarce.com) 23 ch, 25 à 33 €, 50 €, 3 €, 13 €, (prévenir), , vente produits régionaux, distributeur automatique de billets

12 Albergue privée das Animas @
Angel, Association des amis du Camino de Ambasmestas, calle Campo bajo 3, 24524 Ambasmestas (619-048-626 ✉ das_animas@hotmail.com www.dasanimas.com) poss résa, 16 places en dortoir, nuit 5 €, 3 €, LL, , ouv 13h, ferm 21h, départ 8h, ouv mar à oct

13 Centro de turismo rural Ambasmestas CB
antigua N VI, 24524 Ambasmestas (✉ informacion@ambasmestas.com 987-561-351 www.ambasmestas.com) 23 ch, 35 à 44 €, 50 à 60 €, 70 à 80 €, inclus, 10 à 15 €, , HS résa nécessaire

14 Restaurante Mirador del Valcarcel, ouv en saison
- chambres et casa rural en projet pour 2011

15 Bar Rudeira,

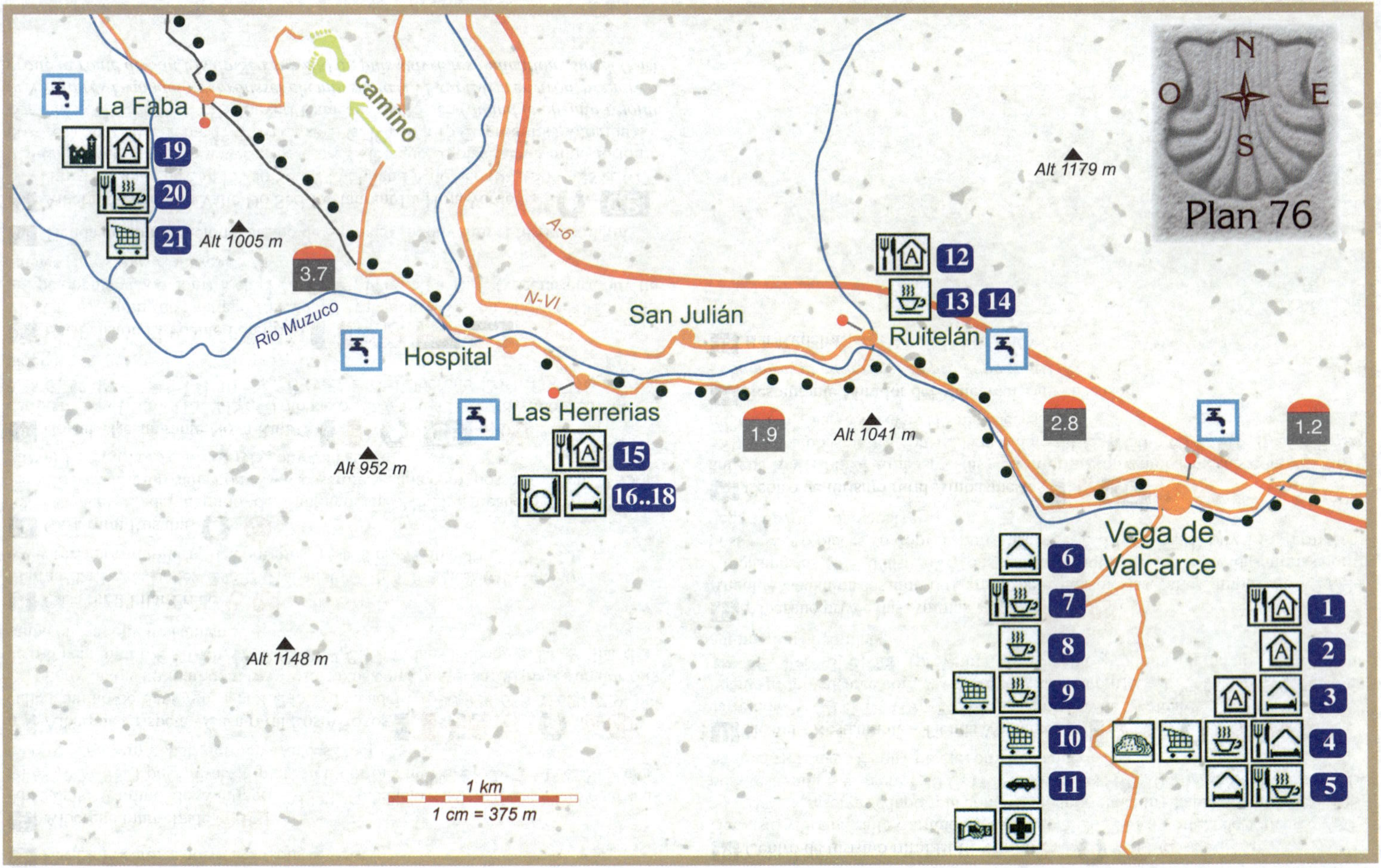
Plan 76
N
O
E
S
Alt 1179 m
La Faba
19
20
21
Alt 1005 m
3.7
camino
A-6
N-VI
Rio Muzuco
Hospital
San Julián
Ruitelán
12
13
14
Las Herrerias
15
16..18
Alt 952 m
1.9
Alt 1041 m
2.8
1.2
Vega de Valcarce
1
2
3
4
5
6
7
8
9
10
11
Alt 1148 m
1 km
1 cm = 375 m

Plan 76

1 Albergue privée Nra- Sra Aparecida do Brasil
Itabyra, carretera N VI km 426, 24520 Vega de Valcarce (987-543-045 & 650-368-585 ☒ alberguedobrasil@yahoo.com www.alberguedobrasil.com) 35 places en 7 ch, demi-pension 25 à 28 €, LL & SL, (pré), , ouv 12h été, 14h hiver, ferm 22h, ouv mar à nov *(à l'entrée du village)*

2 Albergue municipale
María, calle Pandelo sn, 24520 Vega de Valcarce (657-097-954) 64 places en dortoirs de 4 à 20 pers, nuit 5 €, , LL & SL, (écuries à proximité 5 €, prévenir), poss massages en été, , ouv 13 à 22h

3 Pensión - Albergue Fernández
plaza del Ayuntamiento 7, 24520 Vega de Valcarce (987-543-027) 24 places en dortoir, nuit 7 € // 6 ch 15 €, 2 ch 45 €, LL, , ouv avr à nov

4 Casa rural El Recanto et Panadería-Bar-Tienda Cerezales
carretera N VI 38, 24520 Vega de Valcarce (☒ elrecanto@hotmail.com 987-543-202 www.elrecanto.com) 4 ch, 30 €, 44 €, à partir de 5h, LL, (pré), // Panadería-Bar-Tienda, ouv tte la journée à partir de 5h l'été, 7h l'hiver

5 Restaurant - Bar - Chambres Mesón Las Rocas
Camino de Santiago, 24520 Vega de Valcarce (www.mesonlasrocas.es 987-543-208) 5 ch, 35 à 40 €, 9 €, 3 €, ouv 7h saison, fermé dec à fev

6 Casa rural Pandelo
Angustias González, calleja sn, 24520 Vega de Valcarce (987-543-033 & 636-180-862) poss résa, 2 ch, 35 à 40 €, 75 €, , LL, (pré), ouv tte l'année

7 Bar - Restaurant Mesón Sarracín (696-982-672) 10 €, ouv 7h

8 Bar Refugio del Cazador sandwiches, ouv 7h

9 Bar - Tienda Valcarce, ouv 7h

10 Alimentation :
- Tienda Carolina, ouv 8h à 21h été, 9h à 21h hiver, ouv 7/7
- Supermercado Aliprox, ouv 9h à 21h

11 Taxi Carlos (987-543-225 & 696-301-398) transport personnes, bagages et vélos

12 Albergue privée Pequeño Potala
Luis Miguel Berlana et Carlos, 24520 Ruitelán (☒ pequepotala@gmail.com 987-561-322) 34 places en dortoirs de 6 à 20 pers, nuit 5 €, 3 €, 7 €, poss végétarien, LL & SL, (pré à proximité), , poss massages shiatsu, ouv 12h, ferm 23h, ouv tte l'année

13 Bar Omega, ouv 9h à 21h, sandwiches, fermé nov à mar

14 Bar Rosa, sandwiches, ouv tte l'année

15 Albergue privée de Myriam
24526 Las Herrerías, (654-353-940 myriamcm@yahoo.com) poss résa, 20 places, nuit 5 €, 3 €, poss (repas végétarien), LL, (pré à proximité, prévenir), ouv avr à oct

16 Centro de turismo rural El Paraiso del Bierzo CB
carretera general sn, 24526 Las Herrerías (987-684-137 & 629-928-260 www.paraisodelbierzo.com) poss résa, 13 ch, 40.50 à 47 €, 52.50 à 63 €, 7.50 €, 13 €, (prévenir), , fermé jan

17 Restaurante et Chambres A Casa do Ferreiro
camino de Santiago 41, 24526 Las Herrerías (679-478-150 www.casaferreiro.es ☒ casadoferreiroherrerias@hotmail.com) 8 ch, 40 à 45 €, 60 €, 10 €, (prévenir), ouv 7h été, 8h hiver, fermé dec à fev

18 Pensión - Restaurante Casa Polín
24520 Las Herrerías (987-543-039) 4 ch, 30 à 36 €, 3 €, 10 €, (écuries), , ouv 8h

19 Albergue parroissiale La Faba
Association allemande des amis de saint Jacques, 24526 La Faba, 46 places en dortoir, nuit 5 €, , LL & SL, (dans le village, prévenir), , ouv 14h, ferm 22h, départ 8h30, *susceptible d'être ouvert hiver 2010-2011*

20 Bar El Ultimo Rincón del Bierzo, 8.50 €, végétarien, fermé HS

21 Tienda de alimentación, ouv mar à oct

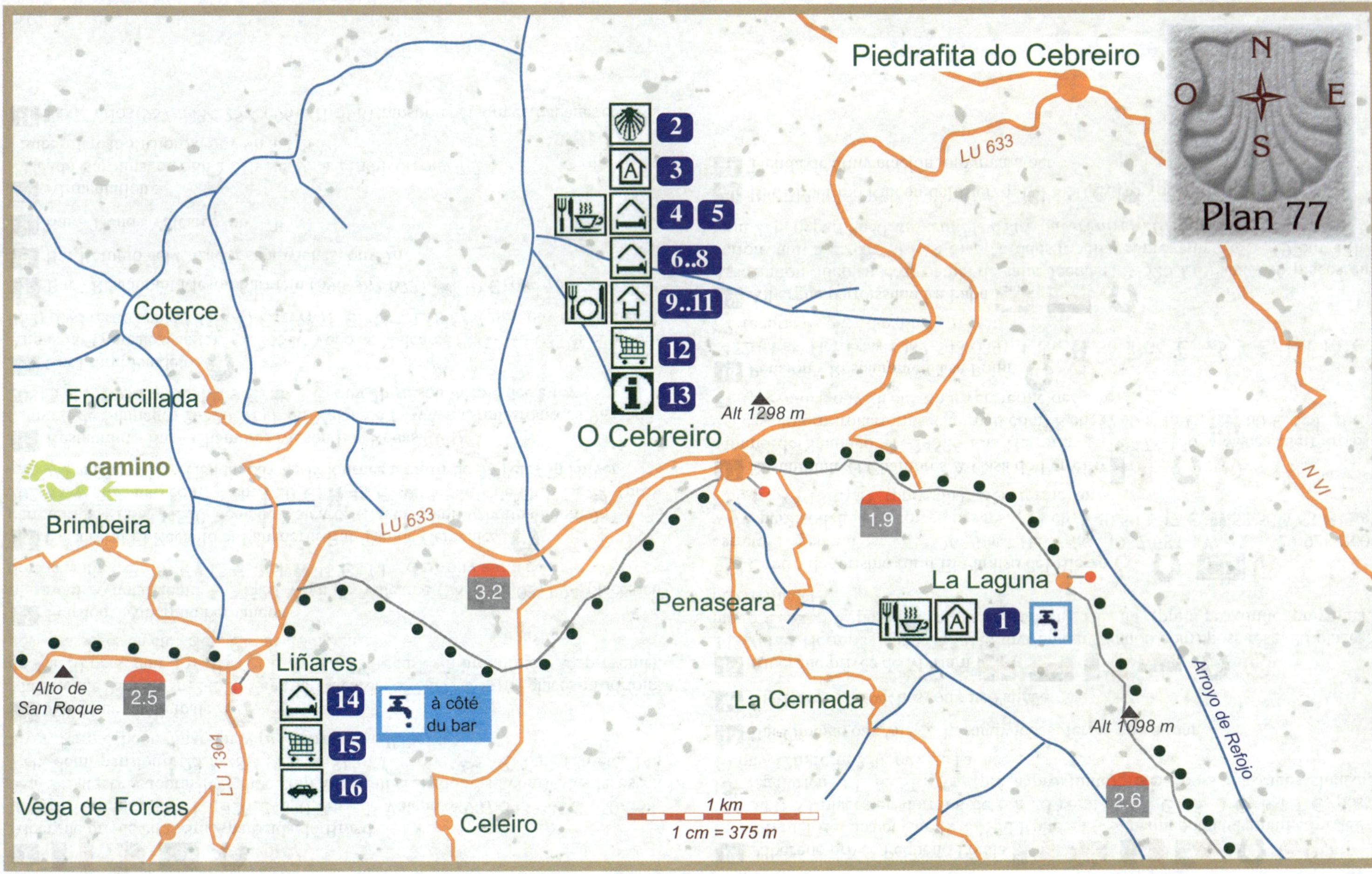

Plan 77
N
S
E
O
Piedrafita do Cebreiro
LU 633
N VI
Coterce
Encrucillada
camino
Brimbeira
2
3
4
5
6..8
9..11
12
13
Alt 1298 m
O Cebreiro
1.9
LU 633
3.2
Penaseara
La Laguna
1
La Cernada
Arroyo de Refojo
Alt 1098 m
2.6
Liñares
14
15
16
à côté du bar
Alto de San Roque
2.5
LU 1301
Vega de Forcas
Celeiro
1 km
1 cm = 375 m

Plan 77

1 Albergue-Bar A Escuela
Ludivina y Isidoro, 24526 La Laguna de Castilla (987-684-786 & 619-479-238 ✉ baralbergueescuela@hotmail.es) 18 places en dortoirs de 4 et 8 pers, nuit 9 €, 1 ch, 35 €, , 9 €, LL & SL, (pré), , ouv début mar à fin nov

2 Messe 20h à l'église du village suivie de la bénédiction des pèlerins (12h dim), église ouv tte la journée

3 Albergue de la Xunta de Galicia
27671 O Cebreiro (660-396-809) priorité pèlerins à pied, 104 places en dortoir, nuit 5 €, pas de couvertures, sans ustensiles, LL & SL, , ouv 13h, ferm 22h

4 Centro de turismo rural A Venta Celta
Irene, 27671 O Cebreiro (667-553-006 ✉ mirenea@arraxis.es) poss résa, 5 ch, 40 €, 2.70 €, 10 €, , ouv 6h , ouv tte l'année

5 Casa de turismo rural - Restaurante Mesón Carolo*
27671 O Cebreiro (982-367-168) 10 ch, 40 €, 48 €, 4 €, 10 €, , ouv 6h été

6 Casa rural Navarro
27671 O Cebreiro (982-367-007) 3 ch, 40 €, (pré et écuries)

7 Casa rural Valiña
27671 O Cebreiro (982-367-182 & 982-367-125) 5 ch, 35 €, 48 €,

8 Casa rural Frade
27671 O Cebreiro (982-367-104) HS résa souhaitée, 5 ch, 35 à 40 €, 45 €, 53 €

9 Hostal-Restaurante San Giraldo de Aurillac @
27671 O Cebreiro (✉ informacion@hotelcebreiro.com www.hotelcebreiro.com 982-367-125) 6 ch, 45 €, 60 €, 3.50 à 5 €, 10 à 12 €, (écuries dans le village, prévenir), fermé Nouvel An

10 Hostal - Restaurante do Cebreiro
27671 O Cebreiro (982-367-125) 5 ch, 40 €, 50 €, 3 à 5 €, 10 €

11 Hostal - Restaurante Mesón Antón (982-151-336 & 982-367-180) 3 ch, 45 €, , à la carte, restaurant fermé lun, fermé Noël

12 Tienda de alimentación

13 Information touristique, 27671 O Cebreiro (982-367-025) ouv lun au ven 11h à 18h, fermé sam et dim, parfois fermé HS

14 Casa rural Jaime
27671 Liñares (982-367-166) 4 ch, 40 €, 3 €, (écuries à proximité), , fermé 10 dec à l'Epiphanie

15 Tienda de alimentación, ouv 9h30 à 22h

16 - Taxi Petines (982-367-165) 7 places, transport bagages et vélos, (écuries, donativo)
- Taxi Olga Fernández López, (982-546-059 & 620-436-833) transport personnes, bagages et vélos du Cebreiro à Portomarín

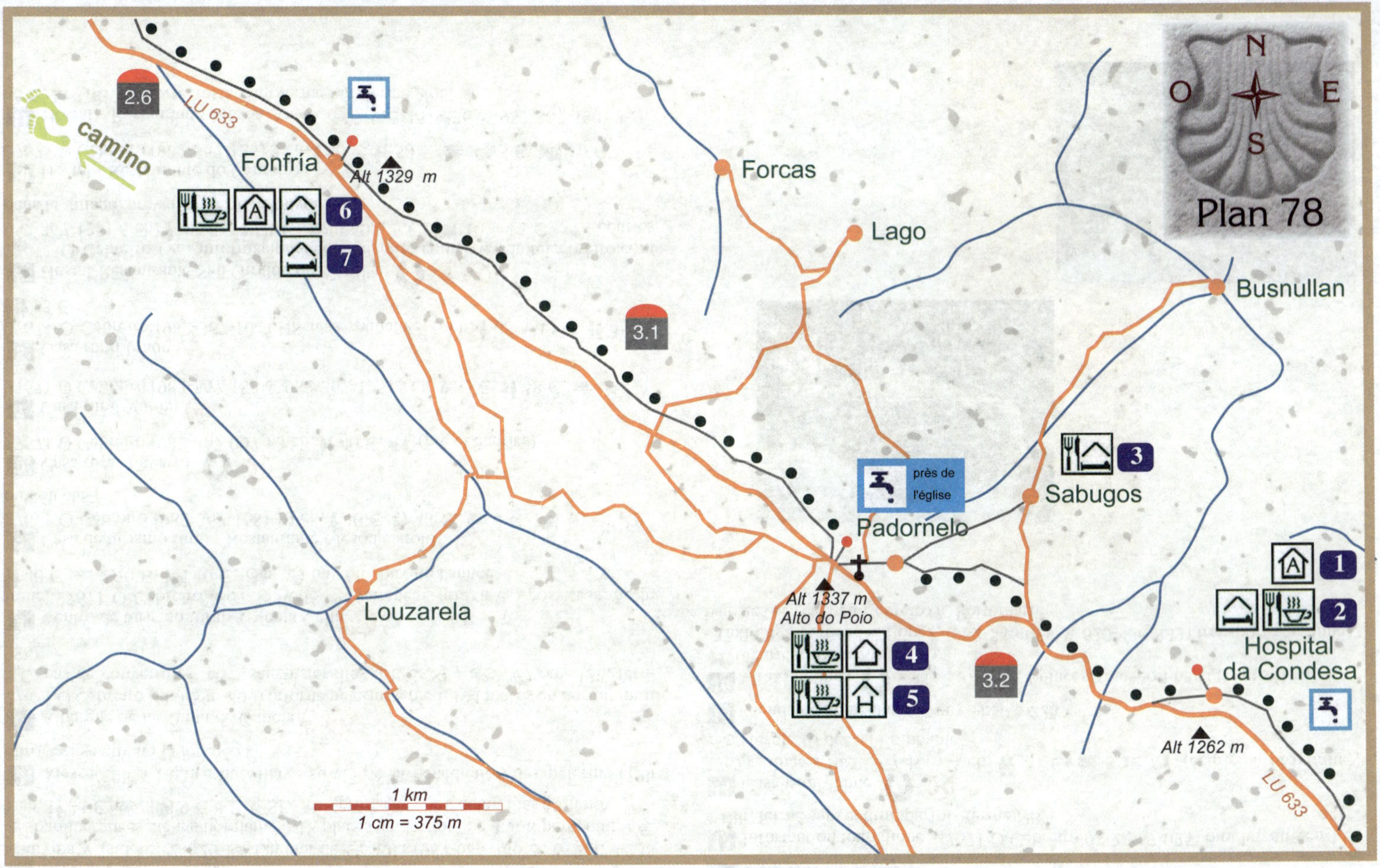
Plan 78
N
O
E
S
camino
2.6
LU 633
Fonfría
Alt 1329 m
6
7
Forcas
Lago
3.1
Busnullan
3
Sabugos
près de
l'église
Padornelo
Alt 1337 m
Alto do Poio
4
5
3.2
1
2
Hospital
da Condesa
Alt 1262 m
LU 633
Louzarela
1 km
1 cm = 375 m

Plan 78

1 Albergue de la Xunta de Galicia
Concepción Fonfría, 27670 Hospital da Condesa (660-396-810) 20 places en dortoirs de 8 et 10 places, nuit 5 €, sans ustensiles, LL, ouv 13h, ferm 22h

2 Restaurante - Bar - Chambres Mesón O Telar
27671 Hospital da Condesa 14 (982-367-183 & 618-387-592) 2 ch à 30 €, , 10 €, ouv 6h en saison, 8h30 HS

3 Casa rural de Rodríguez
Sabugos, 27670 Piedrafita do Cebreiro (rodriguezsabugos@hotmail.com 982-367-162 & 636-116-333) poss résa, 5 ch, 33 à 40 €, 45 €, 3 €, du soir 11 €, , LL & SL, *(après Hospital da Condesa, au km 11, continuer à droite sur 800 m jusqu'à Sabugos)*

4 Bar - Refugio del Puerto
Alto do Poio, 27671 Hospital da Condesa (982-367-172) 18 places en dortoir, nuit 5 €, 2.20 €, 8 à 10 €, , ouv 6h en saison, 8h hiver

5 Hostal - Restaurante - Bar Santa María do Poio @
Alto do Poio, 27671 Hospital da Condesa (982-367-167) 14 ch, 35 €, 40 €, 4 € (en hiver inclus), 11 €, (pré), , ouv 6h30 saison, 8h HS

6 Centro de turismo rural A Reboleira - Casa Nuñez
Angela Aira Lago, 27671 Fonfría (alberguefonfria@yahoo.es 982-181-271 & 659-061-196 www.redalberguessantiago.com) poss résa, 80 places en 2 dortoirs, nuit 8 € // 6 ch de 2, 3 et 4 pers, 13 €, 3 €, 9 €, sandwiches, LL & SL, poss transport de bagages, (écurie), , ouv 6h été, fermé Toussaint à fev // Restaurant-Bar *(vers le km 22)*

7 Casa rural Galego
27671 Fonfría (tél 982-161-461 & 679-422-891) 3 ch, pers 25 €, pers 37 €, , ouv tte l'année *(vers le km 16)*

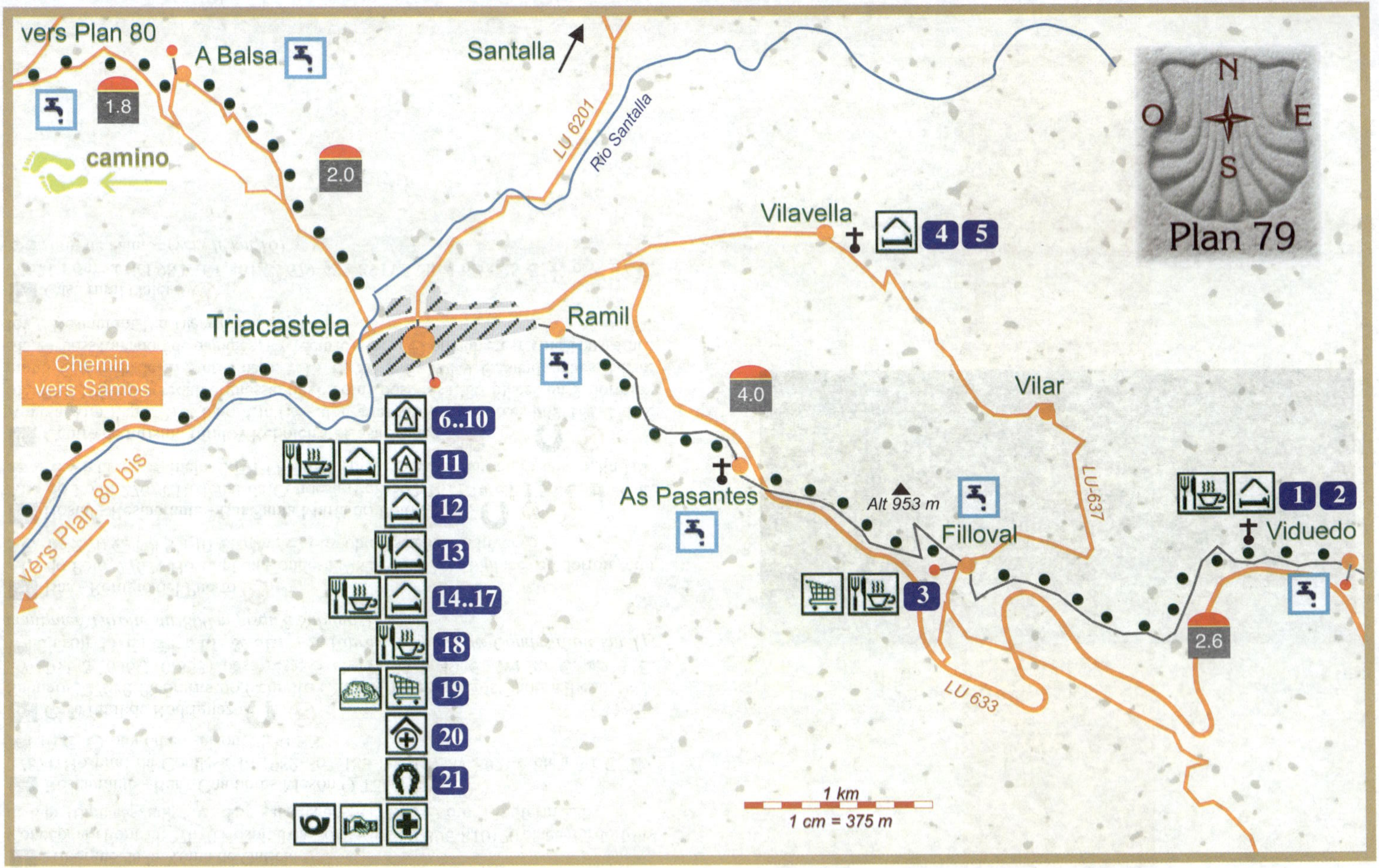

Plan 79
N
O
E
S
vers Plan 80
A Balsa
Santalla
1.8
camino
2.0
LU 6201
Rio Santalla
Vilavella
4
5
Triacastela
Ramil
Chemin
vers Samos
6..10
11
12
13
14..17
18
19
20
21
vers Plan 80 bis
4.0
Vilar
As Pasantes
Alt 953 m
LU-637
Filloval
3
1
2
Viduedo
2.6
LU 633
1 km
1 cm = 375 m

Plan 79

1 Centro de turismo rural Casa Quiroga et Mesón Betularia
27632 Viduedo (982-187-299) 11 ch, 35 €, 3 €, 10 €, (à l'attache), , ouv 6h en été, ferm 23h

2 Casa rural - Bar Casa Xato
27464 Viduedo (982-187-301) 7 ch, 24 €, 30 €, 36 €, 4 €, 10 €, LL, chiens acceptés (chenil), (pré, écurie), , ouv tte l'année

3 Bar -Tienda Aira do Camiño, Filloval, assiettes garnies, fermé mi-dec à mi-jan

4 Casa rural Pacios**
María Isabel Fontal-Pérez, Vilavella, 27632 Triacastela (982-548-158 & 608-080-556 casapacios@hotmail.com) poss résa, 5 ch et 3 studios, 35 à 50 €, 45 à 70 €, 80 €, 4 €, dans les studios, (écuries), , piscine, *(de Filloval, aller à Vilar à droite, puis à Vilavella, la Casa est à 500 m)*

5 Casa rural da Veiga** Veiga-Vilavella, 27632 Triacastela (982-548-156) 9 ch, 21 à 32 €, 4 €, (pré), ouv tte l'année *(de Filloval, aller à Vilar à droite, puis à Vilavella sur 1.3 km)*

6 Albergue de la Xunta de Galicia
27630 Triacastela (660-396-811) priorité pèlerins à pied, 56 places en dortoir, nuit 5 €, LL & SL, pas de couvertures, poss camper l'été, (pré)e, ouv 13h, ferm 22h, ouv tte l'anné *(à l'entrée du village à gauche)*

7 Albergue privée Berce do Camiño @
Consuelo Río Rubio, avenida Camillo José Cela 11, 27630 Triacastela (982-548-127) 27 places en ch de 2 à 6 pers, nuit 7 €, , LL & SL, , ouv tte l'année

8 Albergue privée Aitzenea @
Lucita Paez, plaza Vista Alegre 1, 27630 Triacastela (982-548-129 & 670-452-476 aitzenea@arquired.es) poss résa, 47 places en dortoirs de 6 à 14 pers, nuit 7 €, , draps 1.50 €, LL & SL, , poss transport bagages, ouv 10h, ferm 23h, ouv avr à Toussaint

9 Albergue privée Refugio del Oribio @
Elvira Doval Pérez, Castilla 20, 27630 Triacastela (982-548-085 & 616-774-558) poss résa, 27 places en 2 dortoirs, nuit 9 €, , LL & SL, , ouv 11h, ferm 23h, HS ouv sur résa

10 Albergue privée Orta de Abel
María Isabel Fontal-Pérez, 27630 Triacastela (982-548-158 & 608-080-556 casapacios@hotmail.com) 16 places en 2 dortoirs, nuit 9 € // 3 ch 40 €, , LL & SL, ouv mar à nov

11 Centro de turismo rural Complexo Xacobeo-Restaurant-Bar CB
calle Luis Cadorniga Carro 8, 27360 Triacastela (www.complexoxacobeo.com 982-548-037 info@complexoxacobeo.com) poss résa, 30 places en dortoir, nuit 9 €, 6 ch, 40 €, 3.50 à 6 €, 10 €, , LL & SL, , ouv tte la journée à partir de 6h été, 7h hiver, ouv tte l'année

12 Casa rural Olga
carretera de Bercerrea (982-548-134 & 660-264-170 vanservass@hotmail.com www.casaolga.net) 4 ch, 30 à 40 €, 50 €, LL & SL, (pré clôturé), , transport bagages jusqu'à Sarria

13 Casa David @
27630 Triacastela (982-548-144 casadavidtria@yahoo.es) 7 ch, 30 €, 40 €, 50 €, 5 €, 12 €, LL & SL, transport bagages du Cebreiro à Sarria, fermé Noël

14 Pensión - Restaurante - Bar Villasante
avenida Camilo José Cela 7 (982-548-116) poss résa, 7 ch, 35 à 40 €, 50 €, 3 €, 9 €, , ouv Rameaux à Toussaint

15 Pensión García et Bar O Peregrino @
27630 Triacastela (982-548-024) 3 ch, 40 €, 2.50 €, 10 €, , ouv 6h été, 8h hiver, fermé jan

16 Fonda - Restaurante Fernández @
travesía de la Iglesia 3, 27630 Triacastela (982-548-148) 4 ch, 20 à 25 €, 30 à 40 €, 3 €, 10 €, ,

17 Hospedaje - Bar O Novo @
avenida Camilo José Cela 14, 27630 Triacastela (982-548-105) 10 ch, 30 €, 40 €, 50 €, 5 €, 12 €, , ouv 6h saison, 8h HS, fermé vacances Noël

18 Bar-Restaurante Río, calle Leoncio Cadorniga 1 (982-548-133) 10 €, ouv à partir de 6h été, fermé lun, fermé dec et jan

19 Alimentation :
- Supermercado Tandy, avenida de Castilla 20, ouv dim et festivos matin
- Supermercado ACE, avenida de Castilla 10, fermé dim et festivos
- Panadería Sanchez, avenida de Castilla, ouv 8h30, fermé dim et festivos

20 Centre de Santé (982-548-018)

21 Accueil chevaux champ de foire

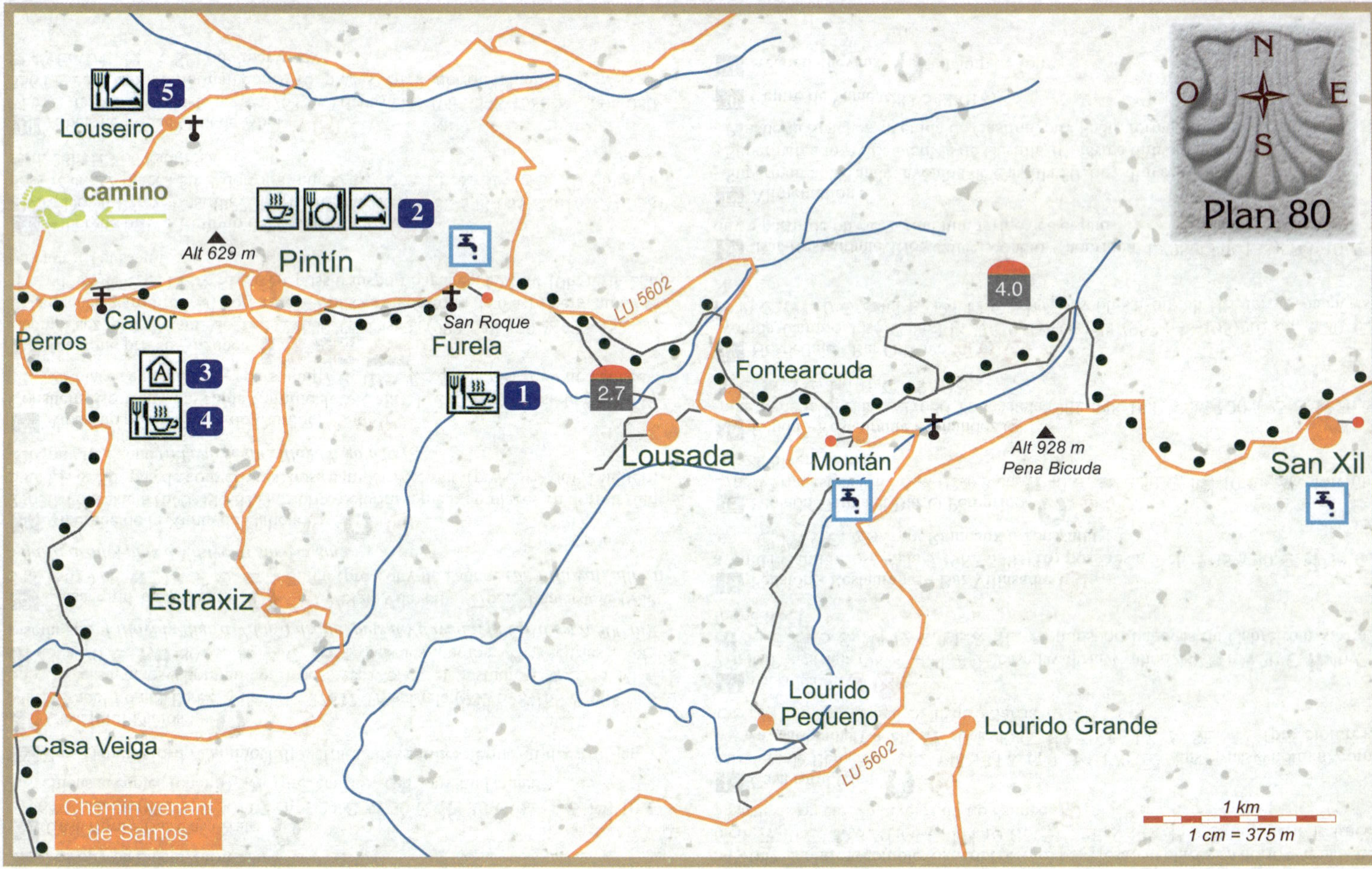

Plan 80
N
O
E
S
Louseiro
5
camino
2
Alt 629 m
Pintín
Calvor
Perros
3
4
San Roque
Furela
1
LU 5602
2.7
Lousada
Fontearcuda
4.0
Montán
Alt 928 m
Pena Bicuda
San Xil
Estraxiz
Lourido
Pequeno
Lourido Grande
LU 5602
Casa Veiga
Chemin venant
de Samos
1 km
1 cm = 375 m

Plan 80

1 Bar Casa Do Franco, camino de Santiago km 120 (630-882-659) 9 €, sandwiches, ouv à partir de 8h30 en été, fermé dim après-midi et vacances de Noël

2 Pensión - Restaurante - Bar Casa Cines *
Pintín 5, 27600 Sarria (982-167-939 & 685-140-635) 7 ch, 35 à 55 €, 60 à 70 €, 3 €, 9 €, sandwiches, , , vont chercher et ramènent les pèlerins dormant à l'albergue de la Xunta de Calvor qui souhaitent dîner au restaurant sur demande téléphonique (2 km), ouv 7h, fermé quelques jours en jan ou fev

3 Albergue de la Xunta
María Jesús López Cereijo, Antiguas Escuelas Calvor, 27619 Sarria (660-396-812) priorité aux pèlerins à pied, 22 places en dortoir, nuit 5 €, cuisine sans ustensiles, LL & SL, pas de couvertures, (chez un voisin, prévenir), , ouv 13h, ferm 23h, départ 8h

4 Bar, 9 € *(à 500 m de l'albergue)*

5 Casa rural Torre do Barrio ***
Louseiro-San Martíño, 27619 Sarria (982-533-727 & 982-533-730) poss résa, 9 ch, 52 à 65 €, sup 20 €, poss prix groupes, 5 €, 14 €, (écuries), , ouv 15 mar au 15 nov *(à Calvor, prendre à droite vers Louseiro sur 1.5 km, fléchage)*
- Chapelle

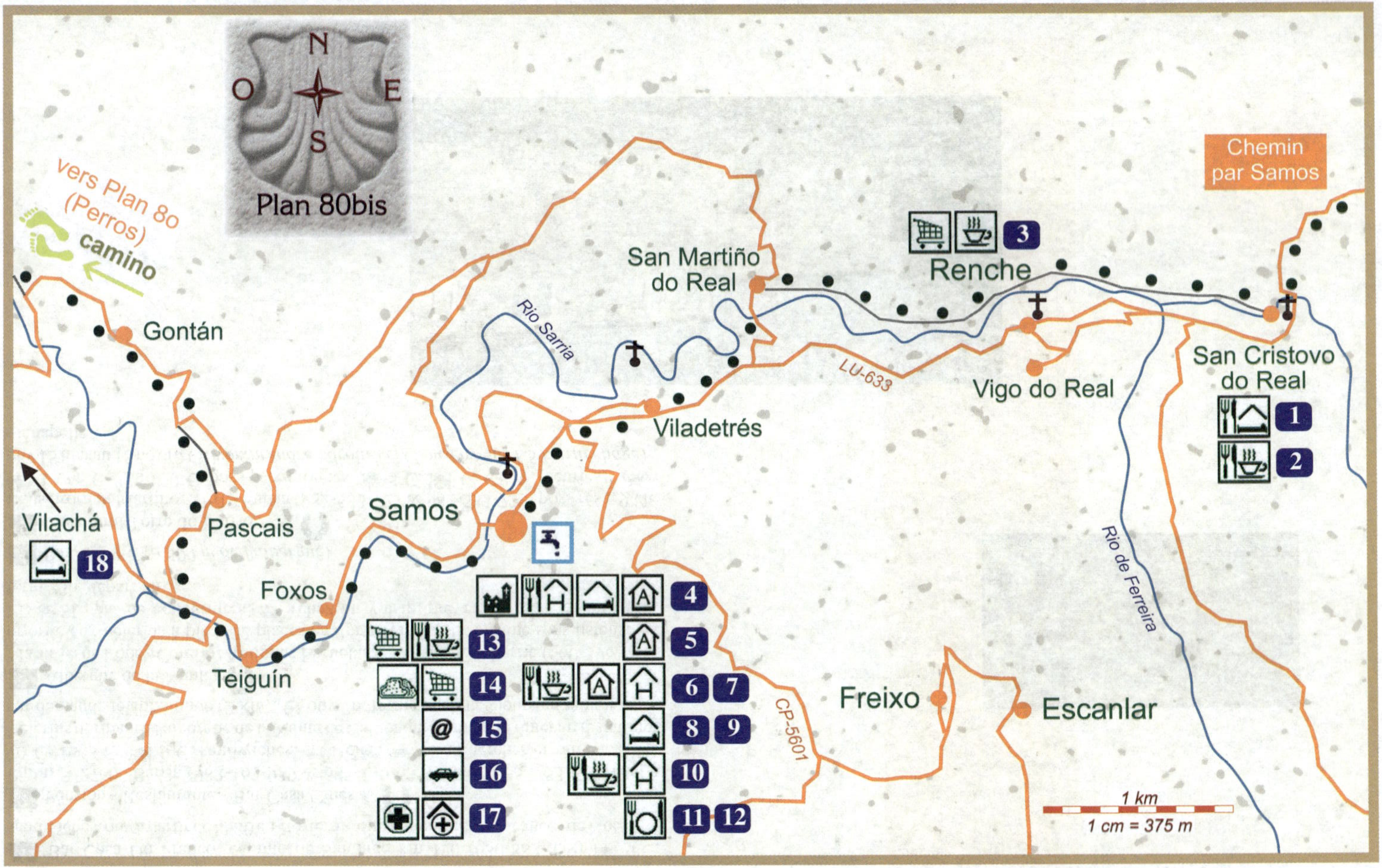

Plan 80bis
N
O
E
S
vers Plan 8o
(Perros)
camino
Chemin
par Samos
Gontán
Pascais
Vilachá
18
Teiguín
Foxos
Samos
Rio Sarria
San Martiño
do Real
Viladetrés
Renche
3
LU-633
Vigo do Real
San Cristovo
do Real
1
2
Rio de Ferreira
4
5
6
7
8
9
10
11
12
13
14
15
16
17
CP-5601
Freixo
Escanlar
1 km
1 cm = 375 m

Plan 80 bis

1 Casa Arza
Reigosa, San Cristovo do Real, 27627 Renche (982-187-036) 9 ch, 35 €, 47 €, supp 12 €, 4 €, du soir 12 € (produits de la ferme), (pré), , Triacastela, résa nécessaire

2 Bar Fontal, sandwiches

3 Tienda - Bar Carlos, dépannage-ravitaillement, ouv 8h

4 Monasterio San Julián y Santa Basilissa, Albergue et Hospedería
Accueil chrétien, Padres Benedictinos, 27620 Samos (982-546-046 ✉ info@abadiadesamos.com www.abadiadesamos.com) Albergue, 70 places en dortoir, donativo, pas de chauffage, (box 10 €, ou pré à proximité), ouv 14h30, ferm 22h30, départ 8h, ouv tte l'année // Hospedería, 16 ch réservées aux hommes désirant faire une retraite, 35 € en pension complète (2 nuits minimum) // Domus Itineris (982-546-088 & 686-979-485 ✉ contacto@domusitineris.com www.domusitineris.com), 15 ch, 20 €, 30 à 40 €, 3 €, LL & SL
- Visite du monastère 3 €, poss assister aux laudes 8h30, vêpres et bénédiction des pèlerins 19h30 été, complies. Messe 18h30, été 20h, dimanche 12h

5 Albergue Val de Samos @
Neleta, avenida Compostela 16, 27620 Samos (982-546-163 & 609-638-801 ✉ info@valdesamos.com www.valdesamos.com) poss résa, 48 places en 6 dortoirs, nuit 11 €, location linge, , LL & SL, (box, 8 €), (+1 €), ouv mar à nov

6 Hostal - Restaurante - Bar - Albergue Victoria @
calle El Salvador 4, 27620 Samos (982-546-022 www.hostalvictoria.es) 12 ch, 30 à 35 €, supp 15 €, dortoir 8 places, nuit 9 €, 3.50 €, 9 €, blanchisserie, chiens acceptés (prévenir, + 15 €), ouv à 6h en été, fermé en jan

7 Restaurante - Bar - Albergue A Cova do Frade @
calle El Salvador 1, 27620 Samos (982-546-087 ✉ acovadofrade@blogspot.com www.acovadofrade.com) poss résa, 10 places, nuit 8 €, 2 ch, 32 €, à partir de 6h, 9 €, LL & SL, fermé dec

8 Casa rural Licerio***
calle Generalisimo 44, 27620 Samos (✉ casalicerio@hotmail.com 982-546-012 www.casalicerio.com) 5 ch, 35 à 40 €, 3.50 €, , (pré, prévenir), ouv tte l'année

9 Casa rural Casiña de Madeira
Antonio, 27620 Samos (982-546-189 & 653-824-546) 2 ch, 36 à 40 € *(à côté de la chapelle wisigothique)*

10 Hotel - Restaurante - Bar A Veiga CB @
avenida Compostela 61, 27620 Samos (982-546-052 ou 113 ou 042) 15 ch, 24 à 30 €, 35 à 40 €, supp 10 €, 3.50 €, 11 €, , restaurant fermé vacances Noël, ouv 7h été, 8h hiver

11 Restaurante Gallo, calle Salvador sn (982-546-153) 9 €, fermé lun et Noël

12 Restaurante A Pontenova, carretera Sarria 10 (982-546-003) 10 à 15 €, fermé lun, fermé mi-oct à Toussaint *(à la sortie de Samos, sur la route vers Sarria)*

13 Cafetería - Tienda Abadía
plaza de España 7 (982-546-184) sandwiches, (pré), fermé ven, ouv 5h30 été, 7h hiver

14 Alimentation :
- Autoservicio Casa Manxarín, calle Fontao 14, ouv festivos
- Supermercado Garza, avenida Generalisimo 25, ouv matin dim et festivos
- Panadería de Samos, calle Salvador 12

15 Estanco Ponte Nova @, Point Internet

16 Taxi Dulce (982-546-027 & 696-920-214) transport personnes, bagages et vélos, du Cebreiro à Portomarin, 4 places

17 Centre de Santé (982-547-002)

18 Casa rural de Díaz**
Vilachá 4, 27620 Samos (✉ casadediaz@galicia.com 982-547-070 & 619-164-748 www.casadediaz.com) 10 ch, 40 à 70 €, 7 €, , piscine, fermé nov à mar *(prendre la route vers Sarria sur 4 km, puis prendre la route à droite vers Vilachá (entre le km 41 et le km 42) sur 800 m) - Attention : Vilachá n'est pas sur le plan 81, il manque 2 km de la route vers Sarria entre ce plan-ci et le plan 81)*

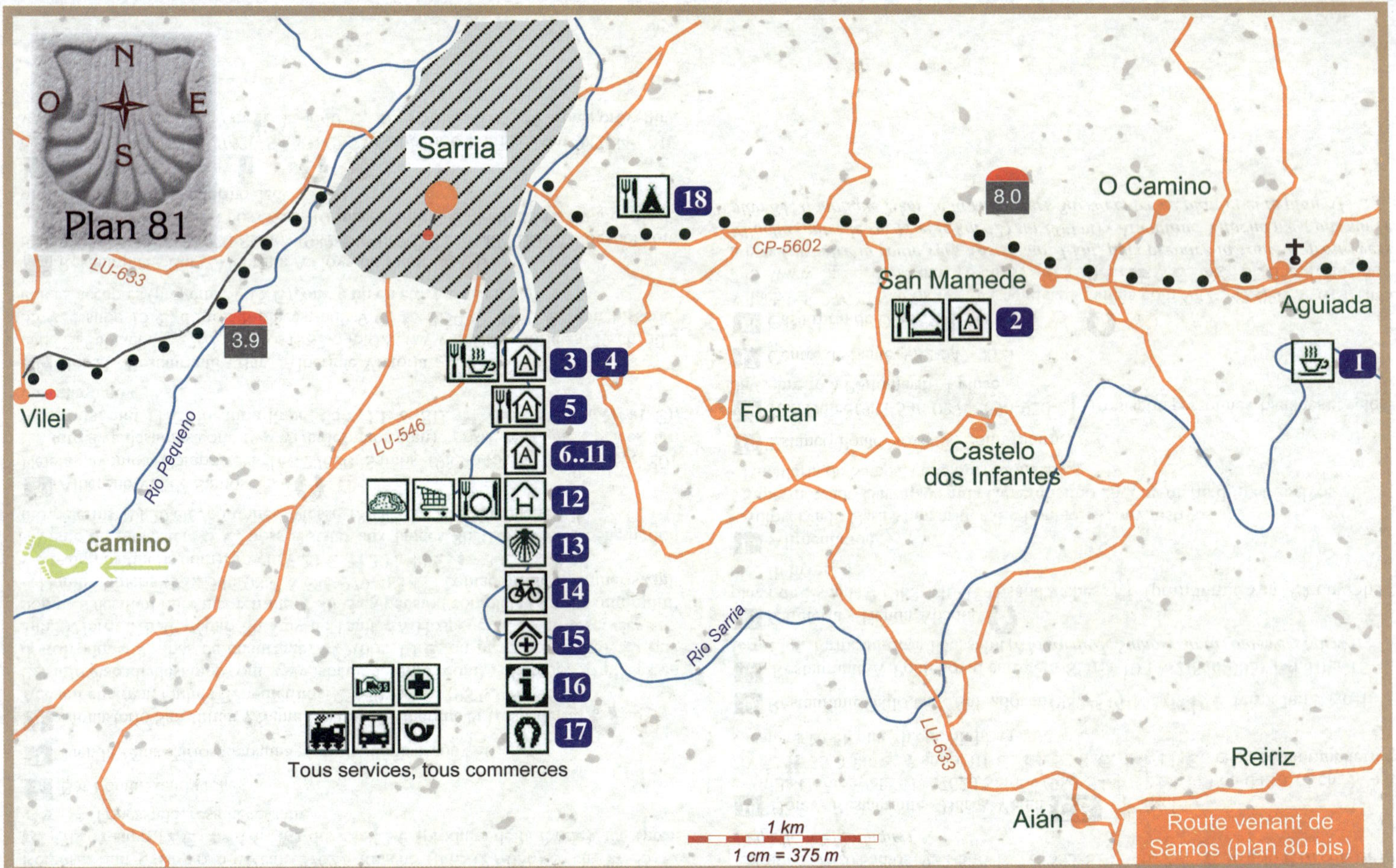

N
O
E
S
Plan 81
Sarria
18
8.0
O Camino
CP-5602
San Mamede
2
Aguiada
1
LU-633
3.9
Vilei
3
4
5
6..11
12
13
14
15
16
17
Fontan
Castelo
dos Infantes
LU-546
Rio Pequeno
camino
Rio Sarria
LU-633
Tous services, tous commerces
Reiriz
Aián
1 km
1 cm = 375 m
Route venant de
Samos (plan 80 bis)

Plan 81

1 Bar Taberna do Camiño, Aguiada, ouv 6h saison, 10h HS

2 Albergue Paloma y Leña @
Paloma et José Antonio, San Mamede, 27600 Sarria (✉ palomaylena@gmail.com 658-906-816 www.palomaylena.com) poss résa, 26 places en ch de 4 à 8 pers, nuit 9 € // 6 ch, 25 €, 35 €, sandwiches, végétarien 9 € servi à 19h30, LL & SL, (box, prix suivant prestation), jardin, , ouv mar à dec

3 Albergue privée - Bar A Pedra @
calle Vigo de Sarria 19, 27600 Sarria (982-530-130 & 652-517-199) poss résa, 15 places en ch de 3 et 4 pers, nuit 9 € // 3 ch, 30 à 35 €, 8.50 €, , LL & SL, (pré, prévenir), , ouv mar à nov

4 Albergue internacional et Cafetería @
calle Mayor 57, 27600 Sarria (982-535-109 ✉ info@albergueinternacionalsarria.es www.albergueinternacionalsarria.es) 44 places en dortoirs de 8 à 14 pers, nuit à partir de 10 € // 2 ch 45 €, 4 €, 9 €, sandwiches, LL & SL, fermé en hiver

5 Albergue privée O Durmiñento CB
Jorge Urrutia Baliño, rúa Mayor 44, 27600 Sarria (600-862-508 & 982-531-099 ✉ durmiento_sarria@hotmail.com) poss résa, 43 places en dortoir de 4 à 11 pers, nuit 10 €, 9 €, LL & SL, , poss massages, ouv 10h, ferm 23h, départ 9h, fermé jan et fev

6 Albergue privée Dos Oito Marabedis
rúa Conde de Lemos 23, 27600 Sarria (629-461-770 & 618-748-777) poss résa, 23 places en ch de 2 à 6 pers, nuit 10 € draps inclus, 2 ch à 25 €, , LL, , ouv tte la journée, ouv mai à oct

7 Albergue privée Don Álvaro @
Monica López Castedo, rúa Mayor 10, 27600 Sarria (982-531-592 & 686-468-803 ✉ info@alberguedonalvaro.com www.alberguedonalvaro.com) 40 places en ch de 8 à 14 pers, nuit 9 €, , LL & SL, , poss massages, poss résa, ouv 12h, ferm 23h, ouv tte l'année

8 Albergue privée Los Blasones - Casagrande @
Aurora Gudin, rúa Mayor 31, 27600 Sarria (✉ info@alberguelosblasones.com 600-512-565 www.alberguelosblasones.com) poss résa par tél uniquement, 42 places en ch de 4 à 22 pers, nuit 8 €, , LL & SL, , jardin, ouv 11h, ferm 23h, fermé vacances de Noël

9 Albergue de la Xunta de Galicia @
María Carmen Arias López, rúa Mayor 79, 27600 Sarria (660-396-813) 40 places en dortoir, nuit 5 €, sans ustensiles, LL & SL, ouv 13h, ferm 22h, ouv tte l'année

10 Albergue prive San Lázaro @
Marisa Vazquez y Fe López, calle San Lázaro 7, 27600 Sarria (982-530-626 & 659-185-482 alberguesanlazaro@hotmail.com www.alberguesanlazaro.com) poss résa, 20 places en 3 dortoirs, nuit 10 €, LL, , ouv mar à oct

11 Albergue privée Casa Peltre
Escalinata de la Fuente, 27600 Sarria (606-226-067) 22 places en dortoirs de 4 à 14 pers, nuit 10 €, , LL & SL, jardin, , ouv fev à nov

12 Nombreux hôtels, restaurants et commerces

13 Peregrinoteca
camino de Santiago km 111, avenida Benigno Quiroga 16, (982-530-190 ✉ info@peregrinoteca.com www.peregrinoteca.com) équipement du pèlerin et livres, ouv tous les jours 7h à 22h des Rameaux à Toussaint, 8h à 21h et fermé dim HS

14 Vélos, Dos Ruedas, Antonio López, praza de Galicia 41 (982-533-522) réparation

15 Centre de Santé (982-532-111)

16 Office de Tourisme, calle Vigo de Sarria 15, 27600 Sarria (982-530-099 ✉ turismo@sarria.es www.sarria.es) ouv lun au ven 10h à 16h mar à dec, 10h à 19h jul à sep, sam et dim 11h à 15h, dec à mar s'adresser à la mairie, calle Mayor 14

17 Accueil chevaux champ de foire, s'adresser à l'Office de Tourisme

18 Camping Vila de Sarria @
camino de Santiago km 103, 27600 Sarria (982-535-467 & 671-681-333 ✉ info@campingviladesarria.com www. campingviladesarria.com) tente 12.50 €, 9 à 10.50 €, LL & SL, dépannage-ravitaillement, (pré, prévenir), ouv mi-avr au 1er oct // Bar - restaurant, fermé 2 semaines en nov *(1 km avant Sarria, le long du chemin)*

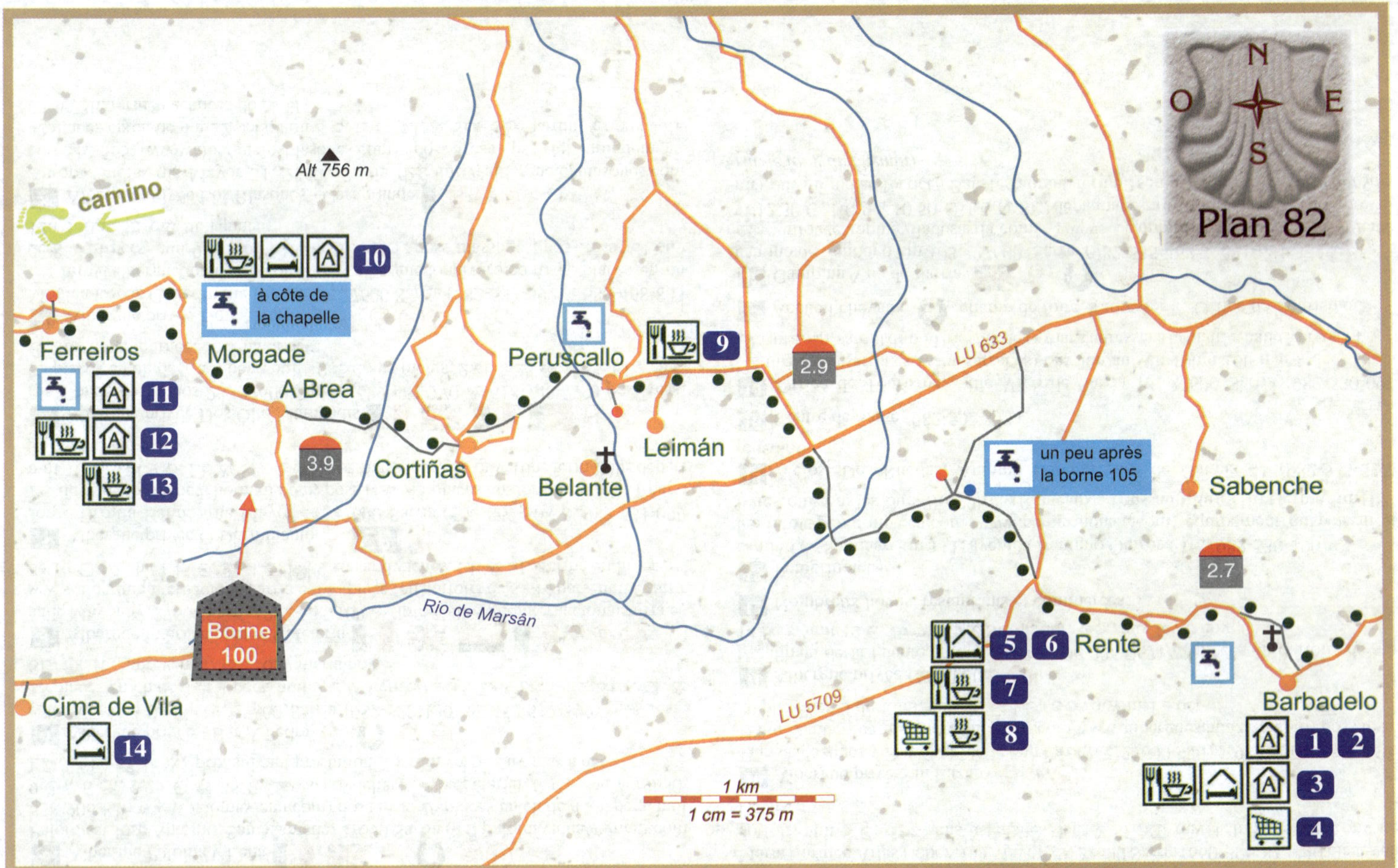
Plan 82
N
O
E
S
camino
Alt 756 m
à côte de
la chapelle
10
Ferreiros
Morgade
A Brea
11
12
13
3.9
Cortiñas
Peruscallo
Belante
Leimán
9
2.9
LU 633
un peu après
la borne 105
Sabenche
2.7
Borne
100
Rio de Marsân
Cima de Vila
14
5
6
Rente
7
8
LU 5709
Barbadelo
1
2
3
4
1 km
1 cm = 375 m

Plan 82

1 Albergue de la Xunta de Galicia
Cruz González, 27616 Barbadelo (660-396-814) priorité pèlerins à pied, 18 places en dortoir, nuit 5 €, sans ustensiles, LL & SL, ouv 13h, ferm 22h *(à l'entrée du village)*

2 Albergue O Pombal
Antonio Fernández López (686-718-732) 12 places, nuit 10 €, , LL & SL, fermé nov à avr

3 Restaurant - Bar - Albergue privée Casa de Carmen CB @
27616 Barbadelo (982-532-294 & 606-156-705 www.acasadcarmen.com acasadecarmen@hotmail.com) poss résa, 30 places en dortoir, nuit 10 €, 2 ch, 35 €, 4 €, 10 €, (pré), poss camping, , résa nécessaire HS, ouv 6h30 été, accueil 14h à 23h *(200 m après l'auberge de la Xunta)*

4 Caravane-tienda, dépannage-ravitaillement, en été *(infos sous réserve)*

5 Casa rural Caxigueiro ** CB
Sabenche 5, 27613 Barbadelo (casacaxigueiro@terra.es 618-911-344 & 982-531-349 www.casacaxigueiro.com) 6 ch, 47.50 à 58 €, 58 à 69 €, 74.50 à 86 €, 108 €, 4.50 €, bio 16 €, ouv tte l'année

6 Casa rural Casa Nova de Rente **
Rente, 27616 Barbadelo (982-187-854) 6 ch, 23 €, 28 à 35 €, 3 €, soir 9 €, LL & SL,

7 Bar Cita, 9 €, ouv 8h

8 Bar-Tienda Casa Rica, Cantina da Serra, sandwiches, dépannage-ravitaillement, ouv 6h

9 Bar Mesón O Xistelo, Leiman 7, sandwiches, ouvert 6h30 été, 9h hiver, fermé soir et dec

10 Bar - Pensión Casa Morgade @
Morgade, Pinza (982-531-250 www.mundofree.com/morgade) 1 ch 6 pers, nuit 10 € // 5 ch, 28 à 35 €, sup 12 €, , 8.50 €, sandwiches, LL & SL, (pré, prévenir), , ouv mi-mar à mi-nov

11 Albergue de la Xunta de Galicia
Primitiva Galloso Díaz, 27170 Ferreiros (982-157-496 & 660-396-815) priorité pèlerins à pied, 22 places en dortoir, nuit 5 €, cuisine sans ustensiles, pas de couvertures, LL & SL, , ouv 13h, ferm 22h, ouv tte l'année

12 Albergue - Restaurante - Bar O Mirallos
(639-010-696) 40 places en dortoir, donativo, 3 €, poss camper, , 7 à 10 € (produits du jardin), ouv 6h en saison, 9h HS *(à côté de l'église romane)*

13 Restaurante-Bar Mesón Cruceiro (982-541-240 & 639-020-064) 8 à 11 €, ouv 6h été, servi 11h à 22h, parfois fermé en hiver

14 Casa rural
Cima de Vila, 27611 Paradela (982-541-216) 6 ch, 36 €, 42 €, 57 €, 4.50 €, , Ferreiros, Morgade, Peruscallo, fermé mi-nov à mi-mar

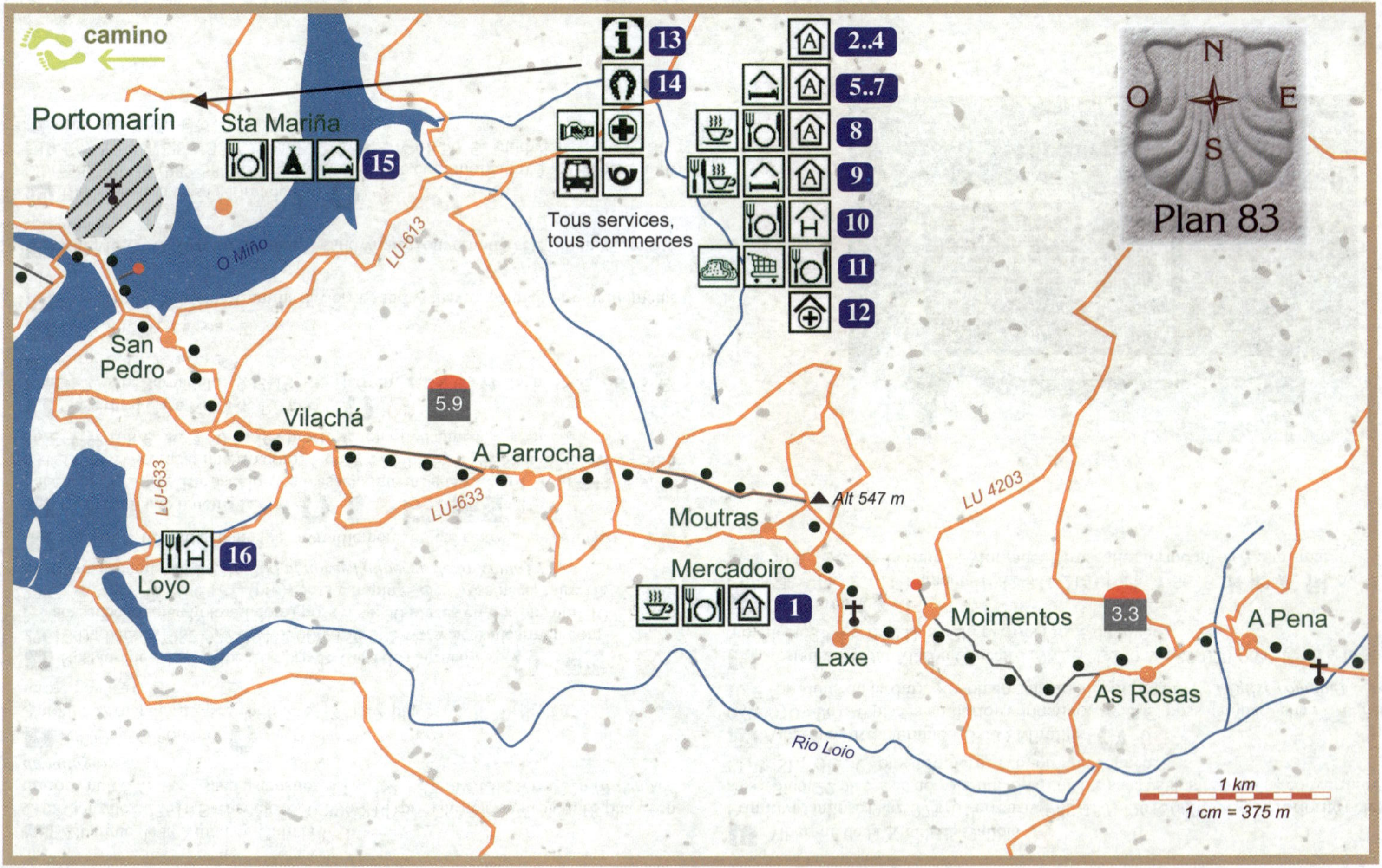
camino
Plan 83
N
O
E
S
Portomarín
Sta Mariña
15
13
14
Tous services,
tous commerces
2..4
5..7
8
9
10
11
12
O Miño
LU-613
San
Pedro
5.9
Vilachá
A Parrocha
LU-633
LU-633
Loyo
16
Alt 547 m
Moutras
Mercadoiro
1
LU 4203
Laxe
Moimentos
3.3
A Pena
As Rosas
Rio Loio
1 km
1 cm = 375 m

Plan 83

1 CB @
Albergue privée de Mercadoiro - Bar - Restaurant La Bodeguiña
José Miguel Martínez, Mercadoiro 2, 27611 Paradela (jose@mercadoiro.com 982-545-359 www.mercadoiro.com) 32 places en ch de 4 à 6 pers, nuit 9 € // 2 ch, ou 35 à 40 €, 3 €, 8 à 10 €, sandwiches, (pré), fermé dec à début mar

2 Albergue de la Xunta de Galicia
Tina Vázquez, carretera Lugo, 27170 Portomarín (660-396-816) 100 places en dortoirs de 30 pers, nuit 5 €, sans ustensiles, ouv 13h, ferm 22h, départ 8h, LL & SL, ouv tte l'année

3 Albergue municipal
78 places, nuit 5 €, , ouv mai à nov

4 Albergue privée - Cafetería Ferramenteiro @
María Luz García, rúa Chantada 3, 27170 Portomarín (982-545-362 info@albergueferramenteiro.com www.albergueferramenteiro.com) 120 places en dortoir, nuit 10 €, , sandwiches, draps 2 €, LL & SL, , ouv tte la journée, de Toussaint aux Rameaux ouv uniquement pour groupes sur résa

5 Albergue privée Porto Santiago @
Belén y Juan, calle Diputación 8, 27170 Portomarín (618-826-515 info@albergueportosantiago.com www.albergueportosantiago.com) poss résa, 14 places en dortoir, nuit 10 €, 4 ch, 25 à 35 €, , LL & SL, jardin, , de nov à mar ouv sur résa uniquement

6 Albergue privée Manuel
calle Rua do Miño 1, 27170 Portomarín (982-545-385 & 679-754-718) 16 places en dortoir, nuit 10 € // 4 ch, 25 €, , LL & SL, , ouv avr à Toussaint

7 Albergue privée Ultreya
Noemi López Rey, calle Diputación 9, 27170 Portomarín (982-545-067 & 676-607-292) poss résa, 14 places en dortoir, nuit 10 €, 4 ch, 30 à 40 €, , LL & SL,

8 Albergue privée - Restaurant-Bar O Mirador @
Ruben, calle Peregrino 27, 27170 Portomarín (rubensoengasla@yahoo.es 982-545-323 www.omiradorportomarin.com) poss résa, 30 places en ch de 4 à 7 pers, nuit 10 €, 3 € à 7h30 été, 10 €, LL & SL, , ouv 7h, fermé vacances Noël *(à la sortie du village)*

9 Albergue privée - Cafetería El Caminante CB
Asunción López, rúa Sanchez Carro, 27170 Portomarín (982-545-176) poss résa sauf aou, 3 ch de 4 pers, nuit 9 € // 15 ch, 28 €, 40 €, 50 €, 55 €, 3 €, 9 € (en saison), LL & SL, , ouv 12h, ferm 24h // Bar ouvert 6h , Albergue ouv de mi-mar à mi-oct, Cafetería ouv tte l'année

10 Hôtels :
- Hotel Villajardín , rúa do Miño 14, 24178 Portomarin (982-545--054 www.hotelvillajardin.com) 36 ch, 12 €
- Hôtel Pousada de Portomarín *** , avenida de Sarria sn (982-545-200 info@pousadadeportomarin.com www.pousadadeportomarin.com) 34 ch
- Hostal-Restaurante Pérez, Barreiro, plaza Aviación Española 6 (982-545-218 & 982-545-040 pensionperez@gmail.com) 9 ch, 8 à 12 €
- Pensión Arenas ** et Cafetería, plaza Conde Fenosa 5 (982-545-386 pensionarenas@gmail.com www.pensionarenas.com) 12 ch, 10 €
- Pensión-Restaurante Portomiño, Barco sn (982-545-243 & 982-547-575 portominho@hotmail.com) 17 ch, 9 €
- Pensión- Restaurante Posada El Camino *, Lugo 1 (982-545-081) 6 ch, 9 €

11 7 restaurants, plusieurs commerces d'alimentation

12 Centre de Santé (982-545-114)

13 Office de Tourisme, 27170 Portomarín (turismo@concellodeportomarin.es 982-545-206) ouv lun à ven 9h à 14h tte l'année et 16h à 20h l'été

14 Accueil chevaux au champ de foire (boxes)

15 Centro de turismo rural - Camping Santa Mariña Cat-3 CB
Santa Mariña 1, 27170 Portomarín (www.casadeturismoruralsantamarina.com 982-545-105) tente 10 € // 9 ch, 54 €, 69 € // location bungalows, 54.50 €, 74 €, 4 €, 13 €, chiens acceptés au camping, (7 € pré, 13 € écurie) , ouv tte l'année *(à 750 m du centre Portomarín, au bord du lac)*

16 Hostal Mesón do Loyo
Loyo, 27611 Paradela (mesondoloyo@hotmail.com www.mesondoloyo.com 982-545-012) 9 ch, 1 pers 35 €, 2 pers 40 €, , 9 €, LL & SL, , ouv tte l'année Portomarin

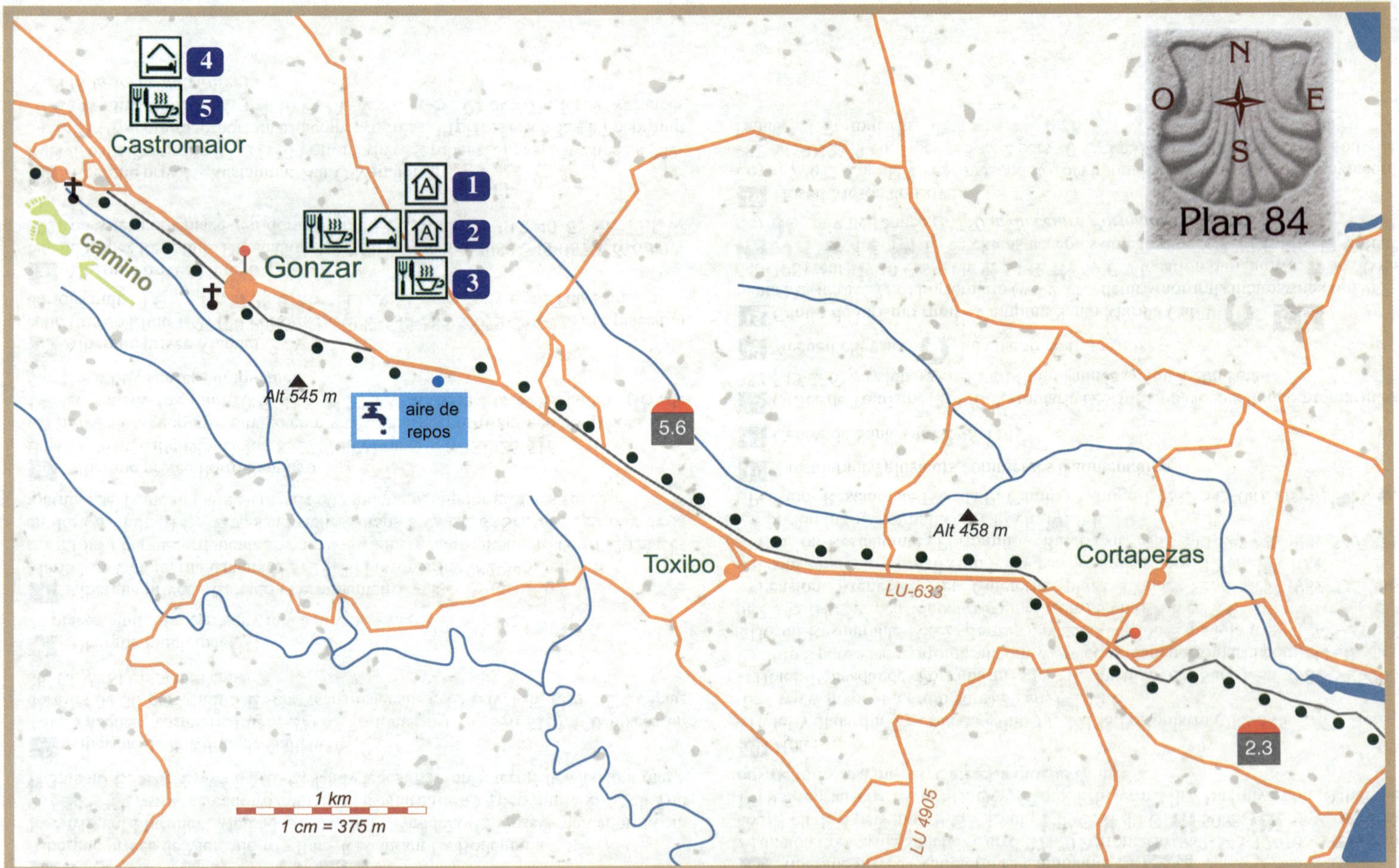
Plan 84
N
O
E
S
4
5
Castromaior
1
2
3
Gonzar
camino
Alt 545 m
aire de repos
5.6
Toxibo
Alt 458 m
LU-633
Cortapezas
2.3
LU 4905
1 km
1 cm = 375 m

Plan 84

1 Albergue de la Xunta de Galicia
María Elisa Fuente García, 27188 Gonzar (982-157-840 & 660-396-817) priorité aux pèlerins à pied, 30 places en dortoir, nuit 5 €, , LL & SL, , ouv 13h, ferm 23h, départ 9h, ouv tte l'année

2 Bar - Restaurante - Albergue privée Casa García
27188 Gonzar (982-157-842 www.casagarcia.es) poss résa, 26 places en dortoir, nuit 10 € // 4 ch, 35 €, 3 €, 10 €, LL & SL, (pré et grange), , ouv 7h, ouv avr à mi-nov

3 Bar Gonzar Descanso del Peregrino, 9 €, sandwiches, , ouv tôt pour les pèlerins de l'albergue de la Xunta (à côté), ouv avr à nov

4 Pensión Maruja
María Navia Gay, 27188 Castromaior (982-189-054) 4 ch, 15 €, 25 à 35 €, 36 €, ouv avr à fin sep

5 Bar O Castro, 8 €,

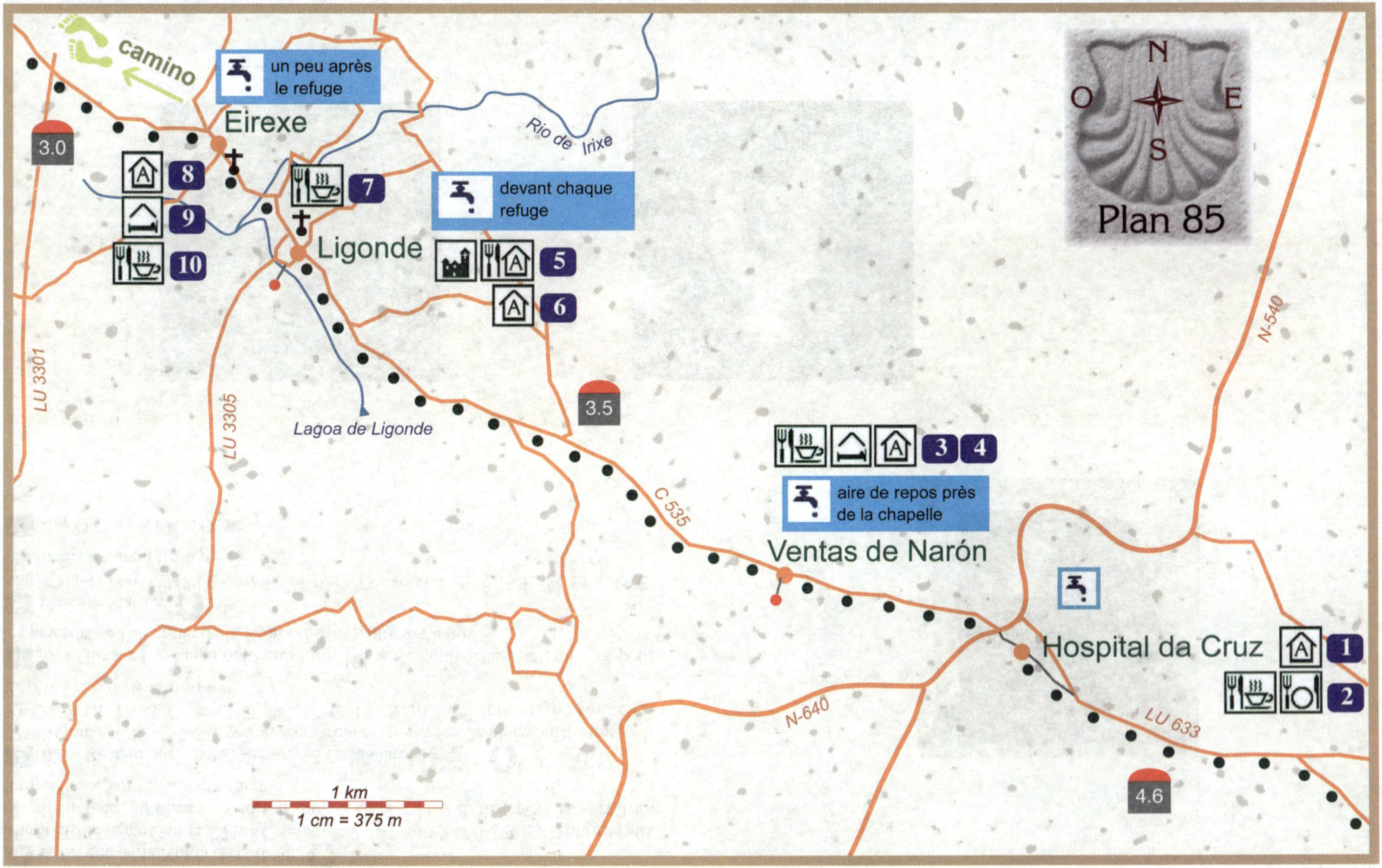

Plan 85
N
O
E
S
camino
un peu après
le refuge
Eirexe
3.0
8
9
10
7
Ligonde
Rio de Irixe
devant chaque
refuge
5
6
3.5
Lagoa de Ligonde
LU 3301
LU 3305
C 535
3
4
aire de repos près
de la chapelle
Ventas de Narón
N-540
N-640
Hospital da Cruz
1
2
LU 633
4.6
1 km
1 cm = 375 m

Plan 85

1 Albergue de la Xunta de Galicia
Digna, 27178 Hospital de la Cruz (660-396-818) priorité pèlerins à pied, 30 places en dortoir, nuit 5 €, sans ustensiles, LL & SL, (pré), ouv 13h, ferm 22h, ouv tte l'année *(à la sortie du village)*

2 Hostal - Restaurante - Bar Labrador
Alto Hospital 2, 27178 Hospital de la Cruz (982-545-303 & 666-421-291) 9 ch, 23 à 37.50 €, 3 €, 9 €, (pré), , ouv 6h en été, 7h30 en hiver, ouv tte l'année

3 Albergue privée - Restaurante - Bar Casa Molar
Avenencio Fernández Rodríguez, Ventas 4, 27178 Ventas de Narón (696-794-507 ✉ casa_molar@ventas@yahoo.es) résa nécessaire HS, 18 places en 2 dortoirs, nuit 10 €, 2 ch, 30 €, , 9 €, chiens acceptés (en ch uniquement), poss camping en été, , ouv 6h en été, ouv tte l'année *(au km 77)*

4 Bar Plaza et Albergue privée O Cruceiro
camino de Santiago km 77, 27178 Ventas de Narón (658-064-917) 22 places en 2 dortoirs, nuit 10 €, 2 ch, 30 à 35 €, 9 €, sandwiches, LL & SL, (pré), , ouv 6h été, 7h hiver

5 Refugio Fuente del Peregrino
Accueil chrétien, Agapê international, Ligonde, 27568 Monterroso (www.lafuentedelperegrino.com) 10 places en dortoir, donativo, poss et donativo, (pré), parfois fermé dim, ouv 13h, ferm 23h, ouv jun à aou

6 Albergue municipale Escuelas de Ligonde
Ligonde, 27568 Monterroso (679-816-061) 20 places en dortoir, nuit 8 €, , LL & SL, , ouv 11h, ferm 22h, ouv avr à nov

7 Casa Maríluz (982-169-141) 9.50 €, ouv 5h30 été, 7h30 hiver, ouv Rameaux à Toussaint *(entre Ligonde et Eirexe)*

8 Albergue de la Xunta de Galicia
María Paz Gai Vila, Antiguas Escuelas, calle Eirexe 17, 27560 Eirexe (982-153-483 & 660-396-819) priorité pèlerins à pied, 18 places en dortoir, nuit 5 €, (demander ustensiles à l'hospitalera), LL & SL, (pré), , ouv 13h, ferm 22h, ouv tte l'année *(dans le village)*

9 Pensión Eirexe
(982-153-475) 6 ch, 20 à 25 €, 30 à 35 €, 40 €, LL & SL, (pré, à l'attache), , ouv 6h été, 8h hiver

10 Bar-Restaurant Conde Waldemar
(626-253-923) 10 €, service continu, ouv 5h30 été, 6h30 hiver, fermé Noël à l'Epiphanie

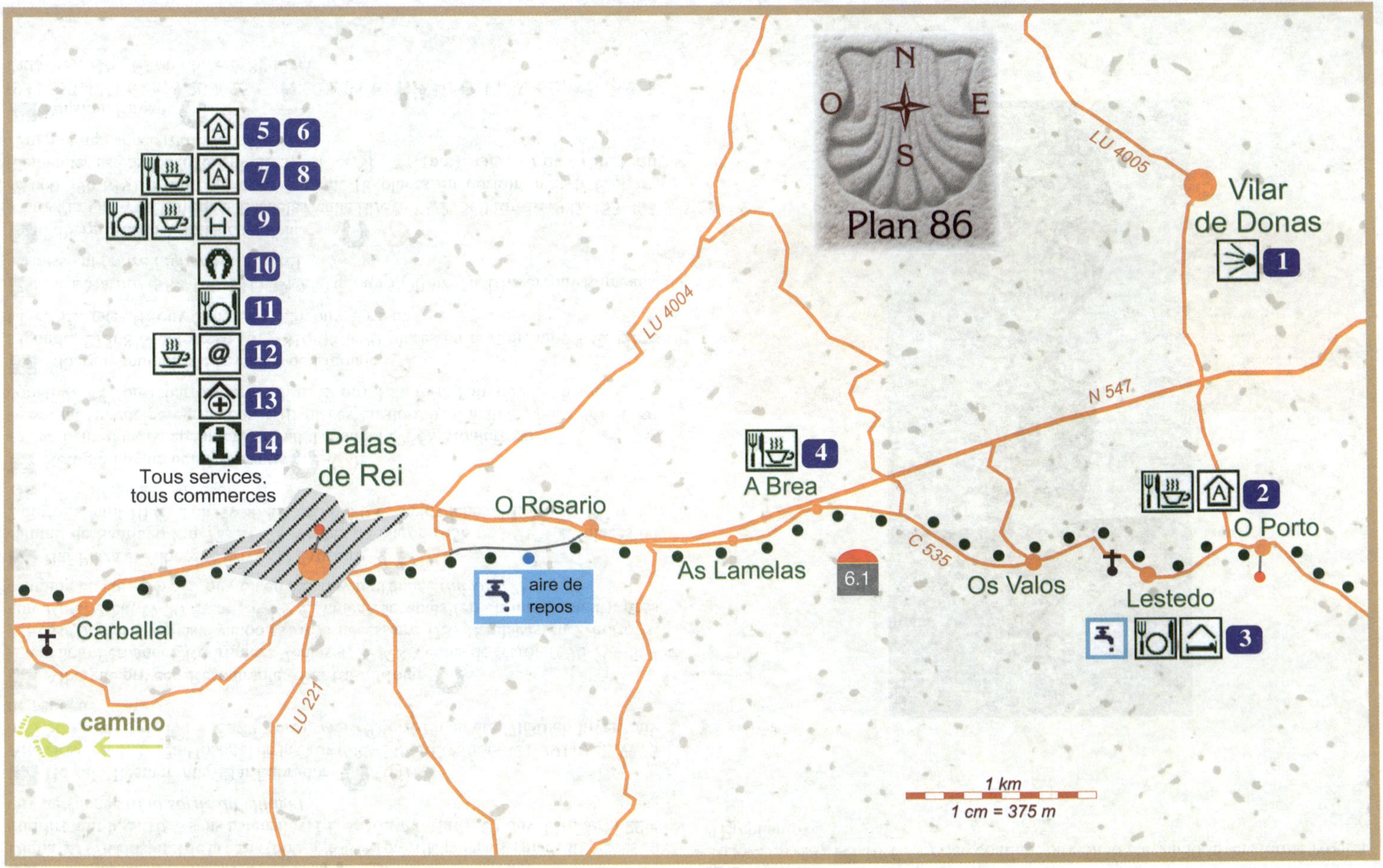

Plan 86
N
O
E
S
Vilar de Donas
1
LU 4005
LU 4004
N 547
5 6
7 8
9
10
11
12
13
14
Palas de Rei
Tous services, tous commerces
O Rosario
aire de repos
A Brea
4
As Lamelas
6.1
C 535
Os Valos
Lestedo
3
O Porto
2
Carballal
LU 221
camino
1 km
1 cm = 375 m

Plan 86

1 Eglise de Vilar de Donas (fresques), fermé lun *(2 km hors-chemin)*

2 Albergue privée - Bar A Calzada
Julia, carretera Vilar de Donas, 27200 Lestedo (982-183-744), 10 places en dortoir, nuit 10 €, 2.30 €, sandwiches, draps fournis, , albergue ouv avr à oct, bar ouv tte l'année, ouv 8h

3 Centro de turismo rural Rectoral de Lestedo **
27204 Lestedo (982-153-435 & 618-280-786 casarectorallestedo@yahoo.es www.casa-rectoral-lestedo.com) poss résa, 7 ch, 47 à 74 €, 57 à 84 €, 105 €, 5 €, 15 €, (pré), , jacuzzi, fermé nov à mar

4 Restaurante - Bar Mesón A Brea, carretera Lugo-Santiago km 31 (982-374-129)
9 €, fermé lun, fermé jan

5 Albergue Os Chacotes de la Xunta de Galicia
calle As Lagartas sn, 27200 Palas de Rei (607-481-536) priorité pèlerins à pied, 112 places en 3 dortoirs, nuit 5 €, sans ustensiles, , ouv 13h à 22h
(1 km avant le centre de Palas de Rei)

6 Albergue de la Xunta de Galicia
María Ramona García Rodríguez, carretera de Compostela 19, 27200 Palas de Rei (660-396-820) priorité pèlerins à pied, groupes refusés, 60 places en 5 dortoirs, nuit 5 €, sans ustensiles, LL & SL, ouv 13h, ferm 22h, départ 8h, *projets de travaux, susceptible de fermer quelques mois*

7 Albergue privée - Bar - Restaurante Buen Camino @
rúa do Peregrino 3, 27200 Palas de Rei (www.alberguebuencamino.com 639-882-229) 42 places en dortoirs de 3 à 11 pers, nuit 10 €, 4 €, 8 €, , LL & SL, , poss résa, ouv 6h30, accueil 11h30, départ 9h, ouv mar à oct *(derrière la mairie)*

8 Albergue privée - Cafetería Mesón de Benito @
rúa de Paz sn, 27200 Palas de Rei (alberguemesondebenito@gmail.com 982-103-386 & 607-359-206 www.alberguemesondebenito.com) poss résa, nuit 10 €, , 9 €, LL & SL, , ouv Rameaux à Toussaint

9 Hôtels :
- Complejo La Cabaña**, calle Dr Pardo Ouro, (www. complejolacabana 982-380-750 complejolacabana@complejolacabana.com) 30 ch, cafetería
- Hotel Casa Benilde*, calle del Mercado sn (www.casabenilde.com 982-380-717 info@hotelcasabenilde.com) 18 ch
- Hostal - Restaurante Vilariño, avenida de Compostela 16 (982-380-152 info@pensionvilarino.netwww.pensionvilarino.net) 15 ch
- Pensión Casa Curro, avenida Ourense 15 (pensioncasacurro@hotmail.com 982-380-044) 18 ch
- Pensión et restaurant Guntina, calle del Peregrino 4 (982-380-080) 26 ch
- Pensión Barcelona*, avenida de Compostela 39 (982-374-114) 11 ch
- Hospedaje - Bar Arcos, avenida de Compostela sn (982-380-399) 4 ch
- Pensión Maite, avda de Compostela 32 et 90 (982-380-051 & 982-380-177) 6 ch
- Bar-Pensión Plaza, avenida de Compostela 21 (www.pensionbarplaza.es 982-380-109 info@pensionbarplaza.es) 10 ch
- Hostal Ponterroxan, Roxan, Carballal (982-380-132) 18 ch *(à la sortie de Palas)*

10 Accueil chevaux marché aux bestiaux

11 Nombreux restaurants

12 Cyberbar Xaniño @, seconda travesía Collegios, Point internet

13 Centre de Santé (982-380-222)

14 Office de Tourisme, Ayuntamiento, 27200 Palas de Rei (982-380-001 & 982-380-740 www.palasderei.org) fermé après-midi HS

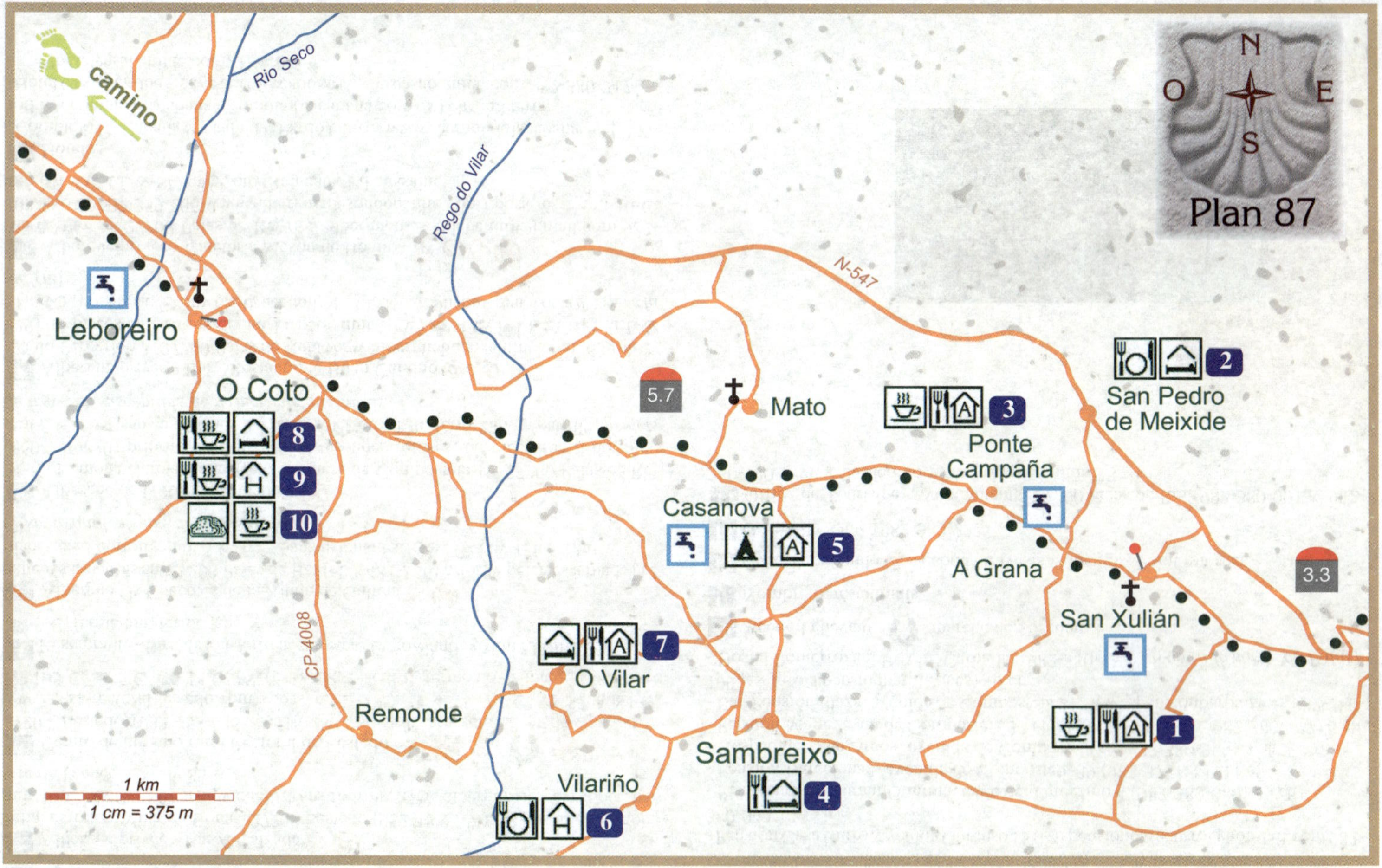
Plan 87
N
O
E
S
camino
Rio Seco
Rego do Vilar
N-547
CP-4008
Leboreiro
O Coto
8
9
10
5.7
Mato
3
Ponte
Campaña
2
San Pedro
de Meixide
Casanova
5
A Grana
San Xulián
3.3
1
7
O Vilar
Remonde
Sambreixo
4
Vilariño
6
1 km
1 cm = 375 m

Plan 87

1 Albergue privée - Bar O Abrigadoiro
María Carmen y Miguel Angel, 27200 San Xulián (982-374-117 & 676-596-975 medeagomez@yahoo.es) poss résa, 18 places en ch de 4 à 7 pers, nuit 12 €, 4 €, du soir 11 € servi à 20h, , ouv tte la journée, ferm 23h, ouv Rameaux à Toussaint

2 Casa rural Pazo Mariñao*** CB @
Amando Sande Agra, 27204 San Pedro de Meixide (pazodemeixide@hotmail.es 982-380-302 www.pazomariñao.es) 6 ch, 45 à 69 €, 55 à 70 €, supp 18 €, 4 €, 19 €, , fermé Noël, Nouvel An et 15 jours en sep

3 Albergue privée Casa Domingo et Taberna
Gonzalo et Ana, 27204 Ponte Campaña (982-163-226 & 630-728-864 www.alberguecasadomingo.com) poss résa (sauf aou), 18 places en 2 dortoirs, nuit 10 à 12 €, 3.50 €, 10 € servi à 19h30, sandwiches, location draps et couvertures, LL & SL, , ouv mai à Toussaint

4 Casa rural Blanco ** @
Sambreixo, 27203 Ponte Campaña (982-194-801 & 616-446-633 info@casablancoterraulloa.com www.casablancoterraulloa.com) poss résa, 6 ch, 44 à 50 €, 4 €, du soir 16 € sur résa (produits de la ferme), (prévenir, pré, enclos), , fermé vacances Noël *(juste après Ponte Campaña, prendre une route à gauche sur 1.5 km vers Sambreixo)*

5 Albergue de la Xunta de Galicia
Marí Carmen Morandeira Vázquez, 27200 Casanova (982-173-483) 20 places en dortoir, nuit 5 €, sans ustensiles, LL & SL, , poss camper, ouv 13h, ferm 23h, ouv tte l'année *(à la sortie du village)*

6 Hotel - Restaurante Balneario Río Pambre ***
Vilariño, Sambreixo, 27203 Casanova (info@balneariorioppambre.com 982-374-135 & 982-153-232 www.balneariorioppambre.com) 23 ch, 53.50 à 83.50 €, 64 à 109 €, inclus, 19.50 €, piscine, hydromassage et massages, saunas // 2 pallozas à louer

7 Centro de turismo rural A Bolboreta @
Montserrat, Vilar de Remonde, 27203 Casanova (982-194-452 & 609-124-717 montse@abolboreta.com www.abolboreta.com) poss résa, 8 places en 2 mini-dortoirs, nuit 13 €, draps & pdj inclus // 8 ch, 27 €, 37 €, inclus, 8 €, poss rester plusieurs jours, LL & SL, , fermé vacances Noël *(à 1 km de l'albergue de la Xunta de Galicia de Casanova)*

8 Centro de turismo rural de los Somoza ** CB
Puri, Coto-Leboreiro, 15808 Leboreiro (981-507-372) 10 ch, 40 €, 54 €, 3.50 à 5 €, 12 à 16 €, ouv 7h, fermé en jan sauf résa // Bar

9
Hostal - Restaurante Die Zwei Deutsche, O Coto, 15809 Leboreiro (981-507-337) 15 ch, 30 €, 40 €, 60 à 70 €, 4 €, 10 €, (pré), ouv 7h saison, 8h30 HS, ouv Rameaux à mi-nov

10 Bar - Tienda O Coto

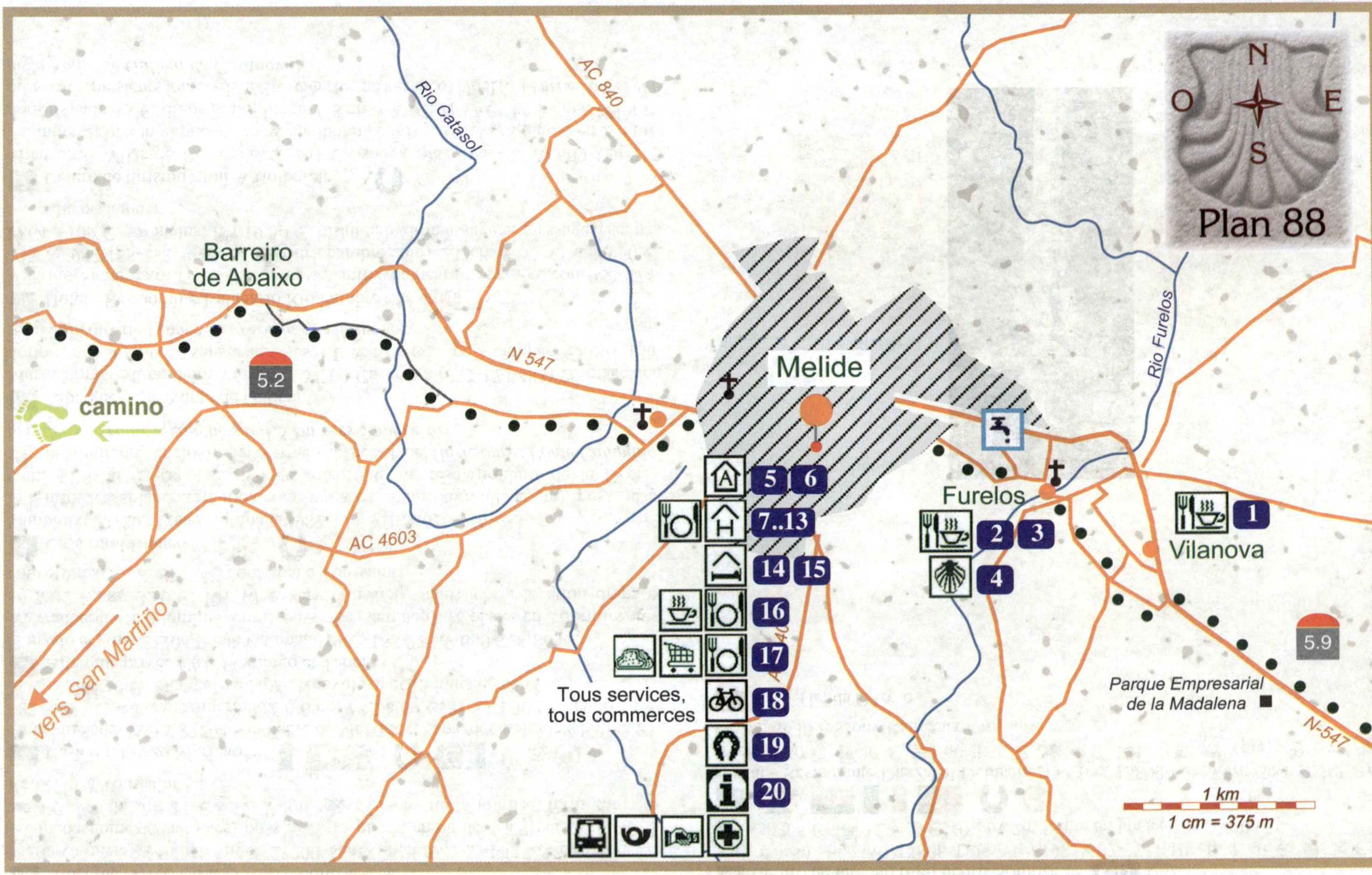

Plan 88
N
O
E
S
AC 840
Rio Catasol
Barreiro
de Abaixo
5.2
camino
N 547
Melide
AC 4603
vers San Martiño
5
6
7..13
14
15
16
17
18
19
20
Tous services,
tous commerces
Rio Furelos
Furelos
2
3
4
1
Vilanova
5.9
Parque Empresarial
de la Madalena
N-547
1 km
1 cm = 375 m

Plan 88

1 Restaurante - Bar Terra de Melide, Vilanova, N 547 (981-506-153) 3 €, 7 à 15 €, ouv 7h été, 9h hiver, fermé dim HS et vacances Noël

2 Bar Carrilo, sandwiches, fermé le soir

3 Bar Taberna Delmiro, sandwiches

4 Musée du Camino et Point d'information touristique

5 Albergue de la Xunta de Galicia @
Concepción Amo Díaz, rúa San Antonio, 15800 Melide (660-396-822) 156 places en dortoir, nuit 5 €, cuisine sans ustensiles, LL & SL, , ouv 13h, ferm 22h

6 Albergue privée touristique O Apalpador
rúa San Antonio 23, 15800 Melide (679-837-969 www.albergueoapalpador.com) poss résa, 30 places en 3 dortoirs, nuit 12 €, , LL & SL, , ouv 12h, ferm 23h, ouv tte l'année

7 Hotel - Restaurante Carlos* CB @
avenida de Lugo 119, 15800 Melide (981-507-633 gestion@hc96.com www.hc96.com) 23 ch, 25 à 35 €, 35 à 45 €, 50 à 60 €, 5 €, 8 €, , ouv 7h30, fermé Noël et Nouvel An

8 Hotel - Restaurante Pousada Chiquitín CB
rúa San Antón 18, 15800 Melide (981-815-333 info@pousadachiquitin.es www.pousadachiquitin.es) 15 ch, 30 à 35 €, 40 à 50 €, 4.50 €, 10 €, fermé dec

9 Hospedaje - Restaurante - Bar Sony CB @
carretera de Santiago sn, 15800 Melide (sony@restaurantesony.com 981-505-473 www.restaurantesony.com) 10 ch, 24 à 27 €, 30 à 37 €, 40 à 45 €, 3.50 €, 8.50 €, ouvert 7h semaine, 9h30 week-end, fermé vacances Noël

10 Hotel - Pensión - Restaurante Xaneiro @
avenida de la Habana 43 et calle San Pedro 22, 15800 Melide (hotel 981-506-140 pensión 981-505-015 hotelxaneiro@arrakis.es www.xaneiro.com) 27 ch, 25 à 30 €, 40 à 45 €, 45 à 55 €, 3.50 €, 8 €, ouv 7h // Pensión, 11 ch, 35 à 40 €

11 Hostal - Restaurante Continente
calle Luis Seoane 8, 15800 Melide (981-506-182) 11 ch, 30 à 36 €, 3.50 €, 9 €

12 Pensión - Restaurante - Bar El Molino @
rúa Rosalia de Castro 15 et calle Froito Novo sn, 15800 Melide (981-506-048) 10 ch, 25 à 30 €, 2.20 €, 7 €

13 Pensión et Cafetería Orois
carretera Alexandre Boveda 13, 15800 Melide (981-507-097) 9 ch, 30 €, 40 €, ouv tte l'année

14 Pensión Berenguela ** CB @
Cantón de San Roque 2, 15800 Melide (www.pensionberenguela.com 981-505-417 reservas@pensionberenguela.com) 12 ch, 25 à 30 €, 35 à 40 €, 4 €, , ouv tte l'année

15 Pensión Grobas
calle la Paz 1 (636-998-374) 5 ch, 25 €, ouv tte l'année

16 Restaurante - Bar Pulpería Ezequiel
avenida de Lugo (981-505-291) 9 à 11 €, en hiver, fermé lun soir - on ne pouvait pas ne pas citer la fameuse pulperia entre les nombreux restaurants

17 Nombreux restaurants et commerces d'alimentation

18 Vélos, Ciclos Isidro Rúa, Rúa Vázquez, avenida de Lugo 14 (981-505-203) réparation

19 Accueil chevaux, champ de foire

20 Office de Tourisme, plaza del Convento (www.mtmelide.es 981-507-998 museomelide@telefonica.net)

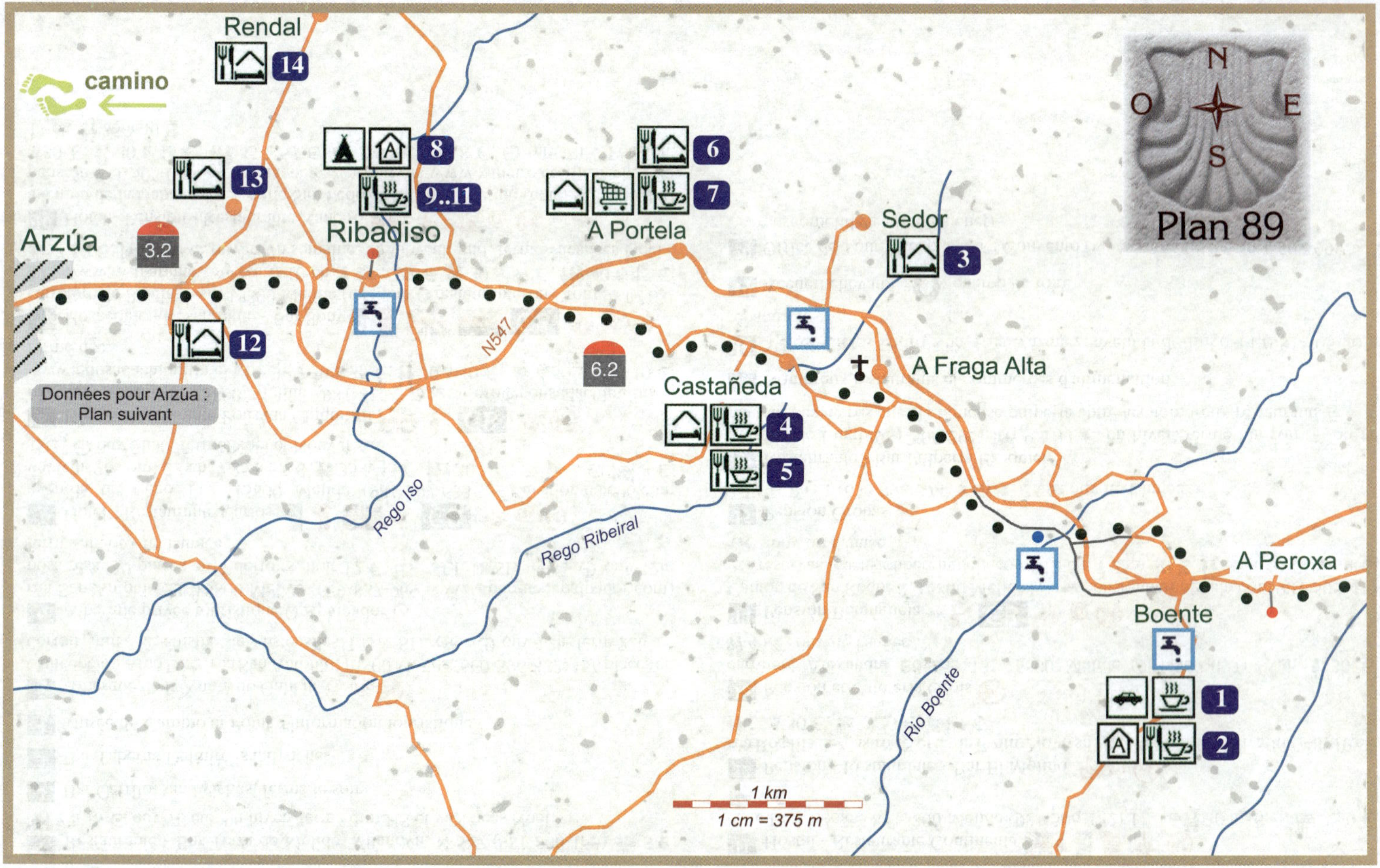
Plan 89
N
S
O
E
camino
Rendal
14
13
12
8
9..11
6
7
3
4
5
1
2
Arzúa
3.2
Ribadiso
A Portela
Sedor
N547
6.2
Castañeda
A Fraga Alta
A Peroxa
Boente
Données pour Arzúa :
Plan suivant
Rego Iso
Rego Ribeiral
Rio Boente
1 km
1 cm = 375 m

Plan 89

1 Bar Bareta (981-506-058) sandwiches, poss taxi, ouv 8h été, 9h hiver

2 Albergue - Bar Os Albergues @
Boente sn, 15825 Arzua (981-501-853 ✉ os_albergues@hotmail.com) poss résa, 26 places en 4 ch, nuit 10 €, , 10 €, LL & SL, (pré), , ouv mar à nov

3 Casa rural Pazo de Sedor CB @
Mercedes, Sedor, 15825 Castañeda (981-501-600 & 675-080-818 ✉ info@pazodesedor.com www.pazodesedor.com) 11 ch, 52 à 76 €, 65 à 81 €, supp 20 à 25 €, 6.50 €, 16 €, blanchisserie, piscine, et poss location, fermé jan à mar *(N 547, km 57)*

4 Pensión - Bar Santiago @
15825 Castañeda (699-761-698 & 981-501-711) 2 ch, 30 €, 40 €, 2.30 €, 8 €, LL, ouv à partir de 6h

5 Bar No Camiño
sandwiches, ouv 8h été, 9h hiver, fermé lun soir HS, fermé nov à mar

6 Casa rural Milia *
A Portela, N 547 km 58, 2, 15825 Castañeda (981-501-625 & 619-286-365 ✉ informacion@casamilia1.com www.casamilia1.com) 8 ch, 30 €, 42 à 52 € inclus, sur résa 12 €, (écurie),

7 Bar - Tienda O Carballo da Portela et Pensión rural Casa Garea @
N 547, 15825 Arzua (981-500-400) poss résa, 6 ch, 35 €, 44 €, 4 €, 9 €

8 Albergue de la Xunta de Galicia
Dolores, 15810 Ribadiso de Baixo (981-501-185 & 660-396-823) 62 places en dortoir, nuit 5 €, sans ustensiles, poss camper, LL & SL, (pré), , ouv 13h à 22h, départ 8h, ouv tte l'année

9 Bar Chiringuito, 8 €, ouv avr à oct *(à côté du río)*

10 Bar Manuel, camino de Santiago km 40, 8 €, ouv 7h, fermé dec

11 Bar-Restaurant Mesón rural Ribadiso @ (981-501-185) 9 €, ouv à partir de 6h été, 7h30 hiver, fermé nov à mar *(juste après l'albergue)*

12 Casa rural Pazo de Santa María CB
O Pazo, Ribadiso Santa María(✉ info@pazosantamaria.es 981-500-702 & 627-439-355 www.pazosantamaria.es) poss résa, 16 ch, 60.50 à 78 €, 76 à 135 €, supp 25 €, inclus, du soir 20 € sur résa, blanchisserie, *(sur le chemin)*

13 Casa rural Vaamonde * @
Traseirexe, Rendal, 15810 Ribadiso de Baixo (981-500-364 & 610-766-684 - ✉ casavaamonde@terra.es) 7 ch, 38 €, supp 12 €, 3.50 €, du soir 10 €, (pré, écurie), , poss résa *(après Ribadiso de Baixo, prendre à droite vers Rendal sur 500 m, puis à gauche au croisement. Le lendemain, continuer à gauche vers Arzúa)*

14 Casa rural Rei *
Castromil, Rendal, 15810 Ribadiso de Baixo (981-191-507 & 678-200-644) poss résa, 6 ch, 42 à 55 €, 4 €, du soir 13 € sur résa, *(après Ribadiso de Baixo, prendre à droite vers Rendal sur 1 km)*

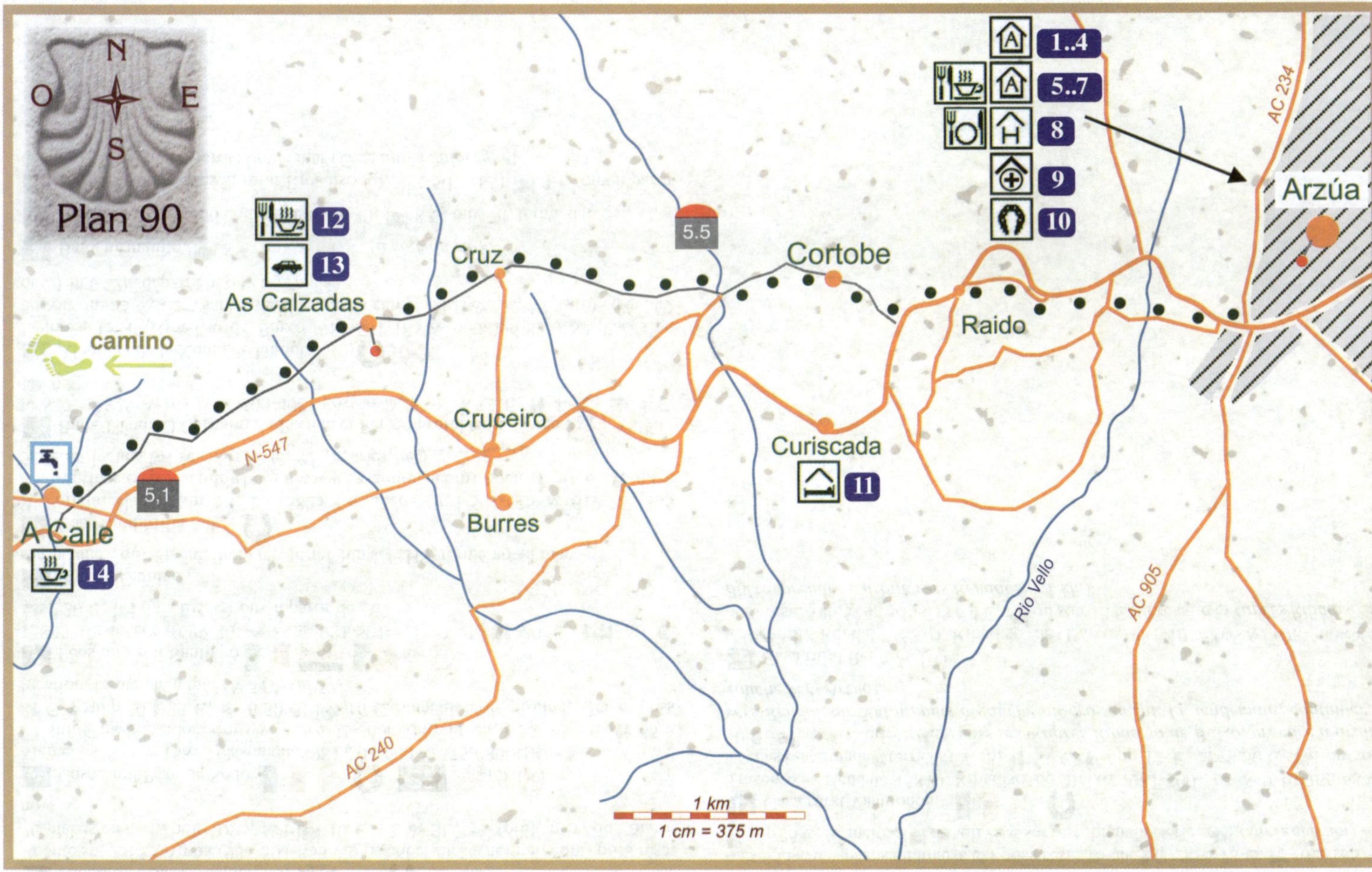

Plan 90
N
O
E
S
camino
A Calle
14
5,1
N-547
As Calzadas
12
13
Cruz
Cruceiro
Burres
5.5
AC 240
Cortobe
Curiscada
11
Raido
1..4
5..7
8
9
10
Arzúa
AC 234
AC 905
Rio Vello
1 km
1 cm = 375 m

Plan 90

1 Albergue de la Xunta de Galicia
calle Cima do Lugar 6, 15810 Arzúa (981-500-455 & 660-396-824) 46 places en dortoir, nuit 5 €, cuisine sans ustensiles, LL & SL, , ouv 13h, ferm 22h, départ 9h

2 Albergue privée Don Quijote
Manuel Rúa, calle Lugo 130, 15825 Arzúa (981-500-139 & 696-162-695 ✉ alberguedonquijote@hotmail.com www.alberguedonquijote.com) poss résa, 50 places en 4 dortoirs, nuit 10 €, LL & SL, , à partir de 5h30 été, en hiver ouv sur résa pour groupes

3 Albergue privée da Fonte @
Pilar Segade, calle do Carmen 18, 1510 Arzúa (www.alberguedafonte.com ✉ alberguedafonte@hotmail.com 659-999-496) poss résa, 20 places en dortoirs de 3 à 18 pers, nuit 10 €, , LL & SL, fermé en hiver

4 Albergue privée Los Caminantes @
Milagros López, carretera Santiago 14, 15825 Arzúa (647-020-600 ✉ info@albergueloscaminantes.com www.albergueloscaminantes.com) poss résa, 36 places en 1 dortoir, nuit 10 €, LL & SL, , ouv 11h à 22h30, ouv Rameaux à Toussaint

5 Albergue privée Vía Lactea et Pulperia
calle Jose Antonio 26, 15810 Arzúa (✉ vialacteaalbergue@hotmail.com 981-500-581 & 616-759-447 www.alberguevialactea.com) poss résa, 80 places en dortoirs de 12 à 22 pers, nuit 10 €, location draps 2 €, 3.50 €, 9.50 €, ppn 4 €, , LL & SL, (enclos), , ouv tte l'année

6 Albergue privée et Cafetería Ultreia @
avenida de Lugo 126, 15825 Arzúa (www.albergueultreia.com 981-500-471 & 626-639-450 ✉ info@albergueultreia.com) poss résa, 36 places en 3 dortoirs, nuit 10 €, 3 €, sandwiches et assiettes garnies, , LL & SL, , ouv tte l'année

7 Albergue privée - Restaurant - Bar Santiago Apostol @
Irma, avenida de Lugo 107, 15825 Arzúa (www.alberguesantiagoapostol.com ✉ santiagoapostolalbergue@hotmail.com 981-508-132 & 981-500-004 & 660-427-771) poss résa, 96 places en 4 dortoirs, nuit 10 à 13 €, 2.50 €, , 9 €, LL & SL

8 8 Hôtels, plusieurs restaurants

9 Centre de Santé (981-500-450)

10 Accueil chevaux champ de foire

11 Casa rural da Curiscada @
15819 Burres (981-815-003 & 699-973-454 ✉ ccuriscada@ocamino.com www.casacuriscada.com) 4 ch, location maison 7 pers 138 à 170 € ou HS à la chambre, 25 €, 45 €, 3 €, , LL & SL, *(entre Burres et Arzúa, 2 km avant Burres)*

12 Bar Lino,

13 Taxi José (608-981-630) 5 places, transport de personnes, bagages et vélos
- ouverture d'une albergue privée de 60 places prévue pour juin 2011

14 Bar Casa Tía Dolores, A Calle (654-876-164) sandwiches, ouv 6h été, 7h hiver

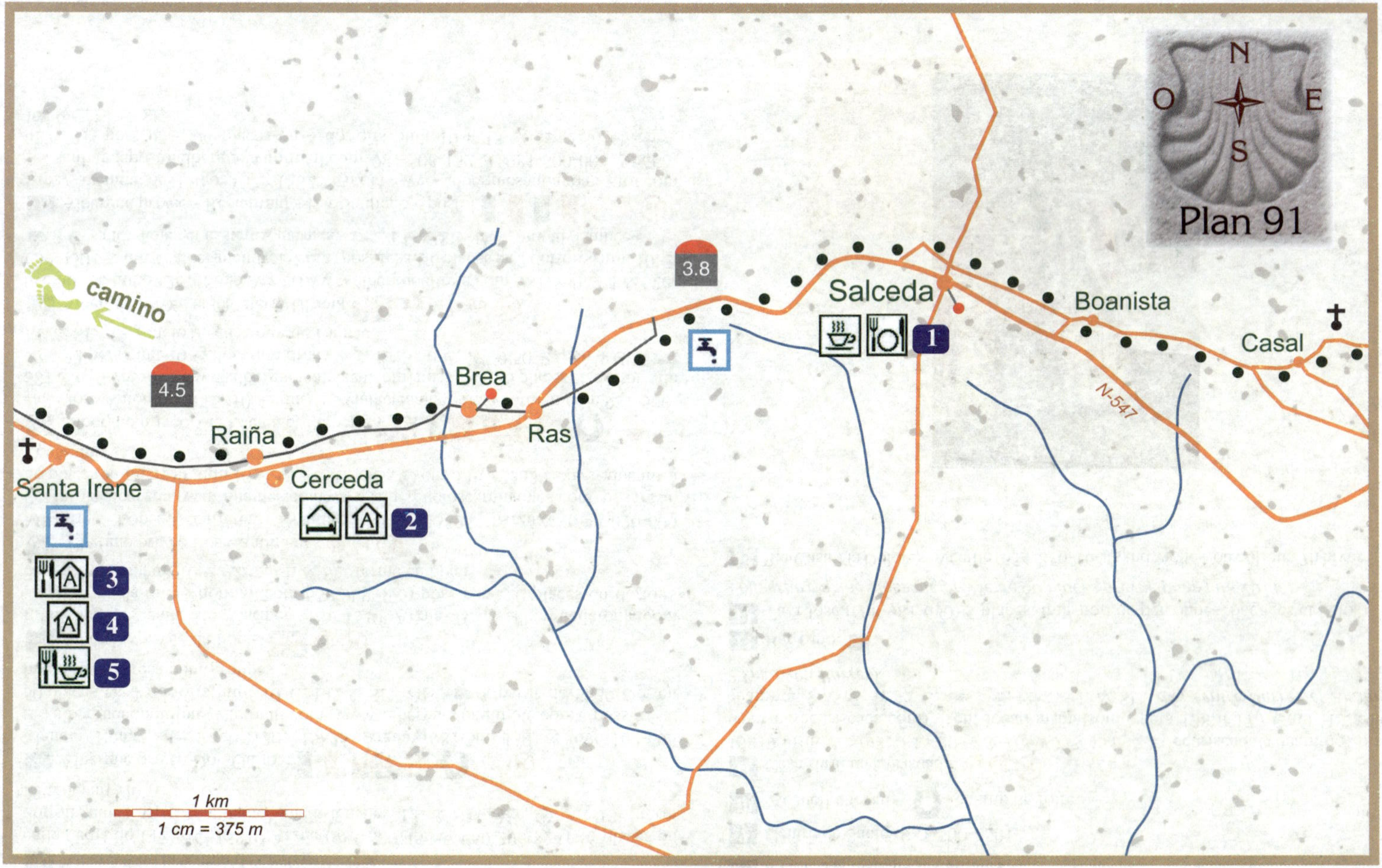
Plan 91
N
O
E
S
Salceda
1
Boanista
Casal
N-547
3.8
4.5
Brea
Ras
Raiña
Cerceda
2
Santa Irene
3
4
5
camino
1 km
1 cm = 375 m

Plan 91

1 Restaurante - Bar Mesón A Esquipa
carretera Santiago-Lugo (981-511-264) 8.50 à 10 €, ouv 7h30 en semaine, fermé lun et janv

2 Hospedaje - Bar O Mesón @
N 547 km 78, San Miguel de Cerceda, 15821 Brea (981-511-040) 10 places en dortoir, nuit 12 € (avec draps) // 6 ch, 38 €, 50 €, 3 €, 9.50 €, (pré & écurie), , ouv 8h

3 Albergue privée Santa Irene
Esther Calvo, 15821 Santa Irene (981-511-000) 15 places en dortoir, nuit 13 € draps et serviettes inclus, 5 €, 10 €, LL & SL, , ouv 12h à 22h, ouv avr à oct *(avant l'albergue de la Xunta, de l'autre côté de la route)*

4 Albergue de la Xunta de Galicia
María José Rodríguez, 15821 Santa Irene (660-396-825) 36 places en 3 dortoirs, nuit 5 €, cuisine sans ustensiles, LL & SL, (3 boxes), , ouv 13h, ferm 22h, ouv tte l'année

5 Restaurante - Bar O Empalme, Santa Irene 15, N 547 (981-511-071) 9 €, ouv 7h en semaine, pas de dim midi

Plan 92
N
O
E
S
1
2
O Burgo
Rúa
Astrar
camino
4.2
San Antón
Amenal
15
7.5
O Pino
Pedrouzo
Arca
3...6
7
8
9...11
12
13
14
N-547
Rio Brandelos
Aéroport de
Santiago
Attention : projets de zones industrielles
Tracé susceptible de changements
1 km
1 cm = 375 m

Plan 92

1 Hotel - Restaurante O Pino* CB @
rúa de Arca 9, 15821 Rúa (981-511-035 & 981-511-148 ✉ info@hotelopino.com www.hotelopino.com) 15 ch, 27 à 36 €, 40 à 48 €, 55 à 63 €, 2.50 à 5 €, 12 €, (écuries à proximité), , ouv 7h30, restaurant fermé dim & festivos, hôtel et restaurant fermés vacances Noël

2 CB @
Centro de turismo rural - Restaurante Casa do Acivro**, A Rúa, 15821 Arca-Pedruzo-O Pino (981-511-316 ✉ cacivro@ocamino.com www.oacivro.com) 10 ch, 35 €, 45 €, 55 à 60 €, 5 € à partir de 8h, 12 €, (écurie à proximité, payant), piscine, , ouv tte l'année

3 Albergue de la Xunta de Galicia
María Obdulia Rendo Rodríguez, 15821 Arca-Pedruzo-O Pino (660-396-826) 126 places en 4 dortoirs, nuit 5 €, sans ustensiles, LL & SL, (écurie), , ouv 13h, ferm 22h, ouv tte l'année
- susceptible d'être fermé pour travaux en hiver

4 Albergue Porta de Santiago @
José Ramón Blanco, avenida de Lugo 11, 15821 Arca-Pedruzo-O Pino (981-511-103 & 607-835-354 ✉ portadesantiago@hotmail.com www.portadesantiago.com) 60 places en boxes de 4 pers, nuit 10 €, LL & SL, , réparation vélos à proximité, ouv mar à nov

5 Albergue Edreira @
Maria del Pilar et Isabel, La Fuente 19, 15821 Arca-Pedruzo-O Pino (981-511-365 & 660-234-995 ✉ info@albergue-edreira.com www.albergue-edreira.com) poss résa, 52 places en 4 dortoirs, nuit 12 € (avec draps), LL & SL,

6 Albergue O Burgo @
Maruja, avenida de Lugo 47, 15821 Arca-Pedruzo-O Pino (981-511-406 & 630-404-138) 16 places en 1 dortoir, nuit 10 € // 5 ch, 35 à 40 €, LL & SL,

7 Residencia - Restaurante Compas
avenida de Lugo 47, 15821 Arca-Pedruzo-O Pino (www.restaurantecompas.com 981-511-309 ✉ pensioncompas@hotmail.com) poss résa, 6 ch, 20 à 30 €, 30 à 40 €, 2 €, 10 €, (pré et écuries à proximité), , ouv 8h, accueil 14h, ferm 23h, départ 12h, fermé nov à jan

8 Restaurant et Pensión Casa Calvo
Piñeiro 4, 15821 O Piño (✉ casacalvo@casacalvo.com www.casacalvo.com 981-814-401) 6 ch, 47.20 à 55 €, 60 à 70 €, 76 à 86 €, 5 €, du soir 19 €, blanchisserie, jardin, , de nov à mar résa nécessaire

9 Pensión Arca @
calle Os Bollados 25, 15821 Arca-Pedruzo-O Pino (✉ pensionarca@gmail.com 981-511-437 www.pensionarca.blogspot.com) 7 ch, 20 à 30 €, 30 à 40 €, prix pour groupes, , LL & SL, ouv mi-avr à fin oct

10 Pensión Maribel @
calle Os Mollaos 23, 15821 Arca-Pedruzo-O Pino (981-511-404 & 609- 459-966 ✉ maribelpension@hotmail.com www.pensionmaribel.com) 5 ch, 35 €, 40 à 45 €, 60 €, 65 €, , LL & SL, poss massages,

11 Pensión Maruja
rúa Nova 9, 15821 Arca-Pedruzo-O Pino (981-511-406 & 630-404-138) 6 ch, 35 à 40 €, 50 €, LL,

12 Cafetería Rúa Nova @, rúa Nova 5, sandwiches, assiettes garnies, fermé lun

13 Plusieurs commerces d'alimentation, bars, restaurants le long de la N 547

14 Centre de Santé (981-511-196)

15 Hotel - Restaurante Amenal ** CB @
Amenal 12, 15821 O Pino (981-510-431 ✉ hotelamenal@gmail.com www.hotelamenal.com) 13 ch, 45 à 60 €, 55 à 65 €, 75 €, 4 €, 12 €, (écuries à proximité), , ouv tte l'année

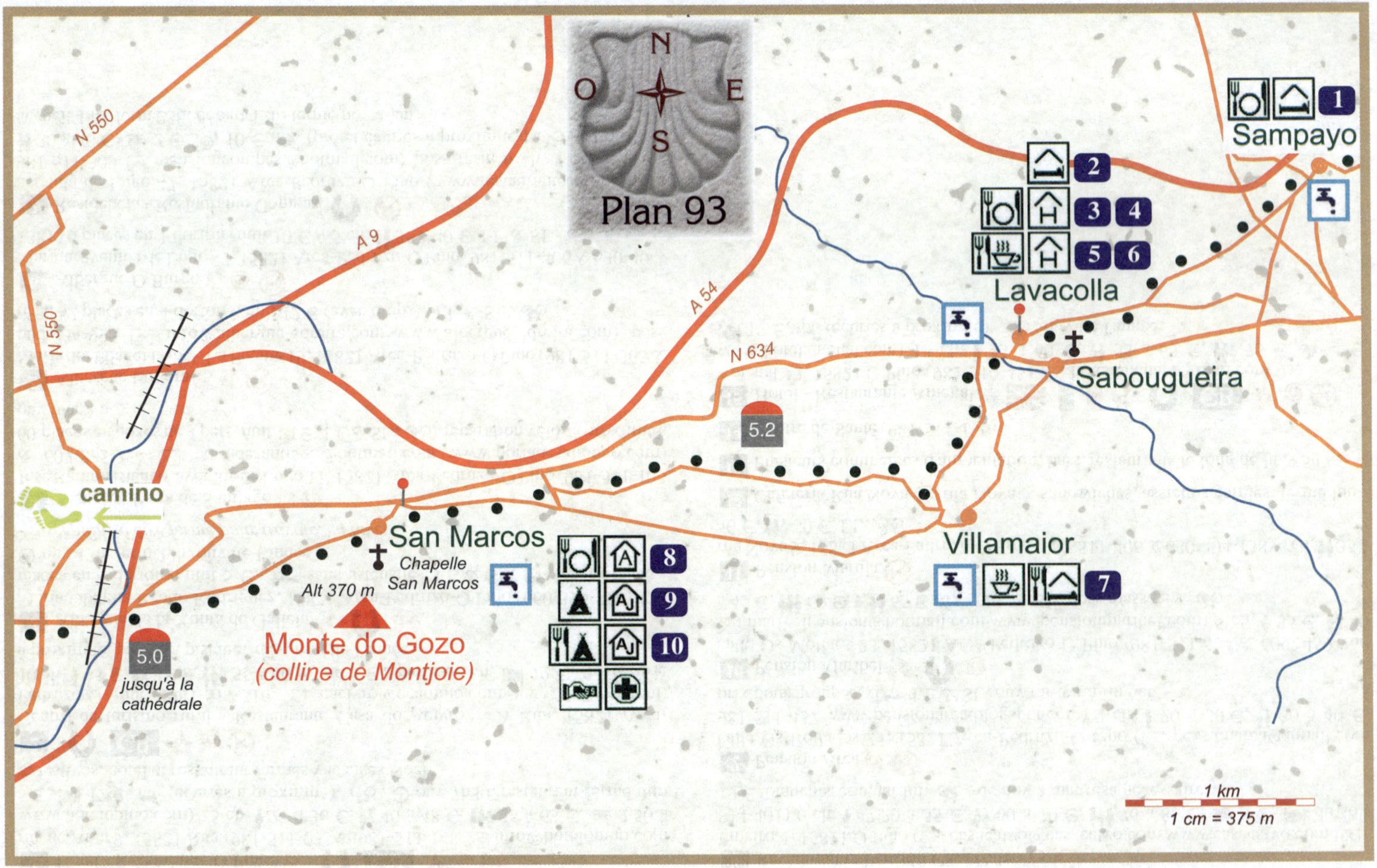
Plan 93
N
O
E
S
Sampayo
1
2
3
4
5
6
Lavacolla
Sabougueira
A 54
N 634
A 9
N 550
N 550
5.2
Villamaior
7
8
9
10
San Marcos
Chapelle
San Marcos
Alt 370 m
Monte do Gozo
(colline de Montjoie)
camino
5.0
jusqu'à la
cathédrale
1 km
1 cm = 375 m

Plan 93

1 Pensión - Restaurante Mesón Porta de Santiago
San Paio 28, 15820 Lavacolla (981-897-124 & 636-601-400) 3 ch., 30 €, 40 €, 2.50 €, 10 €, restaurant fermé soir, dim et dec

2 Casa rural Pazo Xan Xordo CB @
Xan Xordo 6, 15820 Lavacolla (reservas@pazoxanxordo.com 981-888-259 & 686-955-292 www.pazoxanxordo.com) 10 ch, 36 à 40 €, 45 à 55 €, 6 €, blanchisserie, (à proximité, prévenir), *(entre Lavacolla et San Marcos, prendre la N 607)*

3 Hotel - Restaurante Ruta Jacobea*** @
Lavacolla 41, 15820 Lavacolla (981-888-211 hotel@rjacobea.com www.hotelrutajacobea.net) poss résa, 20 ch, 55 à 73 €, sup 31 €, 8 €, 14.50 €,

4 Hotel - Restaurante Garcas* @
N 634 km 713, 15820 Lavacolla (981-888-225 & 981-888-232 < reservas@garcashotel.com www.garcashotel.com) 60 ch, 29 €, 48.50 à 58 €, 4 €, 10 €, (prévenir)

5 Hostal - Restaurante - Bar San Paio** @
15820 Lavacolla (981-888-205 hostalsanpaio@gmail.com) 45 ch, 30 à 34 €, 42 à 48 €, 4.50 €, 9 €, , ouv 7h, ouv tte l'année

6 Hostal - Restaurante - Bar A Concha CB
Lavacolla 1 (981-888-390) 12 ch, 25 à 40 €, 50 €, 2.30 €, 10 €, ouv 6h été, 7h hiver, HS, fermé mer

7
Casa rural de Amancio - Bar - Restaurant, Vilamaior 9, 15820 Vilamaior (981-897-086 & 617-628-083 www.casadeamancio.com info@casadeamancio.com) loue 9 apparts pour 3 pers, 35 €, 50 €, 60 €, 3 €, 12 €, (écuries ou pré, prévenir)

8 Albergue de la Xunta de Galicia - Cafetería del Complejo @
carretera Aeropuerto 2, 15821 Monte do Gozo (981-558-942 & 660-396-827) 800 places en dortoirs, nuit 5 €, sandwiches, , LL & SL, , ouv 13h, ferm 21h, ouv tte l'année // Restaurant

9 Centro europeo de peregrinaciones Juan Pablo II @
Monte do Gozo sn, 15820 Monte do Gozo (ccperegrinacion@alphaexpress.net www.centrodeperegrinacion.es 981-597-222) 72 places en 3 dortoirs, nuit 5 €, 10 places en été donativo // 30 ch, 20 €, sur résa pour groupes, poss rester plusieurs jours, poss camping en été, chiens acceptés au camping, (pré), résa nécessaire, ouv fev à nov

10 Albergue Juvenil et Camping Monte do Gozo
carretera Santiago- Aeropuerto km 3, rúa do Gozo 18, 15820 Monte do Gozo (981-558-942 reservas@cvacaciones-montedogozo.com www.montedogozo.com) Albergue Juvenil, 300 places en dortoirs de 4 à 8 pers, nuit 7.50 à 12 €, location draps, LL & SL, , ouv 24/24, poss résa, ouv tte l'année // Camping, dépannage-ravitaillement, LL, piscine, restaurant - Bar, ouv jul-aou

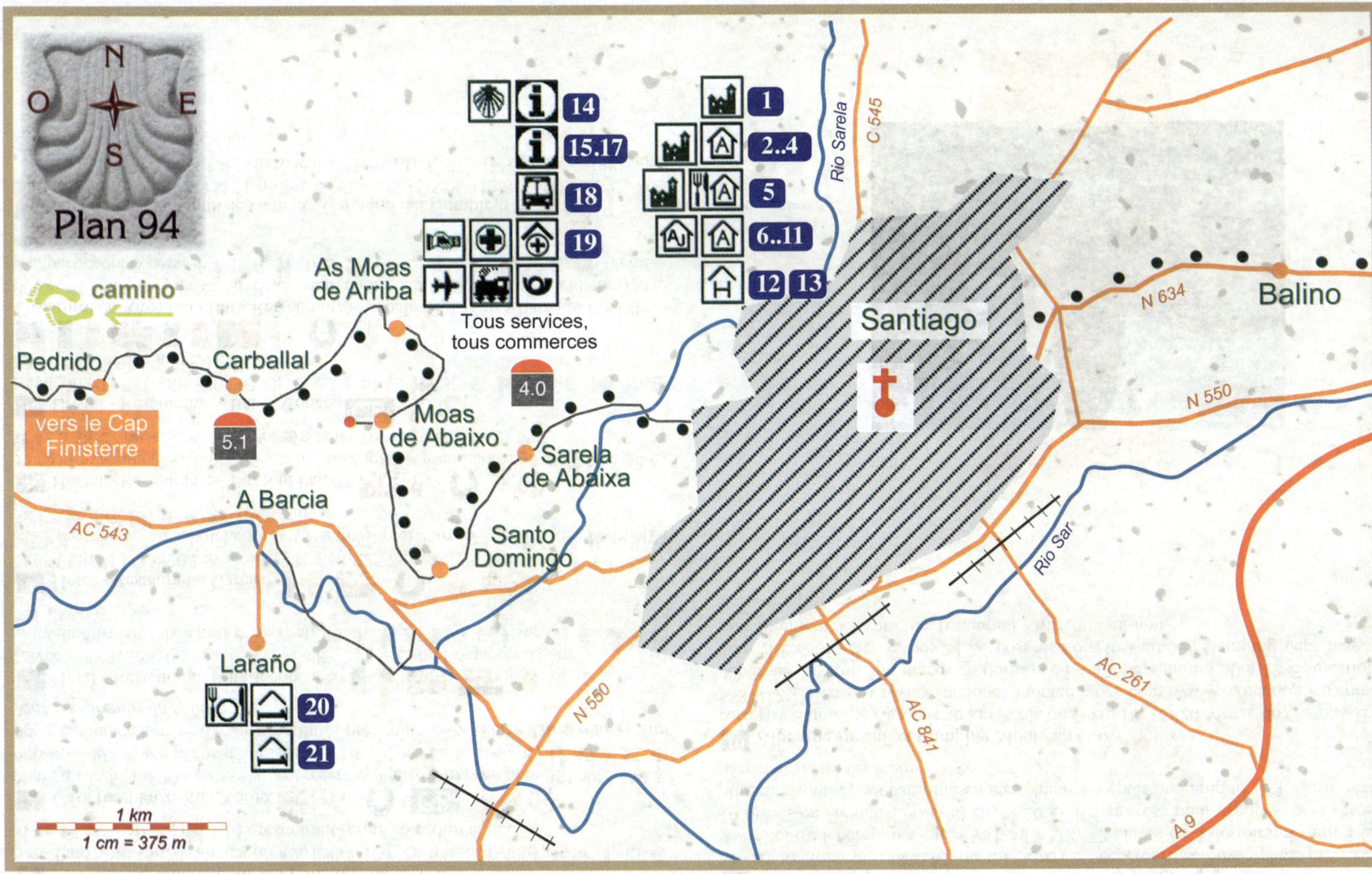

Plan 94
N
O
E
S
camino
vers le Cap Finisterre
Pedrido
Carballal
5.1
As Moas de Arriba
Moas de Abaixo
Tous services, tous commerces
4.0
Sarela de Abaixa
Santo Domingo
A Barcia
AC 543
Laraño
20
21
N 550
14
15.17
18
19
1
2..4
5
6..11
12
13
Rio Sarela
C 545
Santiago
N 634
Balino
Rio Sar
AC 261
AC 841
A 9
1 km
1 cm = 375 m

Plan 94

1 Messe des pèlerins à la cathédrale 12h

2 Seminario Menor de Belvis @
avenida Quiroga Palacios 2A, 15703 Santiago de Compostela (981-589-200) 280 places en dortoirs de 15 à 65 pers, nuit 10 à 12 €, ch individuelle 15 à 17 €, poss rester plusieurs nuits, ouv 13h30 à 24h, départ 9h30, ouv avr à début nov

3 Albergue Jaime Garcia Rodriguez @
Accueil chrétien, Fundación ad Sanctum Jacobum Peregrinatio, rúa de Moscova s/n, 15800 Santiago de Compostela (albergueperegrinosjaimegarcia@gmail.com 981-587-324) 176 places en dortoirs de 20 à 24 pers, nuit 6 €, SL, fermé en hiver

4 Albergue de Espiritualidad San Francisco
Accueil chrétien, Convento San Francisco (981-581-600) 40 places, donativo, esprit de retraite spirituelle, ouv jul & aou
- Prière des pèlerins pour la paix à 22h
(à gauche de la cathédrale quand on lui fait face sur l'Obradoiro, à 200 m)

5 Casa de Ejercícios Espirituales @
Accueil chrétien, calle José Maria Suarez Nuñez 6, 15706 Santiago (981-592-228) résa souhaitée, 64 ch de 1 à 4 pers, nuit 20 €, 5 €, 10 €

6 Residencia de Peregrinos de la Xunta de Galicia San Lázaro
Miguel, rúa San Lazaro sn, 15800 Santiago de Compostela (981-571-488 sanlazaro@xacobeo.org) poss résa, 80 places en dortoir, nuit 10 €, 2e et 3e nuit 7 €, draps et serviettes inclus, , LL & SL, à proximité (prévenir), , réception 10h à 21h, ouv 24/24h, ouv tte l'année *(à l'entrée de Santiago)*
- Office de Tourisme à côté ouv l'été

7 Albergue privée Acuario @
Arantxa Imaz, rúa Estocolmo 2 bajo, 15820 Santiago de Compostela (981-575-438 & 650-371-777) 50 places en dortoir de 8 à 20 pers, nuit 9 à 10 €, LL & SL, , poss plusieurs nuits, ouv 9h à 24h, départ 9h, ouv mar à nov *(traverser San Lázaro. En face de l'hostal de ce nom, prendre la rúa Balino, descendre sur 100 m par des escaliers jusqu'à la Rua Estocolmo)*

8 Albergue privée Santo Santiago @
Alfredo, rúa do Valiño, 3, 15800 Santiago de Compostela (657-402-403 elsantosantiago@gmail.com www elsantosantiago.com) poss résa, 40 places en boxes de 2 pers, nuit 12 €, LL & SL, ouv tte l'année

9 Albergue privée Roots & Boots @ CB
rúa Costa do Gaio, 4, 15800 Santiago de Compostela (699-631-594) poss résa, 48 places en ch de 2 à 8 pers, nuit 18 à 25 € (linge fourni), , LL & SL, jardin et vue, ouv tte l'année 24/24

10 Albergue privée O Fogar de Teodomiro @
Praciña Algalia de Arriba 3, 2E (www.pousadadeteodomiro.com tél 981-582-920 & 699-631-592) 20 places en ch de 4 à 8 pers, nuit 15 à 20 €, , réception 20 à 23h, ouv 24/24

11 Auberge de Jeunesse Meiga Backpackers et Pensión La Bruja @
(info_meiga@yahoo.es www.meiga-backpackers.es tél 981-570-846 & 981-596-401) , LL & SL, , consigne de bagages 2 €, réception 9h à 13h et 18h à 22h, fermé vacances de Noël
- Meiga, rúa dos Basquiños 67, 15800 Santiago de Compostela, 30 places en dortoirs de 4 à 8 pers, nuit 15 à 18 € draps inclus, jardin, résa nécessaire
- Pensión La Bruja (meigabackpackers@yahoo.es), calle Republica del Salvador 32, 2A, ch de 2 et 3 pers, 20 à 21 € draps inclus

12 Hostal La Salle @
Tras de Santa Clara sn (info@hostallasalle.com www.hostallasalle.com 981-585-667) 90 ch, 25 € à 34 €, 49 € à 63 €, ch de 3 à 6 pers, nuit 16.50 à 18 €, LL & SL, , chapelle, fermé vacances de Noël

13 Parador Hostal dos Reis Catolicos ***** @
praza do Obradoiro, 15705 Santiago de Compostela (981-582-200 & résa 902-547-979 santiago@parador.es www.parador.es) poss résa, 127 ch, à partir de 277 €, tarif escapade jeune 20-35 ans 57 € inclus, tarif + 55 ans -30%, résa nécessaire pour les tarifs spéciaux // et offerts chaque jour aux 10 premiers pèlerins se présentant munis d'une photocopie de leur Compostela devant l'entrée du garage de l'hôtel, à 9h, 12h, et 19h

Suite données Santiago page suivante ../...

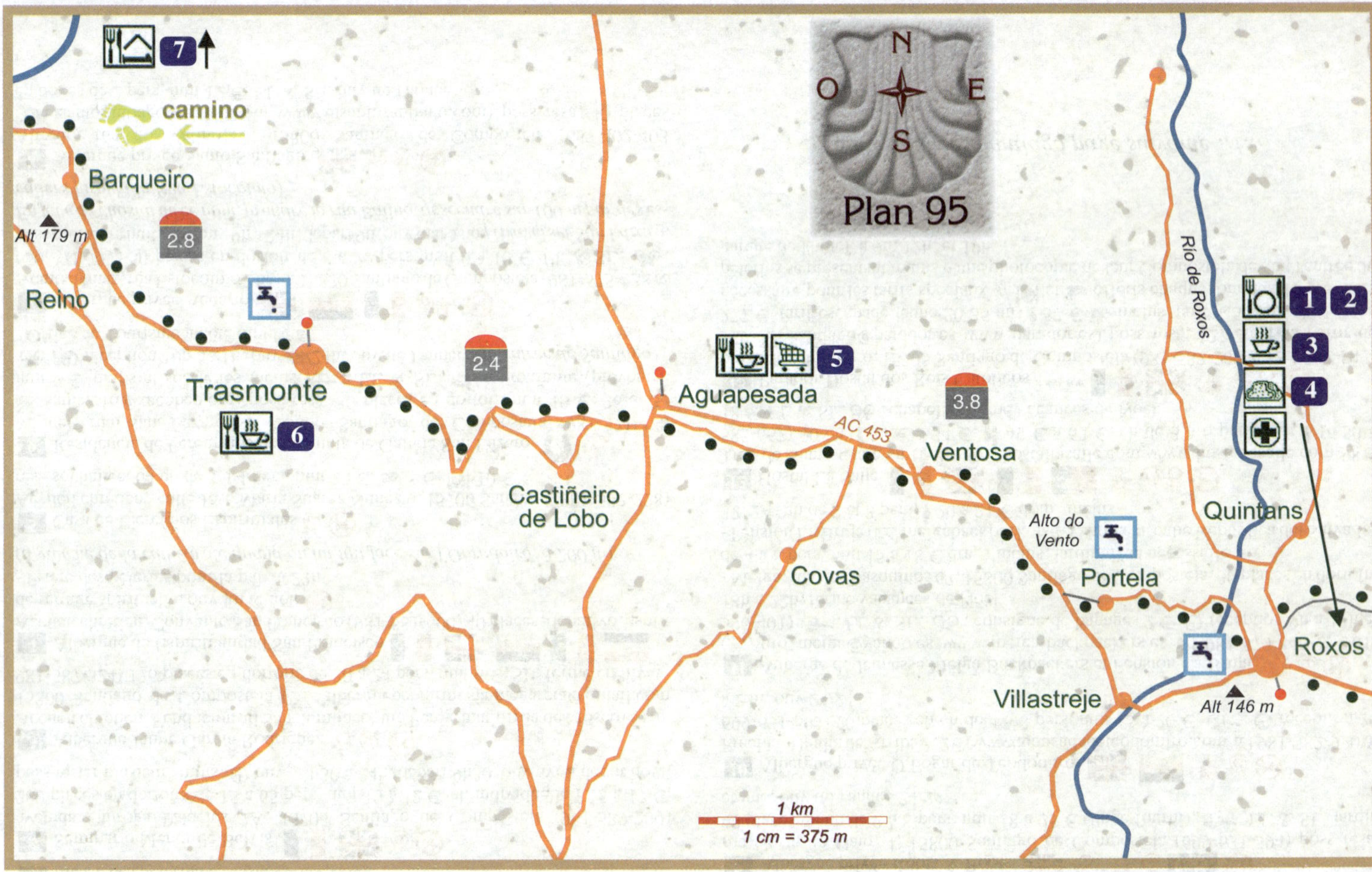
Plan 95
N
O
E
S
camino
7
Barqueiro
Alt 179 m
2.8
Reino
Trasmonte
6
2.4
Castiñeiro
de Lobo
Aguapesada
5
3.8
AC 453
Ventosa
Covas
Alto do
Vento
Portela
Villastreje
Río de Roxos
1
2
3
4
Quintans
Roxos
Alt 146 m
1 km
1 cm = 375 m

.../... Suite données Santiago de Compostela

14 Oficina del Peregrino, rúa do Vilar 1, 15700 Santiago de Compostela (981-568-846 ✉ peregrinos@archicompostela.org www.peregrinosantiago.com) ouv 9h, ferm 21h été, 10h à 20h hiver, délivrance de la Compostela et informations, consigne bagages à proximité, temps de prière proposés en été à la cathédrale, fermé Noël

15 Office de tourisme de Santiago, rúa do Vilar 63, 15700 Santiago de Compostela (981-555-129 ✉ info@santiagoturismo.com www.santiagoturismo.com)

16 Oficina do Xacobeo, rúa do Vilar 30-32, 15700 Santiago de Compostela (981-572-004 ✉ informacion.xacobeo@xunta.es www.xacobeo.es)

17 Office de Tourisme de la Xunta de Galicia, rúa do Vilar 32, 15700 Santiago de Compostela (981-584-081 ✉ ot.santiago@xunta.es www.turgalicia.es) fermé Noël et Nouvel An

18 Estación de autobuses (981-542-416) poss consigne bagages et de 6h à 21h30

19 Centre de Santé (981-577-670)

De Santiago vers Finisterre

20 Restaurant - Casa rural Casa María ** @
Rial-Laraño, 15896 Santiago de Compostela (✉ info@casamaria-santiago.com 981-537-213 www.casamaria-santiago.com) 8 ch et appart, 85 à 130 €, inclus, 18 à 20 €, (écuries) *(rejoindre Laraño en empruntant la route C 543. On peut repartir le lendemain sans revenir sur ses pas par Roxos où l'on retrouve le camino)*

21 Casa rural Casa de Costoia **
Costoia 20, Biduido, 15896 Ames, (tél 981-884-601 ✉ info@casadecostoia.com www.casadecostoia.com) poss résa, 7 ch, 36 à 43 €, 54 à 66 €, 5 €, LL, petits chiens admis, *(rejoindre Laraño en empruntant la route C 543. De là, Biduido est à 2.4 km. On peut repartir le lendemain sans revenir sur ses pas par Roxos où l'on retrouve le camino)*

Plan 95

1 Restaurante As Mimosas, Muros 73 (981-537-597), 9 €

2 Restaurante Vega II, Roxos sn (981-537-100) autour de 20 €, fermé lun et 15 au 30 aou

3 Bar Los Arcos à l'entrée de Roxos (sous réserves)

4 Panadería Acuña, Roxos 26, ouv dim et festivos le matin

5 Supermercado et Bar Carmen, sandwiches, ouv à partir de 7h30, ouv dim hiver

6 Bar Casa Pancho, Trasmonte 47, sandwiches, ouv à partir de 8h lun au sam, dim 9h30

7 Casa A Ribeira do Tambre @
A Ribeira, Troitosende, 15839 A Baña (✉ contacto@aribeiradotambre.es 609-562-533 www.aribeiradotambre.es) poss résa, 8 ch, 45 à 50 €, 60 à 72 €, inclus, 17 € sur resa, sur demande vont chercher les pèlerins sur le chemin, chiens acceptés (prévenir), (pré),

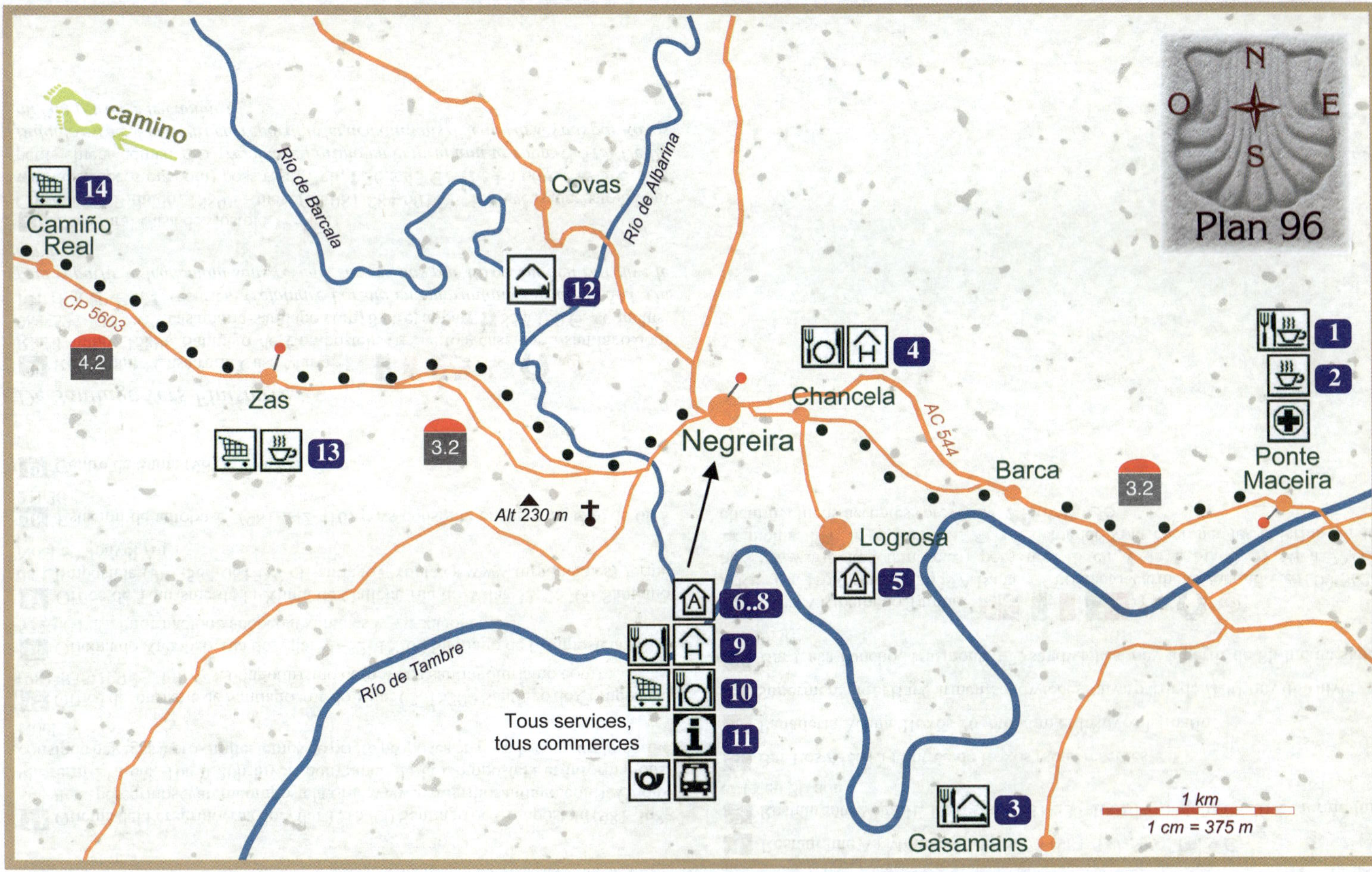
Plan 96
N
O
E
S
camino
14
Camiño Real
CP 5603
4.2
Zas
13
3.2
Covas
Río de Barcala
Río de Albarina
12
Alt 230 m
Negreira
Chancela
4
AC 544
Logrosa
5
6..8
9
10
11
Tous services,
tous commerces
Río de Tambre
Barca
3.2
Ponte Maceira
1
2
3
Gasamans
1 km
1 cm = 375 m

Plan 96

1 Bar-Restaurant Ponte Maceira (981-881-680) 9 €, fermé lun, mar et jan

2 Bar Rufino, sandwiches, fermé dim après-midi et fêtes

3 Casa rural Casa Gasamans **
Gasamans-Agron, 15864 Ames, Ponte Maceira (626-912-959 reservas@casagasamans.com www.casagasamans.com) 6 ch, 55 à 100 € inclus, du soir 19 €, piscine en été, poss location et local, ouvert mi-fev à dec *(à Ponte Maceira, prendre à gauche après la pharmacie sur 4 km, puis prendre à droite vers Gasamans)*

4 Hotel - Restaurante Tamara **
avenida Santiago sn, Chancela, 15830 Negreira (981-885-201 & 981-885-724 info@hotel-tamara.com www.hotel-tamara.com) 42 ch, pers 25 à 40 €, 42 à 55 €, 5 €, 10 € *(tarifs 2010)* sur le chemin (payant) *(Chancela est à l'entrée de Negreira)*

5 Albergue touristique privée de Logrosa @ CB
Antonio, Logrosa 6, 15830 Negreira (981-885-820 & 646-142-554 info@alberguedelogrosa.com www.alberguedelogrosa.com) poss résa, 3 ch de 4 pers 15 €, 2 ch ind 20 à 30 €, 5 ch de 2 35 à 50 €, , 12 €, LL, (pré), ouv avr à nov *(à Chancela, prendre à gauche vers Logrosa sur 700 m, fléchage. Dans Logrosa, c'est la première maison à droite après l'église)*

6 Albergue de la Xunta @
Andrés, rúa Patrocinio sn, 15830 Negreira, 29 places en dortoir, nuit 5 €, cuisine sans ustensiles, , ouv tte l'année *(à la sortie de Negreira)*

7 Albergue tour. privée San José @
Benito, Deborah et Victoria, rúa Castelaõ 20, 15830 Negreira (881-976-934 & 657-686-370 info@alberguesanjose.es www.alberguesanjose.es), 50 places en 3 dortoirs, nuit 12 €, 2.50 €, LL & SL, , , fermé hiver

8 Albergue touristique privée Lua @
Pilar González, avenida Santiago 22, 15830 Negreira (www.alberguelua.com 629-926-802 alberguelua@gmail.com) poss résa, 40 places en dortoir, nuit 9 €, 4 ch de 2 pers, 15 €, 2.50 €, LL & SL,

9 Hospedaje - Restaurante Mezquita CB
rúa do Carmen 2, 15380 Negreira (981-881-652) 9 ch, 20 à 25 €, 35 à 40 €, 3 €, 9 €, ouv tte l'année

10 7 restaurants et nombreux commerces d'alimentation

11 Information touristique, mairie, calle Carmen 3 (981-885-250 & 981-885-550)

12 Casa de Bola CB
Padín, Covas, 9, Santa María de Covas, 15830 Negreira (981-885-004 info@casadebola.com www.casadebola.com) poss résa, 5 ch, 45 à 55 €, 56 à 70 €, 3.50 €, (pré, à l'attache), , ouv avr à nov *(à Negreira, prendre vers Covas par la AC 546 sur 1 km)*

13 Bar - tienda Casa Ovidio, fermé sam après-midi et festivos

14 Tienda Hermanos Rodríguez

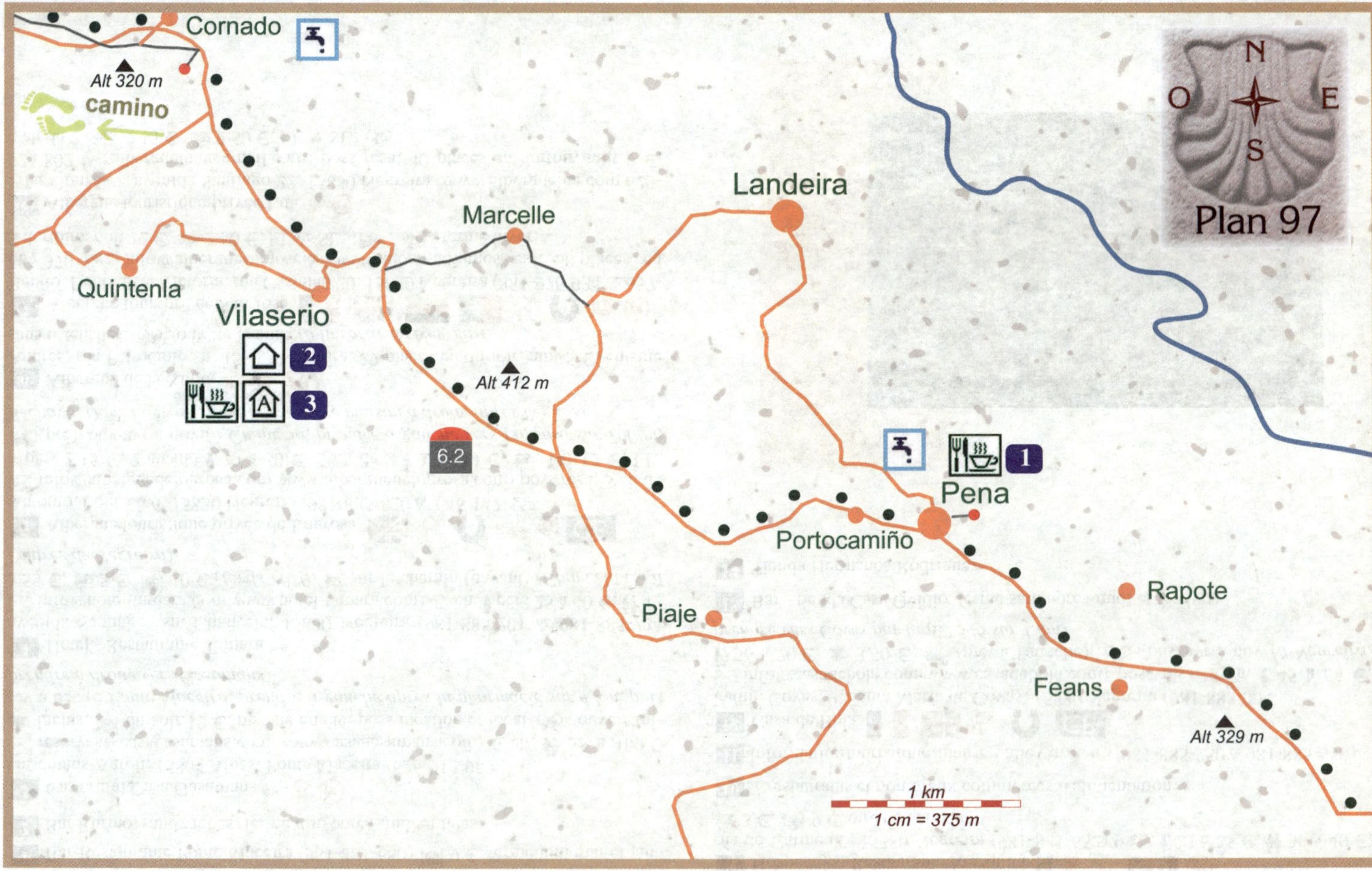
Plan 97
N
O
E
S
Cornado
Alt 320 m
camino
Quintenla
Vilaserio
2
3
Marcelle
Alt 412 m
6.2
Landeira
Pena
1
Portocamiño
Rapote
Piaje
Feans
Alt 329 m
1 km
1 cm = 375 m

Plan 97

1 Bar Novo, sandwiches, plat chaud 4 € servi à tte heure, ouv 8h, fermé sam après-midi

2 Refugio municipal, anciennes écoles, 25 places, matelas au sol, donativo

3 Bar A Nosa Casa - Albergue turistico O Rueiro
Jesus Puñal, Vilaserio s/n, 15830 Negreira (981-893-361 & 659-568-139
✉ albergueorueiro@gmail.com www.restaurantealbergueorueiro.com) poss résa, 30 places en dortoirs de 4 à 16 pers, 11 €, sandwiches, plats chauds à tte heure, LL & SL, , bar ouv à partir de 7h30 en été, albergue ouv à partir de 12h

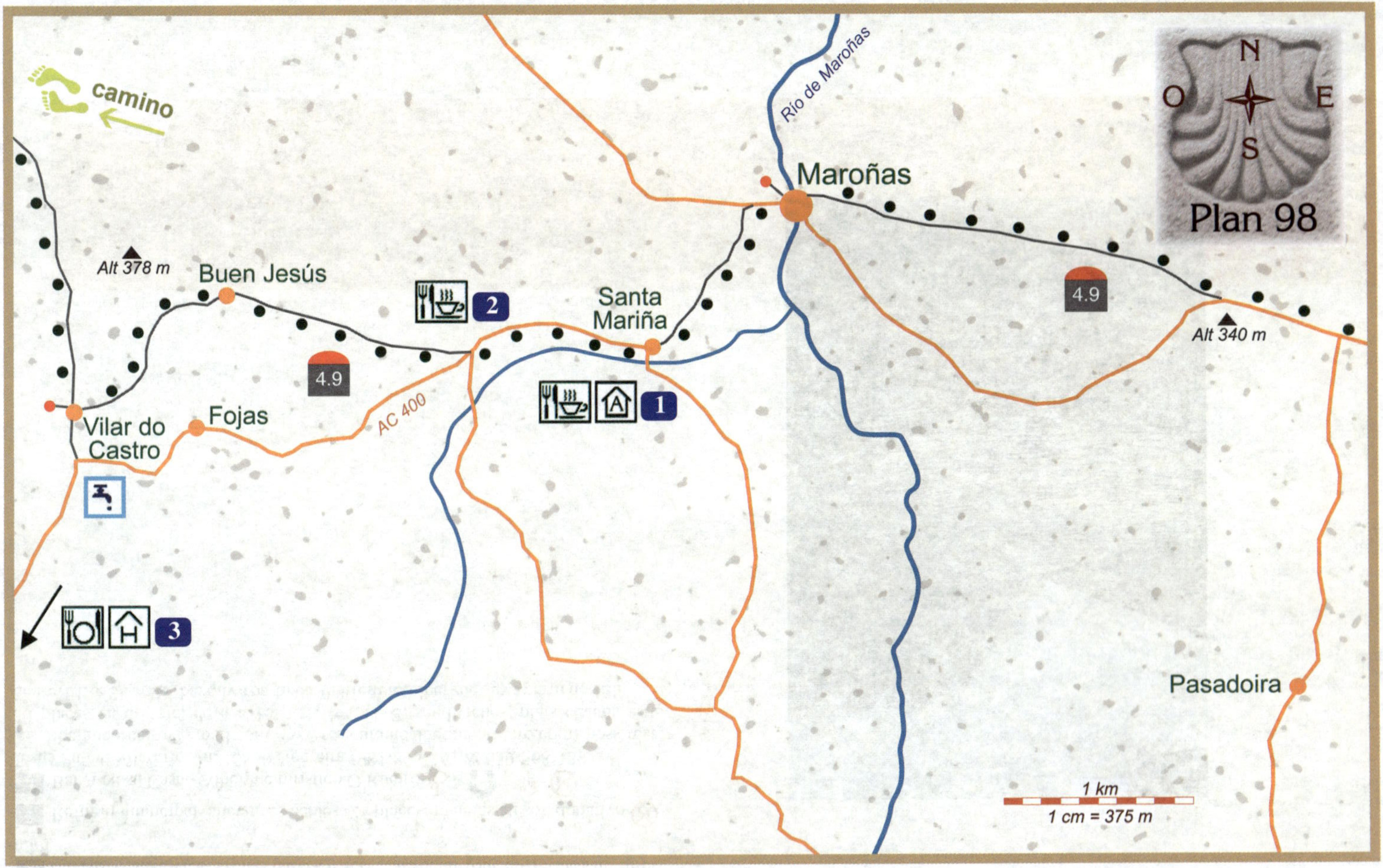
Plan 98
N
O
E
S
camino
Maroñas
Río de Maroñas
Alt 378 m
Buen Jesús
Santa Mariña
4.9
2
1
Alt 340 m
Vilar do Castro
Fojas
AC 400
3
Pasadoira
1 km
1 cm = 375 m

Plan 98

1 Albergue et Bar Antelo
15256 Santa Mariña (981-852-897 & 627-932-484) poss résa, 10 places, nuit 10 €, 3 €, 10.50 €, , ouv tte l'année

2 Bar Casa Victoriano, sandwiches, ouv à partir de 7h

3 Hotel - Restaurante rural Santa Eulalia @
Juan Pablo, Santa Baia, Chacin sn, 15256 Mazaricos (981-877-262 & 647-694-848 info@andanzasrural.com www.hotelsantaeulalia.com) 10 ch, poss prix pèlerins suivant saison, 44 à 56 €, 59 à 75 €, 80 à 91 €, 96 à 112 €, inclus, 15 €, sur le chemin et les ramènent le lendemain

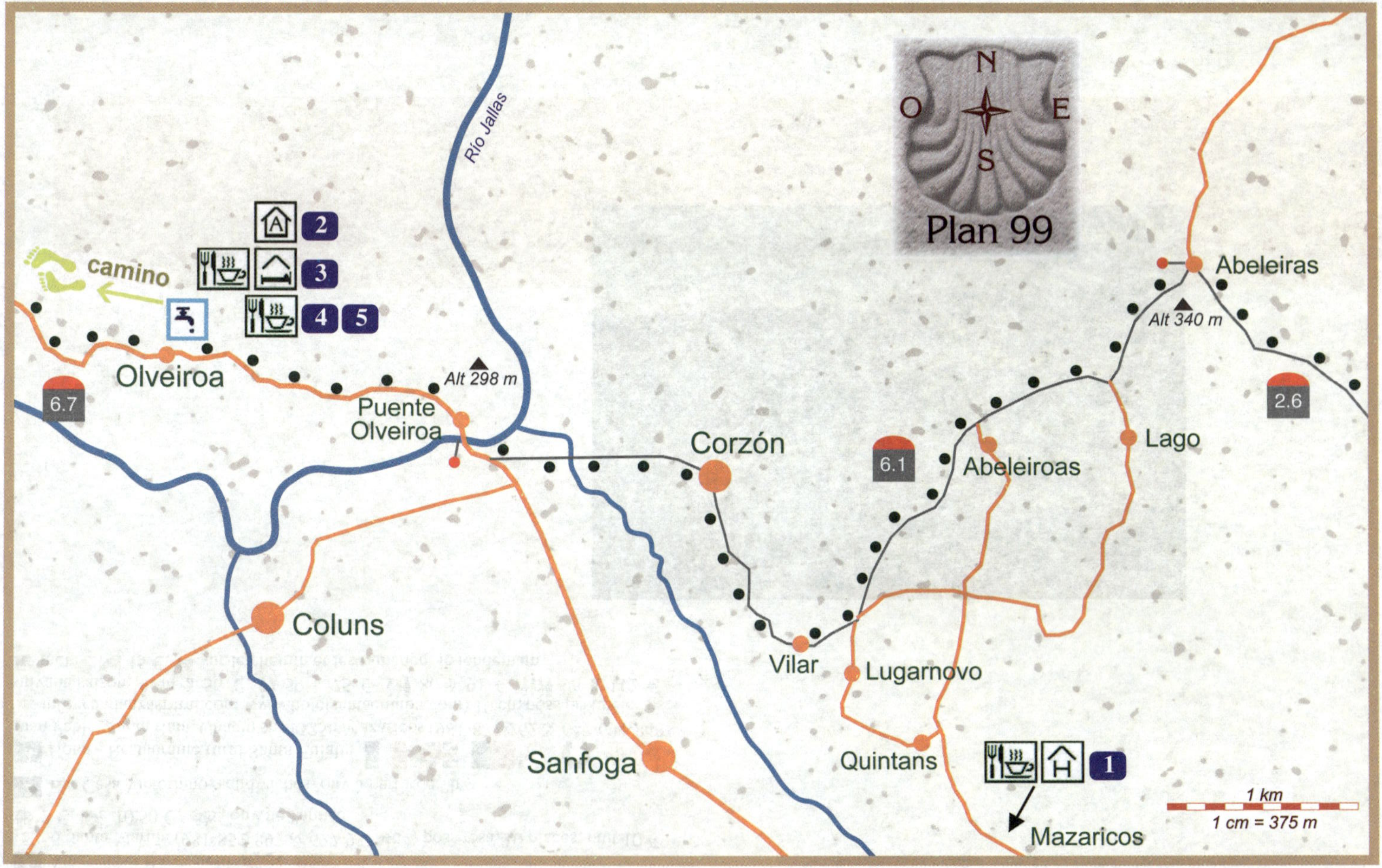
Plan 99
N
O
E
S
Río Jallas
camino
Olveiroa
6.7
2
3
4
5
Alt 298 m
Puente
Olveiroa
Corzón
6.1
Abeleiroas
Lago
Abeleiras
Alt 340 m
2.6
Coluns
Vilar
Lugarnovo
Quintans
Sanfoga
1
Mazaricos
1 km
1 cm = 375 m

Plan 99

1 Hostal - Restaurante - Bar Casa Jurjo @
A Picota, 15258 Mazaricos (www.casajurjo.com informacion@casajurjo.com 981-852-015) 11 ch (et 7 en projet), 25 à 30 €, 45 €, 3 à 6 €, 12 €, (pré), , Maroñas 7 places *(à Abeleiroas, prendre la route pour Mazaricos. Le lendemain, on rejoint le chemin à Ponte Olveiroa)*

2 Albergue de la Xunta
Puri, 15127 Olveiroa, 34 places en dortoir, nuit 3 €, , , ouv 13h30 à 23h en été

3 Pensión - Bar - Restaurante As Pias ***
15127 Olveiroa (981-741-520) 4 ch, 40 €, 50 à 60 €, 4 €, 12 € (produits du jardin), (pré ou écuries à proximité, participation aux frais), , fermé 7 jan à début fev

4 Pensión O Loncho CB
Marisol et Antonio, 15127 Olveiroa (981-741-673 & 617-026-005 casaloncho@gmail.com) poss résa, 7 places en dortoir et 3 ch de 2 pers, 18 €, LL & SL,

5 Bar O Peregrino, 8.50 €,

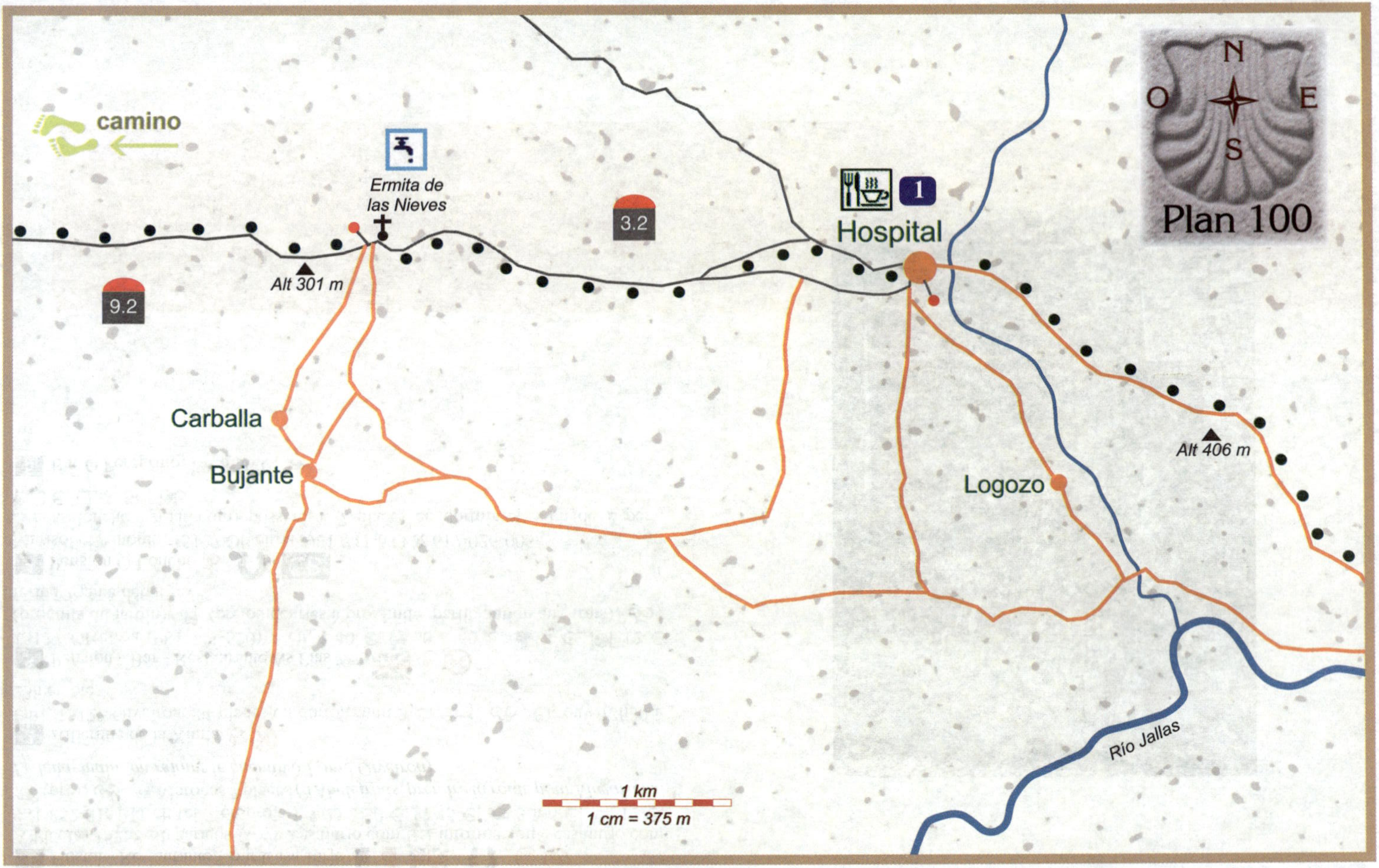
Plan 100
N
O
E
S
camino
Ermita de
las Nieves
Alt 301 m
9.2
3.2
Hospital
1
Carballa
Bujante
Logozo
Alt 406 m
Río Jallas
1 km
1 cm = 375 m

Plan 100

1 Bar O Casteliño, 🍽 8 €, sandwiches, ouv à partir de 6h

N
O
E
S
Plan 101
Lobelos
Jalbas
Granja
Duey
Vilar de Toba
Ermita de San Pedro Martir
Alt 280 m
9.2
2
3
4
5..7
8
9
Tous services, tous commerces
Alt 252 m
Alto do Cruceiro de Armada
Cée
rúa de la Magdalena
camino
1.1
La Iglesia
Camiños Chans
1
Ría de Corcubión
1 km
1 cm = 375 m

Plan 101

1 Bar-tienda La Curva, ouv 9h

2 Refugio municipal
Colegio, Agra de Raices, 15270 Cée (OT 981-745-100) 6 lits, donativo

3 Albergue O Camiño das Estrelas-Hôtel-Rest. Insua** @
avenida Fisterra 78-84, 15270 Cée (981-747-575) Albergue (info@alberguecaminodasestrelas.com www.alberguecaminodasestrelas.com) poss résa, 30 places en 1 dortoir, nuit 10 €, et à l'hôtel, , si fermé s'adresser à la réception de l'hôtel // Hôtel (hotelinsua@terra.es www.hotelinsua.com) 50 ch, 30 à 50 €, 45 à 65 €, 4 €, 12 €, , fermé Noël et Nouvel An

4 Hôtel - Restaurant Larry** @
rúa de la Magdalena 8, 15270 Cée (info@hotellarry.com 981-746-691 & 981-746-441 www.hotellarry.com) 21 ch, 30 à 38 €, 40 à 50 €, 55 à 65 €, 5 €, 9 à 12.50 €,

5 Hostal La Marina** @(en projet) CB
avenida Fernando Blanco 24-26, 15270 Cée (981-747-381 & 981-747-511 info@hotellamarina.com www.hotellamarina.com) 32 ch, 30 à 40 €, 40 à 50 €, 3 €, , ouv tte l'année

6 Hostal Galicia*
avenida Fisterra 85, 15270 Cée (981-746-057) 10 ch, 20 à 25 €, 35 à 40 €, 3 €,

7 Pensión Beiramar
avenida de Fisterra 54, 15270 Cée (www.pensionbeiramar.com 981-745-040 & 670-905-298) 8 ch, 35 €, 35 à 40 €, , service de blanchisserie, , ouv tte l'année

8 9 restaurants et nombreux bars

9 Office de Tourisme, à côté de la mairie (981-745-100) ouv été et semaine sainte

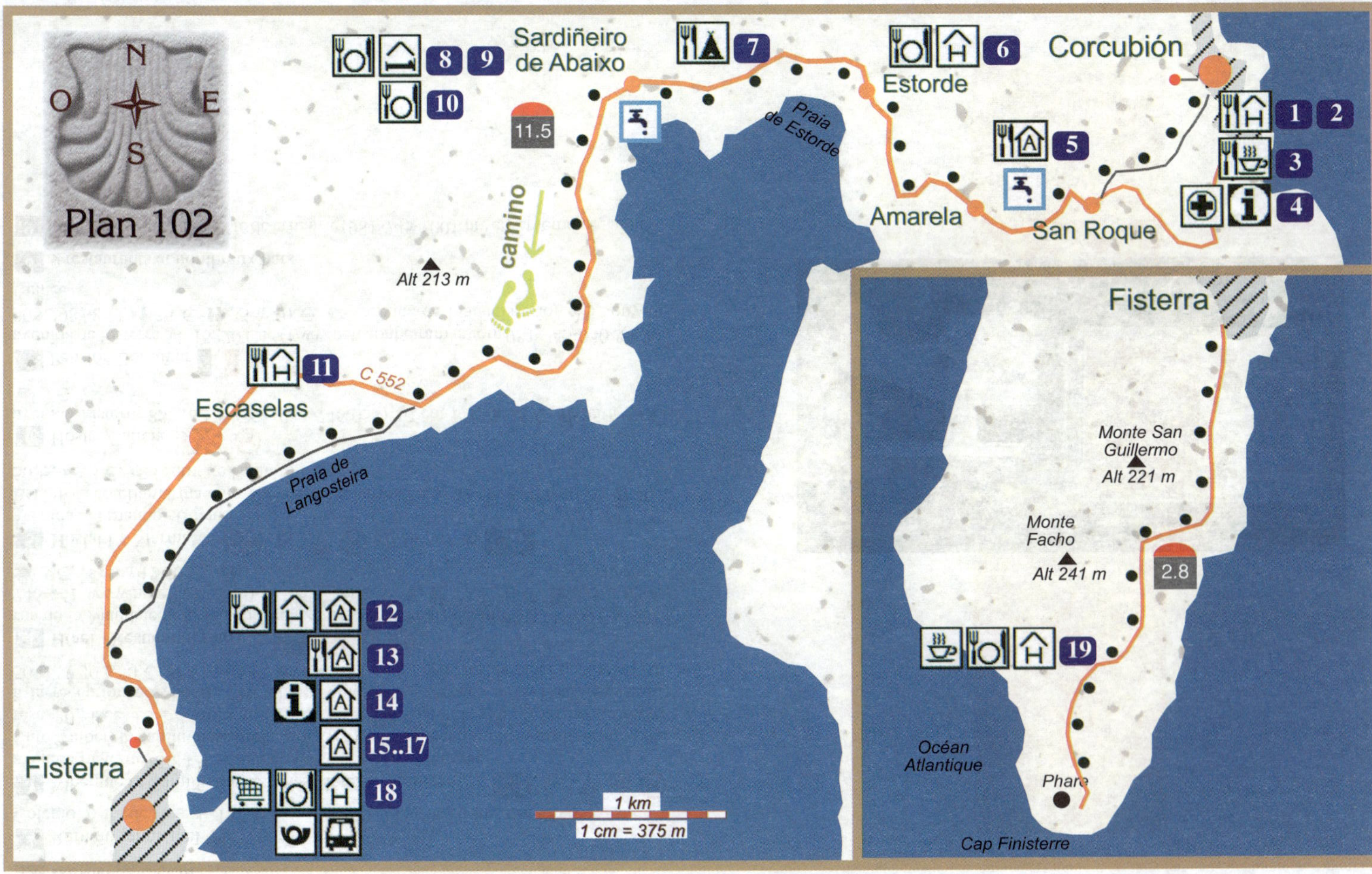

Plan 102
N
O
E
S
Sardiñeiro
de Abaixo
8
9
10
11.5
7
Estorde
6
Corcubión
1
2
3
4
5
Praia
de Estorde
Amarela
San Roque
camino
Alt 213 m
11
C 552
Escaselas
Praia de
Langosteira
12
13
14
15..17
18
Fisterra
1 km
1 cm = 375 m
Fisterra
Monte San
Guillermo
Alt 221 m
Monte
Facho
Alt 241 m
2.8
19
Océan
Atlantique
Phare
Cap Finisterre

Plan 102

1 Hotel - Restaurant El Hórreo*** @
calle Santa Isabel 1, 15130 Corcubión (981-749-185 ✉ info@hotelelhorreo.es www.hotelelhorreo.es) 42 ch, 40 à 50 € inclus, 25 €

2 Hôtel - Restaurant Las Hortensias @ CB
calle Praia da Quenxe sn, 15130 Corcubión (981-747-584 ✉ info@ashortensias.es www.ashortensias.es) 16 ch, 35 à 45 €, 45 à 60 €, supp 15 €, , 10 €, ouv tte l'année

3 Plusieurs bars et restaurants

4 Office de Tourisme, calle del Puerto, (981-706-163 ✉ info@aptcl.es www.corcubion.info) fermé dim, ouv tte l'année

5 Albergue associative San Roque
Association galicienne des Amis de Saint-Jacques, alto de San Roque, Redonda, 15136 Corcubión (www.amigosdelcamino.com ✉ info@amigosdelcamino.com) 20 places en dortoir, donativo, poss et donativo, (pré), , ouv 16h, ferm 22h30, ouv mar à nov

6 Hostal - Restaurante Playa de Estorde* CB
Estorde, 15137 Fisterra (981-745-585) 15 ch, 25 €, 40 €, inclus, 16 €, , restaurant fermé nov aux Rameaux

7 Camping Ruta de Finisterre C2
playa de Estorde, 15137 Cée (981-745-302) 800 places, LL, dépannage-ravitaillement // Bar, ouv 15 jun au 15 sep et Semaine Sainte

8 Hostal - Pizzeria Nicola CB
15155 Sardiñeiro de Abajo (981-743-741) 20 ch, pers 20 à 42 €, 30 à 52 €, , 10.50 à 14 €, , fermé mar hors-saison

9 Pensión - Restaurante El Merendero
rúa da Alvariña, 15155 Sardiñeiro (981-743-535) 20 ch, pers 20 à 30 €, 30 à 50 €, 3-4 €, 10 à 12 € // 12 apparts de 4 à 7 pers, 60 à 90 €, , LL, fermé 15 jours en nov

10 Leston Restaurante, avenida da Coruña 39 (981-743-699) 12 €, fermé mar hors saison et de mi sep à oct

11 @ CB
Hôtel - Restaurant Playa Langosteira**
Escaselas sn, 15155 Fisterra (981-706-830 ✉ info@hotelplayalangosteira.com www.hotelplayalangosteira.com) 28 ch, 27 à 54 €, 45 à 72 €, inclus, 10 à 15 €, (pré, prévenir), ouv mar à nov

12 Albergue et Hostal Ancora @
calle Alcalde Fernández sn, 15155 Fisterra (981-740-791 & 600-062-573 www.hostalancora.com) 40 places en dortoirs, nuit 10 € avec draps, 27 ch, 25 €, 3 €, 10 €, LL & SL, ouv tte l'année

13 Albergue do Sol
calle Atalaya 7, 15155 Fisterra (✉ alberguedosol@hotmail.com 981-740-655 & 617-568-648 www.alberguedosol.com) poss résa, 18 pl en 3 dortoirs, nuit 10 € // 3 ch, 25 à 30 €, 3 €, donativo, , LL & SL, (pré),

14 Albergue de Peregrinos de la Xunta - Office de Tourisme
rúa Real 2, 15155 Fisterra (981-740-781 ✉ info@turismofisterra@hotmail.com) 36 pl en dortoirs, nuit 5 €, (le soir), LL & SL, , ouv 13h, ferm 22h

15 Albergue privée de Paz @
Roberto Traba, calle del Castillo, 15155 Fisterra (981-712-245 & 981-740-332 www.alberguedepaz.com) poss résa, 30 places en 5 dortoirs, nuit 10 €, LL & SL, poss rester plusieurs jours, ouv 10h à 22h

16 Albergue privée O Encontro @
15155 Fisterra (✉ alberguefisterra@hotmail.com www.finisterrae.com 981-740-369) poss résa, 6 places, nuit 10 €, , LL &SL, , ouv 8h à 23h

17 Albergue privée turistico Finistellae @
calle Manuel Lago Pais 6, 15155 Fisterra (661-493-505 & 637-821-296 ✉ reservas@finistellae.com www.finistellae.com) poss résa, 20 pl en 2 dortoirs, 1 ch de 2 pers, nuit 10 €, 3 €, , LL & SL, (pré),

18 10 hôtels, 10 restaurants, plusieurs commerces d'alimentation

19 Hotel - Restaurante Café O Semaforo***
carretera Faro sn, 15155 Fisterra (981-725 869 ✉ info@osemaforo.com www.osemaforo.com) 5 ch, 50 à 60 €, 90 à 110 €, supp 12 €, 6 €, 25 €, fermé nov

Cartonnettes d'erreurs ou de suggestions

Chemin de Compostelle Camino francés - miam-miam-dodo - Edition 2011

Erreurs relevées ou suggestions

Plan numéro : Pavé numéro :

A expédier à :

Editions du Vieux Crayon
119 route de l'Aubraie
85100 Les Sables d'Olonne
ou par courriel: info@levieuxcrayon

Chemin de Compostelle Camino francés - miam-miam-dodo - Edition 2011

Erreurs relevées ou suggestions

Plan numéro : Pavé numéro :

A expédier à :

Editions du Vieux Crayon
119 route de l'Aubraie
85100 Les Sables d'Olonne
ou par courriel: info@levieuxcrayon

Cartonnettes d'erreurs ou de suggestions

Chemin de Compostelle Camino francés - miam-miam-dodo - Edition 2011

Erreurs relevées ou suggestions

Plan numéro : Pavé numéro :

A expédier à :

Editions du Vieux Crayon
119 route de l'Aubraie
85100 Les Sables d'Olonne
ou par courriel: info@levieuxcrayon

Chemin de Compostelle Camino francés - miam-miam-dodo - Edition 2011

Erreurs relevées ou suggestions

Plan numéro : Pavé numéro :

A expédier à :

Editions du Vieux Crayon
119 route de l'Aubraie
85100 Les Sables d'Olonne
ou par courriel: info@levieuxcrayon

Cartonnettes d'erreurs ou de suggestions

Chemin de Compostelle Camino francés - miam-miam-dodo - Edition 2011

Erreurs relevées ou suggestions

Plan numéro : Pavé numéro :

A expédier à :

Editions du Vieux Crayon
119 route de l'Aubraie
85100 Les Sables d'Olonne
ou par courriel: info@levieuxcrayon

Chemin de Compostelle Camino francés - miam-miam-dodo - Edition 2011

Erreurs relevées ou suggestions

Plan numéro : Pavé numéro :

A expédier à :

Editions du Vieux Crayon
119 route de l'Aubraie
85100 Les Sables d'Olonne
ou par courriel: info@levieuxcrayon

Cartonnettes d'erreurs ou de suggestions

Chemin de Compostelle Camino francés - miam-miam-dodo - Edition 2011

Erreurs relevées ou suggestions

Plan numéro : Pavé numéro :

A expédier à :

Editions du Vieux Crayon
119 route de l'Aubraie
85100 Les Sables d'Olonne
ou par courriel: info@levieuxcrayon

Chemin de Compostelle Camino francés - miam-miam-dodo - Edition 2011

Erreurs relevées ou suggestions

Plan numéro : Pavé numéro :

A expédier à :

Editions du Vieux Crayon
119 route de l'Aubraie
85100 Les Sables d'Olonne
ou par courriel: info@levieuxcrayon

Glossaire en 6 langues

abbaye	abadia	abbey
accueil	acogida	reception
accueil chevaux	acogida caballos	horse Stables
août	agosto	august
appartement	piso	flat
après-midi	tarde	afternoon
auberge	restaurante	pub
avec participation	donativo	with contribution
avril	abril	april
boissons	bebidas	drinks
boucherie	carnicería	butcher's
boulangerie	panadería	bakery
centre d'accueil	albergue	pilgrim refuge
chambre	habitacion	bedroom
chambre chez l'habitant	casa rural	Bed & Breakfast
chambre d'hôtes	casa rural	Bed & Breakfast
chapelle	capilla	chapel
charcuterie	carnicería	pork butcher's
chemin (de randonnée)	camino	footpath
clés	llaves	keys
cuisine	cocina	kitchen
décembre	diciembre	december
déjeuner (repas du midi)	comida	lunch
demi-pension	media pensión	half board
dépannage-ravitaillement	pequeña tienda	small grocer's
dépôt de pain	despacho de pan	bread available
dimanche	domingo	sunday
dîner (repas du soir)	cena	dinner
dortoir	dormitorio	dormitory
drap	sábana	sheet
église	iglesia	church
en saison	durante latemporada	in season
épicerie	tienda	grocer's
fermé	cerrado	closed
février	febrero	february
gîte d'étape	albergue	pilgrim refuge
gîte de groupe	albergue	pilgrim refuge (groups)
gîte rural	casa rural (semana)	country guest house (B&B)
hors saison	fuera de temporada	off season
hôtel	hotel	hotel
janvier	enero	january
jeudi	jueves	thursday
juillet	julio	july
juin	junio	june
lave-linge	lavadora	washing machine
lit	cama	bed
lundi	lunes	monday

Glossaire en 6 langues

Abtei	abdij	abbazia
Empfang	receptie	ricezione
Reiterempfang	opvang voor paarden	ricezione di cavalli
August	augustus	agosto
Wohnung	flat	appartamento
Nachmittag	namiddag	pomeriggio
Gastätte	herberg	ostello
mit Spende	met bijdrage	con la partecipazione
April	april	aprile
Getränke	dranken	bevande
Metzgerei	slagerij	macelleria
Bäckerei	bakkerij	panetteria
Herberge	herberg	albergo
Zimmer	kamer	camera
Zimmer mit Frühstück	intern gastenverblijf	pensione
Zimmer mit Frühstück	gastenverblijf	pensione
Kapelle	kapel	cappella
Metzgerei	vleeswaren	macelleria
Wanderweg	voetpad	sentiero
Schlüssel	sleutels	chiave
Küche	keuken	cucina
Dezember	december	dicembre
Mittagessen	middageten	colazione
Halbpension	halfpension	mezza-pensione
kleine Auswahl Essen	beperkt aanbod van etenswaren	approvvigionamento
Brotlager	brood voorradig	deposito di pane
Sonntag	zondag	domenica
Abendessen	avondeten	cena
Schlafsaal	slaapzaal	dormitorio
Bettwäsche	lakens	lenzuolo
Kirche	kerk	chiesa
Hauptsaison	hoofdseizoen	alta stagione
Lebensmittelgeschäft	winkel	drogheria
geschlossen	gesloten	chiuso
Februar	februari	febbraio
Herberge	herberg	pensione
Herberge	herberg	pensione
Gasthaus (Woche)	herberg (per week)	agri-turist
ausserhalb Saison	buiten het seizoen	fuori stagione
Hotel	hotel	albergo
Januar	januari	gennaio
Donnerstag	donderdag	giovedi
Juli	juli	luglio
Juni	juni	giugno
Waschmaschine	wasmachine	lavatrice
Bett	bed	letto
Montag	maandag	lunedi

Glossaire en 6 langues

mai	mayo	may
Mairie	Ayuntamiento	Town hall
mardi	martes	tuesday
mars	marzo	march
menu	menú	meal
menu du pèlerin	menú del peregrino	pilgrim's meal
mercredi	miércoles	wednesday
monastère	monasterio	monastery
novembre	noviembre	november
nuit, nuitée	noche	overnight
octobre	octubre	october
ouvert	abierto	open
pain	pan	bread
panier pique-nique	picnic	packed lunch/picnic
Pâques	Pascua	Easter
participation libre	donativo	vol. contribution
pas de réservation	no reservación	no booking
pèlerin	peregrino	pilgrim
personnes (pers)	personas	people
petit déjeuner (pdj)	desayuno	breakfast
pharmacie	farmacia	chemist
piscine	piscina	swimming-pool
places	plazas	places
possibilité de cuisiner	uso de cocina	cooking facilities
Poste	Correos	Post-office
prix	precio	price
prix pèlerin	precio especial peregrino	pilgrim price
produits fermiers	productos caseros	farm produce
repas	comida	meal
repas-dépannage	posible cena	packed meal
réservation souhaitée	reservation aconsejada	resevations preferred
réserver	reservar	to book
restaurant	restaurante	restaurant
restauration rapide	comida rapida	fast food
route	carretera	road
samedi	sábado	saturday
sandwich	bocadillo	sandwich
sèche-linge	secadora	drying machine
semaine	semana	week
septembre	septiembre	september
supérette, supermarché	supermercado	supermarket
table d'hôtes	con cenas	daily menu
Toussaint	Todos los Santos	All Saints' Day
toute l'année	todo el año	all the year round
transport de bagages	depósito de mochilas	luggage carriage
vendredi	viernes	friday
village	pueblo	village

Glossaire en 6 langues

Mai	mei	maggio
Rathaus	raadhuis	municipio
Dienstag	dinsdag	martedi
März	maart	marzo
Menü	menu	menu
Pilgermenü	menu voor pelgrims	menu del pellegrino
Mittwoch	woensdag	mercoledi
Kloster	klooster	monastero
November	november	novembre
Nacht	nacht	notte
Oktober	oktober	ottobre
Geöffnet	open	aperto
Brot	brood	pane
Picknickessen	picknick	picnic
Ostern	pasen	Pasqua
mit freiw. Spende	met vrijwillige bijdrage	partecipazione libera
kein Reservierungsmöglichkeit	geen reserveringsmogelijkheid	senza prenotazione
Pilger	pelgrim	pellegrino
Personen	personen	persone
Frühstück	ontbijt	colazione
Apotheke	apotheek	farmacia
Schwimmbad	zwembad	piscina
Plätze	plaatsen	piazze
Küchenbenutzung	gebruik van keuken	con uso di cucina
Postamt	postkantoor	Posta
Preis	prijs	prezzo
Pilgerpreis	speciale prijs voor pelgrims	prezzo speciale pellegrino
Bauernhof produkte	boerderijprodukten	prodotti della fattoria
Mahlzeit	maaltijd	pranzo
kleine Auswahl Essen	lunchpakket	pranzo di fortuna
Reservierung durch Empfelung	reservering gewenst	prenotazione consigliata
Reservierung gewünscht	boeken	prenotare
Restaurant, Gastätte	restaurant	ristorante
Imbiß	cafetaria	ristorante rapido
Straße	straat	strada
Samstag	zaterdag	sabato
Brötchen	broodje	panino
Wäschetrockner	wasdroger	asciuga-biancheria-elettrico
Woche	week	settimana
September	september	settembre
Supermarkt	supermarkt	supermercato
gemeinsamer Eßtisch	gezamenlijke eettafel	osteria
Allerheiligen	Allerheiligen	Festa di Ognissanti
das ganze Jahr	het gehele jaar	tutto l'anno
Gepäcktransport	bagagevervoer	trasporto di bagagli
Freitag	vrijdag	venerdi
Dorf	dorp	villaggio

Index alphabétique des lieux

Index (suite)

Index pour la section Santiago-Fisterra

Ibilaldi on ! 

Buen viaje ! 

Boa Viaxe ! 

Bon voyage !